KB173214

THE FIVE

옮긴이 오윤성

서울대학교 미학과를 졸업한 뒤 이화여자대학교 통번역대학원에서 석사 과정을
마쳤다. 옮긴 책으로 『히스토리카 세계사 7: 혁명의 시대』, 『권력 쟁탈 3,000년』,
『전사자 숭배』, 『런던 위인전』 등이 있다.

The Five

할리 루벤홀드 지음 | 오윤성 옮김

더 파이브

잭 더 리퍼에게 희생된 다섯 여자 이야기

추천의 말

수많은 연쇄살인 사건 이야기들은 대체로 어떤 방식으로든 살인범에 대한 매혹을 깔고 있다. '잭 더 리퍼' 사건은 그중에서도 가장 소란스럽게, 그리고 아무런 수치심 없이 소비되는 사건이다. 1888년 런던의 화이트채플을 공포로 몰아넣었던 여성 연쇄살인 사건의 범인 잭 더 리퍼는 끝내 잡히지 않았다. 아무도 잭 더 리퍼가 누군지 몰랐지만, 아이러니하게도 그럴수록 잭 더 리퍼는 더 유명해졌다. 이 사건은 전 세계를 순회하는 유명한 뮤지컬이 되었고, 사건의 배경이 된 화이트채플은 관광객들의 투어 코스가 되었으며, 날카로운 칼과 시체에서 나온 내장을 그림자로 표현한 티셔츠는 인기 있는 기념품으로 팔린다. 희생자의 심정 따위는 아무도 신경 쓰지 않았다.

왜 이렇게까지 잔인한 방식으로 희생자들이 완전히 잊혔을까. 이들이 '매춘부'라고 공표되었기 때문이다. 이 책의 작가는 놀랍게도 애초에 이 사건 자체가 잘못된 가설에 기반해 있다는 사실을 밝혀낸다. 잭 더 리퍼 사건에서 희생된 다섯 여성들은 대장장이의 딸이었고, 이주민이었고, 커피하우스의 주인이었고, 아이들의 엄마였고, 군인의 아내였고, 자매의 언니이자 여동생이었다. 이들은 당시의 노동자계급 여성들이 대부분 그러했듯이 임신과 출산을 반복하며 경제적 부침을 겪었다. 이 과정에서 일부는 성매매를 했을지도 모른다. 하지만 이들이 살해당한 이유는 세간에 알려졌듯이 이들이 '매춘부'여서가 아니라 빈곤 지역의 치안이 엉망이었기 때문이다. 남자 '보호자' 없는 여성들은 잠재적으로 언제나 매춘부로 취급받았으며, 사실 여부에 관계없이 인간 이하의 취급을 받았다. 이 책의 저자는 세계에서 가장 유명한 살인범의 이야기가 만들어 낸 불쾌한 매혹으로부터 독자를 구해 낸다. 지적 자극과 윤리적 반성, 그리고 읽는 재미를 모두 잡은 대단한 책이다.

— 권김현영(『여자들의 사회』 저자·여성학 연구자)

오랫동안 이런 책을 기다려 왔다. 이건 잭 더 리퍼에 관한 이야기가 아니다. 화이트채플에 숨어 살던 비겁한 살인마의 기록이 아니다. 이 책은 "삶을 제대로 살 기회, 사회가 요구하는 모든 것이 될 수 있는 기회"를 잡으려 노력했던 다섯 사람의 이야기이다. 그들에게는 이름이 있었고, 가족이 있었다. 삶이 있었다. 그들이 꿈꾸던 일상은 지금 우리의 시간과 결코 다르지 않았다. 애쓰고, 견디며, 온 힘을 다해 하루하루를 살고, 다음 날을 기대하며 잠드는 밤. 그 밤은 선물이어야만 했다. 그 선물을 꿈꾸던 사람들. 이제 잭 더 리퍼 대신, 이 다섯 명의 이름을 기억하게 될 것이다. 그래야만 한다.

— 강화길(소설가)

"지독할 정도로 좋다. 이 책은 당신을 눈물과 연민과 분노로 초대할 것이다."
- 루시 워슬리(BBC 진행자·역사가·큐레이터)

"우리가 여성 참정권 실현 100주년을 기념하는 이해에, 마침내 이 불행한 여성들이 이 책을 통해 존엄성을 되찾다니 얼마나 시의적절한가."
- 수 블랙(법의학인류학자·영국왕립인류학연구소 회장)

"잭 더 리퍼에게 무자비하게 살해당한 여성들이 더 이상 드라마 〈페니 드레드풀〉의 일차원적인 인물이 아니라, 매우 현실적인 투쟁, 희망, 두려움을 가진 실제 인간임을 보여 준다. 소설가의 영혼을 지닌 역사학자인 저자는 이 중요한 책을 통해 내러티브 논픽션의 대가임을 스스로 증명했다."
- 린지 피츠해리스(의학사학자·TV 프로그램 진행자)

"너무나 눈부시고 반드시 필요한 책." - 조 베이커(소설가)

"저자는 희생자들을 인간화하고 그들의 삶을 탐구하기 위해 130여 년간의 무시무시한 헤드라인과 오해를 부르는 보도를 넘어 비극적이고 갑작스러운 죽음에 도달한다. 이 책은 눈을 뗄 수 없을 만큼 필연적이고 반짝거리는 보석 같은 책이다." - 캐런 애벗(논픽션 작가)

"이 책은 단순히 1888년 가을 화이트채플에서 살해된 여성들을 '소재로 한' 것이 아니라 그들을 '위해' 쓰였다. 강력하고 우리를 부끄럽게 만드는 책이지만, 가장 부끄러운 사실은 이 책이 쓰이기까지 130년이 걸렸다는 점이다."
- 《가디언》

"저자는 가난한 노동자계급의 여성들이 어떻게 가혹한 시대를 살아왔는지에 대한 중요한 연구를 완성해 냈다." - 《뉴욕 타임스》

"당시 민중의 초상에 대한 연민 어린 묘사와 사회에 대한 통렬한 묘사 모두 놓치지 않으며, 궁극적으로 희생자들이 마땅히 가졌어야 하는 것을 그들에게

돌려준다." - 《워싱턴 포스트》

"'리퍼 불균형'을 치유하기 위한 하나의 노력." - 《타임》

"소위 '리퍼학자'들에게 반드시 필요한 책." - 《퍼블리셔스 위클리》

"희생자들은 저마다 온전하고 진실하게 말해진 적 없는 뚜렷한 이야기를 가지고 있었다. 이 책은 '왜 빅토리아 시대 사람들이 진실보다 허구를 더 선호했는가?'라는 질문에 덧붙여 또 하나의 질문을 던진다. 왜 우리는 여전히 그렇게 믿고 있는가?" - 《뉴요커》

"저자는 희생자 여성들을 무대에 올려놓고 그들의 이야기를 통해 빅토리아 시대의 안일한 태도에 가려진 끔찍한 현실을 조명한다. 이 여성들을 비롯한 수백만 명의 사람들에게 빅토리아 영국에서의 삶은 명작극의 에피소드가 아니었다." - 《뉴욕 저널 오브 북스》

"이 책을 통해 리퍼의 피해자들은 마침내 목소리를 얻었다. 지배적인 리퍼 서사를 거부하기 위한 웅변적이고 충격적인 도전이다." - 《메일 오브 선데이》

메리 앤 '폴리' 니컬스,

애니 채프먼,

엘리자베스 스트라이드,

캐서린(케이트) 에도스,

메리 제인 켈리에게

이 책을 바친다.

나는 말하지 못하는 저 여자들을 위해 쓴다.

너무나 겁에 질렸기 때문에,

우리 자신보다 두려움을 더 존중하라고 배우기 때문에

목소리를 가지지 못한 이들을 위해 쓴다.

우리는 침묵이 우리를 구원하리라 배웠으나

그런 일은 없을 것이다.

— 오드리 로드

차례

4부 | 케이트

5부 | 메리 제인

다섯 인생의 궤적

P 폴리
A 애니
E 엘리자베스
K 케이트
M 메리 제인

0   8 km

리젠츠파크

브리지워터가든스

가워가 67번지 **E**

커비가 **P**   **K**

M

P 슈레인

세인트제임스
레스토랑

E 세인트자일스 교회

M 알람브라극장

사우스브루턴뮤즈 **A**

트래펄가 광장

하이드파크

E 웰스가 **A**

M   **P**

P

하이드파크

카페드르유럽

A 라파엘가

스탬퍼드가
피바디 주택

A 몬트필리어플레이스

웨스트민스터

M 브롬턴스퀘어

A

나이츠브리지   **K**   램버스

온즐로뮤즈

벨가

K

로어조지가

트래펄가가 **P**

P

템스강

원즈워스 로즈힐로드 (5.5km)

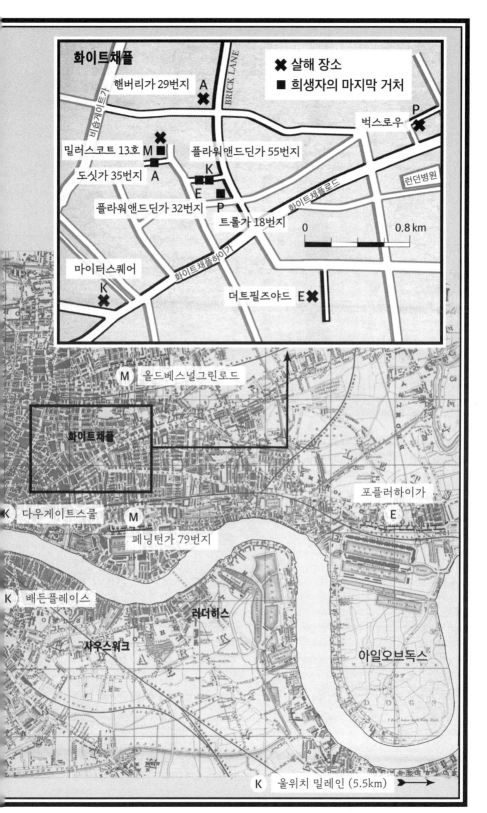

화이트채플

✖ 살해 장소
■ 희생자의 마지막 거처

핸버리가 29번지 A ✖

BRICK LANE

벅스로우 P ✖

밀러스코트 13호 M ■ ✖
플라워앤드딘가 55번지
도싯가 35번지 A ■
K
런던병원
E
플라워앤드딘가 32번지 ■
P
트롤가 18번지
화이트채플로드
0   0.8 km

마이터스퀘어
화이트채플하이가
K ✖
더트필즈야드 E ✖

M 올드베스널그린로드

화이트채플

K 다우게이트스쿨
M
포플러하이가
E
페닝턴가 79번지

K 배든플레이스
러더히스
사우스워크
아일오브독스

K 울위치 밀레인 (5.5km) →

일러두기

1. 지은이 주석은 전부 미주로, 옮긴이 주석은 전부 각주로 처리했다.
2. 지도를 포함해 모든 사진과 그림은 원저 출판사에서 구입해 실었다.
3. 1부에서 다루는 메리 앤 니컬스는 가족과 친구들에게 '폴리'라는 이름으로 불렸기 때문에 책에서도 주로 '폴리 니컬스'로 호칭한다. 4부의 캐서린 에도스는 이 이름의 보편적인 애칭인 '케이트'로 불렸으며 책에서도 그렇게 호칭한다.

두 도시 이야기

1887년의 런던은 두 가지 서사로 존재한다. 하나는 너무도 잘 알려져 있고, 다른 하나는 그렇지 않다.

첫 번째 버전은 수많은 역사책에 인쇄되어 있는 그 이야기이다. 그 해를 직접 산 사람들이 나중에 즐겨 회상한 이야기, 그리움 섞인 미소를 띠며 손주들에게 들려주던 그 이야기이다. 빅토리아 왕, 그의 즉위 50주년을 축하했던 그해 여름의 이야기. 이 나라의 묵직한 왕관을 처음 머리에 얹었을 때 겨우 십 대 아이였던 그가 반세기 사이에 대영제국의 화신이 되었고 그에 걸맞은 기념행사가 대거 기획되었다. 왕이 즉위했던 날짜인 6월 20일에 딱 맞추어 유럽의 왕족과 인도의 제후, 대영제국 각지의 고위 인사와 대표자, 심지어 하와이의 릴리우오칼라니 왕까지 런던에 집합했다. 웨스트엔드 상점가의 진열창은 빨간색, 흰색, 파란색으로 장식되었고, 칙칙한 석조 건물마다 왕기와 국기, 꽃줄 장식과 화려한 화환이 내걸렸다. 날이 저물면 세인트제임스와 피카딜리의 대사관과 사교 클럽, 호텔과 기관 들은 전깃불을 환하게 켜고, 커다란 왕관 모양이나 빅토리아 왕을 뜻하는 V자와 R자 형태의 외벽 가스등에 불을 밝혔다. 폐하의 충직한 신민들은 교외와 빈민가에서 런던 도심으로 모여들었다. 켄트주나 서리주에서도 기차를 타고 와, 왕실 마차나 다이아몬드 드레스를 입은 왕족을 잠깐이라도 볼 수 있길 바라며 붐비는 거리에 합류했다. 가정집에서는 여름의 긴 황혼이 저물면 창가에 촛불을 켜 놓고 맥주나 샴페인, 적포도주가 담긴 잔을 부딪치며 왕의 건강을 기원했다.

웨스트민스터 사원에서는 사은 예배가 열렸고, 윈저성에서는 국빈 연회와 군 사열식이 거행되었다. 하이드파크에서는 어린이 축제까지 열려 어린이 2,500명이 모여들었다. 그들은 펀치와 주디 인형극* 스무 가지, 꼭두각시극 여덟 가지, 요지경 여든여섯 가지, 개와 원숭이와 조랑말 공연 아홉 가지에다, 음악대, 장난감, '가스를 주입한 풍선'까지 즐긴 뒤에 레모네이드, 케이크, 고기파이, 롤빵, 오렌지 메뉴의 점심을 대접받았다. 그해 여름 내내 음악회부터 강연, 공연, 노 젓기 경주, 야유회, 만찬, 특별 요트 경주까지 각종 기념행사가 열렸다. 왕이 즉위한 계절이 런던 사교계의 전통적인 시즌이기도 하여 가든 파티와 무도회도 열렸다. 여자들은 그해에 유행한 복식, 즉 검은색과 흰색 비단에 살구

* 펀치 씨와 그의 아내 주디가 주인공인 영국 전통 인형극으로, 두 사람의 대화와 좌충우돌하는 사건으로 관객의 웃음을 자아낸다.

색, 연보라색, 청회색을 곁들이고 레이스 장식을 단 풍성한 드레스를 차려입었다. 왕세자 부부는 길드홀에서 성대한 무도회를 개최하여 런던을 방문한 왕실 친척과 페르시아 왕자, 교황 특사, 시암 왕자, 인도르 왕을 환대했다. 이 행사에는 상류층 인사들이 빠짐없이 참석하여 각국 깃발과 향기 입힌 꽃 장식 아래에서 춤을 추었다. 여자들 머리에 얹힌 보석관과 남자들 넥타이에 꽂힌 핀이 거울 속에서 반짝거렸다. 사교계에 처음 나온 젊은 여자들은 어울리는 청년들을 소개받았다. 끝없이 이어지는 꿈결 같은 왈츠 선율을 따라 빅토리아 왕의 세계가 빙글빙글 돌아가고 있었다.

그런데 1887년은 또 다른 서사로도 존재한다.

이쪽은 대부분의 사람들이 기억하지 않으려 하는 이야기이다. 오늘날의 역사책에 이 이야기는 거의 실려 있지 않고, 그런 사건이 있었다는 사실 자체를 아는 사람이 너무나 드물다. 그러나 사실 그해 신문에는 왕족의 행렬과 연회, 축제에 대한 묘사를 전부 합친 것보다도 많은 지면을 이 이야기가 차지했다.

1887년 여름은 유난히 따뜻했고 비가 적게 내렸다. 청명한 하늘 아래 즐거운 여름 들놀이와 야외 파티가 이어지는 동안, 같은 하늘 아래 과일 수확이 줄고 들판이 바싹 말랐다. 가뭄으로 인해 계절 농사 일자리가 줄어들면서, 이미 늘어나고 있던 실업 문제가 한층 더 심각해졌다. 부자들이 양산 밑에서, 교외 별장의 나무 그늘 속에서 화창한 날씨를 즐길 때, 노숙인과 빈민은 마른 날씨를 틈타 트래펄가 광장을 야영지로 접수했다. 많은 사람이 일자리를 찾아 런던의 대표적인 청과물 시장이 있는 코번트가든으로 몰려들었으나, 싣고 나를 자두 상자나 배 상자가 가뭄 때문에 전처럼 많지 않았다. 그래서 숙박비가 떨어진 사람들이 시장에서 가까운 트래펄가 광장에서 노숙하기 시작했고, 이어 점점 더 많은 실업자와 가난한 노동자가 구빈원에 들어가느니 차라리 거리에서 자겠다며 광장에 합류한 것이다. 저 높은 기둥 위에서 넬슨 제독이 내려다보는 가운데 이들이 분수대 물로 아침 세수를 하고 벼룩이 들끓는 옷을 빨래하는 모습은 지켜보는 이들을 아연실색케 했다. 계절이 가을로 접어들자 사회주의자와 구세군, 여러 자선단체까지 나타났다. 그들은 광장 사람들에게 성경, 여인숙 숙박권, 커피, 차, 빵, 수프를 나누어 주었다. 얼기설기한 야영지 위로 방수포가 드리워졌다. 거대한 청동 사자들의 앞발 사이에서 매일 열정적인 연설이 쏟아졌다. 광장을 가득 채운 흥분과 공동체 의식, 공짜 음식은 더더욱 많은 부랑자를 불러들였고, 이들은 경찰을 불러들였으며, 기자들이 그 뒤를 따라와 구중중한 점거자들 사이를 돌아다니며 무넝이기만 했던 그들의 이름과 사연을 수집했다.

가령 애슈빌이라는 남자는 본인을 "직업 화가 겸 유리장이"라고 소개했다. 1년 전부터 일감이 떨어진 그는 서른세 밤을 템스강변의 임뱅크먼트에서 노숙하다가 날씨가 너무 추워지자 조금이라도 더 따뜻할까 싶어 트래펄가 광장을 찾아왔다. 풀이 죽고 눈에 띄게 수척했지만, 언젠가는 일자리를 찾을 수 있으리라는 희망을 놓지 않으려 애쓰고 있었다.

군인 남편과 사별한 한 여자는 어린 아들을 먹여 살리려고 트래펄

두 도시 이야기

가 광장에서 성냥을 팔았다. 그의 삶이 늘 이렇진 않았다. 원래 바느질로 돈을 벌었으나 마지막 할부금을 내지 못해 재봉틀을 뺏겼고, 가족의 보금자리였던 단칸방에서 쫓겨났다. 구빈원에 들어가면 아들과 생이별해야 했으므로 그는 매일 밤 숄로 아들을 감싸고 함께 노숙하는 쪽을 선택했다.[1]

평생 어려움이라곤 겪어 본 적 없는 한 노년 부부는 이제 별빛 아래 돌로 된 벤치에서 잠을 청하는 신세였다.[2] 남편은 극장의 음악 감독으로 일했으나 불의의 사고를 겪은 뒤에 일을 그만두어야 했다. 모아둔 돈이 없었던 두 사람은 곧 집세가 밀리기 시작했고, 인근 구빈원에 몸을 맡긴다는 것은 생각만으로도 수치스럽고 두려운 일이었기에 결국 광장에 나앉았다.

트래펄가 광장의 포석에 머리를 누인 수백 명 모두가 이와 비슷한 사연을 가지고 있었다. 정치 운동가들은 이 소외된 사람들이 더는 잃을 것 없는 분노한 대중 그 자체임을 즉각 알아보았다. 트래펄가 광장이 런던을 동서로 나누는 축이요, 부자와 빈민을 가르는 분계선임을 런던 사람들은 오래전부터 알고 있었지만 그런 인위적인 경계는 쉽게 허물어질 수 있었다. 박탈당한 사람들을 침묵 속에 가두는 보이지 않는 저지선 또한 얼마든지 뚫릴 수 있었다. 1887년 그해에 어떤 사람들은 언제 곧 사회혁명이 일어날지 모른다며 두려워했지만, 또 어떤 사람들은 혁명이 아직도 충분히 가깝지 않다고 생각했다. 후자에 속한 윌리엄 모리스, 애니 베전트, 엘리너 마르크스, 조지 버나드 쇼 등의 사회주의자와 개혁가는 매일 트래펄가 광장에 나와 대중 앞에서 연설했다. 그 결과 수천 명의 군중이 구호를 외치고 깃발을 흔들며 거리로 쏟아져 나가기 시작했고, 필연적으로 폭력 사태가 발생했다. 런던경찰청과 보우가 치안법정은 시위를 진압하고 광장에서 빈민과 선동가를 쫓아내려고 갖은 애를 썼지만, 마치 인력으로 막을 수 없는 조류처럼 그들은 밀려났다가도 어느새 되돌아왔다.

11월 8일, 런던경찰청장 찰스 워런 경은 치명적인 오판을 내렸다. 트래펄가 광장에서 여는 집회를 전면 금지한 것이다. 런던 한복판의 이 공간이 이제는 보통 시민들이 결집하여 정치적 행동을 논의하는 포럼으로 여겨지던 상황에서 경찰의 집회 금지령은 전쟁 선포나 마찬가지였다. 항의 집회가 13일로 잡혔다. 대외적 명분은 아일랜드 하원의원 윌리엄 오브라이언의 석방을 요구하는 것이었지만, 참가자들은 그러한 특정 사안을 훨씬 넘어서는 불만과 분노를 표출했다. 이날 집회에는 4만 명이 넘는 인원이 참가했다. 반대편에서는 경찰 병력 2,000명과 왕의 근위기병대, 근위보병 제1연대가 출동했다. 양측은 집회가 시작하자마자 충돌했고, 경찰은 시위대에 곤봉 세례를 퍼부었다. 애초에 평화 집회로 기획되었음에도 많은 시위 참가자가 납 파이프, 칼, 망치, 벽돌을 들고 왔다. 그 결과 참가자 중 40명이 체포되고 200여 명이 부상당했으며 최소 두 명이 사망했다. 이후 '피의 일요일'로 불리게 된 이날은 갈등의 끝이 아니었다. 유리창 깨지는 소리, 격분한 군중의 함성은 해가 바뀌고도 한참 더 이어졌다.

이 두 가지 서사에는 장차 19세기를 규정하게 되는 두 여자의 삶과 죽음이 들어 있다. 한 사람은 이 시대에 본인의 이름을 부여한 빅토리아 왕(재위 1837~1901년)이다. 또 한 사람은 트래펄가 광장의 노숙자 중 한 명이었던 메리 앤 폴리 니컬스이다. 빅토리아 왕과 달리 니컬스의 이름은 이후 사람들의 기억에서 거의 사라졌다. 세상이 기억한 것은 니컬스가 아니라 니컬스를 죽인 범인이었다. 사람들은 그에게 매혹되었고 심지어 음미하듯 그의 이름을 되뇌었다. 시체를 찢어발기는 살인마, '잭 더 리퍼'라는 이름을.

빅토리아 왕의 즉위 50주년에서 대략 1년 후, 폴리 니컬스가 살해당했다. 1888년 8월 31일에 사망한 니컬스는 잭 더 리퍼의 '공식canonical' 피해자 5인, 즉 이스트엔드 화이트채플에서 발생한 살인 사건 중 경찰이 동일인의 소행으로 판단한 다섯 사건의 첫 번째 피해자였다. 이어 9월 8일에는 핸버리가의 어느 안뜰에서 애니 채프먼의 시신이 발견되었다. 9월 30일 이른 아침에는 두 명이 살해당했다. '동시 살인'으로 불리는 이 사건의 피해자 엘리자베스 스트라이드와 캐서린(케이트) 에도스는 각각 버너가와 마이터스퀘어에서 발견되었다. 살인 행각이 잠시 멈추는가 했으나 11월 9일 마지막 피해자 메리 제인 켈리의 철저하게 훼손된 시신이 밀러스코트의 자택 침대에서 발견되었다.

런던 시민과 영국 전역의 신문 독자는 화이트채플 살인 사건의 잔인성에 경악했다. 다섯 피해자 모두 목이 잘렸고, 넷은 내장까지 뜯겼다. 마지막 사건을 예외로 하면 이 잔혹한 사건은 모두 야외에서, 어둠의 엄폐 속에서 발생했다. 모든 사건에서 예외 없이 살인자는 남자인지 여자인지, 단독범인지 공범인지 그 정체를 짐작케 할 단서를 전혀 남기지 않고 사라졌다. 또한 인구 밀도가 매우 높은 구역에서 발생했다는 점에서 대중과 언론은 물론 경찰까지도 이 사건이 여느 살인 사건과는 다르다고 생각했다. 범인은 마치 유령인 듯 악귀인 듯 늘 당국보다 한발 앞서 있는 것 같았고, 그래서 그의 범행은 유독 끔찍한 사건으로, 흡사 초자연적인 현상으로까지 여겨졌다.

런던경찰청의 화이트채플 담당 부서인 H지구대는 자원이 허락하는 한에서 최선을 다했으나 전대미문의 사건 규모와 심각성에 곧 압도당했다. 경찰은 화이트채플 전역에서 집집을 탐문하고 각종 법의학 증거를 수집해 분석했다. 많은 사람이 진술이나 서신을 통해 자기가 사건을 목격했다고 주장하거나 수사를 돕겠다고 나섰고 어떤 이들은 그저 재미 삼아 이야기를 지어냈다. 경찰은 모두 2,000여 명을 심문했고 300여 명의 용의자를 조사했다. 런던경찰청 본청과 시티오브런던 경찰까지 수사를 지원했으나 실질적인 소득은 전혀 없었다. 진짜 단서들은 그들 앞에 산더미처럼 쌓여 가는 서류 속에서 어딘가로 사라져 버린 듯했다. 경관들이 수첩을 들고 돌아다니거나 범인일지도 모르는 이들을 쫓아 어두운 골목을 누비는 동안에도 잭 더 리퍼는 계속 사람을 죽였다.

'공포의 가을'이 이어지는 동안 화이트채플에는 기자들이 몰려들어 저마다 이 금맥 같은 사건을 날카로운 연필 끝으로 후비며 선정적인 기사를 뽑아냈다. 경찰이 수사를 진행 중이고 지역 주민들이 바짝 경계하고 있는 시점에 언론은 어김없이 그 둘 사이에 끼어들어 사태를 극단으로 몰고 갔다. 경찰이 그 어떤 결정적인 정보도 내놓지 못하는 사이, 기자들은 앞다투어 범인의 정체와 수법에 대해 독자적인 가설을 세웠다. 가판대에서 신문이 날개 돋친 듯 팔려 나갔고, 더 많은 읽을거리와 더 볼만한 그림을 확보하려는 경쟁은 점점 더 뜨거워지기만 했다. 어느 신문에나 윤색되고 날조된 이야기와 '가짜 뉴스'가 실렸다. 신문에 인쇄된 소문들, 경찰의 무능함을 비난하는 조급한 논평들은 지역 주민의 불안을 잠재우는 데 전혀 도움이 되지 않았다. 9월 중순경 화이트채플 사람들은 '공황'에 빠졌다. 이들은 공포에 사로잡혀 날이 저문 뒤에는 집 밖에도 나가지 못했다. 주민들은 레만가의 경찰서 앞에 모여 어서 범인을 잡아들이라고 "야유하고 고함쳤고", 상인들은 문제를 직접 해결하겠다며 '화이트채플 자경단'을 꾸렸다. 그 와중에도 언론은 계속해서 범인의 정체를 두고 마음껏 상상력을 발휘했다. 그는 화이트채플에 사는 남자였다. 또는 웨스트엔드에 사는 부유한 '거물'이었다. 또는 선원이고, 유대인이고, 푸주한이고, 외과의사이고, 외국인이고, 광인이고, 갱단이었다. 화이트채플 주민들은 이런 묘사에 들어맞는 사람이면 아무나 공격하기 시작했다. 왕진 가방을 든 의사를 공격했고, 짐꾸러미를 나르던 남자를 경찰에 신고했다. 그런데 이 사태는 많은 사람을 신물나게 하는 동시에 그로테스크한 호기심을 자극했다. 사람들은 레만가 경찰서 앞뿐 아니라 범행 장소들에도 모여들었다. 진실을 알아낼 수 있을까 싶어 악행이 벌어졌던 장소를 노려보는 사람들도 있었고, 그저 그곳에서 벌어진 참사에 전율을 느끼는 사람들도 있었다.

경찰은 다섯 사건 중 그 어떤 건에 대해서도 단 한 명의 피의자도 체포해 기소하지 못했고, 범인이 법의 심판을 받는 모습을 보겠다는 대중의 근질근질한 욕망은 끝까지 채워지지 않았다. 약간의 진실과 얼마간의 결론을 제공한 것은 사인 심문*뿐이었다. 잭 더 리퍼 피해자들의 사인 심문은 화이트채플과 시티오브런던에서 공개적으로 진행되었고 언론에 대대적으로 보도되었다. 다섯 피해자에 대해 지금까지 남아 있는 정보 대부분이 바로 사인 심문의 증언에서 나온 것들이다. 그러나 여기에는 문제가 있다. 증인에게 질문하는 방식부터가 불완전했고, 추가 질문은 거의 없었으며, 앞뒤가 맞지 않거나 엉뚱한 진술에 대해 반론이 제기되지도 않았기 때문이다. 요컨대 사인 심문에서 드러난 정보들은 사건의 표면만 건드릴 뿐, 진실은 그보다 훨씬 더 깊고 어둑한 곳에 감추어져 있다.

잭 더 리퍼 살인 사건을 통해 수면 위로 드러난 것이 하나 있다면, 그것은 이스트엔드의 빈민들이 살아가던, 입에 담을 수 없이 끔찍한 환경이었다. 트래펄가 광장의 점거와 폭동은 이들을 비롯한 런던의 빈곤층이 만성적으로 앓아 온 질병을 나타내는 너무도 눈에 띄는 한 징후였을 뿐이다. 그것은 기성 체제의 일굴에 뒨 기침이었다. 잭 더 리퍼의 등장은 그보다 한층 더 요란하고 난폭한 기침이었다.

빅토리아 시대 초기부터 여러 기자와 사회개혁가, 선교사가 이스트엔드의 참황을 목도하고 공개적으로 비판해 왔음에도, 1870~1880년대의 이른바 '장기 불황'은 빈곤 문제를 급성으로 악화시켰다. 런던에 넘

---

* 영미법 체제에서 검시관이 사망자의 사망 원인을 확정하기 위해 진행하는 심문. 형사재판과 비슷하게 증인들이 출석해 사건에 대해 진술하면 배심원단이 피해자의 사망 원인을 추정하여 공식적으로 밝히는 자리였다.

두 도시 이야기

쳐나는 비숙련노동자들은 직물을 바느질하고 세탁하는 일, 벽돌 나르는 일, 상품 조립하는 일, 거리에서 물건을 파는 일, 뱃짐을 하선하는 일을 하며 저임금으로 불안정하게 살아갔다. 가령 부두 일용직은 한 주에 겨우 15실링을 벌었고, 몸 앞뒤에 광고판을 달고 거리를 돌아다니는 '샌드위치맨'의 일당은 1실링 8펜스였다.* 더욱이 집세는 계속 오르기만 했다. 런던 곳곳에서 기존 빈민 구역을 갈아엎고 철도를 놓거나 넓은 신작로를 내면 여기서 쫓겨난 사람들은 이제 얼마 안 남은, 그러잖아도 과밀한 빈민 구역으로 흘러들었다.

화이트채플은 런던에 있는 빈곤의 웅덩이 중 가장 유명했지만 당연히 유일한 곳은 아니었다. 사회개혁가 찰스 부스가 1890년대에 대대적으로 실시한 런던 빈민 구역 연구에서 밝혀진 대로, 가난과 범죄와 불행이 집중된 구역은 런던 전역에 존재했고 심지어는 비교적 잘사는 지역 안에도 그런 동네가 있었다. 하지만 가장 악명 높은 곳을 꼽자면 버몬지나 램버스, 서더크, 세인트팬크러스보다도 화이트채플이었다. 19세기 말 이곳에는 7만 8,000명의 인구가 창고, 여인숙, 기계 공장, 수작업 공장, 도축장, 가구 딸린 셋방, 펍, 싸구려 뮤직홀, 시장을 가득 채우고 있었다. 이 과밀한 인구는 종교적으로나 문화적으로, 또 언어적으로 결코 균일하지 않았다. 런던 부두에 인접한 화이트채플은 200여 년 전부터 이미 유럽 전역에서 영국으로 건너오는 이민자들의 거점이었

---

* 　　당시 1실링(12펜스)은 현재 구매력으로 약 3파운드, 한화 약 5,000원이며 당시 숙련노동자의 일당은 최소 7실링이었다.
　　(참고: https://www.nationalarchives.gov.uk/)

다. 19세기 후반에는 아일랜드에서 건너온 가난한 농민이 특히 많았고, 1880년대에는 동유럽 유대인이 인종 학살을 피해 런던으로 탈출했다. 국적, 인종, 종교가 다른 사람들을 심하게 불신하던 그 시대에는 화이트채플 같은 빈민가라고 해서 주민 간의 통합과 융화가 저절로 이루어지진 않았다. 다만 부스의 연구에 따르면, 이들은 태생은 다양해도 사회계급은 상당히 균일했다. 중산층이라는 예외도 꽤 있었지만, 화이트채플 주민의 다수는 '빈민' 또는 '극빈민' 또는 '준범죄자'에 속했다.

화이트채플에서도 가장 어두컴컴한 심장부가 스피탈필즈였다. 청과물 시장과 하얀 뾰족탑의 크라이스트 교회 근처인 이곳에는, 화이트채플에서, 아니 어쩌면 런던 전체에서 가장 가난한 거리와 숙소가 밀집해 있었다. 도싯가와 트롤가, 플라워앤드딘가, 그리고 여기서 더 들어간 좁은 샛길들은 경찰마저도 꺼렸다. 이곳에는 악행의 소굴인 싸구려 여인숙과 허물어져 가는 축축한 내부를 '가구 딸린 셋방'으로 나눠 따로따로 세를 놓는 낡아 빠진 주택이 빼곡했다. 이 거리들과 여기 사는 비참한 사람들은 영국에서 가장 부패한 모든 것을 상징하고 있었다.

빅토리아 시대의 안전한 중산층 세계에서 잠시 벗어나 이 나락에 들어선 이들은 눈앞의 광경에 입을 다물지 못했다. 부서진 보도, 침침한 가스등, 번들거리는 하수, 질병을 일으키는 썩은 물웅덩이, 쓰레기로 뒤덮인 도로는 건물 안에 들어가 보지 않아도 그 참혹한 환경을 짐작케 했다. 실제로 안에 들어가 보면 가로세로로 각각 3미터가 안 되는 크기에 창문은 부서지고 벼룩이 끓는 단칸방마다 한 가족이 살았다. 어느 집에서는 다섯 자녀가 한 침대를 쓰고 그 옆에 미처 장례를 치르지 못한 죽은 아이가 누워 있는 것을 보건 당국이 발견하기도 했다. 사람들은 맨바닥에서 넝마와 짚 더미를 깔개 삼아 잤다. 어떤 이들은 가진 옷을 죄다 전당 잡힌 뒤에 말 그대로 알몸으로 잤다. 이 깊디깊은 지옥에는 알코올중독, 영양실조, 질병이 만연했고 가정 폭력 등 온갖 종류의 폭력이 횡행했다. 여자아이들은 사춘기가 채 되기도 전에 돈을 벌기 위해 성매매를 시작했고, 남자아이들은 도둑질과 소매치기를 시작했다. 영국의 도덕적인 중산층이 보기에, 인간관계의 바탕인 선하고 고결한 본성이 이토록 야만적이고 뼈저린 궁핍 앞에서는 완전히 무너지고 없었다.

이를 가장 분명하게 보여 주는 장소는 가구 딸린 셋방조차 얻지 못할 만큼 가난한 사람이 묵는 공동 여인숙이었다. 집 없는 사람들은 공동 여인숙의 악취 나는 침대에서 몇 밤, 숨 막히는 구빈원 임시방에서 몇 밤, 길에서 몇 밤을 지내는 식으로 살아 나갔다. 이들은 주로 걸인, 범죄자, 매춘부, 만성 알코올중독자, 실직자, 병든 노인, 일용직 일꾼, 퇴역 군인이었고 보통은 그중 여러 항목에 동시에 해당했다. 화이트채플에만 233개의 공동 여인숙에 8,530명의 떠돌이가 살았다고 한다.[3] 그중에서도 가장 악명 높은 여인숙은 당연히 스피탈필즈의 도싯가, 트롤가, 플라워앤드딘가에 있었다. 하룻밤 4펜스면 답답하고 냄새 나는 공동 침실 안에 벼룩이 끓는 딱딱한 싱글 침대에서 잘 수 있었다. 8펜스면 더럽기는 마찬가지여도 나무 칸막이를 둘러친 더블 침대를 얻을 수 있었다. 성별을 구분하는 여인숙도 있었고 그렇지 않은 여인숙도 있었는데, 그중 혼숙 시설이 도덕적으로 가장 퇴폐한 곳으로 여겨졌다. 여인숙의 공동 주방은 누구나 이용할 수 있었고 낮에는 물론 밤늦게까지 열려 있었다. 숙박인들은 이곳을 만남의 장소로 삼아 변변찮은 음식이나마 함께 요리해 먹고 차와 맥주를 마셨으며 지나가다 들르는 사람도 흔쾌히 껴 주었다. 사회 연구자들이나 개혁가들도 이런 주방에 앉아, 성인은 물론 어린이까지 일삼는 기괴한 습관과 거친 언어에 경악했다. 그러나 그들이 정말로 주목한 문제는 폭력적인 행동, 비인간적인 불결함, 넘쳐흐르는 변기, 거리낌 없는 신체 노출, 방종한 성교, 알코올중독, 아동 방임 등이었다. 공동 여인숙에는 이 빈민가의 가장 역겨운 요소가 빠짐없이 한데 응축되어 있었다.

경찰 당국과 사회개혁가들이 특히 우려한 것은 공동 여인숙과 성매매 간의 연결고리였다. 4펜스 내지 8펜스만 내면 누구나 별 질문을 받지 않고 묵을 수 있었기 때문에, 이 숙소들은 자연히 부도덕의 온상이 되었다. 성매매를 주요 생계 수단으로 삼은 많은 여성이 여인숙에 살거나 그곳을 거점으로 일했고, 특히 1885년 형법 개정으로 매음굴 다수가 폐쇄되고 여자들이 밖에서 손님을 구해야만 하는 상황이 되자 더욱 많은 매춘부가 여인숙으로 흘러들었다. 8펜스짜리 더블 침대는 거리에서 호객한 남자를 데려오기에 적당한 공간이었다. 혹은 4펜스짜리 싱글 침대에 묵으면서 야외의 어둡고 후미진 곳에서 일할 수도 있었다. 그런 경우에는 흔히 성교까지는 하지 않고 짧은 성적 접촉이 이루어졌다.

그러나 공동 여인숙에 묵는 여자들은 각자 이런저런 불우한 사정이 있다는 점만 같았지, 결코 하나로 묶을 수 없는 다양한 사람들이었

두 도시 이야기

다. 이른바 '약식 매춘'에 의지하는 경우도 일부 있었지만, 그 모두가 성매매를 했다고 단언하는 것은 완전히 틀렸다는 뜻이다. 알고 보면 이들은 그러한 억측과는 전혀 다른 방법으로 숙박비를 마련했다. 대다수는 저임금 일용직인 청소, 빨래, 행상 일을 했고, 부족한 돈은 빌리거나 얻어 내거나 전당으로 마련하거나 정 안 되면 훔치기도 했다. 남성과 파트너가 되는 것도 중요한 비용 절감 수단이었다. 그러한 비공식적인 남녀 관계는 흔히 필요에 의해 맺어졌다 짧게 끝났지만, 때로는 몇 달 혹은 몇 년이나 이어졌다. 중산층 식자들은 가난한 남자와 여자가 너무나 쉽고 빠르게 만났다 헤어지는 실태에 경악했다. 둘 사이에 아이가 태어났다고 해서 달라지는 것은 거의 없는 듯했다. 이처럼 사회 일반의 도덕 기준과 빈민층의 도덕 감각이 한참 달랐기 때문에, 여인숙의 가난한 여자들이 지붕 아래서 잠자기 위해 정확히 무슨 일을 했는지 파악하기가 더욱 어려웠다.

　잭 더 리퍼의 공포 정국 동안 언론은 빈민가의 삶을 적나라하게 묘사함으로써 전국을 떠들썩하게 만드는 데 혈안이 되어 있었고, 그 과정에서 화이트채플의 여인숙들이 "사실상 매음굴"이며 극소수의 예외는 있지만 그곳에 사는 여성 대다수가 죄다 매춘부라고 단언하기를 일삼았다. 독자들은 연이어 발생한 끔찍한 살인 사건에 비추어 그 주장을 기꺼이 믿었다. 그렇게 해서 억측이 사실로 굳어졌지만, 사실은 경찰부터가 매우 다른 견해를 가지고 있었다. 잭 더 리퍼 사태가 정점으로 치닫던 시점에 런던경찰청장 찰스 워런은 그와 완전히 다른 이야기를 편지에 썼다. 정확히 어떻게 계산했는지는 몰라도 그는 화이트채플에 있는 233개의 공동 여인숙에 약 1,200명의 매춘부가 산다고 추정했다. 그런데 더 중요한 것은 "누가 매춘부이고 누가 매춘부가 아닌지 구별할 방법은 전혀 없다"고 단서를 달았다는 것이다.[4] 바꿔 말하면 경찰마저도 누가 성매매 여성인지 판별하기가 불가능하다고 인정한 상황에서 언론이 그렇게 단언할 근거는 어디에도 없었다.

워런이 내놓은 수치는 또 다른 측면에서도 흥미롭다. 그의 말대로 화이트채플 여인숙 인구가 8,530명이고 그중 3분의 1인 2,844명이 여성이며 그중 1,200명을 성매매 여성으로 볼 수 있다고 한다면, 나머지 1,644명이라는 과반수 여성은 그 어떤 종류의 성매매도 하지 않았다는 뜻이다.[5] 화이트채플의 공동 여인숙에서 살아가던 여자들을 옭아맸던 추정과 소문과 억측의 그물망은, 잭 더 리퍼의 피해자와 그들의 삶도 똑같이 옭아매 왔다. 130여 년 전에 만들어지기 시작한 이 가닥가닥의 그물망은 놀랍게도 거의 검토되지 않고 오늘날까지 고스란히 남아 있다. 그때부터 지금까지 폴리, 애니, 엘리자베스, 케이트, 메리 제인의 이야기에 달라붙어 그 형태를 결정해 온 것은 다름 아닌 빅토리아 사회의 가치관이다. 성별은 남성이고 성격은 권위적이며 계급은 중산층인 그 가치관 말이다. 그 시대 여성은 목소리를 내지 못했고 거의 모든 권리를 박탈당했다. 그 시대 빈민은 게으르고 타락한 사람으로 치부되었다. 그리고 여성이자 빈민인 사람은 최악의 교집합에 속했다. 지난 130여 년 동안 우리는 저 시대에 만들어진 먼지투성이 짐 꾸러미를 꼭 껴안고만 있었다. 안에 무엇이 들어 있는지 살펴보려 하지 않고, 피해자들이 어떤 사람이며 그들의 진짜 역사는 무엇인지 알 수 없도록 꽁꽁

싸맨 그 두꺼운 포장을 풀 생각도 없이.

잭 더 리퍼는 매춘부를 골라 죽였다. 혹은, 사람들이 그렇게 믿어 왔다. 그러나 다섯 피해자 중 셋은 매춘부였다고 말할 만한 확실한 증거가 전혀 없다. 경찰은 어두운 안뜰이나 거리에서 시신을 발견하자마자 피해자는 매춘부이며, 어떤 미치광이가 섹스를 미끼로 그들을 꾀어냈다고 '가정'했다. 이 두 가지 가정은 그때도 증명되지 않았고 지금도 증명되지 않는다. 반대로 사인 심문에서 확인된 사실에 따르면, 잭 더 리퍼는 그 어떤 피해자와도 성교를 하지 않았다. 몸싸움의 흔적도 전혀 없었으며, 범인은 완벽한 정적 속에서 범행을 저질렀다. 사건 현장 근처에서 비명을 들은 사람이 단 한 명도 없었다. 부검 결과 다섯 피해자 모두 누운 자세에서 살해당했다. 최소 세 명의 피해자는 주변에 잘 알려진 노숙자였고, 살해당한 밤에는 여인숙에 묵을 돈이 없었다. 마지막 사건의 피해자는 자기 집 침실에서 살해당했다. 그러나 경찰은 범인이 피해자를 선택한 기준을 두고 스스로 세운 가설에 몰두한 나머지, 이러한 사실들로부터 너무도 명백한 결론을 도출하지 못했다. 범인은 잠든 여자를 노렸다는 결론을.

내가 이 살인 사건들의 진실을 파헤치는 데 줄곧 걸림돌이 된 것은 신뢰할 수 없는 일차 자료였다. 경찰 기록도 얼마간 남아 있지만, 사건 자체와 피해자에 관해 알려진 대부분의 정보는 사인 심문에서 찾았다. 안타깝게도 다섯 건 중 세 건은 사인 심문의 공식 문건이 소실되었다. 반면에 편집되고 윤색되고 와전되고 재해석된 신문 기사 일체는 잘 남아 있고, 그로부터 사건의 전체적인 그림을 뽑아낼 수 있었다. 다만 나는 그러한 자료에는 신중하게 접근했으며 그 안에 쓰인 그 어떤 것도 절대적인 사실로 취급하지 않았다. 마찬가지로 사인 심문에 출석한 증인 가운데 피해자가 생전에 개인적으로 알던 사람이 아닌 이들이 내놓은 근거 없는 정보는 이 책의 자료로 삼지 않았다.

내가 이 책을 쓴 목적은 살인범을 잡아 그 이름을 밝히려는 것이 아니다. 이 책에서 나는 다섯 사람의 발자국을 다시 추적하고, 그들의 경험을 그 시대의 맥락 안에서 살펴보고, 빛과 어둠을 가리지 않고 그들의 행적을 따라가려고 했다. 그동안 우리는 그들의 껍데기만을 보아왔으나 우리에게 더 중요한 것은 그 안의 이야기이다. 그들은 엄마를 찾아 울던 아이들이었다. 그들은 사랑에 빠진 아가씨들이었다. 그들은 출산의 고통과 부모의 죽음을 겪었다. 그들은 웃으며 크리스마스를 보냈다. 그들은 형제자매와 다투었다. 그들은 울었고 꿈꾸었고 상처받았고 작은 승리에 기뻐했다. 그들의 삶은 빅토리아 시대의 다른 수많은 여성과 비슷했지만, 죽음은 너무도 이례적이었다. 나는 그들을 위해 이 책을 썼다. 우리가 이제라도 그들의 이야기를 분명히 들을 수 있기를 바라며, 또한 그들이 목숨과 함께 그토록 잔인하게 빼앗겼던 것을 그들에게 돌려줄 수 있기를 바라며. 그들이 빼앗긴 것은 존엄성이었다.

1부

폴리

1845년 8월 26일~1888년 8월 31일

CHAPTER 1

대장장이의 딸

실린더가 돌아간다. 벨트가 움직인다. 톱니바퀴가 찰칵거리고 윙윙거린다. 잉크 묻은 활자가 종이를 누른다. 바닥이 삐걱인다. 등불은 밤새 켜져 있다. 어느 방에는 글자가 찍힌 종이가 천장 높이의 건조대에 길게 걸려 있고, 어느 방에는 작은 금속 활자가 가득 담긴 나무 상자가 탑처럼 쌓여 있다. 어느 방에서는 남자들이 가죽을 구부려 형태를 잡고, 표지에 금빛 이파리를 찍어 넣고, 장정을 꿰맨다. 어느 창고에서는 구리판을 식각하고 활자를 주조한다. 책과 신문과 잡지를 높이 쌓아 둔 가게에선 새 종이와 톡 쏘는 잉크의 상쾌한 냄새가 난다. 플리트가 일대는 인쇄업의 중심지였다. 일하는 사람들은 모두 캔버스천으로 된 작업복을 입었다. 지저분한 겉옷과 얼룩진 앞치마가 이곳의 유일한 패션이었고, 옷이 더럽고 검댕투성이일수록 열심히 일하는 사람이었다. 남자아이들은 머리부터 발끝까지 잉크 가루를 뒤집어쓴 채 심부름을 다녔다. 세인트브라이즈 교구에 속한 이 출판업계에서는 그 누구도 깨끗한 손가락을 가지지 못했고 누구도 가지려고 하지 않았다. 이곳에는 저술자, 인쇄업자, 신문기자, 서적 판매인 등 문자로 먹고사는 모든 종류의 직업인이 살았다.

플리트가와 그 주변 거리는 주민도 많고 행인도 많았다. 한 작가가 쓰기를, 세인트폴 대성당이 있는 러드게이트힐에서 이쪽을 내려다보면 "바삐 움직이는 사람과 말과 탈것의 혼잡한 덩어리만 까맣게 보이지", "보도는 한 뼘도 보이지 않으며" "주택이 늘어선 길에도 사람들 머리뿐, 도로도 사람의 바다"였다.[1] 플리트가와 하이홀본, 두 평행한 대로 사이에는 좁은 골목과 통로가 촘촘한 망을 이루었고, 그 안에 썩어 가는 목조 건물과 습기 찬 벽돌 건물이 빼곡히 들어차 있었다. 17세기부터 인쇄업자, 사상가, 가난한 작가가 이런 건물에서 살고 일했다. 집과 집이 얼마나 가까운지 이웃의 재채기 소리, 울음소리는 물론 한숨 소리까지 들릴 정도였다. 창문을 활짝 열어 두는 여름에는 어느 거리에서나 증기식과 수동식 인쇄기가 돌아가는 소리를 들을 수 있었다.

바로 이 소음에 둘러싸인 어느 작고 낡은 방에서 캐럴라인 워커의 둘째 아이 메리 앤이 태어났다. 날짜는 1845년 8월 26일, 이 동네에서 인쇄된 신문들에 따르면 "맑고 건조한 날"이었다. 주소지는 찰스 디킨스 소설 속 주인공이 태어났을 법한 슈레인 건파우더앨리*의 200년 된 낡은 주택 '도스코트'였다. 실제로 디킨스는 어린 시절 구두닦이로 일하고 커서는 글을 쓰면서 이 구역의 후미진 안뜰과 쾨쾨한 골목을 속속들이 경험했다. 메리 앤, 다른 이름으로 폴리는 『올리버 트위스트』에 나오는 소매치기 일당이 자란 것과 똑같은 주거 환경에서 태어나 자랐다.

워커 가족은 원래도 부유층이 아니었고, 부친 에드워드 워커의 직업을 고려하건대 앞으로 부유해질 가능성도 없었다. 에드워드는 템스강 남안의 램버스에서 대장일을 배운 뒤에 일자리를 찾아 강을 건너 이곳 '잉크 거리'에 왔다. 처음에는 자물쇠 만드는 일을 했고, 다음에는 그의 주소로 짐작건대 활자 주조 일을 한 것 같다.[2] 대장장이는 존경받는 숙련노동자였지만 보수는 그럭저럭 살아갈 만한 수준이었다. 도제 생활을 마치고 경력을 시작하는 단계에서는 하루 3~5실링을, 종신직에 고용되면 6실링 6펜스 이상을 벌었지만 보통은 임금이 오르는 속도보다 식구가 늘어나는 속도가 더 빨랐다.[3]

에드워드와 캐럴라인, 그리고 폴리보다 두 살 많은 에드워드, 폴리, 그 네 살 아래인 프레더릭까지 다섯 식구는 대장장이의 급료로 수수하지만 안정적으로 살아갈 수 있었다. 빅토리아 시대 초기에는 이것이 그리 쉬운 일이 아니었다. 밖에서 돈을 벌어오던 사람이 병에 걸리거나 갑자기 일자리를 잃어 집세를 밀리면 곧 구빈원행이었기 때문이다. 워커와 같은 중간 규모 가족의 일주일 지출은 평균 1파운드 8실링 1페니였다. 일단 런던 도심의 큰 방 하나 또는 작은 방 둘의 임대료가 주당 4실링에서 4실링 6펜스 정도였다. 식비는 약 20실링(1파운드)이었고 석

＊　　슈레인(Shoe Lane)은 '신발길', 건파우더앨리(Gunpowder Alley)는 '화약 골목'이라는 뜻의 지명이다.

탄, 장작, 양초, 비누 등 소모품을 구비하는 데 최소 1실링 9펜스가 들었다.[4] 에드워드 같은 숙련노동자는 보통 자녀 교육에 약 1실링 3펜스를 썼고 남은 몇 페니로 저축도 할 수 있었다.

영국에서 의무교육은 1876년에야 시작되었지만, 그 전에도 노동자계급 중 비교적 여유 있는 가정은 아들을, 때로는 딸도 가까운 자선학교나 유료 학교에 보냈다. 인쇄업 종사자들은 자녀 교육열이 특히 높았다. 이들에게는 문해력이 특별한 교양을 넘어선 필수 소양이었기 때문이다. 이 시대의 가장 큰 출판사 중 한 곳이었던 스포티스우드앤드컴퍼니 같은 적극적인 회사는 15세 이하 남자아이를 대상으로 현장 교육을 제공하고, 가정의 문해력 증진을 위해 직원 도서관을 운영했다. 폴리 남매는 그러한 자원까지는 이용하지 못했어도 내셔널스쿨이나 브리티시스쿨에 다녔던 것 같다. 영국국교회가 운영한 내셔널스쿨은 밖에서 돈을 벌어야 하는 학생들이 일을 병행하며 공부할 수 있는 학교로, 슈레인 가까이에 시티오브런던 내셔널스쿨이 있었다. 브리티시스쿨은 노동자계급 중에서도 최하층은 아니라고 자부하는 가정에서 약간은 더 본격적인 교육을 위해 아이들을 보낸 곳으로, 정식 남녀 교사의 지도하에 고학년이 저학년 학생을 가르쳤다. 에드워드 워커는 교육의 중요성을 굳게 믿는 사람이었던 것 같다. 그의 딸 폴리는 성별과 계급을 생각하면 꽤 이례적으로 열다섯 살까지 학교에 다녔다. 이 시대의 관습상 노동자계급 여학생은 읽기까지만 배우지 쓰기는 배우지 못했으나, 폴리는 읽기와 쓰기를 다 익혔다. 워커 가족이 사치를 부릴 여유는 없었어도 읽을거리만큼은 쉽게 구할 수 있었을 테니, 아마도 이것이 폴리가 잉크 거리에서 자라며 누린 유일한 혜택이었을 것이다.

그 외에 폴리가 유년기 동안 가정에서 누린 것은 거의 없었다. 워커 가족은 슈레인이나 하이홀본에서 멀리 벗어난 적이 없었다. 그저 도스코트에서 딘가로, 로빈후드코트에서 하프앨리로 집을 옮기곤 했을 뿐이다. 중세에 형성된 세인트브라이즈 교구와 세인트앤드루스 교구의 좁고 낡은 거리에 들어찬 집들에는 여유 공간이라든가 프라이버시라는 개념 자체가 없었다. 1844년 런던의 인구 밀집 구역 주거 실태에 관한 정부 조사에 따르면, 워커 가족이 살던 곳과 같은 좁은 골목과 막다른 길의 주택들은 "최악의 환경으로 … 어느 집이나 환기 상태가 나쁘고 불결했다". 대부분의 가족이 단칸방에 살았고 그 평균 크기는 "가로 2.5~3미터, 세로 2.5미터, 높이 2~2.5미터"였다.[5] 집의 작은 방마다 한 가족 전체가 살고 있었다. 도스코트의 경우, 원래는 목재 골조에 회반죽을 바른 큰 주택이지만 이후 세 가구로 나뉘었다가 결국 방을 한 칸씩 임대하는 공동주택으로 바뀌어 한 건물에 최소 45명이 살았다. 흔히 한 가구에 침대는 하나뿐이고 어린 자녀들은 그 밑에 넣었다 뺐다 하는 낮은 간이침대를 썼다. 테이블 하나와 의자 몇 개가 거실 겸 식사실 겸 옷방이었다. 방의 모든 귀퉁이는 빗자루며 냄비와 양동이, 양파 자루, 석탄 부대 같은 살림살이의 차지였다. 사회개혁가들은 본디 성실한 장인 계급이 이러한 생활환경에서는 도덕 감각과 품위를 유지할 수 없을 것이라고 우려했다. 부모와 자식이, 형제자매와 친척이 서로가 보는 앞에서 입고 씻고 성행위를 했고 방에 딸린 변소가 없는 경우에는 배변까지 했다. 가족 중 누군가 음식을 요리하고 있을 때, 고열에 시달리는 아이는 실내 변기에 음식을 게우고, 그 옆에서는 부모나 형제자매가 옷을 갈아입느라 반쯤 벌거벗고 있는 식이었다. 부모는 잠든 아이들 곁에서 다음 아이를 만들었다. 인간의 기본적인 생존 조건이 너무도 적나라하게 노출되어 있었다.

이러한 공동주택은 일주일에 4실링이라는 집세조차 아까울 만큼 낡고 불편했다. 집 안의 벽은 축축하게 젖어 허물어져 갔고 검댕으로 얼룩진 천장에서 회반죽이 떨어졌다. 바닥 널은 썩었으며 깨지거나 뒤틀린 창문 틈으로 비바람이 새어 들었다. 막힌 굴뚝 때문에 집 안으로 역류한 연기가 여러 종류의 호흡기 질환을 일으켰다. 건물 안의 복도와 계단도 상태가 비슷했고 때로는 매우 위험했다. 어떤 건물은 "난간이 떨어져 나갔고" 계단도 더 나을 게 없었다. "어느 계단에는 장화에 뚫린 자국이 선명하게 나 있어 … 언제 계단 전체가 와장창 무너져 내려도 이상하지 않을" 상황이었다.[6]

그러나 비좁은 생활공간과 허술한 건물보다 더 심각하고 시급했던 문제는, 깨끗한 식수가 부족하고 배수와 환기 시설이 열악하다는 것이었다. 이 점에서도 막다른 골목의 공동주택은 최악의 주거 환경으로, 여러 가구가 겨우 하나의 수원을 함께 사용하는 경우가 많았다. 물을 저장하는 수조는 하나같이 "표면에 더러운 퇴적물이 쌓여" 오염되어 있었다. 어떤 주택에서는 여름이면 악취까지 풍기는 물웅덩이에서 "쓰레기 물"을 길어다 요리와 청소에 써야 했다. 오물통이 없는 건물도 많았으며, 그런 집에서는 실내 변기에 쌓인 오물을 "안뜰이나 길에다 비웠고 그것들은 나중에 비가 올 때에야 도랑으로 씻겨 내려갔다".[7] 그 당연한 결과로 콜레라와 티푸스, 그 밖에 의료 조사 기관이 '열병'이라고 두루뭉술하게 지칭한 전염병이 자주 유행했고 특히 따뜻한 계절에 기승을 부렸다.

이 더럽고 과밀한 주거 환경에서 잘 자란 것은 질병뿐이었다. 집 안에는 연기가, 바깥에는 '누런 안개'가 자욱했다. 과로에 지치고 영양 상태도 나쁜 사람들이 그런 공기를 마시고 건강을 유지하긴 어려웠다. 폴리는 일곱 살도 되기 전에 이 사실을 알게 되었다. 1852년 봄, 폴리의 모친이 병세를 보이기 시작했다. 처음에는 독감과 비슷한 증상을 보였을 테지만, 기침이 점점 더 심해졌다. 결핵이었다. 캐럴라인의 폐는 점점 약해졌고 객혈이 시작되었다. 고열에 시달리며 나날이 병약해지던 캐럴라인은 결국 11월 25일에 사망했다.

남편과 세 아이가 남았다. 막내 프레더릭은 세 살이 되기도 전이었다. 밖에서 일하는 남지가 어린 자식을 혼자 돌보는 일이 흔치 않았던 시대에 에드워드 워커가 한참 동안 자식들을 혼자 양육한 걸로 보아, 그가 얼마나 가족을 아끼는 사람이었는지 짐작할 수 있다. 에드워드는 아이들을 친척에게 맡기거나 구빈원에 보내지 않고 가정을 지키려 애썼다. 그는 끝까지 재혼하지 않았고, 이윽고 죽은 아내의 자매 메리 웹이 육아와 집안일을 맡게 된 것으로 보인다.[8]

캐럴라인은 자신이 프레더릭에게 결핵을 옮겼다는 사실을 모른 채 죽었을 것이다. 아니, 자신이 아이들과 가까이 지내는 것이 위험하다는 사실 자체를 몰랐을 것이다. 결핵의 병리는 19세기 말에 가서야 밝혀진다. 이 전염병은 공기 중 결핵균 입자에 장기간 노출되었을 때 걸리는 병으로, 빅토리아 시대의 주요 사망 원인 중 하나였고 특히 가족 집단 내 전염이 심각했다. 여자들이 아픈 친척이나 이웃을 돌보는 중에 저도 모르게 결핵균을 집으로 옮겨 오는 경우도 많았다. 캐럴라인이 세상을 떠난 지 18개월도 지나지 않아 프레더릭이 병세를 보이기 시작했다. 에드워드와 메리는 프레더릭이 오래 살지 못할 것을 직감하고 1854년 3월 14일에 아이에게 세례를 받게 했다. 한 달 후 프레더릭은 홀본 세인트앤드루스 교회 묘지의 어머니 곁에 묻혔다.

이모나 다른 여자 친척에게 도움을 받긴 했어도, 폴리는 어머니를 잃은 뒤로 빨리 철들 수밖에 없었을 것이다. 본인이 바랐든 그러지 않았든 아직 어린 나이의 폴리가 가정의 안주인 역할을 맡았을 것이다. 이 시대 기준에 따르면, 모친이 죽고 부친만 남은 가정의 딸은 "홀로 남은 아비에게 위안"이 되고 "아비의 집과 가족을 돌보는" 역할을 맡는 것이 옳았다. 어머니가 없는 딸이 첫째기는 의무는 교육을 포기하고서라도 집안일에 힘쓰는 것이었다. 그런 이유에서 전업 일자리, 특히 다른 집에서 살며 일하는 가정부 같은 일을 구해서도 안 되었다.[9] 폴리는 아홉 살에 벌써 아버지와 오빠를 위해 집을 관리하고 식사를 준비하는 데 필요한 기본 기술을 익혔을 것이다. 또한 그 시대 같은 나이대, 같은 계급의 여자아이들이 흔히 입주 가정부로 일했던 것과 달리 폴리는 십대 내내 부친의 집에 살았던 것으로 보인다. 에드워드 워커의 급료 정도면 줄어든 식구를 충분히 먹여 살릴 수 있었으므로 폴리는 집안일을 하면서도 운 좋게 계속 학교에 다닐 수 있었다.

폴리와 에드워드는 가족을 덮친 불운을 계기로 매우 돈독한 유대를 맺고 거의 평생 그러한 관계를 이어 간 것 같다. 폴리는 빅토리아 시대의 관습에 따라 어머니가 가정에서 맡았던 노동 의무를 이어받는 동시에, 홀아비에게 부족한 정서적 지지를 제공하는 역할도 맡아야 했을 것이다. 이 시대의 많은 문학 작품이 홀아비의 딸을 이타적 헌신의 귀감으로 그린다. 이들은 행실이 완벽하고, 어린애로 보호받지 않아도 되며, 일재간이 뛰어나고, 성격이 유순하고 순진하다. 폴리가 태어난 이듬해에 발표된 찰스 디킨스의 『돔베이와 아들』에 등장하는 주인공의 딸 플로런스 돔베이가 바로 그런 나무랄 데 없는 인물이다. 모친을 잃은 플로런스는 강한 정신력과 자기희생을 통해 홀아비가 된 부친의 사랑을 얻고 지켜 나간다. 폴리 부녀의 경우에는 양쪽이 똑같이 헌신하고 똑같이 강한 정신력을 발휘했던 것 같다.

살면서 아버지 곁을 멀리 벗어난 적이 없는 폴리는 배우자도 가까운 곳에서 골랐다. 열아홉 살의 윌리엄 니컬스는 1861년 부버리가 30-31번지의 남성용 여인숙에 살면서 (아마도 인쇄소의) 창고관리자로 일하고 있었다. 윌리엄 부친의 직업은 전통적으로 마차나 간판에 문장紋章을 그리다가 19세기 들어 점차 문구류와 장서표 제작으로 넘어온 문장 화가였다. 윌리엄은 1861년 봄 이전 어느 시점에 인쇄공이 되려고 고향 옥스퍼드를 떠나, 플리트가 일대에서도 인쇄업의 심장부인 부버리가를 찾아왔다. 이 거리의 10번지부터 25번지 사이에는 신문사와 잡지사가 최소 일곱 군데나 있었다. 디킨스가 초대 편집장을 지낸 신문사 《데일리 뉴스》와 사회개혁가 헨리 메이휴가 창립에 참여한 잡지사

《펀치》도 이곳에 있었다. 두 저술가가 기록한 런던이 바로 윌리엄과 워커 가족이 살던 런던이었다. 디킨스와 메이휴는 빚과 가난에 시달리는 삶이 어떤 것인지 잘 알았고, 특히 메이휴는 이 구역의 다른 인쇄업자들과 더불어 위태위태하게 살아갔다. 17세기부터 '그럽가(가난한 글쟁이 거리)'로 불린 이 세계는 출신 배경은 다양하지만 모두 글을 쓰고 읽고 찍고 파는 남자들이 모인 긴밀한 공동체였다. 이들은 함께 술을 마시고 서로 돈을 꾸고 서로의 집안사람과 결혼했다.

이 디킨스풍 이야기에서 대장장이 홀아비의 딸은 아버지와 오빠를 위해 집을 관리하는 임무를 성실히 수행하다가, 명랑하고 얼굴이 넓적하고 밝은 금발을 가진 청년 윌리엄 니컬스를 소개받았다. 기술자로 일하던 오빠 에드워드와 동갑내기였으므로 그가 윌리엄을 동생에게 소개했을 가능성도 있다. 작은 체구에 짙은 색 머리, 갈색 눈동자를 가진 이 젊은 여성에게는 이미 남성 보호자가 둘이나 있었으니, 윌리엄은 이 친밀한 가족의 환심을 사는 데 성공했던 모양이다. 1863년 크리스마스 직전, 윌리엄은 폴리에게 청혼하여 수락받았다. 교구 교회에서 두 사람의 결혼이 정식으로 예고되었고, 1864년 1월 16일 열여덟 살의 폴리는 인쇄업자들의 교회인 세인트브라이즈에서 윌리엄과 결혼했다. 신랑은 교구 명부에 자신의 직업을 인쇄업자라고 당당하게 적었다.

폴리와 윌리엄의 결혼은 워커 일가에 큰 변화를 예고했다. 그간 폴리에게 의지했던 아버지와 오빠는 또 한 명의 남자를 기꺼이 가족으로 맞아들이면서 곧 아이가 줄줄이 태어나리란 것을 예상했을 것이다. 워커-니컬스 가족은 하이홀본 북쪽에 인접한 새프런힐이라는 가난한 동네의 커비가 17번지로 이사했다. 두 가구 한 가족인 이들은 신혼부부가 최소한의 프라이버시라도 누릴 수 있도록 방이 두 칸, 많으면 세 칸인 집을 구하려 했을 것이다. 그러나 한 가족이 한 층씩 나눠 쓰는 커비가의 3층짜리 건물은 전에 살던 곳과 크게 다르지 않았다.

결혼식을 치르고 3개월 뒤 폴리는 예상대로 첫아이를 임신했다. 1864년 12월 17일 윌리엄 에드워드 워커 니컬스의 울음소리가 커비가 17번지에 울려퍼졌다.[10] 1865년 가을, 폴리는 둘째를 임신했고 배가 불러 갈수록 더 넓은 공간이 필요해졌다.

1860년대 노동자계급 가정의 예산으로는 플리트가 인근의 홀본이나 클러큰웰보다는 템스강 남쪽의 서더크, 버몬지, 램버스, 월워스, 캠버웰이 더 나은 주거지였다. 주당 4~5실링이면 방이 서너 개 있는, 때로는 뒤뜰까지 딸린 작은 집을 빌릴 수 있었다. 물론 그쪽이라고 주거환경이 더 좋았던 것도 아니고, 비슷한 임금 수준의 일자리를 근처에서 구할 수 없다면 더 경제적인 선택도 아니었다. 1866년 여름, 이제 여섯 명이 된 워커-니컬스 가족은 폴리의 부친이 어린 시절을 보낸 월워스로 이사했다. "2층 벽돌집이 늘어선 주택가"인 트래펄가가 131번지였다. 이 거리와 주택가는 비교적 최근인 1805년 직후에 지어지긴 했으나 이후 60년 세월을 썩 잘 버티진 못했다. 또한 원래 조지 시대에 중산층을 위해 설계된 주택들이지만, 빅토리아 시대 들어서 저소득층의 주거 수요가 끝없이 늘자 여러 가구로 분할되어 따로따로 임대되었다. 워커-니컬스 가족의 이웃에는 목수, 기계공, 소매상, 창고관리자가 있었고, 이들의 대가족은 홀본 같은 지역의 주택보다 아주 약간 더 넓은 공간에서 살아갔다. 워커-니컬스 가족은 다행히 임금노동자가 셋이나 있었기 때문에 방 네 개짜리 집을 통째로 빌려 살 수 있었다. 그러나 이 운 좋은 상황은 오래가지 않았다.

빅토리아 시대 노동자계급 가정의 형편은 식구가 한 명 태어나거나 죽을 때마다 좋아졌다 나빠졌다 했다. 니컬스 가족은 자식이 늘어날수록 경제 사정이 어려워졌을 것이다. 아이들은 시간 간격을 두고 태어났다가 죽었다. 두 사람의 첫아이는 1년 9개월 만에 죽었지만, 곧 다른 아이들이 태어났다. 에드워드 존은 1866년 7월 4일에 트래펄가가에서 태어났다. 2년 뒤인 1868년 7월 18일에는 조지 퍼시가, 1870년 12월에는 앨리스 에스더가 태어났다. 폴리는 그때까지 거의 평생 동안 최소 두 명의 남자 가족이 임금노동을 하고 피부양자는 거의 없는 환경에서 살았지만, 워커-니컬스 가족의 삶에 변화가 찾아오면서 균형이 흔들리기 시작했다. 폴리가 앨리스를 낳은 직후에 오빠 에드워드가 분가했다. 그가 가계에서 담당하던 몫이 사라지고 먹여야 할 입은 늘었으니 살림살이가 빠듯해지고 가족의 앞날이 걱정되기 시작했을 것이다.

CHAPTER 2

피바디 자선 주택

1862년 1월에 미국인이 지내기에 가장 나쁜 도시는 아마 런던이었을 것이다. 미국이 남북전쟁 발발과 함께 북부 연방과 남부 동맹으로 갈리자 런던 웨스트엔드 메이페어의 응접실들에서도 얼마 안 되는 재영 미국인이 북부파와 남부파로 갈렸다. 그 얼마 전인 1861년 11월에는 북부군 해군이 런던으로 향하는 남부군 사절을 체포하려고 영국의 트렌트호에 강제 승선하는 사건이 있었다. 영국의 의회와 언론이, 이어 신문 독자들이 미국의 이 파렴치한 공격에 분개했다. 메이페어의 그로브너스퀘어에 본부를 둔 버지니아주 사업가들은 뉴욕주 투자자들에게서 등을 돌렸고, 런던 사람들은 에이브러햄 링컨의 이름을 저주했다. 그때 미국인 금융가 조지 피바디는 실망한 마음으로 브로드가 사무실에 앉아 있었다. 트렌트호 사건이 터지기 전만 해도 그는 자신이 선택한 이 도시의 "가난하고 어려운 사람들이 안락하고 행복해질 수 있도록" 대형 자선사업을 계획하고 있었다.[1] 다양한 가능성이 검토되었다. 자선학교에 기부하는 방법도 있었고, 공용 식수대 보급에 자금을 지원할 수도 있었다. 그러나 피바디는 자신이 보기에 노동자계급이 처한 가장 심각한 문제를 직접 해결하고 싶었다. 바로 주거 문제였다.

피바디 본인이 어린 시절을 어렵게 보냈고 매사추세츠주의 한 잡화상 수습으로 시작해 국제무역 상사를 소유하기에 이르렀다. 1838년에는 본거지를 런던으로 옮긴 뒤, 마침내 금융업에 진출했다. 그는 1864년에 은퇴하면서 상업은행 피바디앤드컴퍼니의 지배권을 동업자인 모건가의 J. S. 모건에게 넘겼다. 결혼을 하지 않았고 유산을 물려줄 적출자도 없었던 피바디는 자신의 재산을 좋은 일에 쓰고 싶었고, 런던의 노동자계급 가정에 저렴한 주택을 대량 공급한다는 아이디어를 떠올렸다. 그가 15만 파운드 규모의 자선사업 계획을 언론에 발표하려던 그때, 트렌트호 사건으로 영미 관계가 악화되면서 사업이 무산될 위기에 처했던 것이다.

조지 피바디는 사업 계획서에 이 새로운 사회적 주택 모델로 누구에게 혜택을 주어야 하는지에 대해 몇 가지 간단한 조건을 달았다. 런던 "태생이거나 거주자"이면서 "가난하지만 도덕성이 있고 사회의 훌륭한 구성원"이면 되었다. 또한 "그 누구도 종교나 정치 성향을 이유로 배제해서는 안 되"었다. 피바디 주택은 모두를 위한 주거지가 될 것이었다.

몇 달간 전전긍긍하던 피바디는 1862년 3월 26일 드디어 언론에 자신의 계획을 발표하고 스피탈필즈 커머셜가에서 첫 삽을 떴다. 그의 증여금은 애초의 15만 파운드에서 50만 파운드(오늘날 물가로 환산하면 대략 4,550만 파운드)로 늘었다. 이 넉넉한 기부금이 영국인들의 높은 자존심을 누그러뜨렸고 영미 관계의 균열을 메우는 데 일조했다. 빅토리아 왕은 피바디에게 친히 감사 편지까지 보냈다. 그의 사업에 힘입어 총 3만여 인구가 빈민가를 탈출했다.

1864년에 입주가 시작된 커머셜가 피바디 주택에는 총 57가구에 100명이 넘는 신청자가 몰렸다. 조지 피바디가 예상한 대로 주택 수요가 대단했다. 그는 이즐링턴, 섀드웰, 웨스트민스터, 첼시에도 부지를 매입하여 임대주택 사업을 확대해 나갔다. 1874년에는 윌리엄클로스앤드선스* 인쇄소 바로 옆인 램버스의 스탬퍼드가에서도 공사가 시작되었다.

피바디는 노동자계급의 건강과 행복, 도덕성을 증진하겠다는 자신의 목표에 걸맞게 이 임대주택이 런던 노동자계급이 선택할 수 있는 그 어떤 곳보다 살기 좋은 환경이 되도록 노력했다. 기존의 주택 대다수가 지붕이 내려앉고 집 안에 벼룩이 들끓었던 것과 달리, 피바디 주택은 벽돌을 골조로 바닥에는 널을 깔고 시멘트벽을 흰색으로 칠했다. 스탬퍼드가의 피바디 주택 단지는 각 건물이 4층 높이에 내부 구성이 1실, 2실, 3실, 4실로 다양했고 집마다 가스 조명이 설치되었다. 단

---

*   1803년 윌리엄 클로스가 런던에서 시작한 인쇄소로, 지금은 세계 최대 인쇄 회사 가운데 하나로 성장했다. 1847년 클로스가 사망한 뒤에 그의 세 아들이 회사를 이어받았다.

지 중앙에는 안마당이 있었고 최신 편의 시설도 갖추었다.《데일리 뉴스》는 스탬퍼드가에서 가까운 서더크가의 피바디 주택을 이렇게 묘사했다. "붙박이장이 여러 개 있고, 특히 주방의 찬장에는 쥐를 막아 주는 아연제 타공 문이 달려 있다. 건물 복도에는 산뜻하고 기발한 설계의 석탄통에 석탄을 반 톤이나 저장할 수 있다." 방이 여러 개인 집은 그 중 하나가 "주방으로 마련되어 … 화덕과 오븐, 급탕기 따위를 갖추었다".[2] 스탬퍼드가 피바디 주택에는 레일형 액자걸이까지 설치되어 "벽에 못을 박을 필요가 없었다". 집의 가운데 공간을 요리하고 식사하고 생활하는 용도로 쓰고 나머지 방을 침실로 사용하면 어느 정도의 프라이버시를 누릴 수 있었으며, 혹은 방 하나를 더 거실로 사용할 수도 있었다.[3] 여러 중산층 기자가 피바디 주택의 방 크기가 "가로세로 각각 4~4.5미터, 3~3.5미터"로 너무 작다고 썼으나, 이 정도면 대부분의 세입자가 그전에 살던 빈민가 주택보다 훨씬 널찍했다.

피바디 주택의 설계에 중요하게 고려된 요소 중 하나는 위생이었다. 스탬퍼드가 단지의 복도에는 두 집씩 공유하는 옥내 변소와 개수대까지 있었다. 각 건물의 1층에는 "재단 비용"으로 물을 끓여 공급하는 "큼직한 목욕실"도 있었다. 세입자들은 "무료로, 원하는 만큼 자주" 목욕 시설을 이용할 수 있었으며 "필요한 절차라고는 관리인 사무실에 들러 열쇠를 받는 것뿐"이었다. 또한 주택 단지마다 최소 한 동의 다락층에 넓은 세탁실이 구비되어 있었다. 이에 어떤 기자는 피바디 주택 세입자들이 "몸과 옷을 철저히 청결하게 유지하지 못하는 데 대해 어떤 핑계도 댈 수 없을 것"이라고 평했다. 스탬퍼드가 단지의 세탁실에는 "수도꼭지가 있는 빨래통과 … 물을 끓이는 커다란 구리솥 세 개", "크고 밝은 창문 여덟 개"에 타일이 깔려 있는 건조실까지 있었다.[4] 피바디 주택의 세입자들은 깨끗한 몸과 청결한 의복에 감화되어 주변 환경도 건강하게 유지할 것으로 여겨졌다. 그들은 벽지와 흰색 도료로 집 안을 꾸밀 테고 쓰레기 없는 정돈된 환경을 유지할 것이었다. 이를 위해 스탬퍼드가 단지 설계사인 큐비트앤드컴퍼니는 각 가정에서 건물 중앙의 수직 통로로 쓰레기를 버리면 아래쪽 깔때기에 한데 모이는 처리 시설을 고안했다. 《서클》의 논평에 따르면, 무엇보다도 "한 건물에 그 많은 사람이 함께 살아가리란 점을 고려하면" 이러한 설비가 있어야만 일정 수준 이상의 보건을 유지할 수 있었다.

이 사회적 주택 실험에서 최선의 결과를 끌어내고자 한 피바디 재단은 "가난한 노동자 중에서도 가장 자격 있는" 사람들, 즉 적절한 도덕성을 내보이고 주마다 임대료를 낼 능력이 있는 이들만을 입주자로 받으려고 했다. 그래서 선발 과정이 매우 엄격했다. 입주 신청은 가장만이 할 수 있었고, 모든 신청자는 고용주의 추천서를 제출하여 본인의 직업이 비교적 안정적일 뿐만 아니라 "행실에 … 재단 기금의 혜택을 받을 자격을 박탈당할 만한 문제가 없음"을 증명해야 했다.[5] 그다음에는 재단에서 신청자의 가정을 직접 방문했다. '상습 음주자'나 법적으로 문제 있는 사람이 한 명이라도 발견되면 탈락이었다. 소득 수준이 지나치게 양호하거나 피바디 주택에 살기엔 식구가 너무 많은 경우에도 탈락이었다. 선발의 마지막 절차는 가족의 모든 구성원이 천연두 예방접종을 받았다는 증명서를 제출하는 것이었다.

램버스 스탬퍼드가의 피바디 주택. 폴리 니컬스의 가족은 '최신 설비'를 다수 갖춘
이 자선 주택의 초기 입주자로 선발되어 1876년 7월 31일에 D동 3호로 이사했다.

1876년 니컬스 가족은 스탬퍼드가 피바디 주택에 입주하기에 완벽한 조건을 갖추고 있었다. 재단 사람들이 트래펄가가의 집을 방문했을 때, 폴리 부부와 세 아이는 집 안을 쓸고 닦고 깨끗하게 씻은 뒤 외출복 차림으로 그들을 맞이했을 것이다. 도덕적 타락이나 알코올중독의 흔적은 전혀 없었으며, 윌리엄이 다니는 윌리엄클로스앤드선스 인쇄소가 그를 성실하고 가정적인 남자라고 보증해 주었다. 피바디 재단의 목표 중 하나는 해당 지역에서 일하는 노동자에게 주택을 공급하는 것이었으므로, 스탬퍼드가 단지 정문 바로 맞은편에 있던 윌리엄클로스앤드선스가 직원들에게 이 임대주택 사업을 소개했을 가능성이 크다. 윌리엄 니컬스가 주급 30실링으로 고용되었던 무렵, 이 회사는 인쇄업계의 대기업이었다. 듀크가의 인쇄소 부지에는 활자를 조판하는 식자실만 여섯 개 있었고 증기식 인쇄기를 스물다섯 대나 갖추고 있었다. 윌리엄 니컬스는 증기식 인쇄기 조작 일을 했다. 19세기 중엽 이 회사의 직원 수는 600명이 넘었고, 디킨스의 여러 작품을 비롯하여 이 시대의 가장 중요한 여러 책이 이곳에서 인쇄되었다. 디킨스는 1870년에 세상을 떠나기 전까지 이곳에 와서 교정쇄를 검토하곤 했다. 고용인도 고용주도 회사의 높은 신망과 평판을 자랑스러워했다. 이곳의 식자공은 19세기 말까지도 실크해트와 풀 먹인 와이셔츠를 작업복으로 고수했을 정도이다.

줄곧 허름한 집에서 살아온 폴리 가족에게 스탬퍼드가의 깨끗하고 현대적인 주택에 입주하는 일은 일대 사건이었을 것이다. 요리 전용 화덕, 멀쩡한 옥내 변소, 검댕이나 연기 냄새를 걱정하지 않고 세탁물을 말릴 수 있는 공간 등은 편의 시설을 넘어선 호사로까지 느껴졌을 것이다. 자녀들에게 별도의 침실이 생길 테니 이따금 부부끼리 프라이버시를 누릴 수도 있었다. 피바디 재단이 목표한 대로 윌리엄은 집과 일터를 몇 분 만에 오갈 수 있게 되어 저녁식사를 가족과 함께할 터였다. 그 시대 사회개혁가들이 바라던 대로, 일과 공동체와 가족, 건강, 근면과 도덕이 하나로 어우러질 터였다.

1876년 7월 31일, 니컬스 가족은 D동 2층 3호에 입주했다. 폴리는 태어나 처음으로 아버지가 없는 집에 살게 되었다. 폴리의 부친은 길퍼드가에 있는 아들네로 거처를 옮겼다. 방이 네 개나 되는 널찍한 새집이 온전히 니컬스 가족의 차지였다.

니컬스 가족은 주당 6실링 8펜스라는 임대료로 아주 특별한 생활환경을 누리게 되었다. 개인이 운영하는 빈민가 주택과 달리 스탬퍼드가 임대주택에는 청결과 질서에 관한 규칙이 있었고, 단지 관리인과 수위들이 그러한 규칙이 지켜지도록 감독했다. 일단 세입자들은 공동으로 쓰는 공간을 깨끗이 유지할 의무가 있었다. 매일 오전 열 시 전까지 복도와 계단, 변소를 쓸고 토요일에는 물청소를 해야 했다. 아이들은 안마당에서 놀아도 되었지만 계단이나 복도에서 소란을 피우거나 세탁실에서 장난을 쳐선 안 되었다. 세입자들은 집을 다른 사람들에게 세놓거나 집 안에 가게를 차릴 수 없었다. 몇 실링 벌겠다고 다락층의 세탁실에 외부 빨랫감을 들여와서는 안 되었다. 이러한 규칙을 어길 시 그 벌은 퇴거였다.[6] 하지만 몇몇 규칙은 아주 느슨하게만 적용되었던 것 같다. 스탬퍼드가를 방문한 《텔레그래프》 기자는 아이들이 "복도에서 숨바꼭질을 하더라"고 전했다. 그는 아이들의 쾌활한 모습을 묘사하면서 그들이 비록 "옷차림은 남루해도 … 대체로 깨끗하고 단정했으며 머리카락도 깔끔하게 정돈돼 있었다."라고 썼다. 관리인은 새로 입주하는 가족 대다수가 빈민가에 살면서 습득한 여러 악습을 가지고 들어온다고 기자에게 말했다. 그러나 그들은 곧 더러운 창문이나 맨발로 돌아다니는 아이들의 모습이 이웃의 불만을 산다는 사실을 배웠다. "가난한 사람들은 이웃만큼 좋은 사람이 되고 싶어 합니다."라고 관리인은 말했다. 또 다른 기자는 "창가에 놓인 꽃과, 그것을 바라보는 밝고 행복한 얼굴들"에 주목했다. "말다툼을 하거나 싸우는 아이들 … 술에 취한 여자나 낙담한 얼굴의 남자"는 없었다.[7] 관리인은 그 이유를 근처에 펍이 없어서 여자들이 집안일에 더 충실하기 때문이라고 설명했다. "대다수의 남편"은 아내가 맥주를 몇 잔 마신 뒤 "이 집 저 집에 대해 쑥덕거리는" 대신에 "자녀를 돌보고 집을 깨끗하게 청소하게 되었다"며 기뻐했다.[8]

그러나 사실 그들은 쑥덕공론을 멈추지 않았고 이따금 규칙도 위반했으며 그들의 삶은 피바디 주택 맞은편에 살던 때 못지않게 복잡했다. 니컬스 가족이 사는 D동에는 다양한 직업과 저마다의 사정을 가진 사람들이 살았다. 철도 짐꾼, 포장업자, 경찰, 과부, 일꾼, 창고관리자, 파출부, 목수가 살았고 윌리엄클로스앤드선스의 직원도 많았다. 니컬스네 아이들은 바로 옆 2호에 사는 코닐러스 링의 세 아이와 함께 뛰어놀았을 것이다. 링의 아내는 3개월 전 아이를 낳다가 죽었고 링의 누이가 갓난아이와 가족을 돌보고 있었다. 9호의 윌리엄 해치 가족은 식구가 점점 불어 피바디 주택이 허용하는 최대한도인 여섯 자녀에 이르렀으나, 8호에 사는 해치의 독신자 형제 아서가 넘치는 아이들을 받아주었던 것으로 보인다. 폴리를 비롯한 남편 있는 여자들은 같은 건물에 사는 남편 없는 여자들, 즉 7호에 사는 애니 프리먼, 4호에 아이 둘과 함께 사는 에모나 블로워, (이웃들은 몰랐겠지만) 연간 65파운드의 연금으로 살아가던 1호의 일라이자 메리트를 염려스러운 눈길로 주시했을 것이다.[9]

벽을 맞대고 변소를 공유하고 함께 빨래하며 수다를 떨던 이 긴밀한 공동체에는 드라마가 끊이지 않았다. 피바디 주택의 기록부에는 희망과 상실의 이야기, 사랑과 파멸의 사연과 함께 니컬스 가족의 이웃들에 관한 정보가 적혀 있다. 가령 철도 짐꾼 월터 두시는 스코틀랜드 출신이었던 반면에 그의 아내 제인은 인도 암발라 출신이었다. 10호의 게이턴 가족은 더 풍족한 삶을 원했다. 헨리 게이턴은 그림 포장 일을 하다가 부업으로 미술품 거래를 시작한 뒤에 돈이 충분히 모이자 가족과 함께 오스트레일리아로 이주했다. 1877년에는 아내와 두 아이 모두를 병으로 잃은 존 샤프가 화젯거리였을 것이다. 그는 원래 6호에 살다가 방이 하나인 8호로 이사했지만, 불운에 절망한 나머지 그 작은 집마저 간수하지 못했다. 그해 9월 관리인은 "더러움"을 이유로 홀아비 존을 퇴거시켰다. 스탬퍼드가 공동체에는 소소한 경사와 연애담도 있었다. 네 아이를 키우며 세탁부로 일하던 과부 제인 로완은 서더크 단지로 이사하기 직전에 패트릭 매던에게 청혼을 받았다.[10] 그 밖에도 닫힌 문 뒤에서 벌어지거나 아주 짧은 순간에 일어나는 바람에 관리인의 기록부에는 적히지 않은 비밀스러운 일들이 얼마든지 더 있었을 것이다.

새라 비들러는 스탬퍼드가 피바디 주택의 여러 과부 중 한 사람이었다. 1875년 4월 19일 그는 다섯 아이 중 네 아이, 즉 열한 살의 새라 루이즈, 열네 살의 제인, 열여섯 살의 윌리엄, 그리고 결혼한 스물한 살 큰딸 로제타 월스와 함께 D동 5호에 입주했다. 로제타는 불행을 겪고 있었다. 그는 1년여 전인 1874년 1월 4일에 토머스 울스(혹은 월스)라는 선상 요리사와 결혼했다. 아마도 2월 2일 러시아호라는 증기선을 타고 글래스고 항구를 떠나는 그의 다음 일정에 따라 잡은 날짜였을 것이다.[11] 그는 집을 비우는 기간이 길지 않을 것이라고 로제타를 안심시켰을 테고, 항구에 머무는 동안은 몇 주 혹은 몇 달씩이나마 함께 지냈을 것이다. 그러나 시간이 갈수록 남편의 부재가 점점 길어졌고 부부 사이는 소원해졌다.

로제타는 남편과 별거한 뒤에 어려운 상황에 처했다. 법적으로는 아직 남편이 있어 재혼이 불가능했기에 다시 어머니에게 의존해야 했다. 로제타 모녀 둘 다 고용살이 중에서도 보수가 가장 적고 가장 천시받는 직종인 일용직 파출부로 일했다. 할 수 있는 일이면 무엇이든 해야 했던 로제타는 1878년 12월 막 다섯째 아이를 출산한 폴리가 도움을 청했을 때 그 일을 거절할 처지가 아니었다.

그해 여름 니컬스 가족은 지출을 줄이려고 방이 네 개인 3호에서 방이 세 개인 비들러 가족의 바로 옆 6호로 거처를 옮긴 참이었다. 폴리는 (살아남은 아이 중) 다섯째인 헨리 앨프리드를 임신한 지 4개월 차였다. 니컬스 가족의 긴축 재정 시대는 이미 1876년 말, 넷째 일라이자 새라가 태어났을 때 시작되었을 가능성이 크다.[12]

방이 세 개인 집에 아이가 곧 다섯이 되는 상황은 니컬스 가족이 처음 겪어 보는 불편한 환경이었겠지만, 아마 옆집의 딸들이 육아에 도움을 주었을 것이다. 두 가족은 서로 사이가 좋았던 것 같다. 새라의 아들 윌리엄은 윌리엄클로스앤드선스에서 짐꾼으로 일하고 두 딸은 제본 일을 하게 되었는데, 이는 아마 윌리엄 니컬스가 힘써 준 결과였을 것이다. 바로 옆집인 데다 변소까지 함께 썼으니 두 가족 사이에는 강력한 친밀감이 형성되었을 것이다. 니컬스 가족과 비들러 가족은 서로의 집을 자주 드나들고 서로의 삶에 깊이 관여했을 것이다.

폴리와 윌리엄이 언제부터 다투기 시작했는지, 그리고 그 원인이 정확히 무엇이었는지 우리는 결코 알 수 없다. 짐작건대 집이 좁아지고 식구는 많아지고 가계가 빠듯해지면서 사이가 나빠지지 않았을까 싶다. 하지만 모든 가정불화가 그렇듯 이 경우에도 이폭 빌과 서쪽 발이 다르다. 나중에 윌리엄은 아내가 갑자기 술을 마시기 시작한 탓에 부부 사이가 나빠졌다고 주장했지만, 폴리가 무엇에 빠졌든 간에 윌리엄이 주장한 만큼 도를 넘어선 정도는 아니었을 것이다. 만약 그랬다면 관리인이 그 사실을 알고 기록부에 남겼을 테고, 니컬스 가족은 결국 퇴거 절차를 밟았을 테니 말이다. 폴리의 사인 심문이 열렸을 무렵, 부친 에드워드 워커는 상황을 다르게 설명했다. 사위가 로제타 월스와 불륜을 저질렀다는 것이었다.

워커는 딸에게서 그 이야기를 들었을 것이다. 폴리는 자신을 괴롭히는 집에서 벗어나 아버지와 오빠가 사는 길퍼드가를 자주 방문하기 시작했던 것 같다. 1878년 12월 4일에 헨리를 낳은 뒤로 부부 갈등이 점점 더 심각해졌다. 이들이 터뜨리는 불만스러운 외침 하나하나가 벽을 맞대고 사는 비들러 가족에게 고스란히 전해졌다.

헨리가 태어난 이후 폴리를 괴롭힌 것은 그저 질투라는 감정이었을 수도 있다. 아마도 폴리는 남편이 곱슬머리에 파란 눈을 가진 옆집의 젊은 여자와 점점 친해지는 모습을 보았을 것이다. 로제타 월스는 남편을 떠나 외로웠고 어려운 상황에 처해 있었다. 폴리는 네 명의 아이들에 갓난아이까지 키우느라 기진맥진했을 것이고 산후우울증을 앓았을 가능성도 있다. 그렇다면 아내가 갑자기 술을 마시기 시작했다는 말이 윌리엄의 날조만은 아닐지도 모른다. 폴리는 남편에 대한 의구심과 거리감을 떨치려고 술을 마셨을 수도 있다.

로제타와 윌리엄의 관계가 발전되는 것이나 다른 뭔가를 폴리가 실제로 목격했는지 아닌지 우리는 결코 알 수 없다. 그저 막연한 의심뿐이었을 수도 있다. 어쨌든 윌리엄 니컬스의 주장에 따르면, 폴리는 1878년 12월부터 1880년 초까지 "아마 대여섯 번" 집을 뛰쳐나가 아버지 집에 갔다. 에드워드 워커에 따르면 사위는 그때 이미 "고약한 인간이 돼" 있었다.

이처럼 심각한 불화가 계속될 순 없었다. 아버지든 오빠든 누군가는 폴리에게 다섯 아이를 생각하라고, 게다가 하나는 아직 너무나 어리지 않냐고 타일렀을 것이다. 길퍼드가에 폴리의 자리는 없었다. 그는 아이들에게 돌아가야 했고, 이떻게든 남편과 둘이서 문제를 해결해야 했다. 그러나 그들은 그러지 못했다. 폴리가 마지못해 스탬퍼드가에 돌아오면 다시 분노에 찬 싸움이 시작될 뿐이었다.

어느 날 폴리는 단순한 사실 하나를 깨달았을 것이다. 그들의 삶에서 로제타 월스를 쫓아내기는 불가능하다는 것을. 서로가 옆집에 사는 한, 그들이 피바디 주택에 머무르는 한 로제타는 언제나 거기 있을 것이었다. 폴리가 보기에 남편은 이미 마음을 굳혔고, 그렇다면 이제 자신이 마음을 굳힐 차례였다.

부활절 이튿날인 1880년 3월 29일, 폴리는 마침내 싸우는 데 지쳤다. 그 날짜에 떠나려고 미리 계획했는지, 아니면 분노에 사로잡혀 갑자기 결정했는지 몰라도 폴리 니컬스는 가족이 있는 집을 그날로 영영 등졌다. 그때까지의 삶을 버리고, 달리 맡길 데가 없는 다섯 아이를 남편에게 남기고, 피바디 주택 단지의 정문을 걸어나가 다시는 돌아오지 않았다.

CHAPTER 3

비정상의 삶

1883년 7월 31일, 니트가 164번지에 사는 부부와 다섯 아이는 외출복을 차려입었다. '니컬스 부인'(이웃들이 그렇게 불렀다)은 아이들이 채우기 어려워하는 단추를 채워 주고 비뚤어진 리본을 반듯하게 잡아 주었다. 어느 아이가 얌전한지, 어느 아이는 착하게 행동하라고 단속해야 하는지 여자는 몇 년에 걸쳐 배웠을 것이다. 누가 제일 잘 우는지, 우는 아이는 어떻게 달래야 하는지도 잘 알게 됐을 것이다. 아이들에게 저녁식사를 차려 주고 옷에 난 구멍을 기워 주는 사람은 그였다. 그동안 그가 엄마 역할을 맡았으므로, 모퉁이를 돌아 코버그로드의 교회까지 아이들을 데려가는 것도 자신의 어엿한 권리라고 생각했을 것이다. 니컬스 부인은 태어난 지 3주도 되지 않은 어린 아서에게 하얀 세례복을 입혀 자랑스럽게 안고 있었다. 윌리엄과 로제타 니컬스가 낳은 첫아이

가족사진. 윌리엄 니컬스가 로제타 월스와 결혼한 1894년 4월경에 찍은 것으로
보인다. 뒷줄 왼편은 조지 퍼시 니컬스(폴리의 둘째 아들), 오른편은 윌리엄
니컬스. 앞줄 왼편은 로제타 월스, 오른편은 메리 앤 커시웨이(조지의 아내).

아서는 딱 1년 전에 이사 온 이 집에서 태어났다. 이웃이나 상인들은 물론 세례를 주관하는 신부조차도 이들의 진짜 사정은 짐작하지 못했을 것이다. 두 사람은 세례반 앞 아서의 양편에 서서 아기의 영국국교회 입회에 증인이 되었다. 네 살의 헨리 앨프리드, 즉 폴리가 낳은 마지막 아이도 같은 날 세례를 받은 뒤 교구 명부에 적힌 "기독교인 부모" 윌리엄과 로제타 옆에 이름을 올렸다.[1]

두 사람이 계속 피바디 주택에 살려고 했더라면 이런 안락한 가정은 결코 꾸릴 수 없었을 것이다. 함께할 미래에 대해, 그리고 그것을 위해 어떤 위험을 기꺼이 감수할지에 대해 결단을 내려야만 했다. 서로 옆집에 사는 것은 편리했지만 사랑하는 남녀가 살아가기에 이상적이진 않았다. 각자 다른 사람과 결혼한 상태였지만 그들은 서로 한집에 살고 한 침대에서 자고 싶었다. 만약 니컬스 가족과 비들러 가족 모두가 두 사람의 애정 관계를 알고 있었다면 이웃들이 알게 되는 것은 시간문제였고 결국 관리인도 알게 될 터였다. 피바디 주택의 규칙은 배우자가 아닌 사람과 동거하거나 관계를 맺는 '비정상 결합'을 엄격하게 금지했다. 스탬퍼드가의 장부에는 그러한 관계가 발각되어 퇴거당한 세입자의 사례가 여럿 기록되어 있다. 1877년 니컬스 가족과 한 건물에 살던 조지 헨리 호프와 패니 허드슨은 각자의 배우자와 헤어진 뒤에 피바디 주택에서 쫓겨났다. K동의 아서 스크립븐은 "아내가 아닌 다른 여자와 살고 있다"는 이유로 쫓겨났다. 메리 앤 손은 "과부가 아이를 낳았다"는 이유로 쫓겨났다. 윌리엄과 로제타의 관계는 끊임없이 양 가족의 안정된 삶을 위협하고 있었다. 한편 폴리의 부재를 알아차렸을 것이 분명한 피바디 재단이 윌리엄에게 어떤 설명을 들었는지는 확인되지 않는다.

폴리 본인의 설명에 따르면, 그는 1880년 3월에 D동 6호를 떠나 그 길로 렌프루로드에 있는 램버스구 구빈원을 찾아갔다.[2] 그러나 구빈 원에 가기 전에 아버지와 오빠가 사는 집부터 찾아갔을 가능성이 아주 크다. 구빈원은 가능한 대안이 전부 바닥났을 때 실로 어쩔 수 없이 가는 곳이었기 때문이다.

빅토리아 시대 노동자계급의 삶을 정확하게 그리려면 구빈원의 삭 막한 벽돌 건물이 드리우던 그 불길하고도 끈질긴 그림자를 들여다보 아야 한다. 1834년 영국 정부는 지역 교구를 통해 운영되는 자선 구제 체계가 악용되고 있다며 이를 해결하기 위해 신新구빈법을 제정했다. 당국이 보기에 가난한 사람들은 게으르고 부도덕하여 정직하게 일하 지 않고 사생아와 너무 많은 자식을 낳고 그저 "구호에 기대어" 살아 갔다. 정부는 빈민들이 도덕적이고 성실한 삶을 살도록 '원외 구호', 즉 본인 집에 살면서 받는 원조금을 줄이기로 했다. 이보다 훨씬 더 엄격한 새로운 '원내 구호' 체계에서는 빈민이 교구 기금을 술을 사는 데 탕진하거나 부정한 성행위에 탐닉하여 사생아를 낳지 못하도록 구 호 장소가 구빈원 안으로 바뀌었다. 구빈원 제도의 목표는 빈민이 약 소한 양식을 스스로 벌어먹게 함으로써 그들의 삶을 통제하는 것, 그 리고 구빈원을 나가서는 정직하고 근면한 삶을 살도록 그들을 겁주는 것이었다.

따라서 구빈원의 주요 기능 중 하나는 구빈원에 의지할 수밖에 없는 이들을 모욕하는 것이었다. 나이 든 사람, 쇠약한 사람, 아픈 사람, 버려진 사람, 신체 장애가 없는 사람 모두가 각자 다른 사정으로 구빈원에 들어왔을 텐데도 똑같이 멸시당했다. 흔히 가장이 돈을 벌지 못하면 가족 전체가 구빈원 신세를 질 수밖에 없었다. 한 가족은 입소와 동시에 남녀로 구분되어 서로 다른 공간에서 지내야 했다. 아주 어린 아이는 어머니와 함께 지낼 수 있었지만 일곱 살이 넘은 아이들은 부모와 떨어져 구빈원 내 학교에서 지냈다. 모든 입소자는 입고 있던 옷을 벗고 개인 소지품을 전부 제출한 뒤 공용 욕조에 들어가 그날 앞서 입소한 모든 사람이 사용한 물에 몸을 씻었다. 그런 다음 죄수복과 비슷한 실용적인 유니폼을 입었는데 물론 새것은 아니었다. 식단은 스킬리라고 부르던 묽은 밀가루죽에 빵의 맛없는 부분, 치즈, 감자로 이루어진 간소한 차림이었고 가끔은 고기도 나왔다. 구빈원 식단은 이후 조금씩 개선되지만 1890년에도 여전히 스킬리죽에 쥐똥이 섞여 있다는 불평이 빈번했다.[3]

신체 장애가 없는 사람은 구빈원 안에서 그 어떤 것도 공짜로 얻을 수 없었다. 재소자들은 성별에 따라 노동을 배정받았다. 남자는 주로 광물 깨기(도로 공사용으로 판매되었다), 펌프로 지하수 퍼올리기, 곡물 빻기, 장작 패기, 뱃밥 만들기를 했다. 이 중 뱃밥 만들기는 맨손으로 대못을 써서 낡은 배의 밧줄을 분해하는 일로, 그것을 타르와 섞으면 배의 틈새를 메우는 데 쓸 수 있었다. 이 작업은 여자도 많이 했다. 그 밖에 여자들은 청소, 빨래, 요리 등 여성에게 어울린다고 여겨지는 노동을 배정받았다. 재소자들은 늘 허기에 시달렸고, 병에 쉽게 걸렸으며, 공동 침실의 허술한 침대에서 좀처럼 잠들지 못했다. 관리자나 다른 재소자에 의한 폭력과 강압이 일상이었다. 위생 설비와 식수 부족, 해충, 더러운 음식으로 인해 설사를 앓고 전염성이 강한 병에 걸리는 재소자가 허다했다.

구빈원 안의 생활환경은 바깥세상에도 잘 알려져 있었다. 구빈원 운영 주체인 구빈법위원회가 그러기를 바랐기 때문이다. 그 결과, 자존심이 강한 노동자계급 가정은 원내 구제를 받지 않아도 될 만큼 유능한 스스로를 자랑스러워하고 그렇지 못한 이들을 경멸했다. 구빈원 경험이 있는 사람에 대한 사회적 낙인이 노동자계급 사이에서 얼마나 심각했던지, 인근 구빈원에 들어가느니 차라리 구걸이나 노숙이나 성매매를 선택하는 사람이 많았다. 사람들은 불운에 타격받았던 이웃을 좀처럼 잊지 않았고, 한번 구빈원에 들어갔던 가족은 그곳을 나와서도 오랫동안 치욕을 견뎌야 했다.

폴리는 평생 구빈원을 꺼리고 싶어하던 쪽이었을 것이나. 그가 태어난 가족과 윌리엄과 꾸린 가족 모두 성실한 노동자 가정으로서 평균 이상의 소득을 자랑스럽게 여겼을 테니까. 니컬스 가족은 피바디 주택에 사는 자신들의 지위를 자랑스럽게 여겼을 테고, 렘프루로드나 프린시스로드의 구빈원에 들어가야 할 만큼 게으르고 부도덕한 사람들을 분명 경멸의 눈초리로 바라보았을 것이다. 그러나 이 시대에 이혼은 엄청나게 비싼 재판 비용을 감당할 수 있는 이들만이 선택할 수 있는 절차였고, '공식적인' 별거를 원하는 노동자계급 여성은 자신이 처한 절망과 빈곤을 입증해야 했다. 그것을 입증할 수 있는 유일한 방법이 바로 구빈원에 들어가는 것이었다. 그 과정에서 많은 여성이 "그들 인생에서 가장 치욕스러운 경험"을 한 동시에 "영원한 낙인"이 찍혔다.[4]

1880년 남편을 떠나 집을 나왔을 때 폴리는 앞으로 자신이 어떤 일을 겪을지 잘 알았을 것이다. 그러니 그것은 엄청나게 과감한 행보였다. 노동자계급의 별거가 그리 드문 일은 아니었지만, 여자 쪽은 "도덕을 중요시하는" 사람들 사이에서 착실한 아내로서 누리던 지위를 박탈당했다. 불화의 원인이 누구에게 있는가는 중요하지 않았다. 어쨌든 아내가 남편을 떠나는 것은 여자의 잘못이었다. 좋은 아내는 "언제나 변함없이 선하고, 본능적이고 절대적으로 현명한 여자", 그리고 "자기발전이 아니라 자기절제"를 추구하는 여자였다. 아내로서 여자의 의무는 "절대로 남편 곁을 떠나지 않는 것"이었다.[5] 어머니로서 여자의 의무는 절대로 자식을 버리거나 방치하지 않는 것이었다. 가족을 두고 집을 나가는 여자는 무능하고 부도덕한 여자, 그야말로 망가진 여자였다. 또한 여자가 남편을 떠난다는 것은 가난하고 수치스러운 삶을 스스로 선택한다는 뜻이었다. 입주 가사노동, 빨래, 바느질, 가내 삯일 등 전통적으로 여자들이 하던 노동의 임금은 생계를 유지할 수 없을 만큼 낮은 수준이라, 남자와 가족을 구성하지 않고 여자 혼자 살아가기는 거의 불가능했다.

남편과 헤어진 노동자계급 여성이 어떻게 살아가는가를 법조계가 전혀 몰랐던 것은 아니지만 해법을 제시하는 데는 더없이 소극적이었다. 여자는 가정에 머물러야 하는 존재였다. 정부와 교구 관청, 법조계는 여자가 남편과 헤어지는 일을 장려하거나 그 과정을 수월하게 바꿀 생각이 없었다. 가령 폴리가 이혼 비용을 감당할 수 있었더라도 1880년 당시 여자는 남편의 간통만으로는 이혼을 요구할 수 없었다. 남자는 아내의 간통을 이유로 이혼할 수 있었던 반면에, 여자는 남편이 간통 말고도 근친상간이나 강간, 배우자 폭행 같은 다른 범죄도 저질렀음을 입증해야 했다. 이는 빅토리아 시대의 이중잣대가 법으로 성문화된 것으로, 바꿔 말하면 남자는 하인을 강간하거나 여자 형제와 성교하거나 아내를 너무 심하게 때리지만 않으면 몇 번이고 혼외 관계를 맺을 수 있었다. 그러니 설령 폴리가 윌리엄을 상대로 소송을 제기할 재력이 있었고 그가 로제타와 불륜 관계였음을 입증할 증거를 제대로 모았다손 치더라도, 그에겐 이혼을 청구할 법적 근거가 없었다. 다만 1878년의 혼인소송법에 따라 남편이 아내를 폭행한 일로 치안법정에 출두한 적이 있다면 법정은 여자에게 공식적으로 별거할 권리가 있다고 보았다. 다행히도, 한편으로는 불행히도 폴리에게 그런 일은 없었다.

그러므로 결혼 생활을 청산하길 원하는 노동자계급 여성 대다수가 선택할 수 있었던 유일한 절차는 일종의 비공식 별거를 인정받는 것이었다. 앞서 말한 대로 그 방법은 구빈원에 들어감으로써 자신이 남편에게 버림받았음을 입증하는 것이었다. 구빈법에 따르면 남자는 아내나 자식을 구빈원에 보내어 납세자가 그들의 부양비를 치르게 해서는 안 되었다. 가정에 머무르는 것이 여자의 의무였다면 여자를 부양할 책임은 법적으로 남편에게 있었다. 부부가 한집에 사느냐 아니냐는 관계없었다. 신체 장애가 없는 남자가 아내를 부양하지 않는 경우, 구빈법위원회가 그 비용을 받아 내러 나섰다. 그들은 남편에게 비용을 청구했고, 이를 이행하지 않는 남자는 치안법정에 끌려가는 모욕을 당했다. 오직 이 규칙만이 노동자계급 여성의 아군이었다. 그러나 구빈원은 가정 파탄의 수단이 되는 것을 경계했다. 그래서 구빈법위원회는 남편에게 '유기'를 당했다고 주장하며 구빈원을 찾아오는 여자들을 의심하도록 교육받았다. 1876년 『구빈법위원회를 위한 안내서』에 따르면, "이러한 유기 사례의 가장 흔한 원인은 … 거의 반드시 두 사람 모두의 음주에서 비롯되는 상습적인 싸움"이었다. 그러한 경우에는 여자에게 동정받을 자격을 주기에 앞서, 사정을 철저히 조사하라는 것이 구빈원의 권고였다.

아마도 폴리는 비공식 별거를 인정받는 데 무엇이 필요한지 집을 떠난 뒤에야 알게 되었을 것이다. 그리고 최대한 짧게 머무를 생각으로 구빈원의 문을 두드렸을 것이다.

폴리는 입소 절차의 일환으로 그가 원내 구제와 원외 구제 중 어느 쪽에 적합한지 결정하는 구두 '시험'을 치렀을 것이다. 구제관은 공격적이고 까다로운 태도로 질문을 던졌을 테고, 폴리는 우중충한 유니폼에 낡은 면 모자 차림으로 서서 자신의 처지를 설명해야 했을 것이다. 평가와 수모의 순간이었을 것이다. 구제관은 먼저 폴리의 성명과 나이, 살던 곳, 결혼 여부, 자식 수를 물었을 것이다. 그다음에는 부양자가 누구이며 그 사람의 직업은 무엇이며 얼마를 버는지를 상세히 물었을 것이다. 원외 구제를 한 번이라도 받은 적 있는지, 구빈원에 한 번이라도 들어온 적 있는지 물었을 것이다. 모아 둔 돈은 있는지, 유죄 선고를 받은 적 있는지도 물었을 것이다. 아이들이 합법적으로 태어났는지, 아니면 사생아인지도 물었을 것이다. 끝으로 "그를 부양할 법적 의무가 있는 친척이 한 명이라도 있는지 … 그 사람에게 부양 능력이 있는지"도 물었을 것이다.[6] 그리고 나서야 남편과 헤어지게 된 사정을 자세히 물었을 것이다. 폴리를 담당한 토머스 테이버너라는 구제관은 폴리의 남편에게 면접을 요청할 목적으로 이와 같은 정보를 상세히 기록해 두었다.

테이버너는 개인 마차를 타고 런던을 돌아다니며 본인만의 방식으로 일을 처리하기로 유명한 사람이었다. 그는 윌리엄 니컬스를 구빈원으로 소환했든가, 아니면 자기 재량으로 그를 직접 방문했을 것이다. 둘 중 어떤 만남이었든, 즉 동료 직원이나 이웃이 보는 앞에서 이루어졌든 아니면 구빈원 안에서 이루어졌든 윌리엄은 굴욕감을 느꼈을 것이다. 그는 구제관의 질문에 예의 그 주장을 펼쳤다. 이 결혼 파탄은 아내의 음주 때문이라고 말이다. 그러나 테이버너는 그 이야기가 진실이라고 확신할 수 없었다. 만약 윌리엄의 진술이 전적으로 사실이었더라면 테이버너는 폴리를 원외 구제 대상으로 분류하지 않았을 것이다. 위원회 안내서에 따르면 "유기당한 아내가 술을 마신다는 진술이 나왔을 때는 … 원외 구제를 허용해선 안 되며 구빈원만을 제시해야" 했기 때문이다.[7] 테이버너는 위원회를 대표하여 폴리 니컬스가 주당 5실링의 부양비를 받아야 한다고 결정했다. 윌리엄이 돈을 지불하고 폴리는 매주 구빈원에 와서 구제관에게 돈을 받아 가면 되었다.[8]

이 시대에 남편과 별거하고 부양비를 받는 여자는 가능하면 친척에게 몸을 의탁하는 것이 보통이었다. 안타깝게도 폴리의 경우에는 본인의 선택이었는지 아니면 가족 간 불화 때문이었는지 몰라도 아버지와 오빠의 집에 들어가지 않고 혼자 살기 시작했다.

그때까지 혼자 살아 본 적 없는 여자, 언제나 곁에 남성 보호자가 있었던 여자에게 이 새로운 생활 방식은 현실적 측면과 정서적 측면 양쪽에서 대단한 충격이었을 것이다. 런던의 빈민 구역에서 단칸방을 얻는 데 주당 4실링이 들었다고 치면, 폴리의 수중에 생활비라곤 한 푼도 남지 않았을 것이다. 그러므로 하루 4펜스면 침대 하나쯤 얻을 수 있는 저 수상쩍은 여인숙에 머무르는 수밖에 없었다. 일도 찾아야 했다. 일자리를 찾기가 불가능하진 않았으나, 폴리가 찾을 수 있는 일이라곤 일주일에 70~80시간을 쉬지 않고 몸을 혹사시켜야 하는 저임금 반복 노동뿐이었다. 그런 일자리 중 하나인 런던 곳곳의 대형 세탁소에서는 보통 '빨래통 담당'이 하루 2~3실링을 벌었고, 뜨거운 열기 속에서 셔츠와 깃을 다리는 다림질 담당은 한 주에 8~15실링을 벌었다. [9] 아니면 바지와 코트, 치마와 조끼 등 값싼 기성복을 바느질하는 일을 해서 하루에 6실링을 벌 수 있었다. 이 일은 완성한 양에 따라 보수를 받았으므로 꼭두새벽부터 밤늦게까지 거의 쉼 없이 일해야 했다. 가내 삯일로는 화장품 상자 조립부터 조화 제작까지 다양한 종류가 있었는데, 그 모두가 극도로 빠르고 섬세하게 손을 움직여야 하는 일이었다. 여자들은 이런 일을 하루에 열 시간씩 했지만 시급이 2.5펜스밖에 안되었다.[10] 공장은 다른 일자리보다 딱히 낫지도 않았지만 젊은 여성을 선호하는 경향이 있었다. 파출부는 똑같이 저임금인 데다 사회적 지위가 낮고 의욕을 떨어뜨리는 직업이었다.

폴리가 이 가운데 어떤 일을 했든 간에 그런 삶은 너무나 공허했을 것이다. 가족이나 남편이 없는 여자는 이해받기는커녕 깊은 의심의 대상이 되는 시대였기 때문이다. 남자와 여자에겐 각각 분명히 정해진 역할이 있었다. 여자의 삶은 남자가 지도하고 지배해야 하며 삶의 의미 또한 남자가 부여한다는 믿음이 모든 여자에게 주입되었으므로 아마 폴리도 그렇게 믿었을 것이다. 이를 앨프리드 테니슨은 「공주」라는 시에서 이렇게 설명했다.

> 남자는 들판에서, 여자는 부엌에서
> 남자는 검으로, 여자는 바늘로
> 남자는 머리로, 여자는 가슴으로
> 남자는 명령하고, 여자는 복종하나니
> 그 밖의 모든 것은 혼돈이라

사람들은 폴리 나이의 여자가 남편이나 가족 없이 살아감으로써 야기하는 '혼돈'에서 단 하나의 결론을 끌어냈다. 이 사람은 결함이 있다고, 이 사람은 실패자라고, 또 여자의 인격을 문제 삼을 때 늘 하는 말처럼 이 사람은 성적으로 부도덕하다고 말이다. 빅토리아 시대에는 설령 세탁부나 청소부로 일하며 혼자 살아갈 능력이 있더라도, 아니 어느 계급에 속하든 상관없이, 여자가 아이를 낳아 길러야 할 나이에 독신으로 사는 것은 그야말로 이단 행위로 여겨졌다. 사람들은 남편 없는 여자를 조금도 신뢰하지 않았다. 그런 여자는 어떠한 보호책도 없이 다른 남자들의 책략이나 폭력에 노출되는 것이 당연했고, 그런 여자의 삶에 의미는 없었다. 한편 아내 없는 남자에겐 현실적 필요와 성적 욕구를 채워 줄 사람이 필요했다. 그러므로 폴리와 윌리엄 모두 하루빨리 새로운 상대를 찾으려 했을 것이 분명하다. 그러나 남편은 해도 되었던 일들이 아내에겐 불법이었다.

폴리가 사라지자 윌리엄과 로제타는 서로 사랑하지 않는 척하는데 지쳤고, 마침내 1882년 초에 상황을 타개할 기회가 생겼다. 그들은 늦겨울 또는 초봄에 로제타의 법적 남편인 토머스 울스가 2월 8일에 오스트레일리아로 이주했다는 사실을 알게 되었다.[11] 그가 갑자기 다시 나타나 남편으로서 권리를 주장할지도 모른다는 위험한 가능성이 사라지자 이제 윌리엄과 로제타는 가정을 꾸릴 수 있었다. 이들은 가능한 방법들을 찬찬히 저울질하고 비용을 계산했을 것이다. 결혼한 사이가 아니었으니 피바디 주택에 계속 머무를 순 없었고 다른 적당한 집을 찾자니 윌리엄의 경제 사정이 한층 빠듯해질 터였다. 그가 폴리에게 주고 있던 주 5실링의 부양비만 어떻게 해결하면 새 출발을 하기가 훨씬 더 수월할 터였다.

아마도 윌리엄은 부양비를 끊는 일에 본격적으로 착수하기 전까지는 정확히 어떤 방법을 써야 그 의무에서 벗어날 수 있는지 몰랐을 것이다. 그는 그 정도로 법을 잘 아는 사람은 아니었다. 아마도 이것저것 알아보던 중에, 아내가 다른 남자와 함께 살고 있다는 사실을 입증하면 부양비를 끊을 수 있다는 사실을 알았을 것이다. 혼인소송법에 따르면 "아내가 간통을 저지른 사실이 입증되었다면 그 간통을 용서받지 않은 이상 남편에게 돈을 지불하라고 명령할 수 없"었다. 즉 치안법정과 정부 당국은 윌리엄과 로제타 같은 커플이 (비도덕적이긴 해도) 동거를 원할 수 있음을 인정했으나, 아내인 폴리의 경우에는 남편의 동의가 있어야만 다른 남자와 살 수 있었다.

어느 시점엔가 윌리엄은 폴리가 다른 남자를 사귀고 있다는 사실을 알게 되었던 것 같다. 1881년 인구총조사 기록에는 노스런던 할로웨이 웰링턴로드 61번지의 어느 방에 메리 앤 니컬스라는 여자가 조지 크로쇼라는 남자와 살고 있다고 나와 있다. 크로쇼는 도로청소부라고 기록되어 있고, 메리 앤 니컬스의 직업은 '세탁부'라고 쓰여 있다. 두 사람 모두 기혼이었으나 서로 결혼한 사이는 아니었다.[12] 폴리는 부양비 5실링을 받으러 매주 템스강을 건너 램버스에 왔을 테고, 거기에서 아는 사람들과 자주 마주쳤을 것이다. 그렇게 소문이 퍼져 윌리엄의 귀에 닿았을 것이고 이제 그는 진실을 알아내는 데 관심이 생겼다. 전문가의 도움을 받으면 쉽게 해결할 수 있는 일이었다.

당시 런던의 신문에는 '비밀 조사 사무실'이나 '사설탐정'의 광고가 자주 실렸다. 이런 업체들은 일의 복잡도에 따라 정해진 금액을 내면 "기밀이 필요한 가정사를 신중하게 조사해" 준다고 했다. 어느 업체나 가장 중요한 전문 분야는 이혼 소송에 필요한 증거를 확보하는 일과 "의심되는 인물을 관찰"하는 일이었다. 윌리엄은 자신의 의심을 확증하고 경제적 부담에서 벗어나고자 그런 '스파이'를 고용했다. 윌리엄의 정보원은 폴리의 뒤를 밟고 거동을 조사하여 결국 그가 다른 남자와 함께 사는 간통 상태임을 확인했다. 필요한 증거를 입수한 윌리엄은 그 즉시 폴리의 부양비 지불을 거부하고 로제타와 함께 D동을 떠날 준비를 시작했다.

여느 때처럼 부양비를 받으러 구빈원에 갔던 폴리는 남편이 돈을 지급하지 않았다는 말을 들었을 것이다. 결국 램버스구 구빈원은 해명을 듣기 위해 윌리엄을 치안법정에 소환했다. 진작에 답변을 준비해 둔 윌리엄은 전문적으로 수집한 증거를 제출하며, 폴리가 "동의 없는 간통"을 저질렀다고 주장했다. 폴리의 부친에 따르면, 당시 폴리는 자신이 다른 남자와 살고 있지 않다고 주장했다. 그러나 판사는 윌리엄의 자료를 믿었던 것 같다.[13] 윌리엄은 부양비를 면제받았고, 1882년 7월 28일 정부와 함께 가재도구를 챙기고 아이들 손을 잡은 채 스탬퍼드가 피바디 주택을 떠났다. 관리인은 윌리엄 니컬스가 퇴거한 시점에 그가 "좋은 세입자"였지만 "빚을 안고 떠났다"고 기록했는데, "좋은 세입자"라는 대목은 나중에 선을 그어 취소했다.[14]

치안법정에서 자신이 "간통하며 살고" 있지 않다고 한 폴리의 주장은 십중팔구 사실이었을 것이다. 그가 정말로 조지 크로쇼나 다른 파트너의 보호하에 살고 있었더라면 부양비가 끊긴 뒤 극빈에 시달리는 일은 없었을 테니까. 1882년 4월 24일, 폴리에게는 램버스구 구빈원에 들어가는 것밖에 다른 방법이 없었고, 이번에는 얼마나 오래 머무를지도 알 수 없었다. 그는 1월에 잠시 의무실에서 지낸 기간을 포함하여 정확히 11개월 동안 구빈원에서 살다가 1883년 3월 24일에 퇴소했다. 그러나 그 후에도 사정이 여의치 않아 5월 21일부터 6월 2일까지 다시 한번 구빈원 신세를 진 것으로 보인다.

구빈원 재소자는 교도소 죄수와 달리 자신이 원할 때면 언제든 구빈원을 나갈 수 있었다. 그러나 일자리를 구하지 못하거나 수중에 돈이 한 푼도 없는 상황에서는 가난의 굴레를 벗어나기가 어려웠다. 퇴소자들은 마지막 식사를 한 뒤에 약간의 빵을 받아 구빈원을 나섰다. 이론상으로 그 정도면 일자리를 구해 머물 곳과 먹을 것을 마련할 때까지 버틸 수 있으리라는 것이었다. 실상인즉 많은 퇴소자가 그날로 길거리 생활을 시작했다. 이들은 구걸이나 성매매나 도둑질로 돈을 마련하여 음식과 하룻밤 숙소를 구했다. 아니면 아무데서나 한뎃잠을 자는 사람도 많았다.

다행히도 이번에는 아버지와 오빠가 폴리에게 머물 곳을 제공했다. 피바디 주택에서 멀지 않은 길퍼드가 122번지 집은 에드워드 부부와 아직 어린 그들의 다섯 아이에 폴리의 부친으로 이미 만원이었다. 폴리가 지난번에 아버지와 오빠 집에 들어지지 않은 이유가 무엇이었는지는 몰라도 이제 그런 건 상관없어졌다. 나중에 에드워드 워커는 자신에게 집이 있는 한 딸을 밖으로 내쳤을 리 없다는 감정적인 주장을 했지만, 다 큰 딸과 함께 살기가 그렇게 쉽지만은 않았을 것이다.

만약 폴리가 결혼의 파국 국면에서 고통을 잠재우려고 음주를 시작했던 것이라면, 이 치료제에 대한 갈증은 별거 이후 더욱 깊어지기만 했을 것이다. 구빈원은 대체로 음주를 금지했으므로 구빈원에 있는 동안은 알코올의존증이 심해지진 않았을 것이다. 그러나 퇴소 후에는 얼마든지 과거의 습관으로 돌아갈 수 있었다. 에드워드 워커는 그 시기에 딸이 어떤 종류의 일을 했는지에 대해서는 밝힌 바가 전혀 없는데, 폴리가 근처 펍에서 많은 시간을 보냈다는 식의 이야기는 했다. 오빠의 식구가 점점 늘수록 폴리는 그 집에서 점점 불편한 존재가 되었을 것이고 그 답답한 공간에서 벗어나고 싶었을 것이다. 폴리의 내면에 자리 잡은 수치심도 결코 가볍지 않았을 것이다. 그는 가정과 남편과 품위를 잃은 사람이었다. 무엇보다 큰 고통은 자식들을 잃은 것이었다. 폴리는 조카들을 보면서 자신이 쓸모없는 엄마임을 끊임없이 떠올렸을 게 틀림없다. 그런 그에게 술은 출구가 되어 주었을 것이다.

다툼이 시작되었다. 폴리의 음주가 습관성은 아니었을지 몰라도 비좁은 집에서 여럿이 즐겁게 살아가는 데는 전혀 도움이 되지 않았을 것이다. 에드워드 워커는 딸이 "너무 늦게 귀가하는 일은 없었고 … 방탕하지 않았으며 … 함께 어울리던 젊은이들 사이에 … 부적절한 일이" 벌어지고 있다는 이야기는 "전혀 들은 바 없다"고 주장했으나, 폴리가 집에서 하는 행동은 더 이상 용납될 수 없었다.[15] 1884년 어느 날 폴리는 가족과 다툰 뒤, 그냥 그 집을 떠나기로 했다. 워커는 "딸이 혼자 사는 게 더 낫겠다고 하기에 붙잡지 않았다"고 했다.[16]

폴리는 그 무렵에 만나던 남자와 함께 살려고 부친의 집을 떠났을 가능성이 크다. 근처 요크가에 사는 대장장이 토머스 스튜어트 드루는 아내와 사별한 홀아비였다. 30대 후반의 나이에 어린 세 딸을 둔 그는 에드워드 워커가 아내와 사별했을 때와 똑같은 처지였다. 딸들에겐 엄마가 필요했다. 아마도 폴리는 자신의 어린 시절과 비슷한 상황에 끌려 드루 가족에 합류했을 것이다. 폴리의 부친은 이를 어떻게 받아들였는지 몰라도, 폴리는 안정된 가정에서 다시 한번 아내와 어머니 역할을 맡아 자신이 가치 있다고 느낄 기회를 드루 가족에게서 찾았던 것 같다. 그때부터 폴리 부녀는 서로 연락하지 않는 사이가 되었다. 다만 에드워드 워커는 1886년 6월에 다시 만난 딸이 옷도 태도도 모두 단정했더라고 말했다.

사실 그날은 그럴 수밖에 없었다. 얼마 전 날 자정 즈음 폴리의 오빠 에드워드와 그의 아내는 주방에서 늦게까지 담소를 나누고 있었다. 그러다 아내가 주방에서 나와 침실로 향하는데 뒤에서 갑자기 폭발음이 들렸다. 주방으로 달려갔더니 남편의 머리카락이 불타고 있었다. 에드워드가 끄려던 파라핀 등이 갑자기 크게 타올랐던 것이다. 부부의 비명에 잠에서 깬 하숙인이 불을 끄려고 했으나 에드워드는 이미 오른쪽 얼굴과 가슴에 3도 화상을 입은 상태였다. 그들은 택시를 타고 가까운 가이즈 병원으로 에드워드를 옮겼지만 그는 혼수상태에 빠졌다. 에드워드는 그날 초저녁에 숨을 거두었다.

유일한 형제였던 오빠의 죽음은 그해 연달아 폴리를 덮칠 불운의 시작이었다. 토머스 드루와의 순탄했던 관계가 그때부터 나빠지기 시작한 것은 우연이 아니었을 것이다. 폴리는 새로운 가족 안에서 음주를 자제하다가 오빠의 예기치 못한 죽음 이후 다시 술병에 손대기 시작했던 것 같다. 그해 11월 폴리는 드루와 헤어졌다. 12월 드루는 새 신부를 맞았다. 이번에는 합법적으로 결혼할 수 있는 여자여서, 드루는 더 이상 죄를 지으며 살아가지 않아도 되었다.

19세기에는 많은 사람이 벌거는 '죽느니만 못한 삶'으로 끝난다고 생각했다. 법률이 기혼자의 별거를 인정하긴 해도 그 이상의 삶은 결코 허용하지 않았기 때문이다. 별거 이후에 맺는 새로운 관계는 무조건 간통이었고, 그 사이에서 태어난 자식은 전부 사생아였다. 노동자계급의 이혼과 재혼이 불가능했던 상황에서 중년 커플의 동거는 눈감아주는 분위기도 있었지만, 사회개혁가 찰스 부스에 따르면 이 예외적인 관용에도 정해진 한계가 있었다. 그는 이렇게 썼다. "성적 도덕성에 대한 이러한 견해가 사회계급의 어느 선까지 올라가는지는 정확히 알 수 없지만, 바로 이것이 노동자계급 안에서 상층과 하층을 나누는 가장 분명한 분계선 중 하나인 것 같다."[17] 평균 이상의 소득에 자부심 강한 숙련노동자였던 토머스 드루나 에드워드 워커 같은 남자들에게 혼외동거는 격에 맞지 않는 생활 방식이었다.

1886년 가을, 폴리 곁에는 남편도, 다른 동거남도 없었다. 윌리엄의 부양비가 끊기고 집도 없고 자립하기에 충분한 수단도 없었던 폴리는 다시 한번 저 엄혹한 램버스구 구빈원으로 돌아가는 수밖에 없었다.

CHAPTER 4

집 없는 피조물

1887년 10월, 계절이 가을로 접어들면서 트래펄가 광장에서 밤을 보내는 사람들 위로 냉기가 내려앉기 시작했다. 어떤 이들은 벤치 위에 몸을 웅크렸다. 어떤 이들은 돌바닥 위에서 어제 자 신문으로 몸의 일부라도 덮고 잤으나 온기를 유지하기엔 역부족이었다. 낡고 후줄근한 보닛을 쓴 노인들은 내셔널갤러리 아래쪽 담에 지친 몸을 기대었다. 구석진 자리에선 맨발의 아이들이 작은 개처럼 몸을 말고 잤다. 《펠멜 가제트》 편집장 W. T. 스테드는 어느 날 밤 이 몸뚱이들 사이를 돌아다녔다. 그는 고개를 절레절레 흔들며 수첩에 이렇게 썼다. "세상에서 가장 멋진 호텔들의 그림자 속에 내가 세기로 400명의 남녀가 난잡하게 서로 몸을 붙이고 잔다."[1] 청동 사자상의 기단에 기대거나 벤치에 누워 냉기 속에 잠을 청하는 이름 없는 사람들 중 한 명은 폴리 니컬스였다.

아침이 밝으면 실직자들과 '사회주의의 벗들'이 광장에 합류하기 시작했다. 그해 가을 넬슨 제독의 기둥 밑에는 매일 수천 명이 운집했다. 그들은 붉은 깃발과 현수막을 들고, 노동자 권리에 관한 노래를 부르거나 구호를 외치며 그곳에 모였다. 연사들이 간이 연단에 올라가 연설하면 군중은 환호나 조소, 야유로 화답했다. 궂은 날씨도 이들을 방해하지 못했고, 광장 위로 커튼처럼 드리워져 시야를 흐리는 유황 섞인 안개마저도 힘을 쓰지 못했다. 남자와 여자가, 닳아빠진 옷을 입은 사람들과 높고 낮은 모자를 쓴 '점잖은 차림'의 사람들이 한데 모여 등을 웅숭그리고 두 손은 주머니에 넣은 채, 또는 아이들을 목말 태운 채 서서 귀를 기울였다. 10월 마지막 주에 폴리와 함께 트래펄가 광장에 있던 사람으로는 작가이자 직물 디자이너이며 사회주의자인 윌리엄 모리스, 그의 동지인 사회주의자연맹의 존 헌터 와츠, 토머스 워들 등이 있다. 이들은 광장에 와서 발언하고 논쟁했으며, 특히 와츠는 넬슨 기둥 밑동에 자리 잡고 열변을 토했다.

트래펄가 광장의 연설과 시위는 많은 구경꾼을 끌어들였고 또 그만큼 많은 자선가의 관심을 모았다. 어떤 이들은 트래펄가 광장을 거실로 삼은 '집 없는 피조물'에게 빵과 커피를 나누어 주었다. 어떤 이들은 성경이나 여인숙 숙박권을 나누어 주었는데, 사실 그런 여인숙들은 이미 수용 한계에 다다른 상태였다. 가난하고 소외된 사람의 어려운 처지에 관심을 가지고 광장을 찾아오는 이 자선가들이 걸인에게는 좋은 벌잇줄이었다. 집회 인원보다 규모가 훨씬 작았던 경찰 병력은 불안한 거리를 유지한 채 순찰하고 듣고 지켜보면서 군중이 폭도로 변하기를 기다렸다. 실제로 군중은 자주 폭력 사태를 일으켰으며, 매일 이어지는 시위와 행진이 10월 중순 이후로 점점 더 격렬해졌다. 경찰은 광장 이곳저곳에서 연사들이 쏟아 내는 위협성 발언에 바짝 긴장했다. 도시를 불태우겠다느니, 시청을 습격하겠다느니, 리젠트 상점가의 창문을 부수겠다느니 하는 말들이었다. 행진에 나선 시위자들은 뒤따라오는 경찰을 어떻게든 따돌려 보려고 했다. 10월 19일에는 시위대가 시티오브런던으로 행진하려고 갑자기 스트랜드로 들어서면서 충돌이 발생했다. 경찰은 군중을 채링크로스역 주변 경내로 되밀어 냈다. 난간들이 무너졌다. 경찰이 시위대를 공격하고 짓밟았다. 시위대도 경찰에게 돌을 던지고 그들을 발로 차고 때렸다. 이튿날 시위대는 본드가로 행진했다. 겁먹은 상점 주인들은 허겁지겁 창의 덧문을 내렸다. 10월 25일, 시위대는 벨그레이비어까지 진출하여 상류층 저택의 창문들에 대고 혁명가를 불렀다.

경찰은 트래펄가 광장에서 이 말썽꾼들을 몰아내려고 전에도 여러 번 나섰지만 10월 하순에는 연이은 충돌 사태로 문제가 더욱 시급해졌다. 런던경찰청장은 부랑단속법을 근거로 "런던 전체에서 동절기 밤에 밖에서 돌아다니거나 잠자는 모든 부랑자와 유랑자를 체포하는 조치"를 취했다. 불럭 경위는 이 조치가 처음 시행된 10월 24일의 밤 근무조였다. 트래펄가 광장을 담당해 왔기에 광장의 노숙자들을 꽤 잘 아는 사람이었다. 밤 열 시경 한 자선가가 나타나 광장에 있던 "부랑자 170명"에게 빵과 커피, 여인숙 숙박권을 나누어 주었다. 그날 밤은 특히 추울 것으로 예상되어 그들 대부분이 숙박권에 적혀 있는 여인숙을 찾아

갔지만 몇몇은 "자리가 없어 다시 돌아왔다".[2] 이에 불럭은 세인트자일스의 구빈원 임시방에 데려다주겠다고 제안했지만 "그런 곳엔 갈 생각이 없다고 말하는 사람이 많았다". 그는 그들에게 계속 광장에 있으면 체포하겠다고 고지한 뒤 경관 두 사람을 붙여 서른 명을 매클린가 구빈원으로 보냈다. 그중 열한 명은 가는 길에 코번트가든의 골목길로 샜다. 불럭은 도망쳤던 이들이 다시 광장에 나타나 "앉아서 담배를 피우고, 어슬렁거리고, 테라스를 지나가는 사람들이 던져 준 돈을 가지려고 서로 아옹다옹하는" 모습에 전혀 놀라지 않았다.[3] 마침내 그는 "여자 여섯 명, 소녀 두 명, 젊은 남자 두 명" 이렇게 열 사람을 체포했다. 그중 한 사람이 폴리 니컬스였다.

아마도 그날 저녁 술을 몇 잔 걸쳤을 폴리는 순순히 구치소에 들어가려 하지 않았다. 그는 경찰서에서 욕을 하고 싸움을 걸고 "매우 소란스럽게" 굴었다. 이튿날 아침 폴리는 치안판사 브리지스 앞에 섰다. 《이브닝 스탠더드》의 기자는 법정을 향하는 수감자들이 "비통한 표정에 더럽고 매우 남루했"고, 경찰의 말을 빌리면 니컬스가 "이 광장에서 가장 끔찍한 여자"라고 썼다.[4] 이 기사는 니컬스를 비롯한 여자 한 무리가 광장과 내셔널갤러리를 구분하는 테라스 밑에서 구걸하던 모습도 묘사했다. 그들은 "점잖은 사람들"이 나타나길 기다렸다가 "숄을 벗고 추운 것처럼 몸을 떨며 동정을 사려고 했다".[5] 이런 계략이 잘 먹혔던 모양인지 폴리는 술 한잔과 여인숙 값을 치를 만큼은 돈을 벌고 있었다. 그는 그렇게 구걸을 하며 구빈원 신세를 면해 왔지만, 치안판사에게는 자신이 구빈원 임시방에 가려 하지 않은 이유가 "아침까지 그곳에 있어야 하는데 그러면 아무 일도 할 수 없기 때문"이라고 설명했다.[6] 이 의심스러운 설명을 판사는 믿지 않았던 것 같다. 폴리 니컬스는 그해 5월부터 부랑 생활을 했으므로 그에게 어떤 종류든 정식 일자리가 있었을 가능성은 별로 없다.

그 전해인 1886년 11월 15일, 다시 한번 램버스구 구빈원에 입소했을 때 폴리는 우울하고 절망한 상태였을 것이다. 토머스 드루 곁에서 누리던 안정된 삶이 끝나고, 남편 윌리엄과 헤어졌을 때와 비슷한 상황이 다시 시작되었다. 그러나 부양비를 받을 자격마저 잃은 지금은 앞날이 전보다 더 어두웠다. 구빈원 입소 장부에는 그의 이름 옆에 "집 없음, 직업 없음"이라고 쓰여 있다. 오빠가 죽고 아버지와 사이가 나빠진 뒤로 폴리는 필시 극심한 고립감과 수치심에 휩싸였을 것이다.

다행히 이번 체류는 길지 않았다. 당시 대다수의 구빈원이 어리거나 젊은 여성을 가정부로 훈련하는 제도를 시행하고 있었다. 이 훈련은 가난한 여자아이들이 부도덕한 삶을 살지 않도록 기술을 익혀 수입원을 확보하게 하는 방법이었던 동시에 구빈원의 지출을 줄이는 방법이기도 했다. 재소자가 줄어야 지역 납세자가 부담하는 비용이 줄었기 때문이다. 램버스구 구빈원은 나이가 많은 편인 여자들에게도 같은 훈련을 시켰던 듯하다. 젊은 여성과 마찬가지로 중년 여성에게도 구빈원을 드나드는 가난의 굴레에서 벗어나 새로운 삶을 시작할 기회를 주자는 뜻이었을 것이다. 대부분의 중년 여성은 이미 수십 년간 요리와 청소, 옷 수선과 육아를 해 왔기 때문에 가정부 일을 쉽게 익혔다. 이들은 난로 청소하는 법, 바닥 닦는 법, 아픈 갓난아이를 돌보는 법, 음식 만드는 법을 이미 다 알고 있었다. 바깥세상에는 구빈원 재소 이력을 문제 삼지 않고 공짜나 저임금으로 이들의 노동을 이용하려는 사람이 적지 않았다. 이 훈련의 수혜자가 된 폴리는 마음먹고 좋은 성품을 보여주어야 했을 테고 성실하고 순종적이고 유순한 행동으로 자신의 가치를 증명해야 했을 것이다. 구빈원 안에서는 술을 마실 수 없었으니 이것이 딱히 어려운 일은 아니었을 것이다. 구빈원 명부에 따르면 폴리는 12월 16일 계획대로 "고용살이를 위해 퇴소"했는데, 누가 그를 고용했는지는 확인되지 않는다.[7]

아쉽게도 폴리는 이 일자리를 오래 유지하지 못했다. 모든 하인과 주인이 사이가 좋을 순 없었고, 폴리는 이듬해 봄에 알 수 없는 이유로 일자리를 잃었는데 그 이유가 폴리 쪽 잘못은 아니었을 수도 있다. 어쨌든 1887년 5월, 폴리는 구빈원으로 돌아가는 대신 부랑 생활을 시도하기로 한 듯하다. 부랑자는 일용직 노동자이자 걸인이었고, 개인의 형편에 따라 범죄자나 매춘부가 되는 경우도 있었다. 그러나 부랑단속법은 이들 개개인의 직업을 전혀 구분하지 않았다. 길에 사는 사람이면 전부 '골칫덩이'로 간단하게 뭉뚱그렸다. 실상인즉 부랑자의 삶과 생계 수단은 사람마다 꽤 달랐고, 특히 나이와 성별, 질환 유무, 그 밖에 각자의 다단한 사정에 따라 다른 특징을 가졌다. 부랑자들은 할 수 있는 일이 있으면 그 일을 했다. 즉 거리에서 이런저런 물건을 팔기도 했고, 시장과 부두에서 짐을 싣거나 부리는 등 몸 쓰는 일을 하기도 했고, 노동자계급 가정에서 임시 가정부로 육아나 청소를 맡기도 했다. 그날 벌어 그날 사는 삶이었다. 도시의 이쪽 끝에서 저쪽 끝까지, 다시 저쪽에서 이쪽 끝까지 말 그대로 '부랑'하며 쉼 없이 일자리와 음식과 거처를 찾아다니는 삶이었다. 어떤 이들은 이러한 생활에서는 의무 없는 자유를 누릴 수 있다고, 아무 데나 자고 싶은 곳에서 잘 수 있어 좋다고 주장했지만 대다수는 너무나 가난해서, 하지만 숨 막히는 구빈원에는 오래 머물고 싶지 않아서 부랑자가 되었다. 그러나 대다수의 부랑자는 때에 따라 제 발로 구빈원 임시방을 찾아갔다.

'스파이크spike, 대못'라고도 불린 구빈원 임시방은 돈이 없어 당장 묵을 곳을 찾지 못하는 사람들을 하룻밤 재우는 목적으로 1837년 구빈법 시행 당국이 고안한 시설이다.[8] 흔히 구빈원 내부의 한 공간에 마련되었으며, 구빈원과 마찬가지로 안락함과는 무관하게 설계되었다. 모든 임시방의 목적은 부랑자에게 가장 기본적인 구호를 제공하면서 부랑생활을 단념시키는 것이었다. 임시방에 들어온 사람들은 역겨운 스킬리죽과 빵으로 한 끼를 먹고, 성별이 구분된 공동 침실에서 하룻밤을 보낸 뒤, 그다음 날 몇 시간의 노동으로 그 값을 치렀다. 19세기 말에는 법이 수정되어 모든 입소자는 이틀을 묵어야 하고 둘째 날 내내 뱃밥 만들기, 청소, 돌 깨기 같은 노동을 해야 했다. 감독이 보기에 필요한 만큼 열심히 일하지 않는 재소자는 퇴소가 미뤄질 수 있었다. 구빈원과 마찬가지로 임시방에도 괴롭힘이 횡행했다.

임시방은 구빈원 못지않게 참담한 시설이었고, 절대 오래 머물 만한 공간이 아니었다. 그러나 수요는 언제나 있었다. 늦은 오후가 되면 임시방 출입구 앞에 대기 줄이 생겼다. 입소는 보통 다섯 시부터 여섯 시 사이에 시작되었다. 자리가 차서 들어가지 못하는 때도 있었고 특히 추운 겨울에 그러했다. 입소 절차는 구빈원과 비슷했다. 입소자들은 스킬리죽으로 식사한 뒤, 입고 있던 더러운 옷을 벗었다. 옷은 빨래까지는 하지 않고 고온에 '구워' 이나 벼룩을 죽였다. 그런 다음 공용 욕조의 시커먼 물로 몸을 씻은 뒤에 잠옷 셔츠를 입었다. 미국인 작가 잭 런던은 「밑바닥 사람들」이라는 폭로 기사를 쓰는 동안 런던의 구빈원 임시방에서 하룻밤을 보냈다. 그는 스물두 명의 입소자가 같은 물로 몸을 씻고 "다른 사람이 몸을 닦은 축축한 수건"을 쓰는 모습에 경악했다. 어떤 남자의 등은 "벼룩의 공격에 피로 뒤덮여" 있었다.

벼룩의 공격, 짚 매트리스와 좁은 침상의 불편함, 그리고 공동 침실의 긴장된 분위기는 숙면을 취하기 어려운 환경이었다. 사회연구자이자 외과의사 J. H. 스탤러드는 임시방의 여성 공동 침실에서 잔 날 "밤새 끊임없는 고통에" 시달렸다고 썼다. "벼룩이 몸을 뒤덮었고 … 앉아 있기도, 누워 있기도 힘들었다." 환기가 안 되는 비좁은 방에서 "신선한 공기를 한 모금" 마시려면 "최대한 문 가까이로" 가서 "그 좁은 틈으로" 바람이라도 불어 들기를 기다리는 게 전부였다.[9] 입소가 끝나는 일곱 시 이후는 휴식 시간이었으나, 스탤러드에 따르면 어떤 막연한 불안감이 그곳을 가득 채우고 있었다. 불편함과 불안함은 밤새 가시지 않았다. 많은 사람이 음식 때문에 배앓이를 했고, 술에 취한 사람들도 있었고, 어린아이들은 울었고, 여기저기서 싸움이 났다. 어떤 이들은 하나뿐인 가스등 불빛에 의지하여 늦게까지 자지 않고 수다를 떨거나 "외설스러운 노래"를 불렀다. 용케 잠들었건 어쨌건 재소자들은 아침 여섯 시에 기상하여 일을 시작해야 했다. 그런 다음 다시 한 번 스킬리죽과 딱딱한 빵을 먹고 다시 한번 지옥 같은 밤을 보낸 뒤, 셋째 날 아침 아홉 시에 퇴소했다.

임시방 신세를 질 때 생기는 문제 하나는 퇴소 당일에 일을 구하기 어렵다는 것이었다. 대부분의 일이 아침 아홉 시 이전에 시작되는 데다 일자리가 있을 만한 곳까지 먼 길을 가야 하는 경우도 있었다. 일이 없어 돈을 벌지 못하면 그날도 음식과 숙소를 구하지 못했고, 그러면 또 다른 임시방 앞에 줄을 서서 이 모든 과정을 처음부터 다시 시작하는 수밖에 없었다. 부랑자는 30일 내에 같은 임시방을 두 번 이용할 수 없다는 법 규정 때문에 대다수의 부랑자가 이웃한 임시방들을 순회하며 지냈고, 가짜 이름을 써서 규정을 우회하는 경우도 많았다. 이들은 거의 언제나 굶주리고 피곤하고 불편한 상태로 살아갔다. 추위에 떨며, 비에 흠뻑 젖어, 벌레에 물려 가려워하며, 해질 대로 해진 신발을 신고 먼 길을 걷느라 뻐근해진 발로 살아갔다. 심리적 고통 또한 그에 못지않았음은 말할 것도 없다 부랑 생활은 그날 벌어 그날 사는 삶이 있을 뿐 아니라 푼돈을 벌거나 구걸할 기회를 찾아 시시각각으로 이동해야 하는 삶이었다. 뱃짐 하선하는 일, 광고판을 메고 돌아다니는 일, 수작업장에서 매일 열두 시간씩 일하는 다른 노동자의 아이를 돌보는 일 등 하루 또는 몇 시간짜리 일이나마 구한 날에는 여인숙에서 하룻밤 잘 수 있었다. 물론 절망을 달래느라 술을 마시는 데 돈을 허비하지 않는다면 말이다. 19세기 중반 "런던에서는 7만 명 인구가 그날 밤 어디에 머리를 누이게 될지 조금도 알 수 없는 채로 매일 아침을 맞이했다".[10] 오늘날 런던의 '홈리스'와도 비슷한 이들 부랑자는 구빈원 임시방에도 묵고 여인숙에도 묵고, 또 길거리에서도 잤다. 폴리도 그중 한 사람이었다.

잭 더 리퍼 피해자들의 서사들을 하나로 연결해 볼 때 눈에 띄는 점 하나는, 여인숙에 묵는 여성 부랑자 중 상당수가 길거리에서도 자주 잔다는 사실을 경찰과 언론이 무시했다는 것이다. 많은 여성이 임시방이나 여인숙의 침대에서 며칠을 보낸 다음에는 다시 어느 집 문간 앞에 몸을 웅크리고 밤을 보내기를 반복했다. 이것이 부랑하는 삶의 가장 일반적인 패턴이었다. 하지만 구세군 창설자인 윌리엄 부스의 견해대로 경찰과 언론이 이 사실을 일부러 무시한 것은 아닐 수도 있다. 즉, 다른 이유에서가 아니라 부유한 계급이었던 그들에겐 집 없이 사는 삶이 정확히 어떤 것인지 제대로 이해할 능력이 없었던 것이다. 부스는 이 시대의 가장 중요한 빈곤 문제 연구 중 하나인 『가장 어두운 영국과 그 탈출로』에 이렇게 썼다.

아주 많은 사람이, 심지어 런던에 사는 사람들마저도 매일 밤 수백 명이 집 밖에서 잔다는 사실을 처음 들을지도 모른다. 자정이 넘어서까지 움직이는 사람은 별로 없고, 우리가 우리의 침대에 포근하게 들어가 있을 때는 얼마나 많은 사람이 비가 내리고 폭풍이 부는 바깥의 딱딱한 돌벤치에서, 혹은 선로의 아치 밑에서 그 긴 시간을 덜덜 떨며 보내는지 잊기 쉽다. 이 집 없고 굶주린 사람들은 그곳에 존재하지만, 고통받는 그들의 목소리는 좀처럼 이웃의 귀에 들리지 않는다.[11]

'점잖은' 사회계급의 눈엔 보이지 않았을지라도 런던에는 수많은 노숙자가 존재했다. 1887년 트래펄가 광장의 노숙자 수는 하룻밤 "200명 이상"부터 "600명 이상" 등으로 추정되었다. 1890년 어느 밤에 윌리엄 부스는 임뱅크먼트에서 270명, 코번트가든 시장에서 98명을 확인했다.[12] 하이드파크에도 최소 그만큼의 노숙자가 있다고 했다. 그러나 이런 구역은 가장 이목을 끄는 거점이었을 뿐이다. 런던 내 모든 주거 구역 곳곳에 그런 장소가 있었다. "스피탈필즈 교회 근처도 노숙자들이 즐겨 찾는 곳"이었고, "런던 어디에서든, 비바람을 피할 수 있는 여러 안뜰이나 짐마차 등이 그들의 보금자리"였다.[13]

빅토리아 시대 런던의 노숙자는 누구나 비참하고 불행했지만, 폴리 같은 여성 노숙자는 성폭력의 위협까지 감수해야 했다. 남성 보호자 없이 혼자 살거나 거리에서 살아가는 여자는 버림받은 사람으로 여겨졌고, 그래서 결함 있는 사람으로 여겨졌으며, 결국 도덕적으로 타락하고 성적으로 부정한 사람으로 치부되었다. 그런 여자는 음식과 숙소를 구하기 위해서라면 마다하는 일이 없다는 것이 사회 모든 계급의 철석 같은 믿음이었다. 그들은 궁지에 몰렸기 때문에 거기 나와서 이용되길 기다린다는 것이었다. 심지어 그런 여자에겐 동의를 구할 필요가 없다고 생각하는 사람들도 있었다.

사회연구자이자 여성운동가 메리 힉스는 낡은 옷을 입고 부랑자로 위장했을 때 남자들이 끊임없이 가해 오는 언어 성폭력에 경악했다. "여성의 옷이, 심지어 단정한 노동자의 옷까지도 사실은 하나의 '보호막'이라는 것을 나는 처음 깨달았다. 가난한 여자를 쳐다보는 그 뻔뻔

하고 거리낌 없는 남자의 시선을 느끼고 의식하지 않을 수 없었다." 구빈원 임시방에 들어간 힉스는 음란한 남자 수위가 공동 침실의 열쇠를 가지고 있다는 사실을 알게 되었다. 이에 불만을 표하자 어떤 구빈원에서는 "여자 부랑자 관리를 거의 전적으로 한 남자가 맡고 있으며 … 그는 여자들에게 자기가 하고 싶은 짓을 한다더라"는 이야기가 돌아왔다. 한번은 노숙 중인 힉스에게 한 남자가 다가와 "주제넘고도 너무나 불쾌한 태도로 말을 걸었다. 그는 내게 남편은 어딨냐고 묻더니 내가 부도덕한 삶을 살고 있다는 투로 말한" 다음, 하룻밤을 같이 보내면 아침을 사 주겠다고 제안했다. 힉스는 닷새 동안 남자들에게 이런 식으로 취급받은 뒤, "거리를 방랑할 때는 '혼자' 다녀서는 안 되겠다"고 결론지었다. 당시 힉스는 혼자도 아니었고 여자 친구와 함께 다녔는데, 다른 여자들 말로는 좀 길게 부랑할 생각이면 반드시 "사내를 하나 달고 다녀야" 했다.[14] 실제로 많은 여자 부랑자가 그런 관계를 맺었고, 관계를 유지하기 위해 남자 부랑자의 성적 접근을 용인했다. 그랬더니 경찰과 언론은 이 같은 "거리낌 없는" 습성을 "모든 부랑하는 여자는 매춘부"라는 그들의 믿음을 강화하는 증거로 추가했다.

J. H. 스탤러드는 여러 구빈원의 임시방을 경험하면서 그곳 여자들에게 메리 힉스가 들은 것과 유사한 이야기를 들었다. 그중 하나가 중풍 후유증으로 얼굴이 상한 "반백의 여인", "심술쟁이 샐"의 이야기이다. 어느 날 샐리의 눈에 멍이 들어 있었다. 스탤러드가 그에게 어떻게된 일이냐고 묻자 "어떤 남자가 나에게 하고 싶은 짓을 하지 못하게 했다가" 그렇게 되었다는 답이 돌아왔다.

토요일 밤에 뉴커트에서 한 남자를 만났어. 나더러 고둥 1페니어치 먹겠냐는 거야. 남자가 잘 차려입었길래 그러자고 했지. … 파이도 먹겠냐고 해서 그러자고 했어. … 그런 다음 함께 걷는데, 어느 문간 앞에 멈추더니 나에게 1실링을 주겠대. 그 정도면 숙소를 구할 수 있지 않느냐면서. … 그 돈을 받겠냐길래 아뇨, 난 그런 일은 하지 않아요, 했더니 나한테 주먹을 날리더라고.

샐리가 지나가던 경관에게 도움을 청하자 그는 낄낄 웃으며 "그 남자는 너 같은 것과 할 마음이 들 만큼 비위가 좋은가 보네"라고 조롱했다. 또 다른 경관도 비슷하게 반응하며 샐리의 "말은 들으려 하지 않고" 그를 "인도에서 도로 한가운데로 밀쳤"다. 스탤러드는 샐리가 치른 곤욕에 울컥하여 그에게 거리의 삶을 어떻게 살아 내고 있느냐고 물었다. 샐리는 자신도 어떻게 살아왔는지 알 수 없다는 듯 이렇게 대답했다.

뭐라 말하기가 어렵네. 난 정말로 나쁜 짓은 절대 하지 않아. 무슨 말인지 알지? 구걸을 하고 챙길 수 있는 건 챙기고, 음식이나 하룻밤 잘 곳을 여기저기 찾아다니지. 가끔은 이런 곳에 신세지기도 하고, 가끔은 몇 페니 벌기도 해.[15]

성매매는 샐리 같은 여성 부랑자의 유일한 생계 수단이 아니었고, 주요한 생계 수단조차 아니었다. 또한 성매매로 살아가는 경우라도, 젊은 나이가 주는 성적 매력이 없는 중년 여성은 흔히 성교까지는 하지 않고 손으로 상대를 자극하거나 자기 몸을 만지게 하는 정도의 이른 바 '약식 성매매'를 했다. 이 시대에 가난하고 집 없는 여성에 관해 떠들썩하게 경고했던 글 대부분은 성매매에 의지하는 젊은 여성에 초점을 맞추었지, 중년 나이가 주는 현실은 좀 다르다는 사실을 고려하지 않았다. 중년 여성 부랑자에게는 다른 선택지들이 있었다. 그들은 일을 해서 살았고, 일을 구할 수 없을 때는 구걸로 몇 푼 또는 차와 빵을 얻어 하루를 났으며, 심지어 걸인들끼리도 서로 적선했다. 사회비평가들은 "가장 신분이 낮은 사람들"이 자선을 자주 행하는 것을 보고 놀랐다. 또한 "가장 기력 좋고 잘 버는 걸인"이 가장 무기력한 늙은 여성 부랑자들을 보살폈는데, 이는 "자기보다 못한 동료에게 베풀" 의무 때문이었다.[16] 저널리스트이자 작가인 조지 심스에 따르면 "벌이가 불안정한 노동자계급 사이에서 성금과 모금, 자선이 가장 활발하게 행해"졌고 "길거리 행상이나 부두 일꾼이 생전 처음 보는 가난한 사람을 위해 두 번 생각하지 않고 6펜스짜리 동전을 모자에 던져 넣"었다. 바로 이런 적선이 부랑자들의 생계 수단 중 하나였다. 누군가가 "침대 값을 치를 4펜스도 없이" 여인숙을 찾아오고 "그의 고생이 진짜처럼 보이면 곧 모자가 돌아 다른 숙박인들이 그가 하룻밤 묵을 비용을 냈"다. 숙박인들은 음식도 나누어 먹었다. 그들은 "아무것도 가진 것이 없는 사람을 보면 '이거 드쇼, 친구' 하며 찻주전자를 건네어 찻잎을 한 번 더 우려 마시게 해" 주었다.[17] 모든 부랑자가 매일 운 좋게 침대 값과 찻값을 마련할 수는 없는 상황에서 서로가 서로를 돕는 이 전통이 그들에게 큰 힘이 되었다.

폴리도 다른 여성 부랑자와 비슷한 생활을 했을 것이다. 거리에 살기 시작한 처음에는 충격과 비탄에 휩싸였겠지만 점점 체념하며 자신의 상황을 받아들였을 것이다. 1887년 트래펄가 광장에서 체포되었을 때가 방랑 생활을 시작하고 거의 6개월이 지난 시점이니, 피바디 임대주택에 살던 점잖고 행실 바른 여자가 난폭하고 입이 거친 골칫덩이가 되기에 충분한 시간이었다.

폴리는 10월 25일 치안법정에서 심문받은 뒤에 가석방되긴 했으나, 구빈원에 입소하지 않으면 체포된다는 조건이 붙었다.[18] 이번에는 폴리도 가장 가까운 코번트가든 엔델가 구빈원으로 순순히 직행했다. 그리고 그곳에서 다시 에드먼턴의 스트랜드구 구빈원으로 옮겨져 12월까지 머무르다가 더는 견디지 못하고 퇴소했다.

폴리는 시설에서 통제당하는 삶 대신 부랑 생활을 택했지만, 한겨울이 얼마나 가혹한 계절인지 곧 깨달았다. 12월 19일 폴리는 다시 램버스구 구빈원을 찾아갔으나, 그가 더 이상 램버스 교구 소속이 아닌 것으로 확인되었던 모양이다. 폴리는 구운 소고기에 과일 푸딩까지 진짜 만찬이 나오는 특별한 날인 크리스마스를 구빈원에서 보낸 뒤에 퇴소당했다. 이제 자신이 법적으로 어느 교구 소속인지 알 수 없게 된 폴리는 템스강을 건너 북쪽의 홀본으로 향했다. 그는 클러큰웰의 임시방에서 여러 밤을 보냈고, 간신히 몇 페니를 모은 뒤에는 챈서리레인 안쪽의 허름한 골목에 있는 풀우즈렌츠 여인숙에서 사흘을 묵었다. 이 구역은 폴리가 어린 시절에 아주 잘 알던 곳이었다. 얼마 안 되는 돈이 바닥나자 폴리는 홀본구 구빈원에 들어갔다가, 춥고 축축한 1월에 부랑 생활을 한 탓에 곧 몸이 쇠약해져 아치웨이 병원(지금의 휘팅턴 병원)으로 옮겨졌다.

홀본구 구빈법위원회는 구빈법 규정에 따라 폴리가 정말로 홀본구 소속인지, 아니면 다른 구빈구에서 그를 수용하고 비용을 내야 하는지를 확인해야 했다. 폴리가 건강을 되찾은 뒤인 1888년 2월 13일, 위원회는 폴리가 바로 얼마 전에 퇴소당했던 램버스구 구빈원으로 돌아가야 한다고 결정했다.[19] 4월 16일, 폴리는 마치 소포처럼 램버스구로 이송되었다. 그는 이곳에 도착하자마자 18개월 전 자신에게 가정부 일자리를 소개했던 구빈원 감독 필더 부인 앞에 섰다. 아마 두 사람 모두 한숨을 쉬고 얼굴을 찌푸렸을 것이다. 폴리를 수용하기를 원치 않았던 램버스구는 폴리에게 한 번 더 가정부 자리를 알선했다. 아마도 전보다는 일이 더 잘 풀리리라고 기대했을 것이다.

사우스런던 원즈워스 로즈힐로드 16번지에 사는 새라 코드리 부인은 구빈원의 여성 재소자를 하인으로 고용하고 싶다는 뜻을 램버스구에 밝혀 두었다. 코드리 부부는 독실한 침례교도로서 기독교도의 의무를 다하고자 했다. 이들은 자기보다 가난한 사람들에게 도움을 주고자 했을 뿐 아니라 가정과 공동체 안에서 스스로 도덕적 모범이 되고자 했다. 런던경찰청의 건축 현장 감독이었던 새뮤얼 코드리는 런던의 사회 병폐를 가까이서 목격했을 테고, 아마도 그 결과로 코드리 부부는 금주하는 삶을 실천하고 있었다.

5월 12일 아침, 폴리 니컬스는 옷 보따리 하나만 메고 이 안락한 중산층 가정에 도착했다. 육십 대 초반의 부부와 이들의 조카인 이십 대

미혼 여자로 이루어진 집에서 폴리가 유일한 하인이긴 했지만 일이 딱히 버겁진 않았을 것이다. 그가 맡은 일은 집을 청소하고 음식을 요리하는 것 정도였을 테고, 다락층에 마련된 그의 방과 침대는 지난 몇 달간의 부랑이나 구빈원 생활에 비하면 거의 사치로 느껴졌을 것이 틀림없다. 폴리에겐 가정부 역할에 걸맞은 옷이 하나도 없었으니 코드리 부인이 한 벌 또는 갈아입을 것까지 두 벌의 옷, 멋진 보닛과 신발, 잠옷, 작업용 모자와 앞치마, 숄과 장갑, 속옷을 챙겨 주고 솔빗과 참빗, 핀과 같은 이런저런 도구도 제공했을 것이다. 중산층 가정의 여자라면 그 누구도 자신의 가정부가 손님들 앞에 남루한 차림으로 나타나길 원하지 않았을 테니까.

주인 부부가 '잉글사이드Ingleside, 난롯가'라고 부르던 그 집에서 보낸 첫 주에 폴리는 아마도 새라 코드리의 권유로 가족에게 자신이 있는 곳을 알렸다. 부인이 종이와 펜을 가져다주자 폴리는 아마도 2년 만에 처음으로 용기 내어 아버지에게 소식을 전했다.

제가 새로운 집에 정착하여 이제는 잘 지내고 있다는 소식을 전하면 아버지가 기뻐하실 것 같아 이렇게 편지를 씁니다. 이 집 분들은 어제 외출하여 아직 돌아오지 않아 지금은 제가 일이 없거든요. 앞뒤로 나무와 정원이 있는 큰 집이에요. 다 새로 지은 거랍니다. 금주주의자들이고 믿음이 매우 깊은 분들이라 저도 잘해야 해요. 아주 상냥한 분들이고 할 일도 많지 않아요. 아버지는 건강하시길, 그리고 아들(당시 폴리의 첫째가 할아버지와 살고 있었다)은 일을 하고 있다면 정말 좋겠네요. 그럼 이만 줄입니다.

 - 사랑하는 폴리가

어떻게 지내고 있는지 어서 답장해 주시면 좋겠어요.[20]

그 후 두 달 동안 이 집에서 어떤 일이 일어났는지 우리는 알 수 없다. 그 아름답고 따뜻했던 여름, 폴리의 삶은 길거리나 임시방을 떠돌 때에 비하면 천국과 같지 않았을까. 그는 코드리 가족의 정원에 들어가 그 조용한 평화를 누릴 수 있었다. 입는 옷은 깨끗했고 머리카락은 벼룩 없이 깔끔했다. 아마 하루 세 끼를 다 먹을 수 있었을 것이다. 가족을 떠난 뒤로는 맛보지 못했던 고기와 과일, 푸딩 같은 음식을 저녁식사로 먹었을 것이다. 혼자 쓰는 침대가 있었고, 고용주는 자신을 돕고 싶어 했으며, 한밤중에 취객에게 공격당하거나 임시방 관리자에게 학대당할까 봐 두려워하지 않아도 되었다. 짐작건대 고용주를 따라 교회에도 다녔을 것이다. 그랬다면 기도문을 외우고 성경을 공부해야 했을 테고, 현재의 자신과 그간의 생활에 대해 부끄러움을 느낄 수밖에 없었을 것이다. 코드리가에는 주인 부부와 조카딸 맨처 외에 폴리가 만날 사람이 없었고, 아마도 맨처는 폴리와 잡담을 나눈다든가 농담이나 비밀을 공유하려 하지 않았을 것이다. 집에 다른 고용인이나 말동무가 전혀 없는 상황에서 폴리의 하루하루는 견디기 어려울 만큼, 어쩌면 고통스러울 만큼 길고 공허했을 것이다. 자신이 잃어버린 것들을 그리워할 시간이 지나치게 많았다. 그러다 보면 당연히 술 생각이 났을 것이다. 이대로 술 없이 살아갈 수 있을 것인가를 결정해야 했을 것이다.

7월 12일 새라 코드리는 램버스구 구빈원에 엽서를 보내어 폴리 니컬스가 3파운드 10실링 상당의 옷가지와 물건을 들고 사라졌다고 알렸다. 폴리는 옷, 보닛, 신발, 앞치마 등등 코드리 부인이 준 물건을 챙겨 그 집을 떠난 듯했다.

폴리가 뭔가를 계획하고 코드리가의 하인용 출입구를 몰래 빠져나갔던 것 같진 않다. 그는 당장의 필요를 해결하며 지내는 데는 익숙했다. 구빈원으로 돌아갈 생각은 조금도 없었을 것이다. 폴리는 먼저 전당포나 헌옷상을 찾아가 코드리 부인에게 선물로 받았던 이런저런 물건을 현금으로 바꾸었을 게 틀림없다. 물건의 가치만큼 돈을 받지는 못했겠지만 최소한 두어 주 식비와 숙박비를 치를 만큼은 받았을 것이다. 그런 다음엔 아마 펍을 찾아갔을 것이다.

수중에 돈이 있었으므로 7월 중순부터 8월 1일까지 폴리의 종적이 묘연한 것도 이상하지 않다. 그러다 8월 1일, 그가 화이트채플로 향하는 길에 그레이즈인 구빈원 임시방에서 하룻밤을 보냈다는 사실이 확인된다.[21] 폴리는 화이트채플에 즐비한 저렴한 여인숙에서, 가진 돈으로 최대한 오래 버틸 생각이었던 듯하다. 그중 폴리가 선택한 곳은 트롤가 18번지에 있는 윌모츠 여인숙이었다. 다른 많은 여인숙과 달리 이곳은 여성 전용이었고 혼자 부랑하는 여자가 머물기에 그나마 가장 안전한 곳이었던 것 같다. 최대 70명까지 수용하는 윌모츠 여인숙에서 폴리는 "놀랄 만큼 깨끗한" 방을 다른 세 여자와 함께 썼다. 그중 한 사람이 폴리보다 나이가 많은 엘렌 홀랜드로, 두 사람은 돈을 합쳐 더블 침대를 함께 쓰기도 했다.

폴리가 윌모츠에 머문 3주 사이에 알게 된 홀랜드는 폴리가 친구라 부를 만한 유일한 사람이었던 것 같다. 엘렌은 폴리가 "침울했고 … 무슨 문제가 마음을 짓누르고 있는 것처럼 … 사람들을 피했다"고 묘사했다.[22] 이 동네에 엘렌과 폴리가 동시에 아는 지인은 전혀 없었다. 엘렌은 폴리가 남자와 함께 다니지 않고 "여자와만 며칠씩 함께 먹고 마신다"는 사실을 알았는데, 이는 대다수의 여성 부랑자에게 해당하는 말이었다.[23] 홀랜드는 폴리가 술을 마셨다는 사실을 부정하지 않았고 두어 번은 "취한 모습"을 보였다고도 했다.

폴리 니컬스의 마지막 나날에 관한 이야기 대부분은 바로 엘렌 홀랜드가 사인 심문에서 증언한 내용이다. 안타깝게도 그 증언의 공식 녹취록은 존재하지 않고 폴리의 사인 심문 관련 문건도 전부 소실되었다. 남은 자료는 당시의 신문 기사뿐이다. 기자들이 법정에서 바쁘게 써 내려간 요약문은 당연히 오류와 모순으로 가득했다. 정식 기사로 쓸 때는 해당 신문사의 필요에 맞게, 즉 어디서는 선정성을 가미하고 어디서는 분량에 맞춰 이야기를 잘라 내는 식으로 다시 한번 정보를 변형하고 윤색했다. 통신사의 기사는 전국의 중소 신문사로도 송고되었다. 그러면 그곳 기자들, 심지어 화이트채플은커녕 런던에도 와 본적 없는 기자들까지도 여러 기사를 짜깁기하고 인용문과 인터뷰까지 날조하여 새로운 기사를 썼다. 오늘날에도 그렇듯 그런 오보들은 독자의 머릿속에 쉽게 뿌리내렸다.

엘렌 홀랜드에 따르면 폴리는 8월 24일경까지 윌모츠 여인숙에 머물렀는데, 아마 그때부터 슬슬 돈이 바닥났을 것이다. 한 여인숙에 오래 머무는 단골은 하루이틀쯤 외상을 달 수 있는 것이 보통이었다. 하지만 폴리는 윌모츠의 관리인이 그리 잘 아는 얼굴이 아니었기에 그런 호의는 받지 못하고 쫓겨났다. 그는 다시 거리로 돌아가 몇 푼이 생기면 아무 여인숙에나 묵는 생활을 재개했다. 홀랜드에 따르면 폴리는 쇼어디치의 바운더리가 근처에 잠시 머물다가 화이트채플의 악명 높은 플라워앤드딘가에 있는 화이트하우스 여인숙에도 며칠 묵었다.[24] 8월 31일, 폴리는 트롤가 모퉁이의 프라잉팬이라는 펍에서 밤 열두 시 삼십 분경까지 술을 마셨다. 펍을 나올 때쯤에는 무척 취해 있었고, 숙박비를 전부 술에 써 버렸음에도 제일 편안하게 여기던 윌모츠 여인숙를 찾아가 침대를 달라고 했다. 그러나 관리인은 무일푼의 만취자를 입장시키지 않는 사람이었다. 거절당한 폴리는 실망감을 감추려는 듯 낄낄 웃으며 "잘 돈을 곧 구해 오겠다"고 소리치며 그곳을 떠났다.[25]

새벽 두 시 삼십 분 직전, 섀드웰 건선거(dry dock)에 난 큰불을 구경하고 돌아오던 엘렌 홀랜드는 오스본가를 따라 화이트채플로드 쪽으로 걷는 친구를 발견했다. 폴리는 상태가 좋지 않았다. 몸을 휘청거렸고 똑바로 걷지 못했다. 엘렌이 멈추어 세우자 폴리는 담에 몸을 기대었다. 친구가 무척 걱정된 엘렌은 "7분인가 8분 동안" 계속 대화를 이어 가며 함께 윌모츠 여인숙으로 가자고 설득했다. 하지만 이미 관리인을 만나고 온 폴리는 다시 돌아가야 소용없을 거라고 생각했던 것

폴리

같다. 그는 돈이 없다고 한탄했고 "숙박비를 구해야" 한다고 안달했지만, 제대로 걷지도 못하는 상황에서 돈을 구하기는 어려워 보였다.[26] "오늘은 숙박비의 세 배를 벌었는데 다 써 버렸어." 폴리는 술에 취해 이렇게 자책했지만, 그런 곤경이 그날 처음 겪는 일은 아니었을 것이다.[27] 그날 밤 묵을 곳을 구하지 못한다면 기분은 좋지 않겠지만, 그것이 폴리에게 특별히 낯선 상황은 결코 아니었을 것이다.

엘렌 홀랜드는 이 이야기를 경찰 앞에서 여러 번 했고 사인 심문에 모인 기자들 앞에서도 자세히 전했다. 그러나 경찰과 언론 모두 그의 이야기를 끝까지 제대로 듣지도 않고 하나의 가능성을 기정사실화했다. 그날 밤 폴리 니컬스는 손님을 찾으러 나간 것이라고, 왜냐하면 여인숙과 임시방과 어두운 골목을 전전하는 여자라면 나이에 상관없이 다 매춘부이고 폴리 역시 매춘부였기 때문이라고 말이다. 이후 경찰과 언론은 바로 이 전제에서 출발하여 범인에 대한 가설을 세워 나갔다. 먼저 두 가지 가능성이 제기되었다. 첫째는 범인이 매춘부를 갈취하는 갱단이라는 것이었다. 둘째는 범인이 매춘부를 골라 살해하는 단독범이라는 것이었고, 시간이 지나면서 이쪽에 더 무게가 실렸다. 그러나 양쪽 가설 다 실질적인 증거는 전혀 없이 폴리 니컬스가 매춘부였다는 전제를 깔고 있었다.

이 전제는 이후 경찰의 수사부터 사인 심문, 언론 보도까지 사태의 전개에 큰 영향을 미쳤지만, 폴리와 가장 가까웠던 세 사람인 엘렌 홀랜드, 에드워드 워커, 윌리엄 니컬스의 거의 모든 진술은 폴리가 성매매를 했다는 억측에 들어맞지 않는다. 사인 심문은 마치 그의 최후가 평소 행실에서 비롯된 타당한 결과임을 확인하려는 듯, 폴리 니컬스라는 사람의 도덕성을 탐문하는 자리로 바뀌곤 했다.

8월 31일 밤, 엘렌 홀랜드와 마지막 대화를 나누었을 때 폴리는 새로 묵고 있는 화이트하우스 여인숙이 싫다고 분명히 말했다. 엘렌이 요즘 어디 묵고 있느냐고 묻자 폴리는 "다른 여인숙에서 많은 남자와 여자와 함께 살고 있다"고 대답했다. 기자들은 이 말을 "남자와 여자가 잠자도록 허용된 여인숙" 등의 표현으로 바꿔 썼다.[28] 그러나 폴리의 말은 그가 선호하는 여성 전용 여인숙인 윌모츠와는 다르다는 뜻이었다. 폴리는 화이트하우스에 대해 "거긴 가기 싫다", "사람이 너무 많다"고 말했다. 그리고 엘렌에게 자기는 윌모츠 여인숙으로 돌아가고 싶다고, "곧 돌아갈 것"이라고 말했다.[29]

검시관은 폴리가 성매매에 종사했다는 추측을 확정하려는 의도로 엘렌에게 친구의 도덕성에 관한 질문을 여러 번 던졌다. 그때마다 엘렌은 폴리가 그들이 생각하는 그런 사람이 아니라고 단언했다. 폴리가 어떤 일로 먹고살았는지 아느냐는 물음에 엘렌은 모른다고 대답했다. 폴리가 밤늦게까지 밖에 있었느냐는 질문에도 모른다고 대답했다.

"당신은 그의 습관이 아주 깔끔하다고 생각했습니까?" 검시관이 물었다.

"오, 그럼요. 아주 깔끔한 사람이었습니다." 엘렌이 대답했다.

그러자 검시관은 폴리가 숙박비를 마련할 생각이었다는 엘렌의 진술로 다시 돌아갔다.

"그 말이 무슨 뜻이었는지 당신은 알고 있었을 텐데요." 검시관이 불쑥 물었다.

"아뇨." 엘렌은 단호하게 대답한 뒤, 폴리는 그 여성 전용 여인숙에 돌아올 생각이었다는 말을 되풀이했다.[30]

홀랜드의 진술이 어찌나 흠잡을 데 없었던지《맨체스터 가디언》을 비롯한 많은 신문이 그의 증언을 이런 식으로 요약했다. "증인은 사망자가 방탕한 삶을 살지 않았으며, 오히려 그런 삶을 싫어하는 것 같았다고 말했다."[31]

예상 가능한 일이지만 폴리를 수상쩍은 인격의 소유자로 몰아가는 데 가장 앞장선 것은 언론이었다. 많은 신문기자가 대충 빋아쓰거나 잘못 듣거나 일부러 윤색하는 식으로 증인들의 진술을 왜곡하고 폴리의 도덕성에 어두운 그림자를 드리웠다. 검시관은 부친 에드워드 워커에게 결혼 파탄 이후 그와 함께 살던 당시 폴리의 행실이 "방탕했는지" 물었다.《모닝 애드버타이저》,《이브닝 스탠더드》,《일러스트레이티드 폴리스 뉴스》에 따르면 그는 "아뇨, 그런 것에 대해서는 전혀 들은 바 없습니다. 딸은 아는 젊은이들과 함께 어울리곤 했지만, 부적절한 일에 대해서는 전혀 들은 바 없습니다."라고 대답했다.[32] 그런데《데일리 뉴스》는 같은 내용을 훨씬 더 도발적으로 보도했다. 워커는 "딸이 너무 늦게 귀가하는 일은 없었다"고 말하긴 했지만 "그가 본 딸의 가장 염려스러운 모습은 어떤 부류의 여자들과 함께 다니는 것이었다"고 말이다.[33] 이 두 종류의 기사만 해도 이야기가 서로 모순되며, 워커가 실제로 그렇게 말했는지도 의문이다. 검시관은 폴리의 남편에게도 아내의 인격을 설명하게 했지만, 결과적으로는 두 사람의 결별 과정이 드러나며 윌리엄 본인의 행실이 의혹을 샀을 뿐이다. 폴리에게 주던 주당 5실링의 부양비를 왜 끊었느냐는 질문에 그는 아내가 자신을 떠난 뒤 2년간 "다른 한 남자 또는 여러 남자"와 함께 살았기 때문이라고 대답했다.[34] 언론은 바로 이 진술에서 폴리가 간통을 저지른 타락한 여자라는 그들의 믿음을 뒷받침할 증거를 찾아냈다. 그러나 니컬스는 아내가 성매매로 생계를 유지했다는 주장은 단 한 번도 하지 않았다.

폴리의 사건이 처음 알려졌을 때, 즉 폴리의 삶에 관한 중요한 정보는 전혀 알려지지 않았을 때, 전국의 거의 모든 주요 신문이 "사망자에 관해서는 알려진 바가 아무것도 없다"면서도 "그는 '불운한' 삶을 살았던 것으로 여겨진다"고 보도했다.[35] 이어 언론은 폴리의 생활 방식에 대한 자신들의 평가를 확증하기 위해 그나마 알려진 부차적인 정보를 가공하기 시작했다. 가령 그날 밤 폴리는 윌모츠 여인숙의 관리인에게 "잘 돈을 곧 구해 올 거예요. 나에겐 이 멋진 보닛이 있으니까."라고 말하면서 (증인들이 그 전까지는 본 적 없다고 진술한) 어떤 모자를 가리켰는데 언론은 이를 폴리가 불법적인 방법으로 돈을 벌었다는 뜻으로 해석했다.[36] 그러나 폴리가 실제로 그렇게 말했는지부터가 의심스러울뿐더러 그 말의 맥락 또한 확실하지 않다. 폴리의 "멋진 보닛"은 다름 아니라 한 달 전 코드리 부부의 집에서 가지고 나온 것이고 폴리는 그것을 전당포에 맡긴 뒤 윌모츠로 돌아올 생각이었을 가능성도 얼마든지 있다. 이 말에 담긴 진실이 무엇인지, 폴리의 마지막 순간에 관한 다른 많은 세부 사항이 무엇을 가리키는지 우리는 결코 확인할 수 없겠지만 말이다. 기자들은 엘렌 홀랜드의 이름조차 제대로 확인하거나 정확히 받아 적지 않았다. 엘렌 홀랜드는 에밀리 홀랜드, 제인 오람, 제인 오란, 제인 호든 등 여러 이름으로 보도되었다. 그들에겐 엘렌이나 폴리나 그저 화이트채플의 여인숙에서 살던 가난하고 나이 많고 쓸모없는 여자들 중 하나였을 뿐이다. 경찰도, 검시관도, 기자와 독자도 그것 말고는 폴리에 대해 더 알아야 할 것이 없었다.

엘렌 홀랜드는 두 사람이 헤어질 때 화이트채플 교회의 시계가 두 시 반을 가리켰던 것을 기억했다. 그는 검은색 벨벳으로 테를 두른 멋진 밀짚 보닛을 쓴 폴리가 휘청휘청 화이트채플로드 방향으로 향하다 점점 어둠 속으로 사라지는 모습을 바라보았다.

그때쯤 폴리는 그날 밤 잘 돈을 구걸하기엔 글렀다고 생각했을 것이다. 그는 취기와 피로에 빙빙 도는 머리로, 비틀거리는 걸음으로 이스트엔드의 거리를 이리저리 돌아다녔다. 담과 벽을 짚으며 밤길을 걸으면서 머리를 누일 만한 장소를 물색했다. 현관 계단이나 안으로 약간 들어간 문간, 아니면 계단 아래 빈 곳, 관공서의 층계참, 출입구를 잠그지 않은 공용 안뜰 같은 곳을 찾으려 했다. 폴리는 어떤 장소가 노숙하기에 좋은지 구별할 줄 알았겠지만, 화이트채플은 비교적 낯선 구역이었던 탓에 어디에 가야 그런 후미진 자리가 있는지 아직 몰랐을 것이다. 아마 자신이 걷고 있는 길의 이름조차 몰랐을 것이다. 그는 어느 집 안의 가물거리는 촛불이나 저 멀리 가스등의 불빛에 의지해 벅스로우를 지나고 있었을 것이다. 이 거리에 있는 노동자계급의 벽돌집들은 전면이 평평해서 안으로 들어간 구석도, 튀어나온 현관도 없었다. 그러다 문득 인도가 끊긴 구간이 나왔고 거기엔 살짝 안으로 들어간

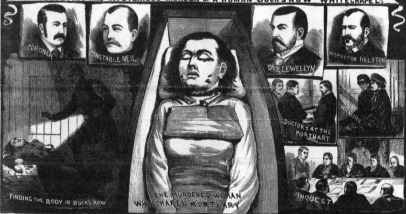

1888년 9월 8일 토요일 자《일러스트레이티드 폴리스 뉴스》1면.
가운데 가장 큰 삽화가 폴리 니컬스 살인 사건을 묘사하고 있다.

출입구가 있었다. 폴리는 그 문을 밀어 보았지만 열리지 않았을 것이고, 그냥 그대로 문에 기대어 앉아 쉬었을 것이다. 무거운 고개가 아래로 떨어지고 마침내 두 눈이 감겼을 것이다.

폴리가 몇 달 전에 아버지에게 쓴 엽서를 제외하면 그의 생각을 조금이라도 짐작할 수 있는 명백한 실마리는 전혀 남아 있지 않다. 엘렌 홀랜드는 룸메이트가 매우 침울한 사람이라고 느꼈다. 자기 안으로 침잠하고, 비밀스럽고, 거리를 두고, 슬퍼하는 인격의 소유자였다는 뜻이다. 그래도 우리는 이 대강의 윤곽선으로부터 어렴풋하지만 거기 분명 존재하는 사람의 모습을 발견할 수 있다. 논리적 추론을 통해서 폴리를 허구의 인물이 아니라 실재했던 한 인간으로 파악할 여지가 충분하다는 뜻이다. 폴리는 빅토리아 시대의 가장 유명한 이야기들이 지어졌던 바로 그 인쇄소와 출판사 동네에서 태어났다. 죽어서는 아트풀 도저나 파긴, 아니 주인공 올리버 트위스트*에 버금가는 전설이 되었고, 그의 삶 또한 흡사 가상의 인물처럼 진실과 허구가 뒤섞이게 되었다. 잉크 거리에서 태어난 폴리는 기사와 삽화, 소문과 추문에 실려 잉크 거리로 돌아갔다. 그의 이름이 종이에 잉크로 찍혔다.

---

* 모두 찰스 디킨스가 1838년에 쓴 소설 『올리버 트위스트』에 등장하는 인물들 이름이다.

1888년 9월 1일 윌리엄 니컬스는 최악의 상황을 각오하고 있었다. 곧 무엇을 보게 될지는 알 수 없었지만 어쨌든 조문 복장이 적당하겠다는 생각에 긴 검은색 코트, 검은색 바지, 검은색 넥타이, 실크해트로 차려입었다. 그날은 비가 왔으므로 그는 찌뿌듯한 몸으로 우산을 펴고 로제타와 아이들과 함께 사는 코버그로드의 집을 나섰을 것이다.

윌리엄은 시체 안치소에서 애벌라인 경위를 만나 그의 아내로 추정된다는 여자의 시신을 살펴볼 예정이었다. 아내를 마지막으로 본 게 벌써 3년 전이었고 그동안 아내가 어디에서 지내는지조차 알지 못했지만, 그렇게 충격적인 사건이 벌어지리라고는 예상하지 못했다. 경위는 그에게 아내를 알아보기 어려울 수도 있다고 경고했지만, 경찰은 그가 신원을 확인해 주길 기대하고 있었다. 애벌라인 경위와 윌리엄 니컬스는 경찰서 뒷문을 나가 안뜰을 가로질러 작은 벽돌 창고로 들어갔다. 안에는 간소한 소나무 관이 놓여 있었다. 뚜껑이 열리는 동안 니컬스는 모자를 벗고 마음을 다잡았다.

잘린 목을 실로 꿰매고 몸에 깊은 자상이 나 있는 등 훼손이 심한 시신이었지만, 니컬스는 아내를 알아보았다. 그는 그 작고 섬세한 이목구비와 높은 광대뼈를 알아보았다. 이제는 공허했지만 그 회색 눈은 그가 잘 아는 눈이었고, 두 사람이 마지막으로 만난 뒤 희끗희끗 세기 시작했지만 그 갈색 머리카락도 틀림없었다. 그의 아내, 그가 폴리라고 부르던 그 여자, 그가 결혼했고 한때 열렬히 사랑했던 그 사람이었다. 그와 여섯 아이를 낳고 그 아이들을 안고 어르던 여자, 윌리엄이 아플 때 간호해 주던 여자, 16년 동안 함께 웃었고 얼마간의 기쁨도 함께 누렸던 여자, 폴리. 열여덟 살에 아버지의 팔짱을 낀 채 세인트브라이즈 교회의 중앙 통로를 걸어오던 그의 어린 신부, 폴리. 짧은 세월이었을지라도 한때 그들은 행복한 부부였다.

애벌라인 경위는 남자의 얼굴에 핏기가 가신 것을 알아챘다. 니컬스는 눈앞의 광경에 눈에 띄게 동요했고 결국 무너져 내렸다.

"이제 당신을 용서할게." 윌리엄은 마치 아내가 그저 잠든 것처럼, 그 잔인한 자상들이 아내의 생명을 끊지 못한 것처럼 폴리에게 말을 건넸다. "당신이 나에게 어떤 사람이었는지 생각하며 당신을 용서할게."[37]

윌리엄 니컬스가 정신을 가다듬는 데는 시간이 걸렸다. 관 뚜껑이 닫히고, 애벌라인 경위는 슬퍼하는 남편을 다시 경찰서로 안내했다.

Annie

2부

애니

1841년 9월경~1888년 9월 8일

CHAPTER 5

군인과 하인

신문에는 그날 비가 억수로 내렸다고 쓰여 있다. 하늘에 구멍이 뚫린 듯했다. 모든 것이 흠뻑 젖었다. 빗물은 모직 망토와 코트에 스며들고 모자 가장자리에서 철철 흘러내렸다. 그 속에 오래 서 있다가는 폐병이나 열병에 걸릴 게 분명한 2월의 차가운 비였다. 그러나 그날 모인 구경꾼 중 그 누구도 "기운이 조금도 꺾이지 않았다". 수천 명의 군중이 버킹엄 궁전의 울타리에 매달리거나 세인트제임스로 향하는 경로를 에워쌌다. 《모닝 크로니클》에 따르면 이날의 군중 "대다수가 노동자 계급"이었다. 그들은 혼례복을 입은 빅토리아 왕과 앨버트 공의 모습을 잠깐이라도 보기 위해 가장 좋은 자리를 차지하겠다고 "서로 다투고 제치고 밀쳐 댔다".[1] 젊은 남자들이 나무를 타고 오르면 곧 경찰이 와서 끌어내렸다. 왕실 행렬이 지나갈 길로 군중이 여러 번 쏟아져 나올 뻔했지만, 빛나는 흉갑에 진홍색 겨울 망토를 걸친 근위기병대 분대가 이들을 막아 냈다. 마침내 행렬이 나타나자 군중은 동요했다. 큰 함성과 갈채가 쏟아졌고 이어 "여왕 폐하 만세"가 연호되었다. 사람들은 앞쪽으로 움직이며 손을 뻗어 마차와 말을 만지려 했고 신부의 맑고 푸른 눈을 보려 했다. 이에 제2근위기병대는 군중의 머리 위로 채찍을 휘두르며 저지한 뒤 "단호한 동시에 친절하게" 질서를 유지하여 "그곳에 모인 모든 사람의 호감을 샀다".

바로 이것 때문이었다. 이런 화려한 행렬 때문에, 이 나라에서 가장 명예로운 군대 중 하나인 근위기병대의 일원이 되어 그 자부심을 느끼려고, 광택을 낸 장화를 신고 말 위에 높이 앉았을 때의 전율을 느끼려고 조지 스미스는 1834년 겨우 열다섯 살의 나이로 링컨셔 시골을 떠나 수도에 온 것이었다. 그 3년 전에 모병관이 인근 풀벡 마을을 방문하여 조지의 형 토머스를 제2근위기병대에 뽑아 갔다. 어린 조지는 당장 형처럼 되고 싶었다. 리젠츠파크 병영을 찾아갔을 때 그의 나이는 아직 기준 미달이었지만 연대는 이 열정적인 소년을 신병으로 받아들였다. 조지는 이곳에서 기병답게 말 타는 법, 흉갑에 광택 내는 법, 투구 닦는 법을 배웠다. 일어서고 행군하고 경례하는 법, 절대로 구부정하거나 건들거리지 않도록 몸을 단속하는 법 등 군대 생활의 엄격한 일과를 금방 익혔다. 조지 형제가 기병대에 채용된 이유는 말을 타기에 완벽한 체격을 가진 강인하고 건강한 시골 사내라서였다. 군 기록에 따르면 조지는 입대 당시 키가 177센티미터였고 안색이 맑고 밝았으며 눈은 갈색이었다. 군 이발사가 그의 밝은 갈색 머리카락을 짧게 잘랐지만,

기병대 소속이었기 때문에 코밑수염은 멋지게 길러도 되었다.

조지는 제2근위기병대의 지도하에 성년이 되었다. 그는 왕가를 수호하는 기병이었던 덕분에 그 누구보다 가까운 거리에서 역사적 장면을 목격했다. 윌리엄 4세의 장례식을 호위하면서 조지 시대의 끝을, 1838년의 대관식에서 빅토리아 시대의 시작을 목도했다. 1840년 2월 10일에는 국가적으로 거행된 왕의 결혼식에서 군중으로부터 군주를 보호하는 임무를 맡았다.

빅토리아 왕의 결혼을 축하하기 위해 런던 사람들이 거리로 쏟아져 나온 그날, 스물두 살의 가정부 루스 채프먼도 그 무리에 섞여 있었을 가능성이 크다. 그는 서식스주에 살다가 당시의 많은 여성과 마찬가지로 일자리를 찾아 런던에 왔다. 그 밖에 알려진 바는 거의 없고, 다만 딸이 온갖 유혹의 온상인 수도로 떠나기 전에 세례를 받는 게 좋겠다는 부모의 뜻에 따라 열다섯 살에 세례를 받은 것 같다. 하지만 그런 노력이 별 소용은 없었던 모양으로, 왕의 결혼식이 거행된 무렵 루스는 벌써 제2근위기병대의 한 병사와 사귀는 사이였다.

아마도 루스와 조지는 포트먼가 병영 근처 어딘가에서 처음 만났을 것이다. 루스의 친척이 병영 근처 클리프턴플레이스의 서식스 가문 저택에서 일했고, 루스도 그곳에 고용되었던 것으로 보인다. 이 저택과 포트먼가 병영의 딱 중간에 군인들과 하인들이 수작을 주고받기로 유명한 하이드파크가 있었다. 사회개혁가이자 저널리스트 헨리 메이휴에 따르면, 많은 가정부와 유모가 일터를 오가며 지나치는 그런 공원에서 "이를 데 없이 매력적인" 붉은 군복의 사내들과 접촉하고 "열병에 걸"렸다. 이 남자들은 자신의 근사한 제복과 군인다운 단정한 분위기가 이성에게 미치는 힘에 결코 질리지 않았고 그것을 잘 활용했다. 일반 사병의 결혼은 엄격하게 제한되었던 데다 사병의 적은 임금으로는 "전문 여성을 고용하여 열정을 해소하기 어려웠기" 때문에 그들은 "자신을 좋아해 주고 가끔 만나기만 하면 되는 여성과 친교를 형성할 기회가 생기면 매우 기뻐"했다.[2] 게다가 군 입장에서도 사병과 착실한 노동자계급 여성의 일부일처적 관계는 "병사에게 전염병을 옮길 가능성이 작고" 매춘부를 멀리하게 해 준다는 중요한 이점이 있었다.[3] 그러나 이러한 관계가 남자 쪽에는 이로웠을지 몰라도, 상대 여자는 난처한 입장, 어쩌면 파멸로 이어질 수도 있는 상황에 처하곤 했다. 1841년 1월, 루스가 바로 그런 처지였다.

애니 일라이자 스미스는 1841년 9월 초에 태어났는데 정확한 날짜까지는 알 수 없다. 아마도 루스가 사생아인 딸의 출생을 최대한 비밀에 부쳤던 것 같다. 애니를 임신한 것이 부스에게는 그저 행복한 상황이 아니었다. 해산이 다가오자 하던 일을 그만두어야 했고, 그때부터는 언제 끊길지 모르는 조지의 약소한 양육비로 살아가야 했기 때문이다. 사회나 군 당국이 보기에 루스 같은 여자는 '전문' 매춘부까지는 아니지만 '아마추어' 매춘부, 당시 은어로 '좆걸레dollymop'였다. 그렇지만 군은 한 연대의 사병 100명당 여섯 명까지만 결혼할 수 있게 제한한 상태에서 이 여자들의 역할을 실리적으로 판단했다. 연대가 전장에 나갈 때는 병사의 여자들도 종군 인력으로 따라가서 군복 빨래로 생활비를 벌 수 있게 했고, 본국 병영에 주둔할 때에도 같은 일을 맡기곤 했다.

애니

한 기병의 여자는 "낮에는 바느질을 좀 하고" "때때로 빨래와 물 짜기를 더 해서" 생계를 유지했다고 했다. 그는 병영 근처의 주당 1실링짜리 방에 살았는데, 아마 루스도 그와 비슷한 환경에서 살았을 것이다.[4]

루스는 출산과 함께 불안정한 상황에 처했지만 다섯 달 뒤 둘째를 임신했다는 사실을 알았을 때는 사정이 더욱 곤란해졌다. 조지가 그를 얼마나 사랑하든 간에 그는 언제 해외로 파병될지 몰랐다. 실제로 많은 군인과 그 연인이 해외 파병 때문에 헤어졌다. 만약 운명이 그 길로 향한다면 루스에겐 경제적으로 기댈 곳 하나 없이 두 아이와 땅에 떨어진 평판만 남을 것이었다. 그런 경우 여자들은 남자가 속한 연대와 관계를 이어 가며 그 연대나 병영 안에서 새로운 보호자를 구하는 것이 관례였지만, 이 해결책에도 대가는 따랐다. 그것은 본격적으로 성매매를 한다는 뜻이었기 때문이다. 다행히도 조지와 루스는 사귄 지 2년이 지난 1842년 2월 20일에 결혼을 허락받았다. 조지가 자신의 바람을 표명했던 결과인지, 아니면 상관의 배려 덕분이었는지 알 수 없지만 군의 기록부에는 결혼식 날짜가 2년 전으로 소급되어 기록되었다. 혹시 누가 물어보면 두 사람은 빅토리아 왕과 앨버트 공이 결혼한 그해 그달에 결혼한 사이였다.

처음 만난 날부터 이후 함께한 세월 내내 이 부부와 그 자녀들의 삶을 규정하고 결정한 것은 군대였다. 루스는 '스미스 부인'으로 병적에 공식 편입되었으나 그것만으로 삶이 더 안락해지진 않았다. 군은 조지의 아내와 자녀에게 일부 생필품을 배급하고 병영 안에서 살도록 허락했지만, 병영에서의 삶은 건전하지도 쾌적하지도 않았다. 가족용 막사는 1850년대에 가서야 신설되었고 그전까지 신혼부부는 공용 막사의 한 귀퉁이에 시트나 담요를 커튼처럼 치고 살았다. 아내들은 미혼 남성들에 둘러싸인 채 옷을 입고 벗고 자고 씻고 출산하고 수유했으며, 그 옆에서 남자들은 반쯤 벌거벗은 채 돌아다니고 욕하고 지분거리고 외설스러운 노래를 불러 댔다. 위생 상태도 바깥보다 나을 것이 없었다. 1857년 정부의 실태 조사에서 드러난 대로 병영의 생활환경은 처참했다. 축사 위에 공동 침실이 있는 경우가 많았고 환기 상태도 나빴다. 어느 곳이든 습기는 과하고 채광이 나빴으며 욕실과 변소가 부족했다. 어느 병영에서는 큰 통을 공동 변기로 쓰다가 오물을 버린 뒤에는 목욕통으로 썼다. 취사 시설도 부족했다. 대부분의 주방에 오븐이 없었던 탓에 병사들의 식단은 주로 삶은 음식으로 이루어졌고 이것이 이들의 건강에 큰 영향을 미쳤다.

하지만 병적에 오른 가족에겐 몇 가지 혜택도 있었다. 병사들이 소액이나마 돈을 저금할 수 있는 지국은행이 설립되었고, 병사 가족이 병에 걸리면 연대의 보급 약품을 사용할 수 있었으며, 계급에 관계없이 모든 병사의 가족이 병영 도서관을 이용할 수 있었다. 무엇보다 1848년부터는 병사 가족이 병영 밖에 적당한 집을 구할 수 있도록 얼마간 수당이 지급되었다. 그렇다고 주거 환경이 특별히 안락해지지는 않았지만 적어도 부부가 프라이버시를 누리고 가족끼리만 살 수 있었다. 연달아 아이를 낳은 스미스 부부에게 이는 마침 좋은 기회였다. 결혼한 직후인 1842년 둘째 조지 윌리엄 토머스가 태어났고 1844년에는 에밀리 라티샤가, 1849년에는 엘리가, 1851년에는 미리엄이, 1854년에는 윌리엄이 태어났다.[5] 애니와 그 동생들은 병사 가족이 누릴 수 있는 가장 큰 혜택을 누렸다. 바로 연대학교 교육이었다.

영국군의 자녀는 의무 공교육 제도가 시행된 1870년보다 20여 년 앞서, 군의 비용으로 운영하는 체계적인 수업을 의무적으로 받았다. 그 목적 중 하나는 어린이들이 병영 생활의 "나태와 악습"을 버리게 하고 특히 여자아이들이 "품위에 어긋나는" 행동을 멀리하게 하는 것이었다. 한편으로 군은 사병의 복무를 치하하는 한 방법으로 그 자녀들의 교육과 복지에 힘썼다. 연대학교는 아이들에게 군의 이상을 뒷받침하는 규율과 의무, 경의 등의 관념을 길러 주려 했고, 나아가 "유용한 사람이 되어 생계를 유지할 수 있는 수단"도 가르치고자 했다.[6] 대부분의 연대학교가 의무 출석을 요구했고 이를 어길 시엔 군에서 쫓겨날 수도 있었다. 그러면서도 교육비를 요구하는 경우도 많아 가계가 그만큼 빠듯해졌다. 조지는 첫째 애니의 수업료로 한 달에 2펜스를, 그다음에 학교에 들어간 자녀에 대해서는 한 명당 1페니를 지불했을 것이다.

연대학교의 교육과정은 민간 자선학교와 비슷했다. 학생은 나이에 따라 하급반과 상급반으로 나뉘었다. 아침에는 여성 교사가 하급반을, 남성 교사가 상급반을 가르쳤다. 점심을 먹은 후 상급반은 성별로 나뉘어 남학생은 남성 교사가, 여학생은 여성 교사가 맡아 성별에 어울리는 직업 교육을 진행했다. 빅토리아 시대 전반기의 기준에 비추어 볼 때 연대학교의 교육은 꽤 엄격했다. 하급반은 철자법, 읽기, 노래하기를 배웠고 상급반이 되면 쓰기, 말하기, 문법, 영국사, 지리, 산수, 대수를 배웠다. 그 덕분에 애니는 같은 노동자계급에 속하는 대다수의 딸은 물론 아들보다도 훨씬 좋은 교육을 받았던 것 같다. 오후의 여학생 수업에서는 '직업' 과목을 배우는 혜택도 누렸을 것이다. 자수부터 옷 만들기, 코바늘뜨기, 뜨개질까지 모든 종류의 바느질을 자세히 배웠을 것이다. 이런 기술은 연대를 위해 옷을 만들거나 수선하는 일을 맡는 데 유용했을 뿐 아니라, 학교를 졸업한 뒤 일자리를 구하는 데도 도움이 되었다. 이 계획을 방해하는 유일한 문제는 군인이라는 직업상 부친의 주둔지를 따라다니느라 교육이 자주 중단되는 것이었다.

조지 스미스 가족은 다행히 해외 파병까지는 겪지 않았지만 그렇다고 자국 안에서 아주 만족스럽게 생활한 것은 아니었다. 연대는 통보가 내려오면 촉박하게 병영을 옮겨야 했다. 포트먼가, 하이드파크, 리젠츠파크의 병영을 오갈 때는 몇 킬로미터 거리의 새 집으로 옮겨 적응하는 정도였지만, 런던에서 30여 킬로미터 떨어진 윈저에 배치될 때는 환경 변화와 비용이 만만치 않았다. 조지가 복무한 1840년대부터 1860년대 초까지 스미스 가족은 런던과 윈저 사이에서 이사를 열두 번이나 했다.

사회적으로 명성 높은 연대의 군인을 아버지로 둔 아이는 성장하면서 한 가지 독특한 경험을 했다. 그들은 본질적으로 다른 두 세계 사이에서 까다로운 균형을 유지하며 살아가야 했다. 한쪽은 귀족 장교가 지휘하고 왕실에서도 가까운 기병대의 세계였다. 이쪽에 속해 있을 때는 대다수 노동자계급 자녀와 달리 높은 신분과 특권과 부로 이루어진 삶을 멀리서나마 매일같이 목격했다. 애니는 전면을 밝은 색 스투코로 마감한 우아한 저택이 줄지어 선 나이츠브리지와 왕궁이 있는 윈저 사

애니

이를 오가며 유년 시절을 보냈다. 그는 값비싼 실크 보닛을 쓴 여자들과 훈장을 쩔렁이는 제복 차림의 남자들이 사륜마차를 타고 지나가는 광경을 자주 보았을 것이다. 빅토리아 왕이나 왕자들이 말을 타고 윈저그레이트파크를 거니는 모습도 종종 보았을 것이다. 이리저리 옮겨 다니던 집들 주변에는 깨끗하고 넓고 밝은 길이 나 있었고 눈에 띄는 결핍의 증후는 비교적 드물었다. 스미스 가족은 완벽하게 차려입고 양산을 빙글거리는 상류층 사람들과 더불어 하이드파크의 신선한 공기를 누렸다. 애니는 어린 나이부터 아버지의 직업을 자랑스러워하라고, 왕과 조국에 대한 아버지의 사랑을 그대로 물려받으라고 배웠을 것이다. 명예와 존엄성을 중요시하는 군대식 가치관도 그대로 받아들였을 것이다. 애니가 일어서고 말하고 행동하는 모습은 상류층으로 보이지는 않았더라도 그가 적절한 행동 방식과 본인이 그 자리에서 맡은 역할을 잘 아는 사람임을 보여 주었을 것이다. 이런 기술은 애니의 몸에 오래 남아 어른이 되어서도 사람들에게 그가 좋은 집안 출신이라는 인상을 주었다.

그러나 애니는 화려한 궁정 생활을 목도하는 동시에 자신의 일상과 현실을, 노동자계급의 자녀에게 주어진 삶을 살아가야 했다. 부친의 직업이 보장한 몇 가지 혜택은 박봉으로 상쇄되었다. 조지가 윈저에 주둔할 때 스미스 가족은 "상류층 소가족"의 취향에 맞추어 건축과 장식에 "많은 비용"을 들인 케펠테라스의 주택을 빌렸다. "포틀랜드석 벽난로와 화려한 코니스", "템스강이 내려다보이는 아름다운 전망"을 자랑하는 3층집 안에는 "거실 두 개, 침실 세 개, 하인 구역"이 있었다. 이런 집을 병사 가족 세 가구가 나눠 쓰면서 주방과 변소까지 공유해야 했다.[7] 나이츠브리지의 주거 환경은 이보다 더 열악할 때도 있었다.

나이츠브리지는 "화려한 저택과 품위 있는 주택" 및 고급 상점가로 유명했지만, 그 보이지 않는 구석에는 건너편 하이드파크 병영에서 흘러들어온 "불건전함"이 고여 있었다. "나이츠브리지그린부터 하이로드 일대에 극장식 술집, 선술집, 맥주 가게, 굴을 파는 술집, 싸구려 담배 가게"가 늘어선 광경은 "런던 전체의 불명예"로 여겨졌다.[8] 일반 사병의 가족이 세를 얻을 만한 저렴한 집들도 이곳에 있었다. 스미스 가족은 가능한 한 이 구역을 피해 집을 얻으려고 했고 1844년에는 브롬턴 로드 근처 러틀랜드테라스의 작은 집에 살았다. 그러나 그처럼 비교적 살 만한 구역의 집세가 점점 오르면서 병사 가족들은 가장 악명 높은 뮤직홀인 '선'과 '트레버암스' 사이에 긴 과밀한 골목들에 몰려 살게 되었다. 이 악의 난장판 가장자리에 동서로 놓인 라파엘가에는 겨우 몇 년 전에 주택가가 조성되었으니 그새 이미 한 선불을 나누어 임대하는 저소득층의 공동주택 구역이 되어 있었다. 1854년 스미스 가족은 라파엘가 15번지에서 최소 다른 두 가구와 함께 각각 방을 두 개씩 쓰면서 살았다.

막 날씨가 따뜻해지기 시작한 그해 늦봄, 런던의 신문에는 성홍열 환자가 놀라운 속도로 증가하고 있다는 기사가 실리기 시작했다. 곧이어 기자들은 이즐링턴, 나이츠브리지, 첼시에서 환자가 속출하고 있다고 보도하면서도 이 병이 "주로 노동자계급에서" 유행하고 있다는 말로 독자들을 안심시키려 했다. 5월 3일 《데일리 뉴스》는 런던에서 가장

애니

부유한 구역인 이튼뮤스사우스 가까이에 사는 마부의 "다섯 아이 전부가 9일 사이에 악성 성홍열로 세상을 떠났다"고 보도했고 전염병 유행이 "이 구역에서 매우 심각"하다고 전했다. 이제 유행병으로 선언된 성홍열과 관련된 비극은 그해 여름 내내 이어졌다. 7월 27일 자 《모닝 포스트》에 따르면 "성홍열 환자가 매주 증가"했으며 "이 질병이 몇몇 가족을 강타하여 … 어떤 경우에는 6일 만에 한 가족의 세 아이가 사망했다". 6월 초 런던 전염병 병원에는 성홍열만으로 "100명이 넘는 환자"가 입원하면서 위기 사태가 선포되었다. 설상가상으로 두 번째 유행병이 터졌다. 티푸스였다.

성홍열은 연쇄상구균에 의한 전염병으로서 독감과도 비슷하지만 피부에 붉은 발진이 나타난다. 성홍열은 주로 아동이 걸렸던 반면, 티푸스는 연령과 관계없이 발병했다. 흔히 '병영 열병', '교도소 열병'으로도 불린 티푸스는 많은 사람이 사는 비좁은 공간에서 옷이나 담요, 침구의 벼룩과 이를 통해 전염되었다. 성홍열과 마찬가지로 티푸스는 고열과 전신 발진을 일으켰고 치명적인 경우에는 뇌까지 침투했다. 5월 중순, 라파엘가에 두 유행병이 동시에 나타났다. 성홍열로 인한 첫 사망자는 태어난 지 18개월이 되지 않은 존 퍼셀 팔머라는 영아였다. 이 부실하고 과밀한 주거 환경에서 성홍열이 얼마나 빠르게 확산되었는지 정확히는 알 수 없지만, 팔머가 죽은 직후 스미스의 집에도 이 병이 침투했다. 갓난아이 윌리엄을 돌보느라 바빴을 엄마를 대신해 열두 살인 애니가 어린 미리엄을 돌보던 때였을 것이다. 두 살 반이 된 미리엄은 집의 이 방 저 방을 아장아장 걸어 다니면서 웃고 조잘거리고 의자

를 넘어뜨리고 사람들의 발치에 걸리적거렸을 것이다. 그러던 아이가
열이 나고 기침을 하고 독감에 걸린 것처럼 아파하고 계속 울었다. 발
진까지 나타나자 성홍열임이 확실해졌다. 미리엄은 5월 28일에 사망했
고 그다음 날 바로 묻혔다. 루스와 조지가 미리엄을 간호하는 중에 윌
리엄도 고열과 발진을 보이기 시작했고 닷새 후인 6월 2일, 태어난 지
5개월 만에 세상을 떠났다. 가장 어린 두 아이에 이어 일주일 뒤에는
다섯 살 엘리가 사망했다.

막 열두 살이 된 둘째 조지 토머스까지 앓기 시작했을 때 조지와
루스가 어떤 기분이었을지 상상조차 하기 어렵다. 토머스도 보름간 고
열을 앓았고 온몸에 발진이 생겼다. 동생 엘리를 땅에 묻을 때 토머스
는 침대에 누워 있었고 상태가 점점 나빠지기만 했다. 일반 사병의 가
족은 연대 의사의 왕진을 요청할 수 없었기 때문에 스미스 부부는 도
저히 비용을 감당할 수 없었음에도 민간인 의사를 불러야 했다. 토머
스는 티푸스였다. 그는 3주를 앓다가 6월 15일에 사망했다.

겨우 3주 만에 여섯 아이 중 네 아이가 사라졌다. 오늘날 우리는 가
늠조차 할 수 없는 엄청난 비극이다. 지금은 항생제만 있으면 치료할
수 있는 병들이기에 더더욱 그렇다. 조지와 루스는 당시로서는 치료
불가능했던 병 앞에서 아무것도 할 수 없었다. 아이들의 죽음은 불운
하지만 어쩔 수 없는 사건이었다. 그러나 불가피한 운명이었다고 해서
스미스 부부와 남은 두 아이가 조금이라도 덜 힘들지는 않았을 것이
다. 시간이 한참 지난 뒤까지도 이 비극은 살아남은 가족의 삶에 계속
해서 짙은 그림자를 드리웠다.

애니

루스와 조지는 어찌어찌 다시 살아갈 힘을 끌어모았던 듯하다. 2년 후인 1856년 두 사람은 윈저에서 조지나를 낳았다. 1858년에는 미리엄 루스가 태어났다. 그사이 애니는 진갈색 머리카락과 푸른 눈, 강렬한 눈빛을 가진 십 대 아이가 되었다. 모친이 또다시 갓난아이를 돌보느라 바쁜 시기에 애니는 열다섯 살이 되었다. 전통적으로 여자아이의 열다섯 살은 교육을 마치고 전업 일자리를 구해 가계를 돕기 시작하는 나이였다. 특히 이 나이대의 많은 여성이 마치 통과의례처럼 가정부로 일하기 시작해 어린 동생들을 먹여 살렸으며 이를 위해 가족이 있는 집을 떠나는 경우도 많았다. 이렇게 부모의 보호에서 벗어난다는 것은 도덕적 위험에 노출된다는 뜻이었지만, 젊은 여성의 일자리로는 그래도 가사노동이 공장노동보다 낫다고 여겨졌다. 공장노동은 나중에 여자가 가정을 꾸렸을 때 쓸모가 될 기술을 전혀 길러 주지 못한다는 이유에서였다. 그 결과 1851년부터 1891년까지 15~20세 여성 인구의 약 43퍼센트가 가정부로 일했다. 큰딸 애니의 경우에도 집에 어머니를 도와 동생들을 키울 에밀리가 있었으므로, 입주 가정부가 되어 가계에 기여하는 편이 나았을 것이다.

이곳이 첫 일터였는지는 확실하지 않으나 1861년 애니는 웨스트민스터 듀크가 2~3번지에 있는 유명 건축가 윌리엄 헨리 르워의 집에서 일했다. 이 거리에는 디자이너와 공학자가 많이 살았고 17~18번지에는 철도·교각·터널 건축공학의 대가인 이점바드 킹덤 브루넬의 집이 있었다. 르워와 브루넬은 듀크가에 오래 살았으며 종사한 분야도 비슷했으니 서로 교류했을 가능성이 크다. 애니를 비롯한 르워가 하인은 브루넬 가족을 알아보고 인사하는 사이였을 테고 어쩌면 응접실에서 그들을 시중들었을지도 모르겠다.

1861년, 67세의 윌리엄 르위와 증권 중개업에서 은퇴한 그의 독신자 동생 에드워드 형제가 사는 집에는 가정부 애니와 엘리너 브라운, 관리인 메리 포드, 이렇게 세 하인이 있었다. 모두가 아침 대여섯 시에 일을 시작해서 밤늦게까지, 때로는 새벽까지 일했을 테지만 그중에서도 가장 힘든 일은 가장 어린 애니가 맡았을 것이다. 이런 소가족의 고용인은 온갖 일을 다 한다고 하여 '만능 잡부'로 불렸으며, 하루 세 번 설거지부터 석탄 나르기, 침대 정돈하기, 난롯불 피우기까지 정말 모든 일을 다 했다. 르위 형제의 집에서는 관리인인 포드 부인이 요리사도 겸했을 테고, 애니는 그를 도와 요리를 준비하고 식사 시중을 들어야 했을 것이다. 노년의 신사 둘이 사는 집이었다곤 해도 애니는 쉴 새 없이 일해야 했을 것이다. 먼지를 털고, 벽난로를 청소하고, 바닥을 닦고, 양탄자를 두드리고, 물을 길어다 욕조를 채우고, 장화에 광택을 내고, 옷을 수선하는 등 할 일이 너무도 많았다. 만약 르위 형제가 당시 런던에 많았던 대형 세탁소를 이용하지 않았다면, 더러워진 침구를 빨고 헹구고 짜고 다리는 고생스러운 일까지도 애니의 몫이었을 것이다. 그러고 받는 임금은 얼마 안 되었다. 바로 그해에 출간된 『비튼 부인의 가정 관리서』에 따르면, 애니 같은 만능 잡부의 적정 임금은 1년에 9~14파운드였다. 차, 설탕, 저알콜 맥주 등 개인 소모품을 위한 수당을 제외하면 애니의 임금은 그보다 적은 7파운드 6실링 내지 11파운드였을 것이다.[9] 고용주들은 가정부에게 숙소와 식사를 제공하니까 그 정

애니

도면 충분하다고 생각했다. 르워의 집은 공간이 넉넉하여 애니와 포드 부인은 2번지의 건축 사무소 위층에서 각자 방을 썼고 엘리너는 3번지의 다락에 살았다. 살면서 늘 방 두 개, 많아야 세 개를 가족과 나눠 썼던 애니에게 이 저택의 하인 구역에서 누리는 프라이버시는 생소하면서도 반가웠을 것이다.

애니는 입주 가정부로 일하기 시작했을 때부터 가족과 거의 만나지 못했을 것이다. 가정부의 휴가 일정은 전적으로 고용주가 결정했고 대개 한 달에 겨우 하루, 짧게는 한나절 휴가가 주어졌다. 일요일에는 한 시간쯤 교회에 다녀올 수 있었다. 애니의 부모는 1861년까지 윈저에 살았으므로 애니는 쉬는 날에도 가족을 방문하기 어려웠을 것이다.

스미스 가족은 약 21년간 군대라는 특수한 집단의 행군에 보조를 맞추며 살았다. 조지는 물론 루스에게도 연대와 사병 가족들과 상관들이 삶을 규정하는 가장 중요한 골격이었다. 부족과도 비슷한 이 폐쇄적이고 특별한 공동체는 함께 병영을 옮겨 다녔고 한집에 살며 함께 식사했으며, 아이들은 마치 사촌지간처럼 함께 학교를 다니며 성장했다. 이들은 서로 위로하고 서로 돈을 빌려주었다. 이 공동체는 스미스 가족 전원의 자아 관념에 지워지지 않는 각인을 남겼을 것이다. 누구보다도 조지 스미스가 그러했을 텐데, 그는 사십 대에 들어서면서 퇴역 이후의 삶을 고민해야만 했을 것이다. 그에게 제2근위기병대는 또 하나의 가족이었다. 아내와 자식이라는 가족과 군대라는 가족이 얼마나 밀접하게 얽혀 있었던지 그는 자신이 모셨던 상관의 이름을 따 막내아들의 이름을 지었다. 1861년 2월 25일, 루스는 6년 전 네 아이를 한꺼번에 잃었던 라파엘가와 가까운 미들로우노스 6번지에서 파운테인 해밀턴을 낳았다. 네 아이를 잃었던 그 비극의 해에 조지는 새로 부임한 사령관 존 글렌캐런 카터 해밀턴(장차 제1대 달젤 해밀턴 남작) 덕분에 마음을 좀 추스를 수 있었다. 해밀턴이 경제적·정서적·영적 측면 중 어느 면에서 그를 격려했는지는 몰라도 조지는 그의 호의를 절대 잊지 않았다. 또 한 사람, 파운테인 호그 앨런 대위와 맺었던 유대도 결코 잊지 않았다. 1857년 11월 앨런의 죽음은 조지에게 필시 큰 영향을 미쳤을 것이다. 막내아들 파운테인이 탄생했을 무렵 조지는 자신의 군인 생활이 거의 끝났음을 느꼈을 테고, 그래서 그라는 사람을 만들어준 남자들과 경험들을 기리고 싶었을 것이다.

그간 연대에 충성하고 훌륭한 품행으로 네 개의 표창도 받은 조지는 지휘관의 시종이 될 충분한 자격을 갖추고 있었다. 군 규정에 따르면 민간인 시종을 채용하지 않은 기병 장교는 연대 안에서 '병사 시종'을 찾을 수 있었다. 시종은 상관의 제복과 연상 일습을 관리하는 것은 물론, 상관의 외양을 보살피고 행정 잡무를 처리하는 사람이었다. 비튼 부인에 따르면 시종은 "주인에게 옷을 입히고 모든 행차에 동행하고, 주인이 가장 무방비한 순간에 의논할 수 있고 자신의 대리를 맡길 수 있는 사람"이었다. 더 구체적으로 살피면 "주인의 옷을 솔질하고, 그의 승마 장화, 사냥 장화, 산책 장화, 정장 장화를 깨끗이 닦는 것, 물을 길어다 욕조를 채우는 것, 의복을 준비하고 착용을 돕는 것, 여행 중에는 옷짐을 싸고 푸는 것"까지 시종의 일이었다.[10] 면도는 스스로 하는 신사도 많았지만, 그래도 시종은 면도를 할 줄 알아야 했으며 주인의 턱

애니

수염과 코밑수염을 주기적으로 다듬어 주어야 했다.

시종은 신사가 부리는 각급 하인 중에서도 특별한 신용과 명예를 누리는 자리였다. 신체적 약점부터 은밀한 사정과 생각까지 고용주를 속속들이 알 수 있는 유일한 하인이 시종이었다. 그런 자리에 뽑히려면 "예의 바른 몸가짐과 삼가는 태도, 공손한 침묵"을 비롯해 "좋은 판단력, 좋은 기질, 얼마간의 자기부정, 다른 사람의 감정에 대한 배려"가 몸에 밴 사람으로 평가받아야 했다.[11] 크림전쟁에 참전했다가 돌아온 전쟁 영웅 로저 윌리엄 헨리 팔머가 1856년에 제11경기병대를 떠나 제2근위기병대로 부임했다. 새 연대에서 시종을 찾던 그는 기병 스미스에게 시종의 자질이 있음을 알아보고 그를 선택했다.[12]

존경받는 전쟁 영웅일 뿐 아니라 장차 가문의 아일랜드 남작 작위까지 이어받는 이 인물과의 관계에서 조지는 여러 가지 혜택을 누렸다. 시종은 모두가 싫어하는 보초 경비 등의 병영 업무와 열병식에서 면제되었다. 또한 상관의 막사에서 지내며 더 좋은 음식을 먹었고 와인도 종종 마셨다. 시간이 지나면서, 특히 팔머가 하원 의원에 선출된 뒤로 조지는 군대에서 완전히 멀어져 귀족의 시골 저택과 사냥 대회와 정부 내각이라는 특권적 세계에 소속되었다. 임관 장교인 팔머가 메이요주의 가문 영지를 순회하는 데 많은 시간을 보냈으므로, 조지도 아일랜드에 가서 그곳의 화려한 성과 장원에 들어가 보았을 것이다. 그러다 1862년에는 링컨셔 제화공의 아들이 파리까지 진출했다.

그 전해에 조지는 병사 시종으로서 상관을 한 명 더 모시게 되었는데, 토머스 네일러 리랜드 대위였다. 그는 조지가 얼마나 마음에 들었던지, 결혼과 동시에 덴비셔 의용군에 부임하기로 했을 때 조지에게 제2근위기병대를 함께 떠나자고 제안했다.[13] 아마도 조지는 한참 고민했겠지만, 그의 나이를 생각하면 제안을 받아들이는 것이 옳았다. 리랜드를 따라가면 집사, 요리사와 더불어 가장 서열 높은 하인으로 일하게 될 터였다. 임금은 1년에 25~50파운드였고 여기에 퇴역 연금이 하루 1실링 1$\frac{1}{2}$페니씩 나올 것이었다. 노동자계급 출신 중년 남자와 그 가족에게 이보다 더 좋은 기회는 없었을 것이다.

1862년 3월 19일, 한 달 후면 마흔세 살이 되는 기병 조지 스미스는 '스미스 씨'가 되었다. 그는 자신의 전부였던 동료와 병영, 제2근위기병대에 작별을 고하고 토머스 네일러 리랜드와 함께 파리로 향했다. 리랜드는 파리의 영국 대사관에서 약혼자 매리 앤 스카리스브릭에게 청혼한 뒤 신혼여행으로 프랑스를 돌아다녔다.

루스와 조지는 그에 앞선 1861년 말, 화려한 리랜드의 저택 '하이드 파크 하우스'에서 가까운 나이츠브리시에 아예 정착하기로 했던 듯하다. 이곳은 루스가 잘 아는 동네인 동시에 조지의 형 토머스가 퇴역 후 가업을 이어 제화공으로 일하는 곳에서 가깝다는 이점이 있었다. 조지는 하인 일을 시작하고부터는 딸 애니처럼 가족을 거의 만나지 못했을 것이다. 평생 몸담았던 연대를 떠나고 아내와 자녀들과도 멀어지면서 조지의 상태가 나빠지기 시작했다. 시종은 주인을 보살피지 않을 때는 혼자 시간을 보낼 수 있었다. 읽거나 생각할 시간이 있었다는 뜻이다. 더 이상 가족이나 연대가 바로 곁에서 주의를 분산시키지 않자 조지는 생각하고 싶지 않은 많은 일을 생각하게 되었을 것이다. 그중 하나는

애니

네 아이의 죽음이었을 것이다.

1863년 6월 13일, 리랜드 대위는 렉섬에서 열리는 '덴비셔 의용군 기병 경주'의 간사 역을 맡을 예정이었다. 이 대규모 사교 연회에는 장교 부부들이 참석하는 성대한 만찬도 포함되어 있었다. 의용군 병사와 손님 들은 행사 전날 밤 렉섬에 도착했다. 리랜드는 장교 숙소에 묵었고, 조지는 다른 고용인 한 사람과 함께 엘리펀트앤드캐슬이라는 펍에 묵었다. 그날 밤 불을 끌 때까지만 해도 조지는 평소대로 "매우 쾌활한" 모습이었다. 다음 날 오전 일곱 시에서 여덟 시 사이, 동숙한 하인이 조지에게 기상할 시간이라고 알렸다. 이에 조지는 "괜찮아, 나 깼어"라고 답했지만 침대에서 나올 기색을 전혀 보이지 않았다. 그로부터 한 시간이 지나지 않아, 조지를 부르러 위층으로 올라간 여관 주인은 그가 "끔찍한 방식으로 목이 잘리고 그 옆에 피 범벅인 면도칼이 놓여 있는" 것을 보고 소스라쳤다. "셔츠와 속바지만 입은 채" 바닥에 누워 있는 조지는 이미 숨을 거둔 뒤였다.[14]

즐거운 스포츠 행사가 열릴 예정이었던 그날, 사람들은 충격과 당혹감에 휩싸였다. 소식을 들은 리랜드는 곧장 현장으로 달려갔고 눈앞의 광경에 "크게 동요"했다. 그러나 기병 경주를 방치할 수만은 없는 일이어서 그날 오후 검시단이 소집되었다. 이들은 조지의 죽음을 "일시적 광기에 시달리다 면도칼로 본인의 목을 절단한 자살"로 보았다.[15] 조지가 퇴역 후 심각한 음주 문제를 겪어 왔다는 주장도 나왔다.

리랜드는 이 불우한 사건에도 불구하고 그날 오후 경마장에 가서 기병 경주를 지켜보았지만 그가 그날 행사를 즐겼으리라곤 상상하기 어렵다. 이후에 조지의 장례식 비용도 리랜드가 댔다.

루스와 딸들에게 소식이 전해졌을 때의 상황에 대해서는 어떠한 기록도 남아 있지 않다. 겨우 두 살이었던 아들 파운테인은 다시는 아버지를 볼 수 없었다. 조지가 받던 퇴역 연금은 그의 죽음과 함께 만료되었을 것이다. 19세기 중반까지도 죽은 남편의 연금을 아내가 대신 받을 수 없었다. 스미스 가족은 하루아침에 수입이 끊겼을 것이고 이제 남은 것은 애니가 보내오는 돈, 그리고 아마 동생 에밀리가 벌었을 돈뿐이었다.

정확한 이유는 알 수 없지만 스미스 가족은 구빈원에 갈 법한 이 상황에서 그런 불운을 피할 수 있었다. 이듬해 이들은 1851년에 살았던 몬트필리어플레이스 29번지로 돌아가 살고 있었다. 이 집은 스미스 가족의 고향이나 다름없는 나이츠브리지의 비교적 여유 있는 하위 중산층 구역에 있었으며,[16] 3층 구조에 지하층에는 주방과 식료품 저장실이, 1층에는 중산층 분위기가 물씬 나는 거실이 있었다. 아마 스미스 가족이 그때까지 산 집 중 가장 안락한 곳이었을 것이다. 루스가 혼자 힘으로 그런 집의 임대료를 낼 수 있었다고 보긴 어렵다. 조지가 죽은 뒤 리랜드가 조지의 임금을 루스에게 지불했을 것이고, 그런 비극적인 상황에서 고용주가 사별한 부인에게 기부금을 주는 일도 왕왕 있었으므로 루스도 그런 돈을 받았을 가능성이 있다. 루스는 이웃들의 선례를 따라 그 돈을 현명하게 투자했다. 적당한 크기의 집을 임대하여 하숙업을 시작한 것이다. 지하층의 널찍한 주방과 식기실을 이용하여 빨

애니

래 일로 부수입도 벌 수 있었다.

루스의 집이 있던 이 구역은 임대료가 비교적 저렴한 편이고 나이츠브리지의 저택가와 가까웠기 때문에 하인들이 많이 살았다. 실제로 1860~1870년대 인구총조사 통계를 보면 이 구역 주민 중에 가정부와 집사, 시종과 사환이 많았음을 알 수 있다. 또 근처에 말 축사가 많았기 때문에 몬트필리어플레이스 거리에만 열 명이 넘는 마부와 사육사가 살았다. 그중 한 사람이 존 채프먼이었다.

어느 날 루스의 하숙집을 찾아온 이 젊은이에 대해서는 알려진 바가 거의 없다. 채프먼은 루스의 원래 성이지만 두 집안 사이에 관련이 있는 것 같진 않다. 그래도 이 공통점 때문에 아마도 존 채프먼은 첫날부터 하숙집 주인에게 좋은 인상을 주었을 것이다. 존은 1844년 경마와 말 사육으로 유명한 서퍽주 뉴마켓에서 말지기 집안의 아들로 태어났다. 존을 포함한 다섯 형제 모두가 어려서부터 축사 일을 돕고 말을 빗질하고 먹이고 훈련하는 마부 일을 하다가 마침내 마차를 모는 마부가 되었다. 1860년대 후반 존은 아마도 어떤 가문에 고용되어 런던으로 상경했던 것 같다.

상상해 보건대 애니는 오랜만에 가족을 방문한 어느 날 주방에서 이 새로운 하숙인과 마주쳤을 것이다. 혹은 애니가 이 집에 살고 있을 때 존을 만났을 수도 있다. 어쨌든, 그게 무엇인지 정확히는 말할 수 없지만 둘 사이에 무언가가 싹텄다. 애니는 스물일곱 살인 그때까지 아직 결혼하지 않았는데, 고용살이를 하느라 결혼 '적령기'를 놓치는 경우가 당시에는 드물지 않았다. 하지만 그 나이에 결혼할 기회를 마다 한다는 것은 남은 날을 독신으로 살면서 모두에게 동정의 눈길을 받아야 한다는 뜻임을 애니는 잘 알았다. 남동생 파운테인이 있긴 하지만 아직 어렸으므로 애니의 가족은 사실상 어머니가 가장인 여자뿐인 집이었다. 이들에게는 안정적으로 돈을 벌며 가장 역할을 할 만한 남자가 가족에 들어오는 것보다 더 환영할 일도 없었을 것이다. 애니 인생에서도 이보다 멋진 사건은 없었을 것이다. 삶을 제대로 살 기회, 사회가 요구하는 모든 것이 될 수 있는 기회가 생겼다. 그저 가족의 생계를 돕는 딸이 아니라 자기만의 가족이 있는 어엿한 안주인이 될 기회, 무엇보다 아내가 되고 엄마가 될 기회가.

애니

CHAPTER 6

채프먼 부인

신혼부부 존과 애니 채프먼은 기념사진 촬영을 예약했다. 두 사람은 가장 좋은 외출복을 골라 입고 브롬턴로드로 향했다. 사진관에 도착해 존은 모자를 벗었고, 두 사람은 적당한 배경막과 가구 한두 점이 놓여 있는 공간으로 안내받았다. 배경을 고른 사람은 채프먼 부부였을 수도 있고 사진사였을 수도 있다. 정원의 층계 뒤로 저 멀리 교회가 보이는 아름다운 야외 이미지였다. 그림 양옆으로 커튼을 길게 드리워 마치 두 사람이 전망 좋은 큰 창문 앞에 있는 것처럼 보였다. 사진사는 화면 중앙을 차지하는 의자에 애니를 앉혔고, 존은 그 옆에 서서 회반죽으로 장식한 기둥받침에 경쾌하면서도 권위 있는 모습으로 기대게 했다. 새로운 결합을 기리는 사진이었으므로 애니의 무릎 위에 성경이 놓였다. 이제 아내가 되었고 곧 엄마가 될 애니는 가정의 수호자로서 주님

애니와 존 채프먼 부부.
1869년 5월 결혼식 즈음 나이츠브리지 브롬턴로드의 사진관에서 촬영.

이 부부 생활에 명령하신 모든 것, 즉 정절과 다산, 연민, 인내, 순종, 몸과 마음의 청결을 지켜 낼 것이었다.

사진사가 렌즈 뚜껑을 열고 음화에 빛을 쬔 순간, 1869년의 애니와 존이 거기 그대로 담겼다. 채프먼 부인은 나이츠브리지 상점가와 하이드파크 산책로에서 당대 유행을 자주 접해 온 사람이었다. 의자 등받이에 기댄 그의 체크무늬 드레스 밑으로 코르셋의 형태가 뚜렷이 보인다. 옷의 웃통 앞면에는 작은 검은색 단추들이 달려 있고 손목과 어깨에는 짙은 색 끈 장식이 둘러져 있다. 허리에서 조여졌다 다시 종 모양으로 펼쳐지는 드레스는 1868~1869년의 최신 유행 복식이었다. 채프먼 부부가 부유층은 아니었지만 애니는 장신구도 갖추었다. 손에 결혼반지를 낀 것은 물론 귀에는 작은 금귀고리를, 목에는 큼직한 브로치를 달았으며 허리를 조인 짙은 색 벨트에는 도금한 쇠쇠가 눈에 띈다. 존은 프록코트 차림에 여유롭고 당당한 태도로 가구에 한 팔을 얹고 한쪽 다리를 꼬고 서 있다. 그 역시 마부의 필수품인 금사슬 달린 회중시계를 내보이고 있다. 애니나 존이 그 시대의 전통적인 미인은 아닌 듯하지만 두 사람 모두 자신감을 발산하고 있다. 검은 머리카락을 멋지게 땋아 드러낸 넓은 이마 밑으로 애니의 큼직한 푸른 눈이 카메라를 주시하고 있다. 남편 존 또한 양 입꼬리를 내린 빅토리아 시대 특유의 단호한 입매로 자부심 가득한 표정을 짓고 있다.

19세기 중엽에는 은판사진이 널리 보급되어 많은 사람이 초상사진을 찍는 특권을 누릴 수 있게 되었고, 아마 채프먼 부부도 이 간단하고 저렴한 방법으로 두 사람의 결혼을 기념하기로 했던 것 같다. 예를 들면 가로 6센티미터, 세로 8센티미터의 작은 명함판 사진 세 장들이 한 세트가 5실링이었다. 비교적 여유 있는 노동자계급 사람들은 가구나 배경 없이 아주 간소한 사진을 찍었지만, 존과 애니는 돈을 좀 더 주고라도 앞으로 더 풍족하게 살기를 원하는 그들의 바람을 기념사진에 담고 싶었다. 또한 사진의 크기도 액자에 넣어 중산층 거실의 벽난로나 작은 테이블에 올려 둘 수 있는 가로 11센티미터, 세로 17센티미터 정도의 캐비닛판을 선택했다.

두 사람은 그해 5월 1일 나이츠브리지의 에니스모어가든스에 있는 올세인츠 교회에서 결혼식을 올렸다. 두 사람과 하객이 함께 애니의 집에서 출발하여 애니가 어릴 때부터 가족과 함께 다니던 교회로 향했을 것이고, 특히 애니는 신부로서 자랑스럽게 그 길을 걸었을 것이다. 동생 에밀리가 애니의 증인을 섰고, 존의 시중은 동료 마부인 조지 화이트가 들었다. 결혼식을 올린 후 채프먼 부부는 브룩스뮤스노스 1번지에서 화이트와 한집에 살았던 것으로 확인된다.[1]

신사의 시종을 아버지로 두었던 애니가 신사의 마부와 결혼한 것은 어쩌면 당연한 일이었다. 존 채프먼은 펍에서 브랜디를 마시며 건들거리고 연신 욕을 내뱉고 밤에는 흔히 마차 뒤편에서 눈을 붙이는 전세마차 마부와는 달랐다. 또한 노동자들을 동서남북으로 바삐 수송하는 옴니버스 운전수와도 달랐다. 존과 같은 개인 마부는 부유한 가문에 수석 또는 차석으로 고용되어 주인의 마차를 몰았다. 보통 수석 마부는 말 두 마리가 끄는 크고 화려한 사륜마차를, 차석 마부는 말 한 마리가 모는 더 작은 마차를 몰았다. 애니 부친의 직업이었던 시종과 비슷하게 마부도 하인 중 최고 서열에 속했다. 다른 대다수의 하인은 고용주의 집에 살았던 반면, 마부는 어느 정도 독립성을 보장받았다. 결혼한 마부는 축사 옆이나 위에 딸린 곁채에 살면서 말 사육을 감독하고 말과 마차를 돌보았다. 식사는 다른 상급 하인들과 함께 가정관리인의 방에서 할 수 있었지만, 그보다는 집에서 아내와 함께 식사하는 경우가 많았다. 런던의 일부 대저택은 부지 안에 마구간과 축사가 있어 마부에게 무상으로 숙소를 제공했고, 아니면 근처에 집을 구할 수 있도록 고용주가 수당을 지급했다.

1860년대에 마부의 임금은 고용주의 사회적 지위에 따라 연간 35~80파운드 사이에서 결정되었다. 이 액수에 팁은 포함되지 않으므로 실제 수입은 그 이상이었을 것이다. 그 밖에도 고용주는 마부에게 작업 복장 한두 벌과 하인 제복 한 벌, 장화 두 켤레와 모자 두 개(모자는 바람에 쉽게 날아가 버리곤 했다)를 지급했다. 채프먼 가족은 이러한 혜택 덕분에 조금은 더 나은 삶을 누렸을 것이다. 저축도 가능한 형편이었으므로 풍족한 미래에 대한 꿈을 계속 키워 나갔을 것이다.

사회계급 면에서 보면 런던의 개인 마부 가족은 시종 가족과 마찬가지로 노동자계급의 영토 안에 존재하는 기이한 무인지대에서 살아갔다. 마부는 각급 하인 중에서 "가장 중요하면서도 편안한" 자리로 여겨졌고 "자신만의 작은 체제를 지배"했다. 말과 마차, 축사를 직접 돌보는 일은 전부 하급 하인의 몫이었고 마부는 "남들보다 높은 위치에서 무덤덤한 위엄을 내보이며" 그들을 지켜보았다.[2] 이러한 특권이 마부의 가족, 특히 아내에게 '과대망상'을 주입한다는 이야기도 있었다.

메이휴에 따르면 대다수의 마부가 자신의 직업 덕분에 아내가 일하지 않고 "너무나 품위 있게 지낼 수 있다"는 사실을 자랑스러워했다. 어떤 가족은 가정부를 고용할 만큼, 심지어 딸들을 기숙학교에 보낼 만큼 여유로웠다. 그러나 이렇게 중산층연하는 허식 뒤에는 빨랫줄이 어지럽게 걸려 있고 축사 냄새가 나는 좁은 집이라는 현실이 있었다. 이들의 집은 대개 방 서너 개로 이루어졌고 그중 하나는 거실로 구색을 갖추었지만, 그 주변은 이 나라에서 가장 귀족적인 구역이었다.

존과 애니가 정확히 이런 삶을 살았다. 존은 결혼 후 8년간 온즐로 스퀘어의 한 가문과 세인트제임스 저민가 인근의 한 고용주, 그리고 "본드가의 한 귀족"을 위해 일했다.[3] 채프먼 부부는 가장 장엄한 런던의 눈에 띄지 않는 그늘에 살았다. 집에서 조금만 걸어가면 펠멜 거리의 으리으리한 사교회관과 버킹엄궁의 관문을 볼 수 있었다. 애니는 매일매일 피카딜리와 본드가, 벌링턴아케이드를 걸으며 가스 조명에 반짝이는 상점 진열창을 지나쳤을 것이나. 그 안에는 최신 유행하는 모자와 신발, 지팡이, 안경, 보석, 시계, 담배, 꽃, 와인이 형형색색 전시되어 있었다. 정계와 사교계 인물들이 마차를 타고 이 붐비는 대로들을 통해 웨스트민스터 의사당으로, 혹은 차를 마시러 새로 생긴 크라이테리언 레스토랑으로 향했다. 애니는 단지 구경꾼에 그치지 않고 이런 쾌락을 직접 경험했을 것이다. 존의 급료 수준이면 애니도 장갑이나 멋진 보닛을 사고 해처드 서점에서 책을 사고 이집트홀이나 왕립미술원의 전시를 구경하는 등 얼마간은 돈을 쓸 수 있었을 것이다.

런던에서 활동하는 개인 마부는 여러 장점을 누리긴 했지만, 일자리에 기복이 있다는 단점도 있었다. 수도에서 하인을 고용하는 사람들은 흔히 몇 년, 짧게는 한두 계절 런던에 머물다가 본거지로 돌아갔다. 개인 마부에게 더 안정적이고 이상적인 상황은 런던이 아니라 시골에 토지를 가진 지주 가문에 고용되는 것이었다. 짐작건대 채프먼 부부는 과거 가족을 덮친 비극 때문에 애니가 어머니와 동생들을 떠나고 싶지 않아 해서 런던에 남았을 것이다. 가족의 유일한 성인 남자인 존 또한 자신이 루스, 에밀리, 조지나, 미리엄, 그리고 아직 어린 파운테인의 뒤를 돌보아야 한다고 느꼈을 것이다. 파운테인은 그 무렵 막 웨스트민스터의 그레이코트스쿨에 기숙 학생으로 들어갔다. 채프먼 부부는 결혼한 뒤에도 몬트필리어플레이스 29번지를 자주 방문했고 가끔은 오래 머무르기도 했다. 1870년 첫아이를 낳을 때 애니는 루스를 집으로 부르는 대신에 진통이 시작될 때쯤 자신이 어머니 집을 찾아갔다. 6월 25일 애니는 첫아이를 낳고 그와 가장 친밀했던 두 여자의 이름을 따서 이름을 에밀리 루스라고 지었다. 1873년에는 둘째 애니 조지나를 출산했다.

애니는 존과 결혼 기념사진을 찍었던 것처럼 두 딸도 사진관에 데려갔다. 1878년 말 애니는 여덟 살의 에밀리 루스에게 딸이 가진 가장 좋은 옷을 입혔다. 목에 큰 나비매듭이, 앞면에 단추가 달린 체크무늬 모직 원피스였다. 애니는 아이에게 긴 줄무늬 양말과 장화를 신기고 어깨까지 내려오는 갈색 머리카락의 정수리에 리본을 묶었다. 끝으로 여자아이에게 어울리는 큰 구슬목걸이를 목에 둘러 준 뒤, 딸을 브롬턴로드의 우드앤드컴퍼니 사진관에 데려갔다. 가장 말 안 듣는 아이도

(왼쪽) 채프먼 부부의 첫째 딸 에밀리 루스. 여덟 살 즈음인 1878년경 촬영.
(오른쪽) 둘째 딸 애니 조지나 역시 여덟 살인 1881년경 촬영.
언니가 입었던 원피스를 똑같이 입었고, 태아알코올증후군과 관련된
얼굴 특징이 다수 발견된다.

잘 구슬려 포즈를 취하게 할 줄 알았던 사진사는 창백하고 섬약한 얼굴의 에밀리가 마치 학교에서 사진을 찍는 것처럼 보이도록 필기용 테이블에 한쪽 팔꿈치를 대게 했다. 3년 후에는 애니 조지나가 똑같은 과정을 반복했다. 애니는 어머니 집을 방문하는 길에 둘째를 데리고 서치브라더스 사진관에 들렀다. 둘째 역시 첫째와 똑같은 원피스와 목걸이로 치장했다. 애니는 사진사에게 첫째의 사진을 보여 주면서, 언니보다는 좀 더 튼튼해 보이는 애니를 (배경은 달랐지만) 정확히 똑같은 포즈로 찍어 달라고 주문했다. 똑같은 나이에 똑같은 차림으로 찍은 두 아이의 사진을 액자에 나란히 넣으면 마치 아이들이 서로 바라보는 듯한 모습이 되었다.

첫째의 사진을 찍은 1878년 말은 다름 아니라 채프먼 가족의 운명이 바뀌기 시작한 시점이었다. 아마도 애니는 모친에게 손녀의 사진을 한 장 남겨 주기 위해 기념사진을 찍었을 것이다. 이듬해 초 존이 버크셔주 시골에 토지를 가진 부유한 사업가 프랜시스 트레스 배리의 수석 마부로 고용되었기 때문이다. 채프먼 가족에게 이보다 더 전도유망한 기회는 없었을 것이다.

프랜시스 트레스 배리는 19세기의 여러 기업가와 마찬가지로 비교적 평범한 상위 중산층 가정에서 태어났다. 1825년생인 그는 16세에 공부를 마치고 바로 사업에 뛰어들었다. 그는 에스파냐 북부에서 상인으로 자리 잡은 뒤 포르투갈의 구리 광산에서 가능성을 탐색하기 시작했고, 채광 회사 메이슨앤드배리를 세워 결국 큰 성공을 거두었다. 사회적 지위를 높이는 데 필요한 서훈과 명예직도 뒤따랐다. 1872년 배리는 에콰도르공화국 총영사에 임명되었고 1876년에는 포르투갈에서 남작 작위를 받았다. 그러나 영국 내에서 그와 비슷한 지위에 오르는 데는 훨씬 더 많은 시간과 전략이 필요했다. 그는 1890년에야 윈저에서 하원 의원에 당선되었고 그로부터 9년 후 빅토리아 왕으로부터 남작 작위를 하사받았다.

명민한 사업가였던 그가 1872년 윈저 변두리에 위치한 클루어 마을의 세인트레너즈힐을 구입한 것은 누가 봐도 왕의 시야에 들기 위한 움직임이었다. 약 25만 제곱미터에 이르는 이 토지는 "동쪽 잔디밭 방향으로 윈저성이 가장 장엄해 보이는" 위치에 있었고 "93만 제곱미터의 오래된 정원과 숲", "거대한 참나무, 장엄한 너도밤나무, 느릅나무, 전나무, 미국삼나무"를 자랑했다. 세인트레너즈힐은 역사 또한 귀족적이었다. 18세기에 월드그레이브 백작부인 마리아가 영주관을 지었고 후에 하코트 백작이 이곳을 소유했다. 그러나 배리는 이곳에 가장 현대적인 양식으로 우아하고 인상적인 내서백을 지을 생각이었다. 재건축을 맡은 찰스 헨리 하월은 당시 유행하던 프랑스 성채풍으로 기업가의 궁전을 설계했다. 일부 공간은 18세기의 모습 그대로 보전했지만, 건물의 대부분을 다시 지었고 후기 빅토리아 시대의 여러 특징을 더했다. 줄무늬 대리석으로 마감한 중앙 홀에 들어서면 으리으리한 계단과 그리스 신화를 묘사한 프레스코화가 나타났으며, 식사실과 크고 작은 응접실, 마호가니 문을 여러 번 통과하면 나오는 실내 온실 등 다양하고 화려한 접대 공간이 마련되었다. 위층에는 침실이 딸린 특별실이 여섯 개 있었는데, 일본풍 장식이 한창 유행할 때라 그중 하나는 전체

애니

세인트레너즈힐하우스. 프랜시스 트레스 배리는 1872년에 영지를 구입한 뒤,
건축가 찰스 헨리 하월을 고용하여 프랑스 성채풍의 대저택을 지었다.

를 일본식으로 꾸몄다. 1층에는 당구실, 끽연실, 카드실, 서재 등 즐길 거리가 넘쳤다. 최신식 편의 시설로 저택을 채우고 싶어 한 배리의 뜻에 따라 신기술인 중앙난방 시스템과 전통적인 난방 시설이 함께 설치되었으며 가스 조명, 온수기, 화장실, 유압식 화물 엘리베이터도 갖추었다. 이런 저택을 관리하는 데는 온갖 종류의 고용인이 필요했기에 하월은 30명이나 수용 가능한 하인 구역을 1층에 배치했다.

배리의 수석 마부가 된 존 채프먼은 주인의 마차를 모는 일은 물론 축사를 감독하는 일도 맡았는데, 이 정도로 큰 저택의 축사 관리는 만만한 일이 아니었다. 세인트레너즈힐의 축사는 본채와 비슷한 양식으로 지어졌고 최소 30마리의 말과 여러 대의 마차를 수용할 수 있는 규모였다. 존이 감독하는 하인으로는 사육사 두 명, 마구간지기가 네 명, 차석 마부가 한 명 있었다. 축사의 출납을 관리하고 사료, 물품, 장비를 주문하는 것도 그의 일이었다. 그 일대에서 가장 부유하고 가장 유명한 지주의 마부로서 화려하기 그지없는 마차의 높은 곳에 앉아, 실크해트와 반짝이는 장화 차림에 말끔하게 면도한 얼굴로 주인을 대리하는 것 또한 존의 일이었다. 원저 주민 대다수는 배리라는 인물을 지나가는 마차로만 아는 것이 전부였으니, 마부가 주인을 대신해 흠잡을 데 없는 인상을 남겨야 했다.

이처럼 위신 높은 하인이었던 존과 그의 가족에게는 축사의 안뜰에 면한 마부 전용 주택이 주어졌다. 런던에서 늘 살던 비좁은 축사 곁채에 비하면 훨씬 나은 생활환경이었다. 이 집에는 구색을 갖춘 응접실, 가족이 함께 식사하고 대부분의 시간을 보내는 거실, 주방, 식기실,

애니

세탁실, 식료품 저장실, 그리고 세 개의 침실이 있었다.[4] 그때까지 찍은 가족의 사진을 멋진 액자에 넣어 올려 둘 자리도 생겼을 것이다.

공식적으로 중산층이 되는 것이 애니의 꿈이었다고 한다면, 세인트 레너즈힐은 그 꿈의 실현을 앞당겨 주었다. 적당한 크기의 집과 충분한 수입이 생겼으므로 애니는 힘이 많이 드는 집안일에는 청소부나 파출부를 고용하여 힘을 빌렸을 것이다. 또한 채프먼 부부는 이곳에 와서 아홉 살의 에밀리 루스를 윈저의 "매우 품위 있는" 여학교에 보냈다.[5] 애니와 두 딸은 프랜시스 배리의 정원과 숲을 돌아다니며 즐거운 시간을 보냈을 테고, 수석 마부의 부인께서 윈저의 상점가를 방문하고 싶으실 때는 고용주의 경마차를 빌려 쓸 수도 있었을 것이다.

애니는 자신이 사회계급의 사다리를 한 칸 올라섰다고 느꼈고 이를 점점 자랑스럽게 여기게 되었으며 이따금 뽐내기까지 했다. 1881년 봄, 그는 아이들을 데리고 모친 루스의 집을 방문했다. 마침 그해의 인구총조사가 실시되던 때였다. 세인트레너즈힐에 남았던 존은 "신분, 종사 분야, 또는 직업"이라는 조사 항목에 망설임 없이 "마부, 하인"이라고 대답했다. 반면에 채프먼 부인은 자신이 "종마 사육인의 아내"라고 답했다. 물론 존이 주인의 경주마를 구입하고 사육하는 일까지 맡았을 가능성도 얼마든지 있지만, 애니의 답변은 그 이상의 포부를 드러내는 것이었다. 토지를 소유한 신사계급은 경주마를 관리하는 종마 사육인을 숭배했다. 이들은 말에 관한 방대한 지식과 준마를 길러 내는 능력으로 흡사 신탁을 전하는 사제처럼 대우받았다. 종마 사육인은 주인의 결정을 좌우했고 주인에게 존경받았으며 이로 인해 이들 사이에선 계급 구분이 약간 뒤틀렸다. 종마 사육인은 축사에서 다른 하인들과 떨어져 섰는가 하면, 주인과 함께 경마 대회에 참석하고 만찬을 함께하고 경마를 좋아하는 신사들의 연회에 초대받았다. 종마 사육인은 마부로서는 결코 될 수 없는 존재, 즉 사회 상류층의 막역한 친구가 될 수 있었다.

자기보다 사회계급이 높은 사람들과 가깝게 지낼수록 그 계급에 진입할 가능성이 커진다는 사실은 프랜시스 배리 또한 잘 알았다. 1878년 세인트레너즈힐 공사를 마친 뒤, 배리는 만찬과 모임을 주최하여 자신이 이곳에 왔음을 알리는 데 공을 들였다. 그는 클루어의 유명한 지주인 대니얼 구치 경, 시어도어 헨리 브링크먼 경, 에드먼드 벤슨 포스터를 초대하여 어울렸다. 그러나 마침내 왕세자 에드워드와 친목을 다지는 데 결정적으로 작용한 것은 그러한 연회였다기보다는 세인트레너즈힐의 입지 자체, 즉 그곳에서 단 6킬로미터 거리에 애스컷 경마장이 있다는 사실이었다.

1881년 6월 중순, 애스컷 경마 주간에 배리는 자신의 집을 왕실 숙소로 기꺼이 제공했다. 캠브리지 공작, 스펜서 백작 부부, 론스데일 백작부인, 파이프 백작, 클론멜 백작, 카 글린 해군 소장 부부, 그리고 왕세자와 함께 경마와 향락을 즐기는 많은 부유층 인사가 세인트레너즈힐에 묵었다. 먼저 화요일과 목요일 두 차례 경주 대회를 방문하는 공식 행차가 예정되었고, 비공식 여흥으로 근처 버지니아워터에서의 야유회와 뱃놀이 등 다양한 행사가 준비되었다. 마지막 날 전날 밤에는 세인트레너즈힐에서 "인근 주민을 위한" 작은 무도회도 열릴 예정이었다.[6] 장장 일주일에 걸친 이 초대 파티는 준비하는 데만 몇 달이 걸렸을 것이다. 경마 주간 동안 존은 귀빈들의 말과 마차를 관리하느라 바빴을 것이고, 애니는 멀리서 이 장관을 구경했을 것이다.

애스컷 행차가 있는 날에는 "윈저의 왕실 축사에서 온 폐하의 밤색 말들과 회색 말들"이 끄는 다섯 대의 지붕 없는 사륜마차가 배리의 저택을 나섰다.[7] 정복 차림의 기수장과 기마 시종이 앞뒤를 호위하는 왕족 마차 행렬이 도로를 지나고 윈저숲을 가로지를 때면 거기 있는 모든 사람이 이 흥분되는 볼거리에 시선을 고정했다. 오후의 귀가 장면도 흥미진진했다. 부인들은 주름과 깃털과 꽃으로 장식한 보닛과 베일을 썼다. 사람들은 왕세자빈 알렉산드라의 곱슬머리를 쉽게 알아보았을 테고, 왕세자의 모자와 뾰족한 턱수염, 뚱뚱한 체형과 따분한 표정을 보았을 것이다. 저녁에는 이들이 풍성한 치마와 그림자를 끌며 경내를 산책하는 모습도 보았을 것이다. 세인트레너즈힐은 배리를 왕세자의 측근에 심는다는 소기의 목적을 달성했다.

그 뒤로도 왕족과 그 일행은 이곳에서 만찬과 연회, 사냥과 경마를 자주 즐겼다. 그 흥성흥성한 소음과 음악과 웃음소리는 저택에서 흘러넘쳐 마부의 작은 집에 닿았을 것이다. 애니의 아이들이 각자의 방에서 잠든 그 집, 거실이 있는 그 집, 가족의 안정을 보장해 주었으니 그것으로 만족했어야 하는 그 집에. 어쩌면 애니의 이야기는 이대로 끝날 수도 있었다. 신사의 영지에서 평화롭고 안락한 중산층의 삶을 살아가는 것으로. 몇 푼씩이나마 아껴 저축하면 아이들을 학교에 보낼 수 있었고 존이 은퇴한 후엔 근처에 작은 집을 구할 수도 있었다. 아이들은 커서 소매상이나 사무원, 나아가 변호사 같은 중산층 남자와 결혼할 수도 있었다. 이들의 삶은 완전히 다른 방향으로 흘러갈 수도 있었다. 애니 채프먼이 알코올중독자만 아니었다면.

CHAPTER 7

악마의 음료

1889년 5월 1일 자《펠멜 가제트》에는 독실한 기독교인이자 철저한 금주주의자인 독자의 편지가 실렸다.[1] 19세기에는 알코올의 판매 및 소비를 제한하자는 '절제 운동' 신봉자들이 언론사에 편지를 자주 보냈다. 그러나 이 편지는 주로 음주를 비난하고 성경 구절을 인용하는 다른 많은 편지와는 달랐다. 발신인은 나이츠브리지에 사는 미리엄 스미스라는 여자였다.

편지는 이렇게 시작한다. "내가 여섯 살이 되기 직전에 아버지는 스스로 목을 잘라 어머니에게 다섯 아이를 남기고 세상을 떠났다. 내 위로 세 언니가 있고 어린 동생이 한 명 있다." 이어 글쓴이는 그 자매들이 금주 서약에 서명하고 모든 '발효 주정'의 소비를 삼가게 된 과정을 자세히 설명한다. 문제는 맏언니였다. "우리는 술에 빠진 언니가 술을 포기하도록 설득하려고 했다. 언니는 결혼을 해서 잘살고 있었다. 언니는 다시 또다시 서약에 서명했고 그것을 지키려고 애썼다. 그러나 다시 또다시 유혹 앞에 무릎을 꿇었다.”

애니는 사는 내내 이 유혹과 씨름했다. 미리엄에 따르면 애니는 알코올중독이라는 “저주”를 아버지에게서 물려받아 “아주 어릴 때부터” 음주 문제를 겪기 시작했다. 정확히 몇 살 때였는지 미리엄은 말하지 않았지만, 애니가 술의 진정제 효과를 처음 발견한 것은 형제자매를 잃고 가정부 일을 시작했던 그 무렵이 아닐까 싶다. 알코올은 이 시대 사람들의 일상생활에서 빼놓을 수 없는 물질, 어쩌면 피하려고 해도 피할 수 없는 물질이었다. 금주주의를 채택한 가정을 제외하면 모든 중산층 가정이 집에 브랜디, 셰리, 가당 포도주 같은 술을 갖추어 두고 두통부터 감기, 고열, 치통에 이르는 온갖 통증에 ‘강장제’로 마셨고 젖니가 빠진 아이의 잇몸에 발랐다. 알코올과 약물은 거의 구분되지 않는 물질이었다. 따뜻한 물에 탄 브랜디는 수면을 돕고 오한을 떨치고 병 기운을 물리치는 약으로 쓰였다. 기침약부터 류머티즘 치료제까지 약국에서 파는 대부분의 약물에 알코올이 주요 성분으로 들어 있었다. 어떤 술과 어떤 약은 맛이나 냄새까지 똑같았다. 흔히 약물에는 아편제나 코카인 같은 중독성 물질이 더 들어 있긴 했지만 알코올과 약물을 자주 사용했을 때의 결과는 똑같이, 의존증이었다.

많은 알코올중독자가 그러듯 애니도 중독 초기, 즉 아직 가정부로 일하던 당시에는 자신에게 문제가 있다는 사실조차 인지하지 못했을 것이다. 19세기 중반까지도 노동자계급에게 가장 중요한 재밋거리는 동네 펍에서 사람들과 함께 술을 마시며 우정을 쌓는 것이었다. 가정의 하인들도 쉬는 시간이나 휴일이면 펍에 모여들었다. 습관성 음주가 문제시되는 경우는 일터에서 일하는 능력에 악영향을 끼칠 때뿐이었다. 그러다 1870년대 들어 알코올중독이라는 개념이 알려지면서 습관성 음주가 전보다 부정적인 의미를 띠게 되었고, 특히 사람들의 이목을 끄는 공개적인 취태는 인격 타락의 징후로 여겨지기 시작했다. 이제 음주는 그 사람의 '무절제한' 본성과 무딘 판단력, 나약한 정신력, 불성실함의 결과였다. 그런데 이보다 더 중요한 변화는, 음주벽이 가난하고 '상스러운' 노동자계급과 결부되었다는 것이다. 그 때문에 결혼 후의 애니처럼 중산층 정체성을 희구하던 사람들은 대개 의존증이 심해질수록 그 사실을 부정하거나 감추려 했고 또 얼마든지 감출 수 있었다. '의료용'으로 판매되는 브랜디, 리큐어, 위스키를 찬장 안쪽에 넣어두면 되었고, 혹은 번화가의 약국에 가서 두통이 생겼다고 말하면 아편까지 첨가된 주류를 처방받을 수 있었으며, 정 급할 때는 아무도 모르게 아기용 배탈약을 마시면 되었다.

한동안 애니는 집 안에서만 술을 마시며 알코올중독 사실을 숨겼을 테지만 가족까지 속이지는 못했을 것이다. 습관성 음주의 주요 원인 하나는 고독감이었고, 한 비평가가 지적했듯 특히 "남편이 온종일 집을 비우는 가정의 젊은 아내들"이 그런 고독감에 못 이겨 술을 마셨다. 이는 계급 상승에서 비롯된 기이한 역설 중 하나였다. 가정부를 고용할 능력이 있어 직접 노동하지 않아도 되고 아이들을 학교에 보낼 수 있는 중산층 여자는 남는 시간을 보낼 방법을 찾아야 했던 것이다.

애니의 경우, 마부인 남편이 새벽같이 집을 나갔다가 밤늦게 돌아왔고 때로는 아예 돌아오지 않았으며 장기 출장도 잦아 집에서 가족과 함께 보내는 시간이 별로 없었다. 애니 혼자 있는 시간이 많았고 세인트레너즈힐에 살면서부터는 더욱 그러했다. 그와 비슷한 상황의 많은 중산층 여성이 침울한 기분을 달래려고 술을 마셨다고 한다. 19세기 말에는 '여자들을 위한 고급 술집'이 생겨나 여자끼리 집 밖에서 '품위 있게' 한잔할 수도 있었다. 도덕가들은 "여자들이 장을 보다가 술집에 들어가 술을 마시는 일이 이제는 흔하다"고 한탄했다. 멋진 옷을 차려입은 여자가 남편이나 아들과 함께 술을 마시는 모습도 심심찮게 목격되었다. 1870년 당시 런던에만 2만 개의 펍이 있었으므로 애니가 집 안에서나 집 밖에서 '원기'를 회복할 기회는 결코 부족하지 않았다.

어쩌면 존은 다름 아니라 아내의 음주 문제 때문에 도시의 유혹이 미치지 않는 세인트레너즈힐의 일자리를 선택했을 수도 있다. 그러나 본인이 원하는 한 음주를 완전히 막을 방법은 없었다. 모친과 자매들로부터 떨어져 살면서 고립감과 권태가 더 깊어졌다면 술이라는 자가 처방이 오히려 더 간절해졌을 것이다. 애니는 윈저의 상점가, 또는 집에서 걸어갈 수 있는 거리의 클루어 마을, 데드워스 마을에서 얼마든지 펍에 갈 수 있었다.

그러나 애니와 술을 떨어뜨려 놓는 문제는 이 부부가 삶에서 마주친 여러 난관 중 하나였을 뿐이다. 미리엄 스미스가 신문사에 보낸 편지에 따르면 애니는 결혼 생활 중에 아이를 여덟 명 낳았으나 "그중 여섯이 (알코올의) 저주에 희생당했다". 첫아이 에밀리는 태어났을 땐 건강해 보였지만 여덟 살 때부터 간질 발작을 일으켰다. 당시에는 알려지지 않았지만 간질 발작은 산모의 음주와 관련이 있다. 1872년 3월 5일에 태어난 둘째 엘렌 조지나는 하루 만에 사망했다. 이듬해 애니 조지나는 오늘날 알려진 이름으로 태아알코올증후군을 가지고 태어났다. 이 병의 신체적 특징은 눈 사이가 넓고 눈이 작으며, 윗입술이 얇고 인중이 희미한 것으로, 애니 조지나의 어릴 적 사진에 이런 특징이 분명히 나타나 있다. 그 뒤에 태어난 아이들은 모두 금방 죽었다. 1876년 4월 25일에 태어난 조지나는 5월 5일에 사망했다. 채프먼 가족이 런던을 떠나기 얼마 전인 1877년 11월에 태어난 조지 윌리엄 해리는 11주 뒤에 죽었다.[2] 1879년 7월 16일 세인트레너즈힐에서 태어난 미리엄 릴리는 10주 뒤에 죽었다. 1880년 11월 21일 애니가 낳은 마지막 아이인 존 앨프리드는 소아마비를 앓았다.[3] 미리엄의 편지에 따르면 애니의 가족은, 그리고 어쩌면 애니 본인도 이 잇단 비극의 원인이 무엇인지 알고 있었다. 19세기 말이면 임신 중 음주가 태아에게 미칠 수 있는 악영향이 과학적으로 밝혀지기 시작해 널리 알려질 때였다. 이르게는 1878년 한 의학 잡지가 "영아 사망의 가장 주요한 원인은 출산 전후 모친의 음주"임을 입증할 증거가 충분히 수집되었다고 주장했다.[4] 만약 애니가 자기 때문에 아이들이 아팠던 것이라고 생각했다면, 충동을 참지 못하는 자신의 나약함에 더더욱 절망했을 것이다. 1881년, 애니는 술을 멀리하면서 장애가 있는 갓난아이 존을 힘겹게 돌보다가 결국 아기가 4개월 정도 되었을 때 런던의 모친 집을 찾아가 오래 머물렀던 것 같다. 또한 이 시기에 존을 치료할 수 있는 아동 병원에 아이를 데려간 것으로 보인다.

애니가 모친 집에 머문 1881년 초봄, 동생 에밀리와 미리엄은 모친 집을 나와 얼마 전에 확장한 해로즈 백화점의 뒤편에 있는 월턴가 128번지에 살며 양재사로 일하고 있었다. 미리엄이 쓰기를, 그 집 자매들은 "기독교인과 '완전한 절제'에 관한 설교를 들은" 뒤 장로교 신자가 되었고 금주주의를 받아들였다. 알코올을 전면 거부하는 '절제 운동'은 특히 중산층 맨 아래쪽에 위태롭게 매달린 이들에게 반향을 일으켰다. 당시 인기 있던 '자기구제' 철학, 즉 개개인의 행동과 무책임한 생활 방식이 빈곤의 원인이라는 관점도 이 운동을 뒷받침했다. 성실하게 일하는 사람이라면 술을 절제함으로써 돈을 아끼고 본인과 가족이 더 나은 삶을 살 수 있었고, 실제로 애니의 동생들은 이 교리를 실천하면서 재산을 늘려 갔다. 가족이나 성직자 앞에서 '금주 서약'에 서명하는 것은 금주주의 및 그에 따르는 모든 의무를 지키겠다는 엄숙한 약속이었다. 이 약속을 지키려면 자신의 충동을 억누르고 욕망을 자제하고 정신력 강화에 힘써야 했다. 우리가 미리엄의 편지에서 분명히 알 수 있는 사실은 애니가 너무도 술을 끊길 원했다는 것, 그러나 그러기가 거의 불가능했다는 것이다. 애니의 동생들은 언니를 설득하여 여러 번 금주 서약을 하게 했고 언니가 어려움을 겪을 때는 언니를 위해 다 같이 기도했지만, 그 서약을 끝까지 지키게 하는 데는 실패했다. 1881년 초봄, 그들은 애니가 음주 문제로 얼마나 괴로워하는지, 그동안 이 병이 애니를 얼마나 깊이 잠식했는지를 직접 확인할 수 있었다.

애니와 술의 싸움은 그 이듬해에 중대 국면을 맞이했다. 1882년 11

월 말, 열두 살의 에밀리 루스가 병을 앓기 시작했다. 고열에 이어 아이의 몸에 붉은 발진이 나타났을 때, 애니는 어린 시절 가족을 덮쳤던 성홍열을 떠올렸을 것이다. 의사들이 다녀갔고 결국 에밀리는 성홍열과 증상이 비슷하고 치사율도 그만큼 높은 수막염을 진단받았다. 애니는 이 상황을 감당하지 못했던 것 같다. 시간이 흐를수록 딸의 병세가 나빠지기만 하자 애니는 다시 술에 기대어 고통을 몽롱하게 누그러뜨렸다. 11월 26일 딸이 죽었을 때 애니는 그 곁에 있지 않았다. 아이를 마지막까지 돌본 사람은 채프먼 가족의 파출부였던 것으로 짐작되는 인근 농장 노동자의 아내 캐럴라인 엘스버리였다. 에밀리의 사망 증명서에 그의 이름이 임종 증인으로 기록되어 있다.

애니는 그 가을이 오기 전부터 이미 집 밖에서 공개적으로 취한 모습을 보여 지역 경찰과 윈저 치안판사들에게 이름을 알리고 있었다. 그는 이 마을 저 마을 돌아다니거나 세인트레너즈힐 영지와 연결된 도로를 방황하다가 발견되곤 했다. 그러나 어느 기록을 보아도 볼썽사납게 추태를 부렸다는 말은 없다. 애니는 비탄에 짓눌려 슬프고 시무룩하고 조용한 주정뱅이였다. 특히 11월 마지막 주의 고통은 도저히 견딜 수 없었을 것이다.

애니가 얼마나 오래 집을 비웠고 결국 어디에서 발견되었는지는 확인되지 않는다. 아마도 어느 펍에 틀어박혀 있다가, 혹은 잠깐 바람을 쐬러 마을 도로를 휘청휘청 걷다가 발견되었을 것이다. 어쨌든 애니의 가족은 사태의 심각성을 깨달았다. 에밀리 루스를 땅에 묻은 11월 30일, 애니의 자매 에밀리와 미리엄은 런던 외곽에 있는 스펠손 요양원을 급히 방문했다.

알코올중독이 점차 사회적 문제로 떠오르면서 1879년에는 '상습 음주자법'이 제정되었다. 알코올중독자를 교도소에서 처벌하는 대신 그들에게 재활 기회를 주자는 취지의 법이었다. 이때부터 "알코올음료의 무절제한 상습 음용으로 인해 자신에게나 타인에게 … 위험한 사람, 혹은 … 맡은 일을 해낼 능력이 없는 사람"을 치료하는 보호소와 요양원이 설립되기 시작했다. 환자는 자발적으로 또는 "친구들의 신청에 따라" 그러한 "피난처"에 입원할 수 있었으며 치료 기간은 최소 한 달, 최대 2년이었다. 그러한 시설 중 하나였던 펠텀 소재 스펠손 요양원은 주로 여성, 그중에서도 중산층의 치료를 목표로 했다.

스펠손 요양원의 1882년 12월 9일 자 등록부에는 "채프먼 부인 도착, 자매가 윈저에서 데려옴"이라는 기록이 있다. 미리엄의 편지에 따르면 애니는 "무절제한 사람을 위한 보호소에 … 자발적으로" 들어가기로 했다. 요양소장에게 보낼 입원 신청서를 애니가 직접 썼고, 거기에 치안판사의 서명도 받았다. 지주인 배리가 버크셔의 치안판사였으므로 그가 애니의 입원을 도왔을 가능성도 있다.

아마 애니의 동생들은 언니가 급하게 치료를 받는 상황이 오기 전부터 스펠손 요양원에 대해 알고 있었을 것이다. 이 시설의 설립자인 나이츠브리지의 앤트로버스 가문은 지역 성직자들에게 자신들의 자선 활동을 설명했을 것이고, 교구 신자들도 그 소식을 전해 들었을 것이다.[5] 스펠손 요양원은 나약한 정신력이 알코올의존증의 한 원인이라는 관점에서 영적인 재활을 중요시했다. 그러나 매일 예배에 참석해야 하는 규정만 있었던 것은 아니고 몸과 마음의 습관을 교정하는 활동도 함께 진행했다. 주목과 시골길로 둘러싸인 약 1만 6,000제곱미터의 요양원 대지는, 활력을 되찾고 건강을 증진하는 것은 물론 영혼까지 치료할 수 있는 환경으로 여겨졌다. "멋진 시골 고택"에 마련된 요양 시설과 공동 침실은 "타락과 방종에 관한 생각을 마음에서 몰아낼" 수 있도록 "밝은 줄무늬의 침대보, 알맞은 그림과 글, … 간소하지만 빛나는 가구"로 장식되었다.[6] 환자(자존심을 건드리지 않기 위해 '재소자' 대신 이렇게 불렸다)에게는 두 개의 텃밭을 일구거나 환자복을 세탁, 건조, 다림질하게 했고 그 밖의 시간에는 경내를 산책하며 즐겁게 지내길 권했다. 반면에 어떤 종류든 한가한 시간은 줄이게 했는데, 흔히 그럴 때 술 생각이 간절해지기 때문이었다. 책은 읽어도 되었고, 코바늘뜨기와 재봉을 장려하여 시찰을 나온 이사진이나 기부자에게 그 결과물을 선보였다. 환자가 충분히 변화한 모습을 보이면 서서히 바깥세상과 그 유혹에 다시 노출되게 했다. 인솔자를 붙여 인근을 산책하거나 때로는 가까운 런던 하운즐로에 쇼핑을 다녀오게 하는 식이었다. '음악의 밤' 같은 정기 행사와 단체 런던 외출도 자주 계획되었는데 아마도 환자들, 특히 기혼 여성들이 우울감과 절망감을 떨치게 하려는 목적에서였을 것이다.

애니는 1년 기한으로 치료를 시작했다. 요양원 등록부에 따르면 애니는 이곳에서 비교적 조용하게 지냈다. 금주 상태를 견디지 못하고 자기 옷을 찢는다거나 가구를 부순다거나 폭력을 행사하는 환자가 이따금 있었는데 이 점에서도 애니의 기록은 깨끗했다. 그에겐 방문객

면회도 허락되었다. 입원 직후인 12월 30일 자 등록부에는 "채프먼 부인의 남편이 면회를 신청했다"고 적혀 있다. 필시 존은 아내를 무척 걱정하여 사교 일정이 빽빽한 크리스마스 시즌 중에 주인에게 휴가를 요청했을 것이다. 주당 12펜스의 치료비를 댄 것도 존이었다.

1883년 11월에 퇴원하기 직전 애니는 잠시 집을 방문했던 것으로 보인다. 아마 예전의 삶으로 돌아갈 준비가 되었는지 확인하기 위한 외출이었을 것이다. 애니는 이 간단한 시험을 통과했던 모양으로, 14일에 요양원으로 돌아와 한 달간 마저 치료받았다. 공식 퇴원일이었던 12월 20일, 간호사 로라 스콰이어가 "채프먼 부인을 윈저의 남편에게 데려다주었다".

채프먼 가족은 그해 크리스마스와 신년을 술 없이 즐겁게 보냈을 것이다. 식구는 이제 넷이었다. 미리엄에 따르면 애니는 "전과는 다른 사람, 즉 절제하는 아내이자 엄마가 되었고 아주 행복한 나날이 이어졌다",

그런데 여기서부터 미리엄은 거의 성경의 외전 같은 필치로, 금주주의 지침서에 나올 법한 경고성 이야기를 전하기 시작한다. 애니가 돌아오고 몇 달 후 존이 "심한 감기"에 걸렸다. 그는 "일 때문에 억지로 집을 나서기" 전에 궂은 날씨에 대비할 양으로 뜨거운 위스키를 한 잔 마셨다. 즉 애니는 집에 술이 있는데도 그때까지 유혹을 잘 참은 것이었다. 존은 "아내가 있는 데서 술을 마시지 않도록 세심한 주의를 기울"이긴 했지만 "그것을 마시고는 집을 나서기 전에 아내에게 입을 맞추었다. 바로 그 입맞춤에서 술냄새가 전해졌고 그 모든 갈증이 되살

애니

아나고 말았다".

바로 그 입맞춤이 그간 애니가 애써 손에 넣으려 했던 모든 것을 말 그대로 끝장냈다.

애니는 남편의 술병을 찾아 집 구석구석을 뒤졌을 것이다. 아니, 그 술은 못 찾아내도 사실 상관없었다. 애니는 "집을 나섰고 … 한 시간도 지나지 않아 술에 취한 미친 여자가 되었다".

애니는 1년 넘게 호전되다가 원점으로 돌아왔고 절망했다. 미리엄 은 그 후 "언니는 두 번 다시 노력하지 않았다"고 한탄했다. 애니가 미리엄에게 한 말에서는 만성 알코올중독자들의 뿌리 깊은 고통이 느껴진다. "소용없었어. 그 몸부림이 얼마나 끔찍했는지 아무도 몰랐지. … 내가 앞을 볼 수 있고 냄새 맡을 수 있는 이상, 절대 자유로워질 수 없어."

애니가 깨달은 것을 이젠 존도 깨달았다. 아내는 또다시 술을 마시고 또다시 세인트레너즈힐 영지를 방황하고 있었다. 지난번에 고용주의 가족은 마부의 아내가 일으키는 말썽에 관대하게 대처했다. 애니는 프랜시스 배리에게 자비로운 최후통첩을 받은 뒤 스펠손 요양원에 들어갔던 것 같다. 그러나 이제 배리 가문이 사교계 최상류층에 진입한 이상, 음주 문제로 이름까지 알린 못 말리는 주정뱅이를 영지 안에 살게 했다가 어떤 곤욕을 치를지 몰랐다. 애니는 스펠손에서 치료되었어야 했다. 그게 마지막 기회였다. 배리는 존에게 더 이상 아내의 음주를 용인하지 않겠다고 분명히 밝혔다. 존이 아내를 집에서 내보내지 않으면 배리가 존을 해고할 참이었다.[7]

존은 1879년부터 배리를 주인으로 모셨지만, 그 자리만큼 보수가 좋거나 위신이 높은 다른 일자리를 얻는 데 필요한 추천서를 주인에게 받아 내진 못했을 것이다. 중증 장애가 있는 아들을 포함해 두 자녀를 키우는 아버지로서 그는 가족의 행복을 길게 내다보아야만 했다.

존과 애니는 원만한 합의를 통해 별거를 결정한 것으로 짐작되지만, 이 일로 두 사람 모두 상처를 받았다. 존은 음주 문제에도 불구하고 아내를 진실로 사랑했다. 그러므로 아이들 엄마를, 심지어 아픈 상태로 집에서 내보내기로 한 것이 존의 뜻만은 아니었을 것이다. 요양원 입원 결정 때와 마찬가지로 이때도 애니의 모친과 자매들이 애니의 앞날을 결정하는 데 목소리를 냈을 것이다. 존은 애니에게 주당 10실링의 부양비를 지급하기로 했는데, 이는 분명 애니가 몬트필리어플레이스 29번지로 돌아가 모친과 자매들에게 보호받는 상황을 전제한 결정이었을 것이다. 일주일에 10실링이라는 돈은 루스가 애니를 돌보는 데 필요한 비용을 제외하더라도 애니가 그동안 일상적으로 누렸던 얼마간의 물질적 편의와 중산층다운 호사 몇 가지를 계속 누리기에 부족하지 않은 액수, 즉 향기 나는 비누와 저렴한 장신구 정도는 살 수 있는 돈이었다. 존은 이제 애니가 동생들의 헌신 속에서 더 잘 살아가리라고, 어쩌면 알코올중독도 치료할 수 있을지 모른다고 믿었을 것이다. 사랑하는 가족이 애니 곁에 있다면 다 괜찮아질 거라고 생각했을 것이다.

CHAPTER 8

흑발의 애니

존은 애니가 잘 지내기만을 바라며 앞날을 구상했지만, 그의 계획은 애니가 런던에 도착하자마자 무산되었다. 몇 주가 걸렸는지, 아니면 며칠이 걸렸는지 몰라도 애니는 결국 자신이 이 집에서는 살아갈 수 없다고 판단했다. 아마 모친과 자매들 모두가 애니의 음주를 용인하지 않았을 것이다. 중독이라는 수치, 중독에서 벗어나지 못하는 사람의 수치, 거기다 이제는 어머니와 아내로서 실패했다는 수치까지 더해졌다면 애니가 가족과 친밀한 관계를 맺기는 거의 불가능했을 것이다. 미리엄은 언니가 "언제나 우리에게 짐이 되지 않으려" 했다고, 하지만 "자기는 술을 마셔야만 하고 술을 마실 거라고" 말했다고 썼다. 결국 애니는 알코올중독자가 흔히 그러듯 술 없이 사느니 사랑하는 사람들 없이 살기로 했다.

지금까지 애니 채프먼의 삶을 연구한 사람들이 예외 없이 간과한 가장 결정적인 장면 중 하나는, 버크셔 시골 영지에 살던 사람, 혹은 나이츠브리지에 살던 사람이 화이트채플에까지 흘러든 경로이다. 이 정도의 환경 변화는 하루아침에 일어나지 않으며, 지리적으로나 사회적으로나 결코 자연스러운 궤도가 아니다. 갑자기 경제난에 빠졌다고 해서 런던 서부의 나이츠브리지에 살던 사람이 동부의 화이트채플 빈민가로 이동하는 일은 흔치 않았다. 저렴한 숙소를 구할 수 있는 곳은 이스트엔드 외에도 많았다. 런던의 어느 지역에나 싸구려 여인숙과 빈곤과 범죄가 집중된 크고 작은 구역이 있었다. 모친 집을 뛰쳐나온 애니는 나이츠브리지 병영에서 길 몇 개만 건너면 하룻밤 4펜스짜리 여인숙이나 일주일 5실링짜리 방을 구할 수 있었다. 가족으로부터 아주 멀어지고 싶었던 것이라면 서쪽으로 좀 움직여 첼시나 풀럼, 배터시에 방을 구할 수 있었다. 동쪽으로 가도 런던 중부의 메릴본, 홀본, 패딩턴, 세인트자일스, 클러큰웰, 웨스트민스터가 나타났다. 아니면 템스강을 건너 램버스나 서더크, 버몬지에 갈 수도 있었다. 거의 평생을 나이츠브리지와 웨스트엔드 사이에서 살았던 애니가 어째서 그 낯선 이스트엔드로 향했을까? 그래야만 하는 이유나 그러고 싶었던 이유가 있었을 것이다. 누군가 아는 사람이 그곳에 살았거나 누군가와 함께 그곳으로 갔을 것이다.

19세기 말 하이드파크의 서쪽 맞은편에 있는 노팅힐은 노동자계급이 모여 사는 가난한 구역이었다. 찰스 부스의 연구에서 이곳의 많은 거리가 빈곤 지도에 검은색으로 표시되었고 "너무도 열악하다"고 묘사되었지만, 또 다른 거리들은 그저 가난한 노동자들이 사는 곳으로 설명되었다. 그들은 "더러운 커튼"으로 창문을 가렸고 아이들에게 "닳아 빠진 옷"을 입혔다.[1] 처음 집을 나왔을 때 애니는 자신이 런던에서 가장 잘 아는 지역과 가까우면서도 가족하고 약간 거리를 둘 수 있는 이 구역에 거처를 구했다. 여기서라면 조용히 지낼 수 있었다. 매주 우체국에 가서 부양비를 받아 오고, 단칸방에 살면서 누구에게도 방해받지 않고 술을 마실 수 있었다. 애니는 이 새로운 동네의 이웃 중에서 자신과 비슷한 처지의 사람들을 곧 발견했을 것이고, 특히 근처 맥줏집과 펍에서 그런 이들을 만났을 것이다. 그러다 잭 시비라고 불리는 남자와도 친해졌다. 시비(Sievey 혹은 Sievy)라는 이름은 철제 '체sieve'를 만드는 그의 직업에서 유래한 것으로 짐작된다. 이 남자에 대해서는 노팅힐에 연고가 있었다는 것 외에 알려진 바가 거의 없다. 애니와 잭은 연인 사이가 되었다. 술이라는 공통의 취미가 한 역할을 했을 것이다.

남편의 별거 결정에 합의했을 때, 또 모친과 자매들에게 결국 등을 돌렸을 때 애니가 얼마나 깊이 절망했을지는 짐작하기도 어렵다. 기독교 교리를 따르고 품위를 지키는 것이 무엇보다 중요한 가족 안에서 애니는 자신이 구원받을 수 없을 만큼 타락했다고 여겼을 것이다. 그 시대의 여자다움 기준에서 애니는 실패자였다. 아이를 키우는 엄마로서도, 집안 살림을 맡은 아내로서도 무능력했고, 그 누구도, 심지어 저 자신도 보살필 수 없는 사람이었다. 술을 마시는 여자는 혐오의 대상이었고 "자신의 가장 야만스럽고 꺼림칙스러운 기호를 겉으로 드러내는" 사람, "육욕에 사로잡혀 … 여성다움을 잃은" 사람이었다.[2] 얄궂게도 애니는 바로 그러한 불명예를 스스로 인식하고 있었기에 그 "수모를 잊고자" "여성 음주" 행각을 계속했다. 음주라는 죄악은 본질적으로 성적 문제가 아니었음에도 빅토리아 사회는 '망가진 여자'와 '타락한 여자'를 구분하지 않았다. 본인의 나약한 정신력 때문에 남편과 헤어지고 가정을 잃은 여자는 혼외정사를 저지른 여자 못지않게 혐오스러운 존재로 여겨졌다. 술에 취해 소란을 피우는, 사람들 앞에서 스스로 망신을 사는, 외양에 전혀 신경 쓰지 않는, 품위 있는 가정에 속하지 않거나 자신의 품행을 통제해 줄 남편 또는 가족이 없는 여자는 매춘부만큼 타락한 여자였다. 그 둘은 하나가 되었다. 즉, 그들은 똑같이 사회에서 쫓겨난 여자였다. 폴리 니컬스가 그랬듯이 애니는 법적으로는 아직 남편이 있었지만 독신 여성이라는 난처한 입장에서 벗어나려면 다른 남자와 동맹을 맺어야만 했다. 스스로 바랐든 바라지 않았든 애니는 사회가 정해 놓은 '간통죄'를 저지를 수밖에 없는 처지였다. 그러나 어차피 '타락한 여자'가 된 이상 애니에게 그런 낙인은 부의미했다.

애니는 그렇게 해서 시비와 관계를 맺었고 1884년 하반기에 일자리를 찾는 그를 따라 화이트채플로 거처를 옮긴 것으로 보인다. 애니는 이스트엔드에 발을 들인 뒤로 자신의 정체에 관한 모든 것, 즉 그가 근위기병의 딸이고 신사의 마부인 남편과 두 아이가 있다는 사실, 메이페어와 하이드파크를 산책하고, 금귀고리와 브로치를 달고 카메라 앞에서 당당하게 포즈를 취하던 사람이라는 사실을 철저하게 숨겼다. 애니는 그저 시비의 아내로만 살았다. 사람들은 그를 '애니 시비' 혹은 '시비 부인'이라고 불렀고, 이제는 희끗희끗해진 짙은 색 곱슬머리 때

애니

문에 '흑발의 애니'라고도 불렀다. 애니는 한때 부두 노동자였던 남자의 아내인 다정하고 믿음직한 아멜리아 팔머 등 새로 사귄 친구들에게조차 과거 얘기를 많이 하지 않았고, 듬성듬성하게만 설명했다. 아이가 있는지 물으면, 아파서 "병원에 있는" 아들과 "서커스에 들어간" 또는 "바다 건너 프랑스에 사는" 딸이 있다는 식으로 둘러댔다. 윈저에 사는 남편과 헤어졌으며 모친과 자매들과는 "사이가 좋지 않다"는 사실은 오직 아멜리아에게만 알렸다. 아멜리아는 애니가 그런 일을 겪었음에도 여전히 "매우 품위 있는 사람"이었고 "절대 험한 말을 입에 담지 않았다"고 설명했다. "솔직"하고 맨 정신일 때는 "무척 총명하고 근면한 친구"였다고도 했다.[3]

아멜리아 팔머에 따르면, 두 사람은 애니가 잭 시비와 함께 화이트채플 도싯가에 살 때 처음 만났다. 도싯가가 "런던 최악의 거리"로 등극한 것은 그보다 나중인 1890년대의 일이지만 1880년대에도 이미 절망과 타락의 거리로 유명했으며 그 10년 전에도 도싯가의 부동산 대부분은 그 어느 곳보다 값싸고 더러운 여인숙과 가구 딸린 셋방이었다. 기자들과 사회개혁가들은 도싯가를 방문한 뒤 이곳이 범죄의 온상이더라고 썼다. 런던의 거의 모든 골목을 직접 탐방했던 찰스 부스마저도 눈앞의 광경을 믿을 수 없다는 듯 이렇게 썼다. "도둑, 매춘부, 불량배, 그 많은 공동 여인숙까지, 내가 지금까지 가 본 중 최악의 거리였다." 부스를 안내한 경관도 그의 의견에 동조했다. "그가 보기에도 빈곤, 불행, 악습 면에서 런던 그 어느 곳보다 지독한 거리였다. 가장 비열하고 가장 타락한 이들이 고여 든 오물통과도 같은 곳이었다." 부스에 따르면 (당시에 가장 가난한 구역으로 알려진) 노팅힐이나 노팅데일조차도 "이렇게 끔찍하진 않다. 노팅데일 주민들은 … 매우 가난했고 수완이 없었으며 계속 움직였다. 늘 어딘가를 향했다. 가난한 부랑자들은 데일에서 한 달 머무른 뒤 다시 길을 나서 런던의 임시방을 순회하다가 다시 데일로 돌아왔다". 도싯가는 달랐다. 이 거리는 "어쩌다 흔들릴 수는 있어도 이곳의 먼지는 언제나 같은 자리에 다시 내려앉는다".[4]

애니와 그의 '새 남편'이 도착한 1884년에 도싯가의 주택 대부분은 존 매카시와 윌리엄 크로싱엄이 소유하고 있었다. 이 허물어져 가는 악행의 소굴을 관리하는 일에서 두 사람은 똑같이 무자비하고 파렴치했다. '시비 부부'는 도싯가에서도 주로 30번지의 여인숙에 묵었던 듯하다. 아멜리아 팔머 부부도 그곳에 살다가 돈을 좀 모아 가구 딸린 셋방으로 옮겼다. 가구 딸린 셋방은 공동 여인숙보다는 프라이버시가 보장되긴 했지만 주거 환경 면에서는 여인숙에 비해서도 "무한히 형편없는" 경우가 많았다. 하룻밤에 10펜스씩 하는 방이 환기 상태는 나쁘고 창문은 깨져 있고 바닥 널은 썩었으며 천장엔 구멍이 숭숭 뚫려 있었다. 온수는 바랄 수도 없었으며, 꼭대기 층이나 뒤뜰에 있는 변기는 고장난 채 고약한 냄새를 풍겼다. 《데일리 메일》에 따르면 이런 방에 딸린 최소한의 '가구'라는 것도 "빈민가의 가장 볼품없는 중고품 가게에서나 찾아볼 수 있을 낡디낡은 … 몇 실링도 안 되는" 물건들뿐이었다.[5] 애니에게 이 새로운 환경은 거실과 응접실이 있던 세인트레너즈힐의 집과는 너무나 달랐을 것이다. 그 간극 앞에서 애니는 기억과 감정을 누그러뜨리려 더 많은 술을 마셔야 했을 것이다. 이 이야기에

　　　　　　　　　　　　　　　　　　애니

서 무엇보다 뼈아픈 사실은 주변 대부분의 여자들과 달리 애니는 자신이 원하기만 했다면 '런던 최악의 거리'에서 가난하게 살지 않아도 되었다는 것이다. 잭 시비가 돈을 벌었을 테고, 그게 아니라도 일주일에 10실링이나 되는 부양비가 있었다. 그 돈이면 다른 동네의 더 좋은 방을 구할 수 있었고 음식과 석탄도 살 수 있었다. 그러나 그 돈은 술을 사는 데 쓰였다. 1886년 12월까지는 그랬다.

그달, 예고도 없이 갑자기 부양비가 끊겼다. 아멜리아 팔머에 따르면 애니는 부양비가 오지 않는 데 놀라 그 이유를 알아보러 "화이트채플 옥스퍼드가 근처 어디에 산다고" 알고 있던 "남편의 남동생인가 여동생인가"를 찾아갔고,[6] 존이 중병에 걸렸다는 말을 들었다. 이 충격적인 소식에 애니는 남편을 만나러 그 한겨울에 윈저까지 걸어가기로 했다. 그는 런던 서부를 통과하고, 브렌트퍼드를 지나, 얼어붙은 시골 땅에 펼쳐진 배스로드를 따라 윈저까지 40여 킬로미터 길을 이틀 동안 걸었다. 도중에는 버크셔주 초입 콜른브룩의 임시방에서 묵었다. 애니는 온종일 길을 걷는 동안 곧 남편과 아이들을 만날 생각에 마음 졸였을 것이고, 자신의 과거가 있는 윈저로 돌아가고 있다는 사실 자체에 걸음이 무거웠을지도 모른다. 이미 때를 놓친 건 아닐까 하는 조바심도 내내 떨칠 수 없었을 것이다.

임시방에서 머문 다음 날 아침에는 뱃밥 만들기 노동을 해야 했으므로 바로 출발할 수 없었을 것이다.[7] 이제 8킬로미터만 더 가서 스피탈로드(지금의 세인트레너즈로드)로 접어들면 애니가 어릴 때 살았던 뉴윈저가 있었다.

애니는 존이 건강 문제로 반년 전에 은퇴했다는 이야기도 들은 터였다. 존과 아이들은 프랜시스 배리의 영지를 나와 그로브로드에서 살고 있다고 했다. 그러나 애니는 정확한 주소를 몰랐으므로 그 길의 모퉁이에 있는 '메리 와이브스 오브 윈저'(윈저의 즐거운 아내들)라는 펍에 들러 존에 관해 물었다. 펍 주인은 "부랑자 행색에 비참한 얼굴의 여자"가 펍에 들렀던 일을 분명히 기억했다. 애니는 그에게 "남편이 주던 일주일 10실링의 부양비가 끊겼는데 그가 병에 걸렸다는 소식을 듣고 … 런던을 걸어 내려왔다"고 설명했다. 그런 다음 얼굴을 굳히더니 "그 말이 사실인지 확인하러 온 것이지 평소처럼 돈을 보내지 않는 이유를 들으려고 온 것만은 아니"라고 덧붙였다.[8] 펍 주인은 애니에게 존의 집이 있는 곳을 알려 주었다. 그로브로드의 리치먼드빌라스 1호였다. 그는 그날 이후 애니를 "다시 보지 못했다".

그 뒤에 무슨 일이 일어났는지 우리는 알 수 없다. 애니는 존이 살아 있을 때 도착했지만 그가 죽은 크리스마스 날까지 머무르지는 않았던 것 같다. 마지막 순간에 존을 돌본 것은 근처 양로원에서 친구가 된 샐리 웨스텔이라는 노인이었다.[9] 애니와 존 두 사람의 해후는 실로 쓰라렸을 것이다. 존은 애니의 중독과 결혼 파탄을 겪고 완전히 무너진 상태였다. 미리엄에 따르면 겨우 마흔다섯 살에 세상을 떠나기 직전 존 채프먼은 "머리가 하얗게 새고 가슴에 구멍이 뚫린 사람"이었으며, 미리엄은 몰랐겠지만 그 역시 술을 자주 마셨던 듯했다. "복수와 수종을 동반한 간경변증"이 그의 사인이었다.[10]

애니는 존의 죽음 앞에 너무도 상심했다. 그는 부양비 문제로 윈저에 다녀오겠다고 하고 집을 나섰을지 몰라도 그저 돈 때문에 남편의 얼굴을 보러 간 것이 아니었다. 도싯가로 돌아온 애니는 아멜리아에게 그 고된 여정을 자세히 전하면서 소리 내어 울었다.[11] 그때부터 애니는 전과는 다른 사람이 되었다. 아멜리아에 따르면 "남편이 죽은 뒤 친구는 완전히 주저앉은 것처럼 보였다".

10실링의 여윳돈이 없어져서인지 아니면 애니가 슬픔과 비탄에 빠져서인지 이유는 알 수 없지만 잭 시비가 애니와의 관계를 끝냈다. 1887년 초, 잭은 노팅힐로 돌아가고 애니 혼자 남았다. 이제 남편도 동거남도 없었으므로 애니는 그야말로 기댈 곳이 하나도 없었다. 남성 동반자 없이 여자 혼자 빈민가에서 살아남는 것은 거의 불가능했기에 어서 남자를 하나 구해야 했다.

한동안은 도싯가 여인숙에 사는 술꾼이자 책 장수인 해리라는 남자가 애니 곁에 있었던 듯하지만 이 관계는 짧게 끝났다. 아멜리아가 보기에 애니는 잘 지내지 못했다. 건강도 점점 나빠졌고, "술과 낙담, … 허기와 병기"를 안고 살아가는 "딱한 사람"이 되어 갔다.[12] 실제로 애니는 1887년에 결핵을 앓고 있었다. H지구대의 부검의 조지 백스터 필립스의 소견에 따르면 애니는 결핵을 오래 앓았고 사망 당시 이미 뇌 조직까지 상해 있었다.[13] 애니는 아픈 몸으로도 어떻게든 일을 해서 돈을 벌고자 했다. 아멜리아에 따르면 애니는 "코바늘뜨기를 하고 가구 덮개를 만들고 성냥과 꽃을 팔았다". 토요일에는 주변의 시골 전역과 이스트엔드의 소상인이 모이는 스트랫퍼드 시장에 나가 "가진 것을 다 팔았다". 1888년 늦여름에는 병세가 악화되는 와중에도, 동생이 장화만 구해 준다면 그 계절에 켄트주 홉 농장에 열매 따기 일을 하러 가는 인파에 합류할 생각이었다.

아멜리아 팔머는 애니 인생의 이 불우한 시기에 친구 때문에 너무도 애가 탔다고 했고, 이는 당연하다면 당연한 일이었다. 의아한 대목은 아멜리아가 "브롬턴 병원 근처에 사는" 애니의 "모친과 자매에게 애니 대신 종종 편지를 썼다"는 것이다.[14] 글을 읽고 쓸 줄 아는 애니가 어째서 그랬는지에 대해 여러 가지 의문이 떠오른다. 때로는 편지를 쓸 수도 없을 만큼 건강이 나쁜데 돈이 급해서였을까? 아니면 그저 도움을 청하는 게 창피해서였을까? 미리엄의 설명에 따르면 애니는 자신의 주소를 절대 밝히지 않았는데, 이는 필시 수치심 때문인 동시에 가족이 찾아와 술을 못 마시게 하려 들까 싶어서였을 것이다. 애니는 가족과 계속 소원하긴 했지만 연을 완전히 끊지는 못했다. 미리엄이 쓰기를, 이따금 "언니가 집에 와서 … 우리는 언니에게 입을 옷을 주었고 모든 방법을 동원해 언니를 되찾으려고 했다. 언니는 말 그대로 거지였기 때문이다".

스미스 가족은 애니가 스스로 택한 삶에 가슴 아파했고, 애니가 부탁해 올 때는 소소한 금전적 도움을 주었다. 그런데 남동생 파운테인은 누나들보다 좀 더 많은 도움을 주었던 것 같다. 사인 심문에서 그는 다소 혼란스러운 상태로 증언했다. 신문 기사에 따르면 그는 애니를 두 번 만났다고 진술했다. 처음에는 커머셜로드에서 만났고 두 번째는 웨스트민스터에서 우연히 마주쳤다는 듯하다. 어느 대목에서는 애니에게 2실링을 빌려주었다고 했다가 뒤에 가서는 그 돈을 그냥 주었다

　　　　　　　　　　　　　　　　　애니

고 했다. 그러나 신문에는 실리지 않은 이야기가 있다. 파운테인 역시 알코올중독자였다. 그래도 그는 그 얼마 전부터 인쇄소의 창고관리자로 일하고 있었다. 사실 파운테인은 맏누나를 더 여러 번 만났으나 대중에게나 가족에게나 둘의 관계를 축소해서 말하려고 한 것 같다. 똑같이 술을 좋아한 그는 흔쾌히 애니에게 술을 한두 잔씩 사 주었을 것이다. 두 사람 중 어느 쪽도 서로의 나약함을 비난하지 않았을 테고, 애니가 그랬듯 파운테인도 가족에게 음주를 감시당하고 살았을 것이다. 애니가 1888년 9월 7일에 "친척"에게 받았다는 5펜스도 나이츠브리지에 사는 자매들이 아니라 가까운 클러큰웰(세인트바살러뮤 병원 바로 맞은편이다)에 사는 파운테인이 준 것일 가능성이 크다.

1888년에 애니는 에드워드 스탠리라는 남자와 그런대로 안정적인 관계를 맺으며 이 관계에서도 도움을 받고 있었다. 스탠리는 마흔다섯 살에 "혈색이 좋고 … 점잖은 외양을 가졌으며" 지역 양조장에서 일했다.[15] '테드'나 '호위병'으로도 불린 그는 그 2년 전부터 애니를 만나 왔다고 진술하긴 했지만, 두 사람이 부분 동거를 시작한 것은 그해 여름이었다. 당시 애니는 도싯가 35번지의 크로싱엄즈라는 여인숙의 단골이었고, 주말에는 둘이 함께 그곳에 묵었다. 크로싱엄즈의 관리인 티모시 도너번은 애니가 토요일이면 브러시필드가 모퉁이에서 스탠리를 기다렸다가 둘이 함께 펍에 가곤 했다고 기억했다. 스탠리는 보통 월요일 아침까지 애니와 함께 있으면서 빅토리아 시대의 남자가 여자와 함께 있을 때 할 법한 일을 했다. 그는 주말 숙박비에 더해 애니가 하루 더 묵을 돈도 지불했다. 이 여인숙에서 애니와 호위병은 커플로 통했다. 심지어 스탠리는 관리인 도너번에게 자신과 애니가 독점적인 관계를 맺고 있다고 분명히 밝히고, 혹시라도 다른 남자가 생길까 봐 애니가 다른 누구와도 얽히지 않게 신경 써 달라고 부탁하기도 했다. 흥미롭게도 애니가 스탠리를 만나던 시기에 어디서 황동 반지들을 사서 왼손에 끼고 다녔다고 한다. 반지의 개수가 두 개였다고 자신 있게 말한 사람은 스탠리뿐이었다. 그의 설명에 따르면 그것은 각각 "결혼반지와 약혼반지"였고 약혼반지에는 "아름다운 패턴"이 들어 있었다.[16] 스탠리가 애니에게 선물한 것은 아니었지만 애니는 이 장신구로 결혼한 사람인 척 체면치레를 했던 것 같다.

19세기 기준에서는 애니가 '망가진 여자'이자 '타락한 여자'였지만 그는 매춘부는 아니었다. 폴리 니컬스가 살해당하기 약 1년 전인 1887년 7월 19일 런던경찰청장 찰스 워런은 다음과 같은 명령을 공포했다. "여성이 스스로를 상습 매춘부라고 칭하거나 해당 혐의로 유죄 선고를 받은 적이 없는 한, 경찰은 그 어떤 여성도 상습 매춘부라고 불러서는 안 된다." 또한 경관은 "본인 생각으로는 완벽하게 확실하더라도" 그 사실을 입증할 증인과 증거가 없는 한 "그 어떤 특정 여성도 상습 매춘부로 단정해서는 안" 되었다.[17] 폴리 니컬스의 경우에도, 애니 채프먼의 경우에도 그들이 성매매를 했다거나 스스로를 매춘부라고 칭했다고 말할 수 있는 확실한 증거는 전혀 존재하지 않는다. 잭 더 리퍼 피해자의 공상화된 이미지들에서는 애니가 가슴이 드러나는 웃옷을 입고 뺨을 붉게 화장한 채 가스등 아래에서 유혹적인 눈빛을 던지며 "길거리 호객"을 한 것으로 그려졌지만, 이는 거짓이다. 애니는 매음굴에

애니

들어간 적도, 포주를 위해 일한 적도 없다. 성매매를 하다 체포당했다 거나 최소한 경고라도 받았다는 증거 또한 전혀 없다. 경찰은 "인근의 펍을 돌며 … 같은 부류의 여자들을 탐문했으나" 애니가 그들의 일원이었음을 확인해 줄 증인을 단 한 사람도 찾아내지 못했다.[18] 성매매로 살아가는 여자들은 대부분 누가 누구인지 잘 알려져 있었다. 이들이 서로 잘 알았음은 물론, 경찰과 이웃과 동네 펍 주인도 많은 매춘부를 알고 있었다. 성을 판매하는 일에 별다른 낙인을 찍지 않는 가난한 구역의 주민들은 자신의 친구나 가족, 지인이 실제로 매춘부인 경우에 그 사실을 공개적으로 인정하기를 꺼리지도 않았다.

경찰은 화이트채플 살인 사건의 범인이 매춘부를 갈취하는 하이립 갱단 아니면 매춘부를 골라 살해하는 단독범(이 국면에서는 '가죽 앞치마'라는 별명으로 불린 존 파이저가 가장 유력한 용의자였다)이라는 가설을 고수했으므로, 피해자는 매춘부여야만 했다. H지구대는 경찰청장의 명령에 아랑곳하지 않고 애니의 서류 중 '직업' 항목에 '매춘부'라는 단어를 써 넣었다. 폴리 니컬스 사건 때와 똑같이 이번에도 경찰은 고정된 관점에서 수사를 시작했다. 애니 채프먼이 매춘부였다는 이 전제는 경찰 수사의 방향은 물론 사인 심문 현장의 태도와 질의 응답에 큰 영향을 미쳤다.

언론 또한 이 가설에 문제를 제기할 생각이 없었다. 폴리 니컬스의 사인 심문이 한참 진행되는 와중에 애니 채프먼이 살해당하자 언론은 이 기회를 놓치지 않고 두 사건을 하나로 엮었다. 몇 주 간격으로 벌어진 두 건의 유사한 살인 사건에 언론은 미친 듯이 열광했다. 기자들이

1888년 9월 22일 토요일 자《일러스트레이티드 폴리스 뉴스》1면.
애니 채프먼 살인 사건을 묘사하고 있다.

화이트채플로 몰려갔다. 살인 사건이 판매 부수를 늘려 주니 편집자들은 이 화제를 최대한 오래 우려먹어야 했다. 언론은 '도덕 공황'의 기미를 포착하고 싶어 했다. 지면에 실을 인터뷰, 현장 스케치, 논평, 사인 심문에 대한 상세한 보도를 원했다. 그 결과 니컬스 사건 때보다 훨씬 더 격렬하고 비정상적인 보도전이 벌어졌다. 신문에 인쇄된 풍문과 부정확한 기록, 특정한 논조에 맞게 재구성된 증언은 모순투성이였다. 그러나 폴리 니컬스 사건과 마찬가지로 애니의 사인 심문에서 실제로 오간 말을 기록한 공식 녹취록은 존재하지 않고 경찰 문건도 대부분 소실되었다. 신뢰할 만한 기록이 없다는 뜻이다. 애니가 화이트채플에서 어떤 삶을 살았는가에 관해 알려진 사실상 모든 내용은 신문에 보도된 혼란스러운 '사실들'에서 파생된 것이다.

애니와 가장 가까웠고 그의 동정을 가장 잘 알았던 것으로 보이는 세 사람, 즉 애니의 친구 아멜리아 팔머, 크로싱엄즈 여인숙의 관리인 티모시 도너번과 야간 주임 존 에번스의 증언은 신문마다 매우 다르게 보도되어 있다. 기사들을 나란히 놓고 보면 그 내용이 정면으로 충돌하는 것을 알 수 있다. 가령 9월 9일 자《가디언》은 아멜리아의 진술을 이렇게 인용한다. "그의 주요한 생계 수단은 거리를 돌아다니는 것이 아니라 가구 덮개를 만들어 파는 것이었다. 어떤 때는 꽃이나 성냥을 사서 그걸로 겨우 생활비를 벌었다." 이 내용은 통신사를 통해《헐 데일리 뉴스》,《이스턴 모닝 뉴스》등 북부의 여러 신문에 다시 실렸다. 반면에 언제나 가장 선정적인 논조를 선택한다고 평가받던《더 스타》의 9월 11일 자는 아멜리아가 "피해자가 길거리 일로도 생계를 일부

유지했던 것 같다"고 말했다고 전한다. 그런가 하면 《데일리 텔레그래프》는 아멜리아의 증언을 더 모호하게 인용하여 애니가 "때로 밤늦게까지 밖에 있었다"는 사실만 언급했다. 일부 신문은 애니의 생활 방식에 대해 아예 언급하지 않았다. 최종적인 기록이 존재하지 않기 때문에 아멜리아가 실제로 어떤 말을 했는지 확인이 불가능하고, 그가 했다는 말로 애니가 성매매 여성이었다는 주장을 뒷받침하는 것도 불가능하다.

언론에는 티모시 도너번과 존 에번스의 증언 또한 혼란스럽게 보도되었다. 9월 11일 자 《모닝 애드버타이저》에 따르면 에번스는 "내가 알기로 피해자는 밤에 외출하곤 했지만 그가 어울리던 남자는 딱 한 사람뿐이었다"고 말했고, 도너번은 "피해자가 길거리 호객을 했는지 어쩐지 나는 모른다"고 말했다. 도너번의 말은 분명 진실 그대로였을 것이다. 특별한 이유가 있지 않고서야 그가 그 여인숙을 드나드는 많은 숙박인 중 누군가의 일상을 유심히 관찰하거나 흥미롭게 여길 일은 없었을 테니까. 우리는 물론 이 모순투성이 신문 기사들에서 19세기 빈곤층 여성의 삶에 대한 역사학적 이해에 들어맞는 정보를 찾아낼 수도 있겠지만, 애니가 성매매로 생계를 유지했다는 주장을 뒷받침할 결정적인 증거는 도저히 찾을 수 없다.[19] 여러 종의 신문에 보도된 대로라면 애니의 남자관계에 대해 질문을 받은 사람은 도너번 외에 또 있었다. 애니와 자주 대립한 것으로 알려졌던 일라이자 쿠퍼였다. 이 여성은 그 얼마 전에 빌린 비누 조각을 두고 애니와 드잡이한 적이 있었고 애니의 전 파트너였던 책 장수 해리와 사귀고 있었다. 도너번과 일라이자 모두 애니가 사귄 남자는 딱 두 명, 해리와 스탠리뿐이었던 것 같다고 진술했다. 그런데 일라이자는 이에 더해 애니가 "다른 여러 남자"와 있는 모습을 본 적이 있으며 "여인숙에는 그들을 이따금 데려왔을 뿐"이라고도 주장했다.[20] 설령 이 말이 사실이라 하더라도 도너번의 증언에 따르면 이 남자들은 여인숙에 묵을 수 없었다. 그는 혹시 애니가 다른 남자와 크로싱엄즈 여인숙에 오면 "침대를 내주지 말라"고 했던 스탠리의 부탁을 자신이 충실히 들어주었으며 애니는 "대체로 혼자서 더블 침대에 묵었다"고 주장했다.[21] 이처럼 두 증인의 진술에 차이가 있는데도 이 점에 대한 추가 질문은 없었다. 도너번이 막아섰든 어쨌든 애니가 남자와 함께 여인숙에 묵은 적이 있는지, 숙박을 거부당했을 때는 어떻게 반응했는지 등에 대한 질문도 없었다. 애니가 그 남자들과 어떤 관계였는지, 연적 일라이자 말대로 그들이 정말 "이따금" 나타났는지도 우리는 알 수 없다. 경찰청장부터가 공식 명령을 통해 인정했듯이 성매매 여성과 다른 가난한 노동자계급 여성을 구별하는데는 여러 어려움이 있었다. 당사자의 목소리는 전혀 들리지 않고 그가 한 행동의 배경이 전혀 보이지 않는 이 이야기에서는 더더욱 그 사람이 성매매 여성이었는지 아닌지 구별하기 어려웠고 지금도 어렵다.

빅토리아 시대의 언론은 그런 섬세한 구별에 관심이 없었다. 기자들은 고정된 전제들 위에서 기사를 써 내려갔고, 어느 경우에나 가장 중요한 전제는 애니 채프먼이 매춘부였다는 것이었다.《더 스타》는 이렇게 단언했다.

이제 우리는 채프먼과 같은 불우한 계급의 여성이 어떤 삶을 살 수밖에 없는지 알 수 있다. … 아마도 그는 밤이 그림자를 드리워 그가 하는 불쾌한 장사를 시작할 수 있을 때에야 자리에서 일어 났을 것이고, 그 후엔 죽이 맞는 남녀 친구들과 술집을 전전하며 흥청망청 시간을 보냈던 것 같다.[22]

《더 스타》 같은 신문은 애니를 한 개인으로 생각하지 못했다. 연령 이나 처지와 상관없이 모든 빈곤층 여성을 "불우한 계급", 즉 '매춘부' 로 한데 욱여넣고 애니를 그 계급의 일원으로만 보았다. 그러나 《데일 리 메일》이 지적했듯이 "범죄의 중심지에 오직 범죄만 있는 것은 아니 다. 아무리 도싯가의 여인숙이라도 해도 그곳에 오직 극도로 타락한 사람들만 산다고 상상하는 것은 옳지 않다."[23] 《더 스타》의 주장과 달 리 애니는 온종일 자다가 "밤이 그림자를 드리워 그가 하는 불쾌한 일 을 시작할 수 있을 때에야" 일어나지 않았다. 애니는 바느질과 코바늘 뜨기를 했고 어떻게든 돈을 벌려고 했으며 아멜리아는 자신도 애니와 같은 일을 한다고 진술했다. 이런 기사는 애니의 병세도 고려하지 않 았다. 그는 결핵을 심하게 앓았고 어쩌면 이미 말기에 접어들었을 수 도 있었다. 애니는 알약과 두 종류의 물약을 복용하고 있었고 사망 후 발견된 유류품에는 세인트바살러뮤 병원에서 받은 것으로 보이는 처 방전들이 있었다. 그가 8펜스짜리 더블 침대를 잠자리로 고수했던 이 유는 연인 스탠리와 함께 지내기 위해서이기도 했지만 건강 상태 때문 이기도 했다. 더블 침대는 나무 칸막이가 둘러져 있어 조금이나마 프라이버시를 누릴 수 있었을 뿐 아니라, 크로싱엄즈의 또 다른 숙박인이었던 엘리자베스 앨런의 설명으로는 8펜스짜리 침대가 "4펜스짜리보다 이점이 많았다. … 4펜스짜리 침대에 묵는 사람은 … 더 이른 아침에 여인숙을 나가야 했다". 삶이 얼마 안 남은 시점에 열이 나고 몸이 쑤시고 심한 기침에 시달리던 애니는 한 시간이라도 더 침대에 있다가 늦은 아침에 거리로 나서고 싶었을 것이다.

죽기 몇 달 전, 애니는 점점 나빠지는 건강 때문에 점점 더 스탠리에게 숙박비를 의존하게 되었다. 1888년 9월 1일 토요일, 여인숙을 찾아온 테드는 평소처럼 애니에게 화요일 아침까지 그곳에 머무를 돈을 주었다. 화요일 오후, 아멜리아 팔머는 애니가 "매우 창백한 얼굴로" 스피탈필즈 교회 옆을 느릿느릿 걸어가는 것을 발견했다. 애니는 친구에게 몸이 아파 병원에 가야 할 것 같다고 말했다. 수중에 돈이 한 푼도 없어 "오늘 차 한 잔 마시지 못했다"고도 했다. 아멜리아는 애니에게 2펜스를 주면서 이걸로 럼주를 사진 말라고 일렀다. 아멜리아가 애니를 다시 본 것은 금요일인 7일로, 애니는 도싯가를 천천히 걷고 있었다. 상태가 여전히 나빠 보였다. 아멜리아는 애니에게 스트랫퍼드 시장에 코바늘 뜬 것을 팔러 갈 계획이냐고 물었다. 애니는 "너무 아파서 아무것도 할 수가 없어."라고 힘없이 대답했다. 10분 후 다시 그 자리를 지나던 아멜리아는 애니가 거기 그대로 서 있는 것을 보고 깜짝 놀랐다. 애니에겐 돈이 없었고, 너무도 간절히 여인숙에 들어가고 싶었지만 숙박비를 벌 수 있는 상태가 아니었다. "포기하면 안 되겠지." 애니는 상황의 심각성을 깨닫고 아멜리아에게 이렇게 말했다. "어서 몸을 추슬러 돈을 구해야지. 안 그러면 잘 데가 없으니까."[24]

당대 기자들이 도저히 풀지 못했던 미스터리 중 하나는 그 주에 애니가 정확히 어디에서 지냈느냐는 것이었다. 관리인 도너번은 9월 4일 화요일 오후 애니가 크로싱엄즈 여인숙을 나간 뒤 금요일에야 다시 나타났다고 진술했다. 그 주에 애니는 세인트바살러뮤 병원을 방문한 것으로 보이나, 입원 환자 기록부에 애니의 이름은 없으므로 아마 의사에게 진찰만 받고 입원하지는 않았던 듯하다. 구빈원 임시방들의 입소장부에도 애니의 이름은 없으며, 혹시 애니가 어느 임시방에 들어갔더라도 이틀밖에 못 묵었을 것이다. 이에 대해서는 그가 임시방에 머무르지 않았다고 보는 편이 평소 행동과 일치한다. 그가 런던의 구빈원이나 임시방에 머물렀다는 증거는 없는데, 이는 필시 구빈원에 들어가면 술을 마실 수 없어서였을 것이다. 1904년 부랑자단속위원회의 조사에 따르면 알코올중독자는 음주를 제한하는 보호시설에서 지내기보다 노숙하는 것을 선호했다.[25]

애니는 자매들의 집을 찾아가지도 않았고 화이트채플의 여인숙 관리인이나 숙박객 중 애니가 크로싱엄즈 외에 다른 곳을 즐겨 찾았다고 주장한 사람은 없었으므로 애니가 다른 여인숙에 머물렀을 가능성도 작다. 엘리자베스 앨런에 따르면 애니는 언제나 "일주일에 사흘이나 나흘" 묵을 돈밖에 없었고 그때마다 늘 스탠리와 함께였다. 그렇다면 애니는 언제나 일주일에 최소 사흘은 여인숙에 묵지 못했다는 뜻이 된다.

병들고 가난한, 그리고 돈이 생기면 술부터 마시는 알코올중독자가 매일 밤 같은 침대에서 잠드는 일은 거의 없었을 것이다. 사회비평

애니

가 하워드 골즈미드에 따르면 화이트채플을 비롯해 임뱅크먼트, 하이드파크, 런던브리지 등에는 "밤이면 밤마다 그날 밤 숙박비가 없는 사람들이 몰려들었다". 많은 이들이 "문간에 몸을 웅크리거나, 보도에 무리 지어 잠을 청했다". 스피탈필즈의 크라이스트 교회 일대에도 "굶주리고 남루한 남자들과 여자들", "수십 명의 집 없는 피조물"이 운집하여 "난간에 몸을 기대거나 담 옆에 웅크리고", 또는 건물을 에워싼 낮은 울타리에 반쯤은 기대고 반쯤은 누운 채 잠을 청했다. 이들 대다수가 평소에는 트롤가, 플라워앤드딘가, 도싯가의 공동 여인숙에 묵지만 숙박비를 마련할 수 없어서 쫓겨난 사람들이었다.

여인숙 주방에 들어갔을 때, 거기 있는 사람이 전부 그날 밤 그곳에서 묵는다고 생각하면 오산이다. 그중 다수가 단골로서 그곳을 꾸준히 이용하는 것이 참작되어 하루 저녁, 또는 몇 시간 동안 코크스 난로를 쬐도록 허락받은 것뿐이다. 여인숙 관리인은 그들을 신뢰해서가 아니고 단골 숙박인을 불쾌하게 만들어 봐야 좋을 것 없음을 잘 알아서 그렇게 놔둔다. 그러나 저녁이 깊어질수록 이 가난하고 비참한 사람들은 점점 불안하고 음울해진다. 이들은 빈 주머니에 손을 넣은 채 왔다 갔다 하면서 새로운 사람이 도착할 때마다 혹시 '친구'가 나타나서 부족한 숙박비 반 페니를 채워 줄 수 있진 않은지 싶어 문 쪽을 바라본다. 끝내 마지막 희망마저 사라지면 그들은 무거운 걸음으로 거리로 나가 그날 밤은 하늘을 천장 삼아 잘 각오를 한다.[26]

9월 7일 금요일 밤 애니 채프먼은 바로 이 각본에 따라야만 했다. 도너번에 따르면, 애니는 그날 오후 크로싱엄즈 여인숙에 다시 나타나 몸이 좋지 않아 병원에 다녀왔다고 설명한 뒤 아래층 주방에 앉아 있어도 되느냐고 물었다. 도너번은 그러라고 했지만 애니는 초저녁에 다시 밖으로 나갔다(그때 아멜리아와 마주쳤다). 그는 자정 무렵 다시 주방에 나타나 윌리엄 스티븐스라는 숙박인에게 근처 펍에 가서 맥주 한 파인트를 사다 달라고 부탁했다. 그러면서 자기가 "친척을 찾아가" 5펜스를 구했다는 식으로 설명했다. 숙박비로 쓸 수 있었던 그 돈을 애니는 곧장 술과 맞바꾸었다. 스티븐스와 맥주를 마신 뒤에는 도싯가와 커머셜가가 만나는 모퉁이의 브리태니아라는 펍에 갔다. 마실 만큼 마신 뒤에는 또다시 크로싱엄즈 여인숙으로 돌아가 어디선가 얻은 감자를 먹었다. 대략 한 시 사십오 분이었던 이때 도너번은 숙박비를 내지 못하는 이들을 주방에서 내보내기 시작했다. 그는 야간 주임 존 에번스를 아래층으로 보내어 숙박비를 걷었다. 애니는 돈이 부족했지만 그날만은 평소와 다르게 도너번의 사무실을 찾아가 평소 쓰는 29번 침대를 달라고 간청했다.

애니는 그날 밤 숙박비를 "외상으로 해 달라고" 분명히 요청했다. 도너번은 "그러기를 거부했다". 흥미롭게도 도너번이 경찰에 진술한 이 대화가 언론에서는 단 한 번도 중요하게 다루어지지 않았다.[27] 만약 이 일이 널리 알려졌더라면 대중은 애니의 죽음에서 도너번이 담당한 역할을 두고 더욱 지독하게 그를 비난했을 것이다. "맥주 살 돈은 구하면서 숙박비는 못 구하네." 도너번은 애니의 부탁에 이렇게 대꾸했다.

애니

애니는 순순히 물러설 생각이 없었던지, 아니면 자존심 때문이었는지 한숨을 쉬며 이렇게 맞대꾸했다. "내 침대는 남겨 둬요. 곧 돌아올 테니까."

애니는 아프고 취한 몸으로 아래층으로 내려가 "2~3분 동안 현관에 서서" 선택지를 따져 보았다. 골즈미드가 묘사한 빈털터리들처럼 애니도 그날 밤 숙박비를 빌려 줄 만한 '친구'를 떠올리려 했을 것이다. 그러나 여인숙을 나와 스피탈필즈의 크라이스트 교회 쪽을 향할 때쯤엔 "그날 밤은 하늘을 천장 삼아" 자야겠다고 체념했을 가능성이 크다.

그날 밤 애니가 도싯가로 발을 내디딜 때, 여인숙 불빛이 그의 등 뒤로 멀어질 때, 애니가 무슨 생각을 했을지 우리는 영원히 알 수 없다. 애니가 어느 길을 따라 그 깜깜한 거리를 짚어 나갔는지, 도중에 누구와 이야기를 나누었는지도 영영 확인할 수 없다. 우리가 확실하게 알 수 있는 것은 애니가 마지막으로 도착한 장소뿐이다.

핸버리가 29번지에는 이 구역의 대다수 주택과 비슷한 건물이 서 있었다. 최소 100년은 된 이 3층집 안에는 여덟 개의 누추한 방에 열일곱 명의 주민이 살고 있었다. 방을 따로따로 임대한 세입자들은 공동 공간인 복도나 계단, 건물 안뜰에 별로 신경 쓰지 않았다. 안뜰 출입구와 건물 현관 모두 잠겨 있지 않았고, 밖에서는 보이지 않는 이 공용 공간을 많은 사람이 밤낮으로 오갔다. 경찰과 건물 주민 모두가 말하기를, 이 동네를 잘 아는 사람들은 이 건물에 대해서도 잘 알았다. 그래서 때로는 "외부인들"이 "부도덕한 목적으로 안뜰을 이용"하는가 하면 노숙자들도 이 공간을 애용했다.[28]

지난 2년 동안 애니는 골즈미드가 목격한 사람들과 마찬가지로 노숙하기에 가장 좋은 곳, 즉 가장 적당한 귀퉁이, 가장 눈에 덜 띄는 문간, 가장 사람이 적게 다니는 통로가 어디어디에 있는지 꿰게 되었을 것이다. 핸버리가 29번지의 안뜰은 애니가 9월 8일 새벽에 우연히 발견한 장소가 아니라 평소에 즐겨 찾던 한적한 곳이었을 것이다. 애니는 입구의 계단과 안뜰의 담 사이에 작은 공간이 있다는 것도 알았을 것이다. 벽에 등을 기대고 몸을 웅크리기에 딱 좋은 그 자리가 그날 밤엔 비어 있어서 안도했을 것이다.

애니의 인생 마지막 몇 년에는 여러 가지 비극이 있었지만, 그중에서도 가장 뼈아픈 사실은, 자신이 원하기만 했다면 그날 밤, 아니 그 모든 밤, 그 거리들에 있지 않아도 되었다는 것이다. 애니는 런던의 반대편 구역에 있는 모친 집이나 자매들 집에서 지내며 간호받을 수도 있었고, 결핵을 치료받을 수도 있었고, 자기 아이들의 따뜻한 품에서 위로받을 수도 있었다. 그를 나락에서 끌어올리려 손을 뻗는 사람들이 가까이에 있었다. 그러나 그 반대쪽에서 끌어당기는 중독의 중력이, 수치의 악력이 더 셌다. 이 힘이 애니를 아래로 끌어내리고 있었고, 이미 수년 전부터 애니의 희망과 생명을 갉아먹고 있었다. 그날 밤 살인자가 가져간 것은 악마의 음료가 다 쓸어 가고 남은 애니의 껍데기뿐이었다.

9월 8일이나 9일경 스미스가의 네 남매 에밀리, 조지나, 미리엄, 파운테인에게 충격적인 소식이 전해졌다. 경관이 직접 찾아왔는지 신문에서 기사를 읽었는지는 알 수 없지만 이들은 맏언니가 잔인한 살인 사건의 피해자가 되었다는 사실을 알고 너무도 상심했다. 이들은 술 때문에 가족을 떠난 언니가 결국 죽었다는 사실을, 그것도 극악무도하게 살해당했다는 사실을 연로한 모친에게 도저히 알릴 수 없었을 것이다. 그들은 슬픔을 억누르며 두 조카의 손을 붙잡았다. 아이들은 제 어머니를 덮친 운명을 결코 알지 못할 것이었다. 신문들이 애니를 매춘부라고 부르고 애니의 타락한 삶을 묘사하는 기사를 쏟아내는 동안 이 독실한 세 자매가 얼마나 큰 고통과 치욕을 감내해야 했을지 우리는 상상할 수 없다. 그러한 수모를 당하면서도 침묵해야만 하는 상황이 얼마나 끔찍했을지 짐작만 할 수 있을 뿐이다.

가족을 대표하는 힘든 일들은 남자인 파운테인이 맡았다. 하지만 그는 그저 누나를 잃은 슬픔을 넘어 남모를 충격에 빠져 있었다. 부친과 맏누나에 이어 알코올에 빠진 파운테인은 아마 다른 식구들 몰래 그 얼마 전까지 애니를 만났고 누나에게 몇 펜스를 쥐어 주었으며 술도 두어 잔 함께 마셨을 것이다. 무참히 훼손된 시신을 확인하고 사인 심문에 출석한 사람도 파운테인이었다. 사인 심문에서는 목소리를 거의 내지 못할 정도로 고통스러워했다.

파운테인 스미스는 강한 사람이 아니었다. 그는 이 불운한 사건 앞에 무너졌고, 그렇게 무너지면서 그가 붙잡은 지푸라기는 즉각적이지만 덧없는 위안을 주는 음료, 술이었다. 애니가 죽고 한 달 사이에 파운테인은 망가졌다. 그는 술을 사려고 고용주의 돈을 훔쳤다가 창고관리자 자리에서 쫓겨났다. 친구들의 도움으로 다른 일자리를 구했지만 고통은 그를 계속 따라다녔다. 그는 한계에 부딪힌 어느 날, 술을 잔뜩 마시고 고용주의 돈을 훔친 뒤 아내와 두 아이를 버리고 사라졌다.

일주일 후 스미스 가족은 글로스터 소인이 찍힌 편지를 받았다. 파운테인이 경찰에 자수했다는 소식이었다. 그는 참회의 편지 맨 밑에 이렇게 썼다. "오, 나의 사랑하는 아내여, 이 모든 것이 저 저주받은 음료 때문이야. 제발 우리 아이들은 입도 대지 못하게 해 줘."

파운테인 스미스는 런던으로 송환되어 말버러가 치안법정에서 유죄를 확정받고 밀뱅크 감옥에서 3개월간 징역을 살았다. 출소 후 그는 새로운 삶을 살기로 마음먹고 가족과 함께 대서양을 건너 먼지와 열기의 땅 텍사스로 이주했다.

애니

Elizabeth

3부

엘리자베스

1843년 11월 27일~1888년 9월 30일

CHAPTER 9

토르슬란다의 소녀

촛불의 포근한 노란빛이 나무판자를 댄 방들을 구석구석 채웠다. 벽난로 불빛도 힘을 합쳐 11월 말 스웨덴의 어둠을 밀어냈다. 이맘때 이곳 하늘은 회색빛에서 먹빛으로 갑자기 저문다. 그날 밤 구스타프 에릭손의 농가에서는 그의 아내 베아타가 둘째를 해산하고 있었다. 3년 전에 낳은 첫아이는 딸인 안나 크리스티나였으므로, 구스타프는 자신과 함께 축사를 관리하고 곡물을 수확할 수 있는 아들이 태어나길 바랐을 것이다. 그날 그에게 그런 운은 없었다. 1843년 11월 27일, 세상에 나온 엘리자베스의 울음소리가 부부의 침실을 가득 채웠다.

예테보리에서 서쪽으로 약 16킬로미터 떨어진 토르슬란다에서 에릭손 가족은 비교적 잘사는 농가에 속했다. 1840년대 들어 몇 년째 가뭄이 이어지는 와중에 둘째가 태어나긴 했지만 가계는 그런대로 여유

엘리자베스 스트라이드가 태어난 스웨덴 스토라툼레헤드의 농가.

로웠다. 구스타프 에릭손은 곡식, 아마, 감자를 수확하는 땅과 여러 마리의 소와 돼지와 닭에 말 한 마리까지 키우는 축사를 소유하고 있었다. 외벽을 물막이 판자로 마감한 살림집은 식사실을 겸한 큰 주방, 거실, 서너 개의 침실을 갖추고 있었다. 이 널찍한 집에서 에릭손 부부는 안나 크리스티나, 엘리자베스에 이어 바라던 대로 아들 라르스(1848년)와 스반테(1851년)를 낳았다.

농부의 딸로 태어난 엘리자베스는 아주 어릴 때부터 양동이를 나르고 달걀을 모으는 일로 집안 농사에 참여하기 시작했을 것이다. 좀더 커서는 우유 짜기, 닭과 돼지 돌보기, 버터 만들기 같은 간단한 잡일을 거들었을 테고 스웨덴의 식사주인 아콰비트를 증류하는 방법도 배웠을 것이다. 겨울철에는 동이 트기 몇 시간 전에 일과가 시작되었다. 베아타와 안나, 엘리자베스는 아직 한밤중처럼 캄캄할 때 일어나 난로와 등잔에 불을 피웠을 것이다. 해가 거의 저물지 않는 여름철에는 모든 일손이 저녁 늦게까지 밭에서 일했다. 과거에는 남편과 아내가 함께 농사를 지었다면, 19세기에는 노동자를 저임금으로 쉽게 고용할 수 있어 버거운 일에는 일꾼을 쓰고 집안 여자들은 주로 가사노동에 힘썼다. 그러나 고용주와 고용인이라는 신분 차이는 있었어도 농촌에서는 다들 꽤 평등하게 살아갔다. 즉, 주인과 하인이 거의 구별되지 않았다. 한 농장 노동자의 회고에 따르면 "모두가 한 식탁에 앉아 같은 음식을 먹었고" 한 지붕 밑의 모든 사람이 "똑같은 일을 했으며, 농부의 딸들은 가정부들과 한 침대를 썼다".[1]

이들은 기도도 함께 했다. 엘리자베스가 태어난 작은 마을 스토라

툼레헤드는 루터파 기독교를 믿는 보수적인 공동체였다.* 일요일은 교회에 가고 성경을 공부하는 날이었다. 엘리자베스의 부친은 가장으로서 자신의 가족은 물론 한 지붕 아래 사는 고용인들에 대해서도 매일 신앙의 의무를 다하도록 감독하는 역할을 맡았을 것이다. 하루는 기도로 시작해서 기도로 끝났다. 식사 전에 기도하고, 잠자리에 들기 전에 기도하고, 잠에서 깨어나서는 긴 밤사이 주님께서 양 떼를 안전하게 지켜봐 주신 데 감사하며 기도했다.

작물을 수확하는 계절이 지나면 땅이 얼고, 얼음이 녹으면 씨를 뿌리는 계절이 돌아왔다. 엘리자베스는 자신이 농촌의 이 한결같은 리듬에서 벗어나 살아가게 되리라곤 꿈에도 생각하지 못했을 것이다. 농가의 여자아이가 배워야 할 것은 가사와 육아, 기본적인 축사 일 정도였고 엘리자베스는 모친의 어깨너머로 그런 기술을 익혔을 것이다. 이에 따라 학교교육은 딱 필요한 만큼만 받았다. 농촌 부모들은 자식이 학교에 다녀 봐야 농사에 소홀해질 뿐이라며 교육을 '쓸데없는 지식'으로 여기는 경향이 있었다. 19세기 중반 스웨덴에서는 각 지역 교구가 의무적으로 보통학교를 운영했지만, 그 교육 내용은 읽기와 산수에 그쳤고 남학생의 경우에만 쓰기를 배웠다. 다만 루터파 기독교인에게는 성경을 공부하고 교리문답을 이해하는 것이 가장 핵심적인 신앙 행위였기에 읽기 교육만큼은 아주 중요하게 여겨졌다. 엘리자베스의 형제자매는 집에서 거의 한 시간 거리의 교회까지 걸어가서 견진에 필요한

---

* 루터교는 1531년부터 1999년까지 스웨덴의 국교였다.

성경 교육을 받았을 것이다.

어린이는 마르틴 루터가 1529년에 공표한《협서 Book of Concord》에 실린 '소(小)교리문답'으로 교리를 배우면서 십계명, 사도신경, 주기도문을 외우고 세례성사, 고백성사, 성체성사의 의미를 암기해야 했다. 또한 모든 신자는 주님의 말씀을 빠짐없이 이해해야 했으므로 교구 목사나 부친 앞에서 성경 구절의 의미를 설명하는 연습을 자주 했다.

"십계명이란 무엇인가요?" 신부가 물었을 것이다.

"십계명은 주님의 법입니다." 엘리자베스는 대답했을 것이다.

"주님은 그분의 법을 어떻게 주셨나요?"

"주님은 인간을 창조하셨을 때 그들의 심장에 법을 쓰셨습니다. 그런 다음에는 법을 십계명으로 정리하시고 그것을 두 개의 돌판에 쓰신 뒤 모세를 통해 알리셨습니다." 여기에 성경의 관련 구절을 인용하는 것이 모범 답안이었다.

"여섯째 계명은 무엇이죠?" 엘리자베스는 이 질문을 수차례 들었을 것이다.

"간음하지 마라, 입니다."

"그 뜻은 무엇인가요?"

"주님을 두려워하고 사랑해야 하는 우리는 말과 행동이 성적으로 깨끗하고 훌륭한 삶을 살아야 하고, 남편과 아내가 서로 사랑하고 존중해야 한다는 뜻입니다. 육체관계는 부부 사이에만 할 수 있으며 우리가 불결한 정욕에 굴복해선 안 된다는 뜻입니다." 엘리자베스는 이렇게 답변하라고 배웠을 것이다.

이런 교육을 통해 신실한 루터파 신자가 될 준비를 마친 엘리자베스는 열다섯 살이던 1859년 8월 14일에 토르슬란다의 작고 오래된 교회당에서 신도들이 참석한 가운데 견진을 받았다. 이 성사의 의미는 그가 어른의 세계에 들어갈 채비가 되었다는 것, 주님의 말씀으로 단단히 무장했으므로 앞으로의 시련과 유혹에 맞설 준비가 되었다는 것이었다.

그날로부터 1년이 조금 지나, 열일곱 살 생일을 한 달 앞둔 시점에 엘리자베스 구스타프스도터는 일자리를 구하기 위해 걸어서 한나절 거리의 예테보리로 향했다. 언니 안나 크리스티나도 그 2년 전부터 같은 목적으로 거기에 살고 있었다. 스웨덴을 비롯한 유럽 국가들에는 젊은 여성이 자신이 속한 가정과 공동체를 떠나 다른 환경에서 가정생활을 경험하는 전통이 있었다. 이는 스스로 가정을 꾸리기에 앞서 다른 여자의 지도하에 요리와 육아, 청소를 배우는 일종의 수습 생활이었다. 이 시기에 번 돈은 향후 결혼 생활과 육아에 필요한 옷이나 침구 등 혼수를 장만하는 데 보탤 수 있었다. 또한 엘리자베스 자매처럼 시골에 살던 젊은 여성은 도시에서 적당한 짝을 찾기가 더 쉬웠다. 토지를 소유하거나 임대하는 농부의 딸은 집에서 고용한 일꾼 등 사회계급이 더 낮은 사람들과 어울리며 성장했으나, 계급이 다른 남녀의 결혼은 금기시되었다. 도시에는 농가의 딸에게 어울리는 남편감인 수공업자나 소매상의 아들이 많았다.

이 점에서 안나 크리스티나는 특히 운이 좋았다. 그는 제화공 베른하르드 올손의 집에서 일자리를 구했을 뿐 아니라 7년 뒤인 1864년에는 올손과 결혼했는데, 이는 계급이 비슷한 주인과 하인 사이에 종종 있는 일이었다.[2] 많은 경우, 손위 자매가 먼저 가정부로 정착한 뒤에 동생이 자리를 잡도록 도왔고 때로는 자매가 한집에서 일하기도 했다. 안나 크리스티나도 동생이 예테보리에서 일을 구하는 데 도움을 주었던 것으로 보인다. 엘리자베스는 1860년 10월 5일까지 예테보리 근교의 노동자계급 거주 구역인 마요르나에 살았으나, 네 달 뒤인 1861년 2월의 인구총조사에서는 라르스 프레드리크 올손이라는 가족의 가정부로 기록되었다.[3]

안나 크리스티나의 고용주나 엘리자베스의 고용주나 다들 부유층은 아닌, 비교적 여유 있는 하위 중산층이었다. 프레드리크 올손 가족은 예테보리 항구보다 약간 높은 구릉지대인 알메네베겐에 살았으며, 프레드리크의 직업은 스웨덴어로 '모나드스칼månadskarl', 즉 관리인으로 이 가족이 사는 공동주택 단지를 관리하는 사람이었던 것으로 짐작된다.[4] 그러다 점점 재산을 늘려 1870년대에는 마요르나에도 주택을 구입했다.

올손 가족은 가정부 엘리자베스보다 훨씬 높은 계급은 아니었지만, 집안의 장래가 점점 밝아지자 이웃과 지인에게 자신들의 재력을 내보이고 싶어 했을 것이다. 스웨덴에서는 여성 노동력이 극히 저렴했던 데다 고용인법에 따라 토지를 통한 소득이 없는 사람은 의무적으로 고용살이를 했기 때문에, 하위 중산층도 젊은 여성 가정부를 고용할 수 있었다. 프레드리크와 요한나 부부는 가정부를 두 명 두었는데 엘리자베스와 동료 레나 칼손이었다. 둘은 가족이 사는 공간 위쪽의 다락에서 한 침대를 썼을 것이다. 사실 방 몇 개와 서너 살 된 남자아이 둘을 돌보는 데 안주인 외에 가정부가 둘이나 필요했을지는 의문이다. 실제로 당시 스웨덴의 많은 비평가들은 하위 중산층 가정이 필요 이상으로 많은 하인을 고용하는 경향을 지적했다. 가령 예술사가 헨리크 코르넬은 어린 시절 어떤 중산층 부인이 할 일이 없어 따분해하는 가정부들에게, 젖은 천을 들고 방 안을 돌아다니며 공중에 떠 있는 먼지를 훔치라고 시키던 것을 회고했다.[5]

스웨덴 법은 고용주와 고용인의 관계를 상당히 구체적으로 규정하고 있었다. 주인은 하인에게 의식주를 제공해야 함은 물론 하인이 아플 때는 그를 간호해야 했다. 하인은 그 대가로 주인에게 철저히 복종해야 했다. "음식에 대해 근거 없이 불평"하거나 "불이나 주인의 재산을 부주의하게 취급"하거나 "선술집 등 알코올음료를 판매하는 장소를 방문"하는 일은 해고 사유였다.[6] 이렇게 체결된 계약은 양측에 구속력을 가졌으며, 합의로 계약을 해제하지 않는 이상 고용인은 계약 기간을 다 채워 일할 의무가 있었다.

1864년 2월 초, 엘리자베스와 올손 가족의 계약은 정확히 확인되지 않는 이유로 해제되었다. 인구총조사에는 2월 2일 엘리자베스가 돔 키르코로 거처를 옮긴 것으로 나와 있다. 올손의 집에서 자갈 깔린 거리를 걸어 밝은 색 페인트를 칠한 물막이벽 주택가를 지나면 곧 나오는 바로 옆 구역이었다.[7] 조사원이 직업을 물었을 때 엘리자베스는 하인이라고 대답했지만, 어느 집의 누구 밑에서 일하는지까지는 기록되지 않았다. 이 누락은 단순히 조사원의 실수일 수도 있지만, 아니면 다

엘리자베스

른 무언가를 내포하는 것일 수도 있다. 그때 엘리자베스는 자신의 앞
날이 어떻게 될지, 그것을 누가 결정하게 될지 알 수 없었던 것인지도
모른다.

CHAPTER 10

'공공의 여자' 97번

19세기에 여성 노동력 없이 원활하게 돌아갈 수 있는 가정은 단 한 곳도 없었지만, 낯모르는 젊은 여자를 집에 들이는 데는 위험이 따랐다. 농촌 출신을 고용한다고 해서 마냥 안전한 것은 아니었지만 그래도 많은 고용주가 도시 여자보다 시골 여자를 선호했다. 풀 향기와 염소 냄새를 풍기는 혈색 좋은 자작농의 딸들은 교구 성직자가 모든 주민의 삶을 감독하는 긴밀한 공동체에서 성장했고 아직 사람을 속이거나 물건을 훔치는 법을 모를 터였다. 그에 비하면 도시 여자는 이미 탐욕과 방탕에 노출되었고 다른 노련한 이들의 처세술을 보아 왔으니 더 쉽게 타락한다고 생각했다. 도시 여자가 미덥지 못했다면, 시골 여자는 순진하고 취약했다. 낯선 환경에 와서, 아무 연고도 없는 남의 집에서 일하게 된 여자들은 흔히 향수병과 외로움에 시달렸다. 대도시 생활에 익

엘리자베스

숙하지 않았던 탓에 무뢰한의 표적이 되기도 쉬웠다. 하인을 안전하게 지켜야 할 책임은 주인에게 있었지만, 다름 아니라 주인의 집 안에서 부당한 일이 발생하는 경우가 많았다.

하인은 맥줏집을 드나들어선 안 되었고 주인의 허락 없이는 외박이 불가능했으므로 이들이 만날 수 있는 이성이라고는 사실상 같은 집 또는 바로 근처에 사는 사람들뿐이었다. 하인은 주인의 친구나 가족의 하인들, 식료품점, 정육점, 빵집의 일꾼이나 배달부와 서로 시시덕거리며 허물없는 관계를 맺곤 했지만 그럴 시간은 짧기만 했다. 엘리자베스처럼 고용주 가족과 꼭 붙어서 살아가는 젊은 가정부는 오히려 한집에 사는 남자들에게 유혹받는 일이 많았고 또 가정부가 그런 남자를 유혹하는 일도 많았다. 나이를 불문하고 많은 남자가 자신의 습관을 속속들이 아는, 때에 따라선 자기 침대를 정리하고 자기 옷을 빨고 자기 목욕물을 채우기까지 하는 젊은 가정부와 성적으로 밀통했다. 여자 쪽에서 접근을 부추기는 경우도 있었겠지만, 어쨌든 고용주나 그의 아들, 사촌, 친구, 부친 같은 남자가 주위에 아무도 없을 때 강요로, 완력으로, 또는 서로 원해서 여성 하인과 관계를 맺을 기회는 결코 부족하지 않았다.

고용살이는 젊은 노동자계급 여성이 인격을 수양할 수 있는 경험으로 여겨졌지만, 주인집의 남자와 성적으로 얽힐 때는 그러한 효과가 상쇄되기 십상이었다. 혼외 관계는 여자가 결국 성매매를 시작하게 되는 요인으로 자주 지목되었다. "약사나 의사의 가정부는 주인의 조수에게 유혹당할 수 있었다. 여인숙에서 일하는 가정부는 학생이나 외판원, 관리에게 … 호텔 종업원은 단골손님에게 유혹당할 수 있었다. 젊은 사무원은 부모님이 고용한 젊은 여자 하인을 유혹할 수 있었다."[1] 이런 관계에서 남자는 흔히 여자에게 자신이 생활을 책임지겠다고 약속했고, 실제로 많은 이들이 본인의 재력에 따라 단칸방이든 집 한 채든 정부에게 거처를 마련해 주었다. 둘이 같이 살며 부부 행세를 하는 경우가 있었는가 하면, 남자가 이따금 여자를 만나러 오는 경우도 있었다. 어떤 관계는 수년, 길게는 평생 이어졌지만 몇 주나 몇 달 안에 헤어지는 커플이 더 많았다. 19세기의 이중잣대 때문에 남자는 혼외 관계를 쉽게 정리할 수 있었던 반면, 여자는 흔히 삶이 망가져 울고 흐느끼며 뒷일을 감당해야 했다.

자신의 욕망을 채우며 한 여자의 인생길을 바꾸어 버린 남자의 이름을 엘리자베스는 평생 함구했다. 두 사람이 어디서 어떻게 처음 만났는지, 둘의 관계가 합의로 시작되었는지 아니면 한쪽의 강압으로 시작되었는지 우리는 결코 알 수 없다. 유일하게 알 수 있는 사실은 엘리자베스가 1865년 4월까지도 자신의 직업을 가정부라고 밝혔다는 것인데, 예테보리의 인구총조사 기록에는 더 이상 그의 이름이 보이지 않는다. 이에 대한 그럴듯한 설명 하나는, 엘리자베스가 새 일자리를 곧 그만두고 연인이 사는 집 또는 연인이 빌려준 집으로 거처를 옮겼다는 것이다. 정부가 된 여자들은 남자의 성을 취하고 (그 관계가 언제 끝날지 몰라도) 체면상 아내 행세를 하며 관계의 실상을 숨기는 일이 많았다.

예테보리에서는 체면치레를 하며 불륜 사실을 숨기는 것이 그저 지주와 이웃에게 잘 보이기 위해서만이 아니라 법의 심판과 경찰의 의심을 피하기 위해서도 필요한 일이었다. 1864년까지도 혼외정사와 사생아 임신이 처벌 가능한 위법행위였기 때문이다. 1859년에는 성병, 특히 매독의 전염을 막고자 성매매를 규제하는 법까지 도입되었다. 그런데 이 새로운 법은 비단 성매매 여성만이 아니라 말할 수 없는 비밀을 안고 살아가는 모든 여자를 위태롭게 했다.

예테보리라는 큰 항구 도시는 인구가 10만 명을 넘어 계속 증가했고 매일 외국선이 도착해 예타강에 닻을 내렸다. 정부 당국은 매독이 민간인 사이에 번지다가 군에까지 침투하여 병력을 약화할 것을 가장 우려했다. 그러한 사태를 앞서 경험한 프랑스, 독일 등 나른 유럽 국가들은 성매매를 규제하고 관련 여성의 보건을 감독하기 위한 일련의 엄격한 법을 도입한 상태였다. 영국도 항구 도시에 대해 비슷한 조례를 시행하여 효과를 보았으며 1864년에는 최초의 전염병법을 입법했다.

구체적인 규제 방법은 나라마다 달랐으나 매독 전파의 책임이 성매매 여성에게 있다는 전제는 똑같았다. 입법자들의 논리는 매독을 옮기는 타락한 여성을 국가가 통제할 수 있다면 매독도 통제할 수 있다는 것이었다. 남성 보균자는 규제 대상이 아니었다. 예테보리, 스톡홀름, 파리, 함부르크, 베를린 등 유럽의 여러 도시에서 성매매 여성은 의무적으로 경찰에 이름과 주소를 등록하고 부인과 정기 검진을 통해 보균 여부를 확인해야 했다. 그러나 이 명부에 정확히 어떤 사람을 등록해야 하는가의 기준은 각 구역의 성매매 담당관이 임의적으로 결정했다. 성매매를 하지 않는 많은 여성이 "난잡한 삶"을 산다는 경찰의 판단으로 명부에 이름을 올렸다.[2] 역사가 위본네 스반스트룀에 따르면 예테보리 경찰은 두 개의 명부를 사용했다. 하나에는 성매매 여성으로 잘 알려진 이들의 이름을 등록했다. 다른 하나에는 성매매 여성으로 의심되는 여자를 등록했다. 그게 누구인가 하면 임신한 독신 여성, 남자와 단둘이 있거나 밤에 외출하는 모습이 자주 목격된 여성, 그리고 혼외 관계를 맺고 있는 여성이었다.

이웃과 경찰은 한동안 엘리자베스를 의심만 하다가 1865년 3월에 이르러 그가 '난잡한 삶'을 산다는 것을 확신했을 것이다. 엘리자베스가 임신 6개월 차가 되어 더는 옷으로 감출 수 없을 만큼 배가 불렀기 때문이다. 엘리자베스를 그렇게 만든 사람, 이런 상황에서 그를 보호해야 하는 사람은 그의 곁에 없었다. 그때 그가 어디에 있었는지, 자신의 아이를 임신한 여자를 어떤 방법으로 부양했는지 우리는 결코 알 수 없다. 아직 바람이 차갑고 날카로웠을 3월 말, 엘리자베스는 경찰의 명령으로 경찰 검진소에서 첫 정기 검진을 받았다.

이날 토르슬란다 출신 엘리자베스 구스타프스도터는 경찰의 공식 명부에 알멘 크빈나(Allmän Kvinna, '공공의 여자', 즉 매춘부) 97번으로 등록되었다.[3] 엘리자베스는 경찰에 출생증명서를 제출해야 했고, 과거에 일한 장소 등의 이력과 현 주소지를 밝혀야 했다. 그러나 그는 자신이 농부의 자식으로 태어났으며 도시에 와서 고용인으로 일했다는 것 외에는 과거에 대한 정보를 내놓지 않았다. 종교 교육을 받았느냐는 질문에는 열일곱 살 때 견진을 받았다고 (사실과 다르게) 대답했다.[4] 답변을 받아 적던 경관은 이윽고 고개를 들어 엘리자베스의 외양을 가늠했다. 그 기록에 따르면 엘리자베스는 "파란색 눈"과 "갈색 머리카락"

엘리자베스

을 가졌으며 코가 "곧고" 얼굴은 "계란형"(둥글지 않고 길쭉하다는 뜻)이었다. 스물한 살의 이 여성은 임신으로 인해 배가 부푼 것만 빼면 과식 습관이 없는 사람으로 보인다고 했다. 키는 158센티미터에 "날씬한" 체형이었다.[5]

그날 엘리자베스는 앞으로 일상에서 지켜야 할 규칙에 대해 설명을 들었을 것이다. 그는 일주일에 두 번, 화요일과 금요일마다 검진을 받아야 했고 이를 어길 시엔 체포당한 뒤 벌금형을 받거나 감옥에서 물과 빵만으로 사흘을 보낼 터였다. 밤 열한 시 이후에는 집 밖에 나가선 안 되었다. 평소 "조용히 조심하며 살아가야" 했는데 이는 그가 공개적으로 호객하는 성매매 여성임을 전제한 지침이었다. 마찬가지로 본인 집의 창가나 문간을 서성여도 안 되었고 "지나가는 행인에게 말을 걸어서"도 안 되었다. "사람들 앞에 나설 때는 품위 있는 옷을 입어야" 했으며 "이목을 끌어선 안 되었다". 이런 식의 훈계가 여자들에게 안겼을 치욕, 특히 성매매를 하지 않는데도 명부에 오른 여자, 무슨 공적인 범죄를 저지른 것이 아니라 강간을 당했거나 연인과의 사적인 방종의 결과로 임신하게 된 여자가 느꼈을 굴욕감은 필시 말로 다 할 수 없었을 것이다. 엘리자베스는 속칭 '수치부'로 불린 경찰 명부에 이름이 오른 그해 봄에도, 본인의 직업을 하인이라고 했지 매춘부라고 하지 않았다.

성병 검진은 이 도시 '공공의 여자'의 보균 여부를 검사하는 절차인 동시에 그들을 벌주는 방법이었다. 경찰은 성매매 여성으로 확인되었거나 의심되는 모든 여성에게, 외스트라함가탄 거리를 지나는 점잖은 시민들의 기분을 해치지 않도록 길 뒤편의 눈에 띄지 않는 통로를 통해 경찰서에 들어오라고 지시했다. 안에 들어가서는 옷을 전부 벗고 줄을 서야 했다. 때로 대기 줄이 너무 길어지면 건물 밖 안마당으로 나가 제복 차림 경관들이 내려다보는 가운데 추위에 떨며 서 있어야 했다.

신앙심 깊은 공동체에서 교리문답을 공부하며 성장한 젊은 여성에게 이 수모는 필시 큰 충격을 안겼을 것이다. 그러나 사생아를 임신했다는 사실 때문에 이 처벌을 정당한 것으로 내면화했을 것이다. 사회와 교회는 그가 부모와 공동체와 그 자신과 주님의 뜻을 어기고 죄를 지었다고 믿게 만들었다. 경찰에 이름을 등록할 때 엘리자베스가 본인의 정보를 자세히 밝히지 않은 것도 바로 수치심 때문이었을 것이다. 부모에 관한 질문에 그는 망설임 없이 양친 모두 사망했다고 대답했다. 모친이 1864년에 결핵으로 세상을 떠난 것은 사실이나 부친은 멀쩡히 살아 있었다. 아마도 엘리자베스는 자신의 떳떳지 못한 처지 때문에 부친의 집에는 돌아갈 수 없었을 것이다.[6] 그해 5월에 결혼한 안나 크리스티나도 동생이 가족을 등졌다고 여기며 연을 완전히 끊었던 것으로 보인다.

엘리자베스는 1865년 3월에 경찰 명부에 등록된 뒤 겨우 몇 번 검진을 받은 4월 4일, 음부에 콘딜로마가 생긴 것을 발견했다. 의사는 이 병변의 의미를 바로 알아보았다. 알멘 크빈나 97번은 매독에 걸렸다. 엘리자베스는 그 즉시 쿠르후세트(Kurhuset, 치유소)로 불리는 성병 전문 병원으로 이송되었다.

사실 엘리자베스는 명부에 이름을 올린 그 시점에 이미 2기 매독을 앓고 있었다. 1기 매독은 병원균에 노출된 후 대략 10일에서 90일 사이에 시작되며, 성기에 매독 특유의 무통 궤양이 나타났다가 3주에서 6주 사이에 사라진다. 이어지는 2기에는 고열, 분비선 부종, 인후통 등 독감과 유사한 증상이 시작되고 등과 손, 발바닥에 발진이 나타나며 성기에 사마귀처럼 생긴 콘딜로마가 나타난다. 2기 매독은 몇 달 안에 끝날 수도 있고 1년 넘게 지속될 수도 있다. 누가 엘리자베스에게 매독을 옮겼는지 확언할 순 없으나 시기로 보아 아이 아버지였을 가능성이 크다. 사실 성 경험이 부족하여 상대의 몸에 증상이 있는지 살펴야 한다는 것을 모르는 사람들이, 성매매 종사자보다도 오히려 더 쉽게 매독에 감염되었다.

엘리자베스는 5월 13일까지 성병 병원에 머물렀다.[7] 이 시설은 마음 편히 치료받을 수 있는 안식처이기는커녕 환자를 죄수 취급하기로 유명한 곳이었다. 이 병원의 환자들은 법적 명령에 의해 입원했으므로 직원과 간호사는 그들이 완치 판정을 받을 때까지 물리력과 강제력으로 감금해도 되었다. 1855년 성병 병원의 매독 병동은 133명의 여성을 수용했고, 다수의 환자가 다른 환자와 한 침대를 써야 하는 상황이었다. 수용 한계가 초과되는 시기에는 환자들이 바닥에서 자야 했다.

1860년대에 의료계는 매독을 두 가지 방법으로 치료했다. 하나는 수은제를 내복하고 피부의 궤양과 병변에도 외용하는 전통적인 치료법이었다. 또 하나는 금, 은, 구리 같은 다른 금속 또는 브롬, 요오드, 질산을 내복하거나 연고로 바르는 것으로 이쪽이 더 새로운 치료법이었다. 그러나 어느 쪽이든 환자의 건강을 해칠 수 있었다. 예테보리의 성병 병원은 비수은 약제를 선호했던 것 같다. 엘리자베스는 이곳에서 요오드화수소산을 내복하고, 성기에 난 혹은 크림으로 수분을 없애거나 잘라냈을 것으로 짐작된다. 그는 17일간 이런 치료를 받다가 조기 산통을 시작했다. 4월 21일 엘리자베스는 병원에 감금된 상태에서 7개월 된 여자아이를 사산했다.[8] 그는 출생증명서에 아이 아버지의 이름을 적지 않았다.

3월 말 '수치부'에 이름을 올릴 때부터 성병 병원에서 퇴원할 때까지 엘리자베스가 겪은 일은 그에게 엄청난 트라우마를 남겼을 것이다. 매춘부라고 공개적으로 지목당했을 때, 모욕적인 검진 절차를 견뎌야 했을 때, 신체 변형을 일으킬 수 있고 사망에까지 이를 수 있는 질병에 걸렸음을 알게 되었을 때, 병원에 감금되어 고통스러운 시술을 받았을 때, 그 적대적인 환경에서 아이를 사산했을 때, 결국 몸을 의탁할 친척 한 명 없는 거리로 내보내졌을 때, 그때마다 엘리자베스의 마음에 깊은 상처가 생겼을 것이 틀림없다.

난잡한 삶을 산다고 의심받는 여성을 성매매 여성과 똑같이 취급하는 제도는 그럼으로써 그 둘을 똑같은 운명으로 몰아넣었다. 경찰 명부에 이름을 올린 사람은 품위 있는 일자리를 구할 수가 없었다. 이들이 선택할 수 있는 생계 수단은 애초에 문제가 되었던 바로 그 직업 밖에 없었다. 엘리자베스가 정확히 어떤 과정을 거쳐 예테보리의 악명 높은 "미인이 많은 거리"인 필가탄에서 성매매를 시작했는지는 확인할 수 없으나 그해 10월 엘리자베스는 이곳에 살았다.[9] 공공연한 길거리 호객은 불법이었으므로 그는 실내에서 손님을 찾았을 것이다. 이 구역에는 합법적인 시설로 보이지만 사실은 호객 장소로 사용되는 커피하우스가 여럿 있었다. 아니면 매음굴에서 일했을 수도 있지만, 매음굴 마담들은 매독 치료를 받은 지 얼마 안 된 사람을 잘 고용하지 않았다. 엘리자베스가 필가탄과 후사르가탄 사이에 있는 커피하우스들에 적응하고 이 일대에서 일하는 다양한 여성과 손님과 사업주 간의 불문율을 익히는 데는 시간과 노력이 꽤 들었을 것이다. 또 그 과정에서 폭력, 또는 폭력에 대한 두려움이 삶에 배어들기 시작했을 것이다. 엘리자베스는 필가탄 근처의 노동자계급 거주 구역인 하가에 산다고 말했으나 인구총조사 기록에는 여전히 이름이 보이지 않는데, 이는 숙소에 남자들을 데려오느라 가명을 썼기 때문으로 짐작된다. 이 구역에는 '루더쿠포르(luderkupor, 매춘부 방)'라고 하여 성매매 여성에게 임대할 목적으로 주택의 다락층을 칸막이로 구획한 작은 방이 많았다. 엘리자베스를 비롯한 성매매 여성은 그런 숙소에서 은밀하게, 근근이 살아갔다.

엘리자베스를 덮친 여러 불운 중 하나였던 매독이라는 불치병은 당연히 그와 성교한 남자 중 다수에게 옮아갔을 것이다. 매독의 병리가 미처 밝혀지지 않았던 당시에는, 보균자가 직접적인 징후를 보이지 않는 한 병이 전염되지 않는다는 잘못된 믿음이 퍼져 있었다. 의료계는 효과적인 치료법을 찾기 위해 총력을 기울였으나 1910년이 되어서야 살바르산(아르스페나민)을, 후에는 항생제를 쓰기 시작하면서 비로소 매독을 치료할 수 있었다. 그러니 1865년 8월 30일 엘리자베스가 다시 한번 매독 증상을 보인 것도 이상한 일이 아니다. 그는 다시 성병병원에 입원하여 9월 23일까지 머물렀으며, 이번에는 치골의 병변을 질산은 연고로 치료했다. 퇴원한 지 23일 후인 10월 17일에는 클리토리스에 생긴 병변 때문에 또다시 입원하여 또 질산은 치료를 받은 뒤 11월 1일에 '완치' 판정을 받았다. 11월 3일, 7일, 10일에 이어진 경찰 검진에서도 이젠 '건강하다'는 결과가 나왔다. 그러나 그는 두 번 다시 건강해질 수 없는 몸이었다.[10] 엘리자베스의 병은 그 후 어느 시점에선가 잠복기에 들어갔을 것이다. 이 국면에서는 증상과 전염성이 사라지지만 몇 년 후에는 결국 매독의 최종 단계이자 가장 위험한 3기가 시작된다.

스웨덴의 법 제도는 성매매와 성병의 악순환에 빠진 이들에게 대체로 무자비했지만 사회 일각에는 좀 더 동정적인 시각을 가진 사람들이 있었다. 19세기 중엽에는 스웨덴을 비롯한 북유럽과 다른 유럽의 많은 국가에서 타락한 여자를 구제하자는 움직임이 고조되고 있었다. 주로 중산층과 상류층 여성이 교회를 통해 진행한 이 운동은 주님을 떠난 이들을 다시 기독교인다운 삶으로 복귀시키는 것을 목표로 했다. 이 자선가들의 공통된 믿음은 여성이 가난한 형편 때문이 아니라 개인의 의지로 성매매를 시작한다는 것이었다. 그렇다면 한번 길을 잃은 여자라도 본인이 원한다면 얼마든지 다시 원래 길로 돌아올 수 있었다. 인격 교정이라는 목표를 위해 이들이 선택한 방법은 "공공의 여자를 사적인 여자로" 바꾸는 것, 즉 가정 안으로, 성경에서 착한 루터파 여성에게 있으라고 한 장소로 다시 데려오는 것이었다. 더 구체적으로 말하면 청소, 다림질, 요리, 간호, 바느질, 전통 수공예를 가르쳐 가정부나 세탁부로 일하게 하는 것이었다. 이 운동에 앞장선 여성 신도들은

엘리자베스

교정 시설과 세탁소를 운영했고 홍등가와 성병 병원도 자주 방문하여 교육받을 사람을 모집했다.

바로 이 운동이 엘리자베스를 마리아 잉그리드 비스너와 만나게 한 것 같다. 마리아의 남편은 그 얼마 전에 지어진 뉴시어터의 예테보리 오케스트라에 소속된 독일인 음악가였다. 후사르가탄 27번지의 물막이벽 공동주택에는 비스너 부부를 비롯하여 음악가 가족이 많이 살았는데 이들은 부유층은 아니었어도 사회적 지위상 여성 하인을 두는 경우가 많았다. 비스너 부부가 굳이 도덕적으로 타락한 젊은 여자를 가정부로 고용한 데는 기독교도의 의무감도 있었지만 경제적 사정도 함께 작용했던 것으로 보인다. 그 몇 달 전에 예테보리 오케스트라가 재정난으로 인해 해체되었던 것이다. 카를 벤첼 비스너는 스웨덴인 아내와 함께 보헤미아로 돌아가기보다는 예테보리에 남아 오보에 연주로 생계를 꾸려 보기로 했다. 가정부 없이 지내던 비스너 부부는 곧 첫아이가 태어나 도움이 필요해질 상황에서, 숙식을 제공하는 조건만으로 경찰 명부에 등록된 여성을 고용할 수 있었다.

11월 10일 마리아 비스너는 보닛과 겨울 망토를 쓰고 경찰 검진소 앞에서 기다리고 있다가, 정기 검진을 마치고 나온 엘리자베스를 새로운 보금자리로 데려왔을 것이다. 이 일자리, 이 집, 곤경에 빠진 사람에게 동정의 손길을 내미는 이 사람은 각별한 행운이었다. 스웨덴 법에서 경찰 명부에 오른 여자가 거기서 이름을 지우고 원래의 삶과 명성을 되찾을 방법은 결혼 말고는 이뿐이었다. 마리아가 성병 병원의 그 많은 환자 중 알멘 크빈나 97번을 선택한 정확한 이유를 우리는 결코 알 수 없지만, 짐작건대 엘리자베스의 비극적인 이야기 중 무엇인가가 마리아의 마음을 움직였을 것이다. 두 사람이 나이도 비슷하고 똑같이 스웨덴 서부 농촌 출신이라는 점도 한 이유였을 것이다. 결혼한 지 2년이 된 마리아에게는 하인도 필요했지만 친구도 필요했을 테니 말이다. 또한 엘리자베스의 깊은 신앙심과 운명을 바꾸고자 하는 진실된 마음이 마리아의 눈에도 보였을 것이다.

'수치부'에서 이름을 지우려면 고용주가 경찰에 보증서를 보내어 자신의 고용인이 앞으로 도덕적인 사람이 되어 훌륭하게 처신할 것임을 약속해야 했다. 공동주택 2층에 자리한 집에 엘리자베스가 들어온 지 사흘 후인 11월 13일, 마리아는 이렇게 썼다. "여성 하인 엘리자베스 구스타프손이 11월 10일 자로 나에게 봉사하기 시작하였고 나는 그가 나에게 봉사하는 동안 그가 훌륭하게 처신하도록 책임지겠습니다."[11] 이튿날 엘리자베스는 마지막으로 한 번 더 경찰 검진을 받았다. 의사는 치료가 잘되었다고 신언했고 이로써 알멘 크빈나 97번은 사라졌다.

아마 엘리자베스는 후사르가탄 27번지에서 행복하게 일했을 것이다. 지주인 요한 프레드리크 베리엔달은 카를 비스너와 같은 오케스트라에서 트럼펫을 연주했던 육군 부사관으로, 개인적으로 아는 사람을 세입자로 들이기를 선호했던 모양인지 비스너 부부 외에도 군악대 트럼펫 연주자인 프란스 오스카 말름, 군인과 사별한 아내와 아이들이 그 건물에 살았다. 차갑고 육중한 어둠이 도시를 감싸기 시작한 1865년 초겨울, 한때 암울하고 고통스러웠던 엘리자베스의 삶은 다시 촛불과 벽난로 불빛, 그리고 음악으로 가득 채워졌을 것이다.

　　　　　　　　　　　　　엘리자베스

19세기에 한 사회를 구성하는 그 모든 이질적인 가닥가닥을 하나로 엮은 것은 바로 음악과 예술이었다. 창작을 담당한 이들은 주로 노동자계급 또는 '장인' 계급에 속했지만, 그 사회에서 가장 부유하고 가장 영향력 있는 이들이 예술 활동에 참여하고 후원했다. 예술가들은 지체 높은 후원자들과 함께 여러 나라를 여행하며 온갖 국적의 다양한 사람들과 어울렸고 현지 권력층과도 인맥을 쌓았다. 이 음악이라는 매개가 엘리자베스에게 또 한 번의 기회를 선사한 것 같다.

예테보리는 18세기부터 상업 도시로 발돋움하기 시작하여 19세기 내내 빠른 속도로 발전했다. 큰 항구가 있고 목재, 광석 등의 원료가 풍부하다는 점이 특히 영국 투자가들에게 좋은 사업 기회로 여겨져 영국 자본이 대거 유입되고 있었다. 딕슨, 케일러, 윌슨 같은 가문이 예테보리를 중심으로 해운 제국을 건설했고 데이비드 카네기는 이 도시에 투자은행, 설탕 정제소, 맥주 공장을 세웠다. 뒤이어 영국의 맥주 양조업자들이 몰려들었고, 영국 공학자들이 건너와 철도와 하수도 시설을 설계했다. 예테보리에 영국 사람이 얼마나 많이 살았는지 이 도시는 곧 '리틀 런던'이라는 별명을 얻었다.

예테보리의 영국인 사업가 중엔 스코틀랜드 출신이 가장 많았고, 이들이 가장 큰 규모의 자선사업을 벌이기도 했다. 예컨대 딕슨가는 예테보리 오케스트라의 운영 자금을 마련하는 데 직접 나섬으로써 소속 음악가들의 삶에 중요한 역할을 했다. 카를 비스너의 친구이자 이 오케스트라의 단장이며 예테보리 군악대 감독이었던 요세프 차페크는 영국국교회에 나가 오르가니스트로 봉사했다. 아마 비스너는 이 인맥을 통해서, 런던으로 돌아가는 어느 영국인 가족에 여성 하인이 필요하다는 소식을 들었을 것이다.

짐작건대 엘리자베스는 예테보리에서 계속 살아가야 하는 그의 심정에 대해 마리아 비스너에게 털어놓았을 것이다. 이제 그는 경찰 명부에서도 지워졌고 성매매를 하지도 않았지만 집을 나서서 후사르가 탄 거리에 발을 디디는 순간, 그의 과거를 기억하는 사람들과 마주치곤 했을 것이다. 상점이나 시장에 갈 때마다 예전의 손님이나 커피하우스 주인, 같은 일을 했던 사람을 만났을 것이다. 경찰의 감시도 여전했다. 이 도시에 머무는 한 엘리자베스는 언제까지고 과거에서 벗어날 수 없었다. 그런 그에게 부유한 가족에 고용되어 런던에서 다시 시작할 기회는 그야말로 신의 은총처럼 느껴졌을 것이다.

이렇게 그의 운명에 순풍이 불고 있을 때, 마지막으로 선물이 하나더 도착했다. 아직 비스너 부부의 집에서 일하는 동안 엘리자베스에게 65크라운이라는 돈이 생겼다고 한다. 죽은 모친이 물려준 재산이었다는 설명이 일반적이나,[12] 스웨덴 법에 따르면 25세 미만의 여자는 부모의 재산을 상속할 수 없었고 그 돈은 망자의 남편에게 귀속되었으므로 엘리자베스가 받은 돈은 모친의 유산이 아니었을 가능성이 크다.[13] 65크라운은 새로운 삶에 필요한 옷과 신발, 모자 몇 가지에 기껏해야 여행가방 하나쯤 더 살 수 있는 그리 크지 않은 돈이었다. 엘리자베스에게 정말 그런 돈이 생겼던 거라면 그 출처는 다른 누군가, 즉 자기 때문에 엘리자베스가 겪은 불운을 보상하고 싶어 한 사람이었을 것이다. 당시에는 혼외 관계를 청산할 때 남자가 여자에게 이런 식으로 성의

엘리자베스

표시를 하는 것이 일반적인 관습이었다.

1866년 2월 7일, 거리마다 눈이 두껍게 쌓였고 운하도 꽝꽝 얼어붙었다. 예테보리 항구에는 매서운 냉기를 막으려고 양털과 모피로 몸을 감싼 부두 노동자와 선원, 승객이 승선을 기다리고 있었다. 엘리자베스도 그중 한 사람이었다. 런던행 선박의 높은 굴뚝이 얼어붙은 공기 속으로 포근한 연기를 내뿜고 있었다.

배에 오르기 닷새 전 엘리자베스는 당국에 영국 이주를 신청하고 새로운 거주지의 증명서를 제출했다. 이 서류에는 엘리자베스가 가족 없이 혼자 여행할 계획이라고 쓰여 있었다. 이제 막 스물두 살이 된 엘리자베스는 그날 런던으로 이주하는 유일한 스웨덴인이었다.[14] 그는 항구 도시 헐을 경유하는 붐비는 이주선이 아니라 영국인 고용주 가족과 함께 널찍한 배를 타고 바다를 건넜다. 그는 갑판에 서서, 혹은 선실 창문을 통해 예테보리의 땅과 하늘을 경계 짓는 봉우리와 등성이가 멀어지는 모습을 지켜보았을 것이다. 아쉬운 마음은 별로 없었을 것이다. 예테보리는 엘리자베스에게 무자비한 흔적을 남겼다. 그가 어디를 고향으로 삼든 영원히 지워지지 않을 흔적을.

CHAPTER 11

이민자

윌리엄 스트라이드는 켄트주 연안 시어니스에서 그 누구보다 존경받
는 지역 유지였다. 하지만 지역 주민들이 모자를 만지며 인사를 건네
긴 해도 미소를 지어 보이긴 뭣한, 딱딱한 성격의 소유자이기도 했다.
그는 더 나은 삶을 살기 위해 노동자계급 남자가 할 수 있는 모든 일을
해서 자산가가 된 사람이었다. 1800년경에 평범한 조선공으로 일하기
시작한 스트라이드는 몇십 년간 아껴 저축하고 투자한 끝에 토지 개발
과 주택 매매로 돈을 벌게 되었다. 1840년대에는 자신이 직접 개발해
자신의 이름을 붙인 '스트라이즈로Stride's Row'라는 주택가에 살았다. 부
두 노동자에서 시어니스 부두 감독관으로까지 출세한 그에게 누군가
용기 내어 성공의 비결을 물었다면, 그는 필시 깊은 신앙심이라고 대
답했을 것이다.

스트라이드는 1817년에 결혼과 함께 감리교에 귀의한 뒤 평생 이 종파의 교리를 엄격하게 지키고 삶의 모든 일을 교리에 따라 결정했다. 윌리엄과 엘리너 부부, 그들의 아홉 자녀는 집안의 부와 상관없이 절도를 지키며 검소하게 살았다. 식구가 계속 늘었음에도 스트라이즈로의 작은 집들을 옮겨 다녔을 뿐이다. 또한 교회의 가르침대로 비싼 옷이나 장신구, 필요 이상의 세간 등 물질적 풍요를 과시하는 물건은 전혀 소유하지 않았다. 스트라이드 가족은 춤, 연극, 카드놀이를 멀리하고 일주일에 하루 단식했다. 무엇보다, 해변 특유의 재밋거리가 가득한 이 뱃사람의 도시에서도 알코올을 거의 즐기지 않았다. 윌리엄 스트라이드는 입주 하인을 고용하고도 남을 부자였음에도 단 한 번도, 심지어 1858년에 아내가 사망한 뒤에도 집안에 고용인을 두지 않았다.

존 토머스 스트라이드는 1821년에 이 엄격하고 금욕적인 가정의 둘째 아들로 태어났다. 그는 부친의 직업을 따라 목수로 훈련받았다. 존이 일을 시작한 무렵에는 시어니스의 분주한 조선소들에 목수 일자리가 많았지만, 19세기 중엽에 이르러 선박에 나무 대신 철이 쓰이면서 일을 구하기가 점점 어려워졌다. 그 때문인지 존은 마흔 살이 되도록 결혼하지 않고 가족과 함께 살며 노령의 부친과, 정신질환을 앓았던 것으로 보이는 막냇동생 대니얼을 돌보았다. 그러던 1861년 가족 간에 골이 깊어졌다. 대니얼이 존의 서랍에서 6파운드 11실링 6펜스를 훔치다가 존에게 발각되었는데, 윌리엄 스트라이드는 이런 행동을 묵과하지 않는 사람이라 직접 아들을 경찰에 고발했던 것 같다. 대니얼은 경찰에 구속되었고 3월에 즉결 재판에 회부되었다가 존이 처벌에 반대한 덕분에 석방되었다.[1] 이 일로 시어니스에서의 삶에 환멸을 느낀 존은 얼마 후 런던에 가서 일자리를 찾기로 결정했다.

1860년대 런던에서 솜씨 좋게 재단한 의자나 최신 유행하는 찬장을 사려는 사람은 런던 북부에 있는 토트넘코트로드 북부 구역을 방문하면 되었다. 동서로는 메릴본로드부터 유스턴로드를 따라 세인트팬크러스역까지 약 1.5킬로미터에 걸쳐 형성된 이 '가구 거리'에는 공장과 창고, 상점 등 가구 관련 점포들과 막 자른 마호가니와 오크의 향기로 가득했다. 존 스트라이드가 런던에 도착한 시점에 이 일대에는 장식가, 소목장, 판매원을 비롯해 가구 관련 일을 하는 각종 직업인이 5,252명이나 되었다. 목수로 훈련받은 스트라이드는 이곳에서 쉽게 일자리를 구했을 것이다.

존은 숙소도 근처에 구했다. 유스턴로드를 건너면 바로 나오는 먼스터가 21번지, 찰스 레프트위치라는 사람이 소유한 주택이었다. 주로 무역업과 주택 인대업을 하고 이따금 측연 장비 발명으로 돈을 벌던 레프트위치의 가족은 집에 남는 방 하나를 세놓아 수입에 보태는 정도의 평범한 중산층이었다. 독신의 중년 남성이자 술을 멀리하는 조용한 성격의 감리교도는 그들에게 이상적인 하숙인이었을 것이다. 하지만 하인도 두 명 고용한 레프트위치 가족은 사회적 지위상 존과 어느 정도 거리를 두었을 것이다. 존은 새벽같이 출근해서 밤늦게 귀가했고 식사는 자기 방에서나 주방에서 혼자 했을 것이다. 이따금 먼스터가 6번지의 커피하우스에 가서 끼니를 때웠을 것이다.

조지 시대에는 주로 지식인의 사교 공간으로 여겨지던 커피하우스가 19세기 중반에는 직종을 불문하고 이 도시에 사는 수많은 남성 사이에서 다시 인기를 끌었다. 커피하우스는 대개 오전 다섯 시부터 밤열 시까지 영업하면서 갈비 요리, 콩팥 요리, 버터 바른 빵, 피클과 달걀, 설탕을 넣은 커피 등 간단한 식사류를 판매했다. 또 이곳에 가면 최신 신문과 정기간행물을 읽거나 누가 소리 내어 읽는 것을 들을 수 있었다. 알코올은 판매하지 않았다. 이 때문에 커피하우스는 금주가들이나, 그저 펍이 아닌 다른 곳에서 즐거운 시간을 보내고 싶어 하는 사람들이 즐겨 찾았다. 과거에는 아침부터 흑맥주를 들이켜던 공장 노동자와 직공이 이제는 출근길에 커피하우스에 들러 1페니짜리 빵과 따뜻한 카페인 음료로 배를 채웠다. 오전의 분주했던 분위기가 퇴근길에는 다소 느긋해졌다. 손님들은 짙은 색 나무 가구로 꾸민 개별 좌석을 차지한 채 구이 요리를 먹고 살짝 얼룩진 잡지도 읽으며 저녁 시간의 여유를 즐길 수 있었다. 당대의 한 필자에 따르면 커피하우스는 "저녁이면 독서 공간이 되었다. 집에서 안락하게 생활하지 못하는 수천 명에게 편의를 제공했다. 단돈 몇 페니로 따뜻한 난방과 밝은 조명, 신문과 잡지, 간단한 음료를 즐길 수 있었다".[2]

켄트주 바닷가의 고향을 떠나 런던에서 혼자 살던 존 스트라이드도 필시 이 유쾌한 공간에서 많은 시간을 보냈을 테고, 먼스터가 커피하우스의 주인 대니얼 프라이아트와 대화를 나누다가 자신도 커피하우스를 운영하면 어떨까 가늠해 보았을 것이다. 오랜 시간 작업대 위로 몸을 웅크리고 일하거나, 아니면 일주일에 6일씩 공장에 출근해서 일하는 목수 생활이 마흔 살이 넘은 그에겐 점점 버겁게 느껴졌을 터이다. 부친이 그러했듯 존은 똑같이 열심히 일하더라도 몸이 더 편하고 더 많이 벌 수 있는 사업에 힘쓰는 것이 낫다고 판단했다. 그러다 보면 아내와 자식을 먹여 살릴 능력도 생길 것 같았다.

존과 같은 숙련노동자는 일하는 시간이 너무 길어 이성을 만날 기회가 흔치 않았다. 만남의 장소는 주로 펍, 공원, 뮤직홀, 또는 교회였다. 커피하우스도 그런 장소 중 하나였다.

고깃기름 냄새와 커피 향, 남자들의 걸걸한 대화로 가득한 어둑한 커피하우스는 여자들이 많이 드나드는 장소는 아니었다. 하지만 상점 점원, 가정부, 일용직 노동자 중에는 주인의 심부름을 다녀오는 길에 잠깐 들러 1페니짜리 빵과 커피로 요기하거나 점심시간에 와서 수프와 과일 푸딩, 타피오카를 먹는 사람도 많았다. 아마 존 스트라이드와 스웨덴에서 온 젊은 가정부 엘리자베스 구스타프스도터도 그렇게 만났을 것이다.[3]

엘리자베스가 런던에 도착한 1866년 겨울, 그는 분주한 상업 구역인 토트넘코트로드와는 전혀 다른 하이드파크 근처의 세련된 저택에서 살았다. 19세기 중반 하이드파크 일대는 상류층이 즐겨 찾는 산책 장소로, 런던에서 이보다 더 부유하고 고상한 구역은 또 없었다. 정확히 누가 엘리자베스를 고용했는지는 확인되지 않지만, 사회적으로 지위가 높은 가족이었음은 분명하다. 해운 제국을 세운 딕슨가처럼 스웨덴, 영국, 유럽 대륙을 오가며 철강과 목재의 운송을 감독하던 국제적인 사업가 가족이 엘리자베스를 집안의 여러 하인 중 하나로 고용했을 것이다. 이런 자리는 고용살이 중에서 위신이 높기도 했지만 엘리자베

엘리자베스

스는 과거 그 어느 때보다 막중한 책임을 맡았을 것이다. 하위 중산층의 집은 방이 몇 개뿐인 데 비해 거대한 저택은 여러 층으로 이루어져 있고 고용인 간 서열에 따라 남자 집사나 여자 관리인이 하급 하인을 다스렸다. 엘리자베스가 전에는 몰랐을 엄격한 규칙들도 있었다. 즉 하인은 손을 청결하게 유지하고, 등은 꼿꼿이 펴고, 혀는 조용히 간수하고, 눈은 절대 주인과 마주쳐서는 안 되었다. 혹시 통로나 층계에서 주인 가족과 마주쳤을 때는 얼굴을 벽 쪽으로 돌려야 했다. 이러한 직업상 의무와 문화적 차이, 거기다 새로운 언어를 배워야 하는 어려움까지 모든 것이 때때로 너무나 힘겹게 느껴졌을 것이다.

엘리자베스는 런던에 와서 일하기로 결정한 그 순간 이 나라에 영구 정착하기로도 마음먹었다. 런던에 온 모든 스웨덴인이 의무적으로 스웨덴교회에 이름을 등록해야 하는 것은 아니었지만, 영주권을 신청한 사람은 행정상의 필요로 그렇게 했다. 엘리자베스가 사는 하이드파크에서 스웨덴교회가 있는 이스트엔드 프린시즈스퀘어까지는 거리가 꽤 되어, 한 달에 겨우 하루 있는 휴일에나 교회에 갈 수 있었다. 그는 영국에 도착하고 5개월 후에 처음으로 스웨덴교회를 찾아갔는데, 그것도 (그렇게 내키지 않았겠지만) 고용주를 따라 외국에 나가는 데 필요한 절차 때문이었던 것 같다. 글을 쓸 줄 모르는 엘리자베스를 대신하여 교회 사무원이 명부에 그의 이름을 써넣었고 직업과 미혼 사실을 함께 기록했다. 또한 이날 엘리자베스는 해운업의 중심지인 프랑스 브레스트에 갈 예정임을 알리며 거주지 변경을 신청했다.[4] 그가 실제로 프랑스에 갔는지는 알 수 없다. 이 신청 기록에는 나중에 선이 그어졌는데,

예정과 달리 프랑스에 가지 않아서였을 수도 있고, 프랑스에 다녀온 뒤에 지워진 것일 수도 있다.

엘리자베스가 결국 하이드파크를 떠나게 된 정황은 분명하지 않다. 그러나 그로부터 20여 년 후 사인 심문에서 나온 어떤 기묘한 증언으로 미루어 보건대, 그가 예테보리에서 한 번 겪었던 것과 비슷한 종류의 추문에 휩싸였을 가능성이 있다. 엘리자베스가 아름다운 용모의 소유자였다고 이야기한 사람들이 있었다. 가령 런던경찰청의 월터 듀 경감은 자신의 회고록에 엘리자베스가 그런 시련과 고난을 겪고도 얼굴에 아름다움의 흔적이 남아 있더라고 안타까운 듯 썼다.[5] 널찍한 이마와 짙은 색 곱슬머리의 외양에 이국적인 악센트를 구사하는 젊은 여자 엘리자베스는 런던에서 여러 남자의 눈과 마음을 사로잡았을 것이다. 하이드파크에 살던 시기에 한 경관에게도 구애받았는데, 엘리자베스가 일하는 시간이 너무 길었던 탓에 관계가 깊어지진 못했다고 한다. 하지만 가까이 사는 누군가는 엘리자베스의 마음을 얻어 냈을 가능성도 충분히 있다.

20여 년 뒤 사인 심문에서 검시관은 마이클 키드니라는 증인에게 피해자와의 관계에 대해 물었다. 키드니는 두 사람의 관계가 파란만장했던 것으로 묘사했다. 그는 엘리자베스가 여러 번 자신을 떠나긴 했지만 자기는 그를 아내로 여겼다고 말했다. "그가 만난 다른 남자를 누구라도 알고 있습니까?" 검시관의 질문에 키드니는 언뜻 엉뚱하게 들리는 기묘한 답변을 내놓았다. "하이드파크 근처 어딘가에서 하인으로 일할 때 모시던 신사의 형제의 주소지를 본 적 있습니다." "그걸 물은

엘리자베스

게 아닌데요. 그가 당신을 떠났을 때 누구 다른 사람과 함께였습니까?"
검시관은 증인이 엘리자베스를 알기 전의 일화가 아니라 두 사람이 만
나던 시기에 대해 묻는 것이라며 다시 질문했다.[6]

엘리자베스가 어째서 20여 년 전에 알던 사람의, 그것도 고용주가
아니라 그 형제의 주소를 계속 간직하고 있었느냐에 대해서는 여러 가
지 의문이 떠오른다. 그러나 "다른 남자"가 있었느냐는 질문에 키드니
가 이 정보를 제공한 이유는 매우 분명해 보인다. 그 주소가 어디 쓰여
있었는지는 알 수 없다. 엘리자베스는 글을 쓸 줄 몰랐으므로 아마 다
른 사람이 썼을 것이다. 어쩌면 그 남자가 직접 쓴 편지를 엘리자베스
가 오랜 세월 소중하게 보관한 것일 수도 있다. 엘리자베스는 그 남자
에 대해, 그리고 두 사람의 과거사에 대해 키드니에게 이야기했던 것
으로 보인다. 20년이면 그저 고용주의 형제였던 사람을 잊지 않고 회
상하기엔 너무 긴 시간이다.

짐작건대 엘리자베스는 이 부정한 관계로 인해 하이드파크의 저택
을 나왔을 것이다. 어쨌든 고용주(또는 그의 형제)는 그가 다른 일자리
를 구할 수 있도록 추천서를 써 주었다.

엘리자베스는 1869년 초, 혹은 그보다 앞선 시점에 '가구 거리' 바
로 근처에서 일하기 시작했다. 집안의 두 하인이 '본드 부인'이라고 부
르던 고용주 엘리자베스 본드는 토트넘코트로드 안쪽의 가워가 67번
지 건물에서 중산층을 대상으로 하는 여인숙과 가구 딸린 셋방을 운
영했다. 하이드파크의 신사 집안에서 가정부로 철저히 훈련받은 외국
인 가정부는 주인의 사업장에 색다른 매력을 더해 주었을 테지만, 그

가 맡은 일은 전과 다름없이 고되었을 것이다. 남편과 사별한 딸 에밀리 윌리엄스와 본드 부인이 숙소 업무를 처리하는 동안, 두 하인은 밤낮으로 3층 건물을 오르내리며 무거운 석탄 통과 물 양동이, 쟁반에 아슬아슬하게 담긴 식사, 빨래 더미를 날랐다. 엘리자베스가 이 건물에서 청소하고 정리한 난로와 침대는 딱 중산층에게 어울리는 것들이었다. 단골 숙박인 가운데는 옥스퍼드대학 코퍼스크리스티칼리지의 조교수 겸 연구원, 장신구를 취급하는 프로이센 상인, 맥주 양조업을 하다가 은퇴한 남자와 그의 아내와 딸, 변호사, "일하지 않고도 살아갈 수 있을 정도의 재산"을 가진 과부 등이 있었다. 1868~1869년에는 독일인 음악가 샤를 루이 고프리와 그의 딸이 이곳에 살며 학생들에게 노래와 피아노를 가르쳤다.[7] 엘리자베스는 다시 한번 음악가들 가까이 살게 되었다. 그는 고된 하루하루를 아름다운 선율에 위로받았을 테고, 몇 년 전 자신을 역경에서 구해 주었던 이들을 떠올리기도 했을 것이다.

어쩌면 엘리자베스는 비품을 사러, 혹은 우편물을 부치러 외출한 어느 날 잠시 휴식을 취하러 들른 인근 커피하우스에서 마흔일곱 살의 시어니스 출신 목수의 눈에 띄었을 것이다. 이들이 정확히 어떻게 처음 만났고 그 후 어떻게 관계를 발전시켰는지 우리는 알 수 없다. 일터를 오가는 길에 여러 번 마주쳤을 수도 있고, 아니면 커피하우스의 나무 좌석에서 진한 설탕 커피를 마시다가 서로 인사를 나누었을 수도 있다. 어쨌든 두 사람은 1869년 초 연인 사이가 되었다.

존 스트라이드의 외양에 대해서는 알려진 바가 전혀 없다. 잘생기고 당당한 풍채의 소유자였을 수도 있고, 외모는 평범하지만 품위 있게 차려입는 사람이었을 수도 있다. 쉰 살을 바라보는 나이였으니 머리카락은 이미 희끗희끗했을 것이다. 그렇다면 스물다섯 살밖에 안 된 아주 아름다운 여자, 짐작건대 그 얼마 전까지 부유한 고용주의 형제와 내연 관계를 맺었던 사람이 저보다 나이가 두 배 가까이 많은 평범한 가구 목수에게 어떤 매력을 발견했던 걸까? 아마도 이십 대 중반의 엘리자베스는 자신의 결혼 '적령기'가 곧 끝나리라고 생각했을 테고, 여태 독신이었던 존에게는 모아 둔 돈이 좀 있었을 것이다. 또한 다사다난한 과거를 경험한 엘리자베스는 존에게서 진심 어린 애정을 느꼈을 것이다. 엘리자베스는 남자들이 자신에게 어떤 해를 입힐 수 있는지 경험으로 알았고, 그런 면에서 존 스트라이드라는 남자는 분명 안전한 선택지였다.

흥미롭게도 두 사람이 1869년 3월 7일에 결혼식을 올린 장소는 감리교 회당도 루터교 회당도 아닌, 엘리자베스의 소속 교구 교회로, 가재 꼬리처럼 마디진 뾰족탑이 매캐한 런던 하늘로 뻗은 세인트자일스 인더필즈였다. 엘리자베스는 증인을 설 가족이나 친구 한 사람 없이 제단 앞에 섰다. 존의 이름 옆에는 그의 단골 커피하우스 주인이자 친구인 대니얼 프라이아트가 증인으로 서명했으나, 엘리자베스의 증인은 교회 문지기가 서 주었다. 이날 엘리자베스는 자신의 결혼식을 망칠 만한 과거는 그 무엇도 끌어오지 않았다. 심지어 부친의 이름까지 '아우구스투스 구스타프손'이라고 사실과 다르게 기재했다. 이는 엘리자베스만이 아니라 많은 이민자가 인생을 새로 시작할 때 과거의 그 어떤 그림자나 기억도 끼어들지 못하도록 쓰는 방법이었다. 엘리자베스가 예테보리에서 겪은 비극을 남편이 어디까지 알았는지, 그리고 아내의 몸에 매독이라는 병이 잠복해 있다는 사실을 그도 알았는지 우리로서는 알 수 없다.

스트라이드 부부는 결혼식을 기점으로 다른 의미에서도 새 출발을 했다. 결혼과 함께 거주지를 옮기고 새로운 사업에 뛰어든 것이다. 토트넘코트로드에서 동쪽으로 약 10킬로미터 떨어진 이스트엔드의 포플러는 두 사람이 충분히 숙고한 끝에 선택한 새 보금자리였을 것이다. 존은 혹시 커피하우스 사업에 실패했을 경우, 부두에서 목수로 일할 가능성을 남겨 두었다. 조선업이 번창했던 포플러에는 200여 명의 전업 노동자가 고용되어 있었고 1860년대에는 노스런던 철도를 포플러 항구까지 잇는 확장 공사도 진행 중이었다. 부두 사무원으로 일하는 존의 동생 조지의 가족이 포플러에 살고 있다는 점도, 곧 아이를 낳을 생각이었던 스트라이드 부부에게 이점으로 작용했던 것 같다. 1871년에는 찰스 스트라이드까지 화이트채플과 포플러 사이의 라임하우스에 정착하여 세 형제가 런던 동부에서 서로 가까이 살게 되었다.

결혼하고 몇 달 후 스트라이드 부부는 당시 이름으로 '포플러 뉴타운'의 중심가인 어퍼노스가에 커피하우스를 개장했다. 19세기 후반 들어 템스강 북안에 격자형 신작로를 놓은 이 신도시에는 중상류층의 저택, 중산층의 연립주택, 노동자계급의 공동주택이 고루 섞여 있었다. 1860년대에 이곳에서 어린 시절을 보낸 작가 제롬 K. 제롬에 따르면 이곳은 정반대의 성격이 공존하는 동네로, "소도시와 시골이 패권을 다투던" 곳, 주변 습지에 아직 농가가 점점이 남아 있고 종종 염소

엘리자베스

나 소 떼가 거리를 가로지르는가 하면, 부두와 구빈원을 오가는 "실직자 행렬"도 심심찮게 목격되는 그런 구역이었다.[8]

이론상으로 어퍼노스가의 사회적 구성은 존이 커피하우스 사업을 구상했던 먼스터가와 비슷했다. 존은 부두에서 일하는 사람보다는 이 거리의 주요 구성원인 식료품상, 약제사, 양재사, 정육상 등의 소상인 및 교사, 석공, 하인, 조선공, 일꾼이 자신의 가게를 찾을 것으로 기대했다. 트리니티 감리교회 건너편이라는 위치 또한 전략적인 선택이었다. 점포를 임대하고 사업을 시작하는 데 필요한 초기 비용은 존의 저금에다 엘리자베스도 한몫 보태어 충당했을 것이다. 커피하우스 내부는 보통 수수한 목재 좌석, 니스를 칠한 칸막이, 양쪽 날개를 접을 수 있는 경첩 테이블로 이루어졌으므로, 목수 출신인 존이 그런 설비를 직접 만들거나 새로 단장했을 가능성도 있다. 엘리자베스는 고용인으로 일한 경험을 십분 발휘했을 것이다. 찰스 디킨스에 따르면, 커피하우스에는 언제나 "솜씨 좋은 웨이트리스"가 있었다. 그들은 "말수는 적지만" "특징적인 후렴구인 '커피와 빵'과 '차와 달걀' 사이사이에 변화무쌍한 어조를 구사했다."[9] 커피하우스를 운영하는 일은 긴 노동 시간을 요했지만 스트라이드 부부는 스스로 일정을 정해 일할 수 있었고, 특히 엘리자베스는 처음으로 고용주가 아니라 저 자신과 남편의 이익만을 위해 청소하고 요리하고 설거지하고 손님 시중을 들었다.

이들의 사업이 잘 풀리지 않았다면 그 이유는 펍 때문이었을 것이다. 커피하우스의 인기가 높아지긴 했어도 모든 사람이 퇴근 후 근처 펍에서 술을 마시며 친목을 다지는 일을 그만두진 않았다. 관건은 입지였다. 펍이 너무 많고 금주가는 너무 적은 동네에서는 제아무리 매력적인 커피하우스라도 문을 닫곤 했다. 1871년 고생 끝에 이 사실을 깨달은 스트라이드 부부는 장사가 더 잘될 만한 포플러하이가 178번지로 가게를 옮겼다. 첫 사업의 실패는 손해를 남겼을 것이다. 존은 이를 만회하려고 부업으로나마 목수 일을 다시 시작했고, 그해 인구총조사에서 자신의 직업을 커피하우스 주인이 아니라 목수라고 밝혔다. 그래도 스트라이드 부부는 아직 패배를 인정할 생각이 없었고 사업을 재개할 능력도 남아 있었다.

두 사람이 결혼한 지 4년이 지나도록 아이가 태어나지 않았다. 엘리자베스가 임신하더라도 산달에 이르질 못했는데 이는 필시 매독 때문이었을 것이다. 잠복기 매독은 존에게 전염될 수 없었지만 유산이나 사산의 위험이 높았다. 과거를 잊고 싶었던 엘리자베스는 남편에게 그 수치스러운 비밀을 털어놓지 못했을 것이다. 부부 관계에 매독을 들여오는 것은 사회적으로 불명예스럽고 비극적인 일로 여겨졌으나, 그런 일을 저지르는 사람은 성매매 여성을 만나거나 정부를 둔 남자에 한정되었다. 의학 문헌도 대체로 이 관점을 취했으며, 문제의 근본 원인이 성매매 여성의 이기적인 악행에 있다고 주장함으로써 남자들의 행동에 일부 면죄부를 주었다.[10] 성적으로 어두운 과거가 있는 여자, 매독에 걸렸던 여자가 한 남자의 아내가 될 가능성은 터무니없는 것으로만 여겨졌다. 여자의 정체성과 존재 이유가 어머니라는 역할로 규정되었던 시대에 아이를 낳지 못하는 상황이 엘리자베스를 절망케 했을 것이다. 게다가 사회와 교회는 엘리자베스의 불운이 그 자신의 잘못에서 기인한 것이라고 믿게 만들었다. 그는 어린 시절에 배운 대로 자신이 죄 많은 삶을 살았기에 그 벌을 받는 것이라고 믿었을 터이다. 존이, 그리고 독실한 감리교도인 그의 가족이 이 상황을 어떻게 판단했는가는 확실하지 않다. 존은 결혼 생활 초반에는 동생 찰스와 그 아내, 아이들과 가까이 지냈으나 1872년부터 사이가 멀어지기 시작한 것 같다. 스트라이드 가족은 불화했고, 이 균열은 집안의 존경받는 가부장이 세상을 떠났을 때 더없이 극명하게 드러났다.

1873년, 윌리엄 스트라이드는 아흔 살 생일을 앞두고 있었다. 그는 말년까지도 완고하고 단호한 성격 그대로였고 시어니스 부두 감독 회의에 단 한 번도 빠지지 않았다. 그러나 그해 늦여름부터 건강이 나빠지다가 9월 6일 여전히 아들 대니얼과 함께 살던 집에서, 딸 새라 앤이 지켜보는 가운데 사망했다. 그런데 지역 발전에 크게 기여한 인물치고는 신문에 실린 부고가 다소 빈약하다. 시어니스의 지역 신문은 그를 "이 도시 전체에서 대체로 존경받았다"고만 설명했다.[11] 그의 위대한 업적이나 이타적인 자선 행위를 나열하지도 않았고, 더 의미심장하게는 아버지를 잃고 슬퍼하는 자식들에 대한 언급이 전혀 없었다.

대니얼을 제외하면 성인이 되어서까지 부친 곁을 충실히 지킨 자식은 둘째 아들 존뿐이었다. 아버지가 무언가 물려주리라고 기대해도 될 법한 사람도 존뿐이었다. 그는 더 좋은 일자리와 경제적으로 안정된 미래를 포기한 채 마흔이 넘도록 결혼도 하지 않고 시어니스에 머물렀다. 그러나 그달 말일에 공개된 윌리엄 스트라이드의 유언장은 여러모로 놀라웠다.

대니얼은 상당한 재산을 물려받았다. 부친은 그에게 스트라이즈로의 집 다섯 채와 빅토리가의 집 두 채, 그리고 "얼마간의 토지, 축사, 석탄 창고, 수작업장, 정원"을 상속했다. 부친의 집에서 세 집 옆 지척에 살던 딸 새라 앤 스누크도 스트라이즈로의 집 두 채를 물려받았다. 시어니스에서 외과의사로 일하며 부유하게 살던 집안의 자랑거리 에드워드에게도 스트라이즈로의 집 한 채가 유증되었다.[12] 존에겐 아무것도, 심지어 치하 한 마디조차 없었다.

윌리엄 스트라이드는 유언장을 자식들에게 복수할 기회로 삼았다. 누가 그를 기쁘게 했고 누가 그를 창피하게 했는지를 세상을 떠난 뒤 그들에게 분명히 밝히려고 했다. 청각장애를 가지고 태어나 오랜 세월 시어니스에서 노동자로 일하며 어렵게 살아가던 맏아들 윌리엄 제임스도, 아버지를 두고 런던으로 떠난 아들들도 아무것도 받지 못했다.

윌리엄이 죽고 몇 달 사이에 존과 엘리자베스가 커피하우스 임차권을 매각한 일은 우연으로 볼 수 없다. 어퍼노스가에서 첫 사업에 실패한 뒤 생긴 빚은 두 번째 사업을 하는 동안에도 점점 늘기만 했을 것이다. 아마 존은 부친에게 물려받을 재산을 담보 삼아 돈을 빌려 사업을 유지했을 것이다. 기대와는 다른 유언장이 공개되었을 때, 그는 사업의 꿈을 영영 포기하는 수밖에 없었다. 이제 거리에 나앉지 않으려면 다른 방법을 찾아야 했다.

엘리자베스

CHAPTER 12

키다리 리즈

1878년 9월 3일 저녁 여덟 시가 가까운 시각. 하늘은 벌써 어두웠고 템스강의 잔잔한 은빛 수면 위로 달이 떠 있었다. 여름이 물러가는 계절이었다. 시어니스를 출발해 런던으로 향하는 여객선 프린세스앨리스호에는 시어니스에서 휴가를 보내거나 당일치기 일정으로 다녀오는 승객 800여 명이 타고 있었다. 갑판에서는 선상 밴드가 신나는 폴카 음악을 연주했고 커플들이 모여 춤을 추고 노래를 불렀다. 아이들은 미끄러운 나무 바닥을 내달리며 서로를 쫓아다녔다. 신사들은 신문을 읽거나 스쳐 가는 강안 풍경을 바라보았다. 연안의 창고와 부두, 공장이 밤의 그림자 속으로 사라지고 있었다. 노스울위치 부두가 가까워지고 있던 그때, 잔잔한 저녁 분위기와 음악에 취해 있던 사람 중 그 누구도 이 배가 철갑을 두른 890톤짜리 석탄 수송선의 진로를 향해 직진하고 있다는 사실을 몰랐다. 양측에서 두 배가 곧 충돌하리라는 것을 감지했을 때는 이미 늦었다. 바이웰캐슬호의 뾰족한 이물이 프린세스앨리스호에 칼처럼 박혀 그대로 엔진실을 부수고 선체를 반으로 갈랐다. 두 동강 난 배가 오수로 가득한 템스강 속으로 가라앉는 데는 몇 분 걸리지 않았다. 공황에 빠진 사람들은 가라앉는 배의 측면을 기어오르며 매달렸다. 강물에 빠진 사람들은 수면 위아래로 자맥질하면서 겨우 숨을 쉬고 사방의 검은 강물에 대고 가족의 이름을 외쳤다. 부모들은 자꾸 물속으로 가라앉으려는 아이들을 붙잡았다. 여자들은 두꺼운 치마와 그 안의 금속 버슬 때문에 꼼짝없이 물속으로 끌려 들어갔다. 바이웰캐슬호에서 로프를 던지고 몇 개 안 되는 구명보트를 띄웠으나 그 많은 조난자의 목숨을 살리기엔 역부족이었다.

이 사고로 결국 650명 이상이 사망했다. 템스강 수운 역사상 최악의 인명 피해였다. 생존자 수는 이후 한 번도 확인된 적 없으나 추정상으로는 69명에서 170명 사이였다. 살아남은 사람들은 템스강에 매일 떠오르는 시신을 보고 신원을 확인해야만 했다. 9월 3일의 그 밤, 온 가족이 비명횡사했다. 아이들은 고아가 되었다. 부부는 과부와 홀아비가 되었다. 사랑하는 사람이 물 밑으로 가라앉는 모습을 속수무책으로 바라본 사람도 있었다.

프린세스앨리스호 참사는 런던을 강타했다. 이 소식은 먼저 이스트엔드 부둣가 일대로 사납게 퍼져 나갔다. 많은 사람이 사고 장면을 직접 목격하거나 시신과 배의 잔해를 보았고, 혹은 그런 목격자로부터 끔찍한 이야기를 전해 들었다. 시어니스가 고향인 사람들도 큰 충격을 받았다. 런던 동부에 살던 스트라이드 형제는 사고 소식에 경악했을 테고, 점점 늘어나는 사망자 명단을 불안스레 훑으며 가족이나 친구, 이웃의 이름이 있는지 찾아보았을 것이다. 엘리자베스는 그 모습을 보면서, 또 언론과 주위 사람들이 계속해서 새로운 이야기를 전하는 것을 보면서 사태의 심각성을 느꼈을 것이다.

프린세스앨리스호가 침몰한 그즈음, 엘리자베스의 삶도 흔들리고 있었다. 커피하우스 사업에 실패한 뒤 결혼 생활이 삐걱거리기 시작했다. 일단은 경제난이 원인이었겠지만, 아이를 낳지 못하는 문제 등 다른 이유들도 한몫씩 했을 것이다. 알코올이 갈등을 부추겼을 가능성도 크다.

두 사람이 결혼한 지 8년째가 되는 1877년 3월, 엘리자베스가 존을 떠났다. 결과적으로는 짧은 별거로 끝났지만 이때 엘리자베스는 의지할 곳이 전혀 없었다. 그는 구빈원 임시방에 가는 대신 노숙을 시도했다. 3월 24일, 엘리자베스는 아마도 구걸을 하거나 노숙을 하다가 부랑단속법에 걸려 구빈원에 보내졌다. 이후 스트라이드 부부는 화해했지만 다툼은 계속되었고 가계 사정도 나아지지 않았다. 2년 후 존이 병에 걸렸을 때 엘리자베스는 스웨덴교회에 구제를 요청했다. 그 이듬해인 1880년에는 2월 스테프니구 구빈원, 4월 해크니구 구빈원에 입소한 기록이 있으며 후자에는 "극빈"이라는 단어가 함께 쓰여 있다.[1]

엘리자베스는 바로 이 시기에, 더 이르게 잡으면 1878년 9월에 스스로 생계를 유지할 기발한 방법을 발견했다. 존이 돈을 벌어올 능력이 없다면 자신의 능력으로 살아남아야 했다. 1878년 가을, 엘리자베스는 프린세스앨리스호 피해자들의 참혹한 사연이 많은 사람의 동정심을 사고 물질적 보상으로까지 이어지는 것을 목격했다. 언론은 런던 시민의 자선으로 3만 8,246파운드가 넘는 액수가 모였다는 소식을 자세히 전했고,[2] 피해자와 생존자와 그 가족에게 어서 구호를 신청하라고 알렸다. 엘리자베스는 아마도 여기서 아이디어를 얻어 슬픈 이야기를 하나 지어냈다. 그만이 아니라 많은 사람이 이 사고를 그렇게 이용했다. 가령 엘리자베스 우드라는 스물한 살 여성은 9월 29일 울위치의 어느 커피하우스 주인에게 그 사고로 가족은 다 죽고 자신만 살아남았다고 주장하며 금품을 사취했다가 한 달간 감옥살이를 했다.[3] 프린세스앨리스호 기금 측에서는 구호 신청자 가운데 "충분한 이유가 없는" 사람을 55명이나 걸러 냈다. 생존자 목록에 엘리자베스 스트라이드의 이름은 찾아볼 수 없고, 가명을 쓴 것이 아닌 이상 그가 구호금을 탔다는 증거도 없다. 그보다는 동정심 많은 사람들에게 이야기를 팔며 개인적으로 이익을 취했을 가능성이 훨씬 크다.

엘리자베스는 듣는 사람이 솔깃할 만한 자세한 묘사와 극적 색채를 가미하여 그럴듯한 이야기를 날조했다. 그 이야기에 따르면, 그날 엘리자베스는 아홉 자녀 중 둘을 데리고 남편 존과 함께 프린세스앨리스호에 올랐다. 어떤 때는 존이 그 배에서 일하는 사람이었으며 그날따라 자신과 아이들도 그 배에 탔다고 설명했다. 사고가 발생한 순간 엘리자베스의 가족은 서로 떨어져 있었다. 존이 아이들을 구하려고 했지만 그와 아이들 모두 강물에 쓸려 익사했다. 엘리자베스는 어쩌다 보니 배의 굴뚝 안에 있다가 바이웰캐슬호에서 내려온 로프를 붙잡았다. 그렇게 안전한 곳으로 올라가려는데 위에 있던 남자의 발에 차여 구강을 다쳤다. 하지만 놀랍게도, 엘리자베스는 살아남았다. 혹은 엘리자베스가 그렇게 이야기했다. 과부의 삶은 너무도 힘들었다. 남은 일곱 아이는 혼자 먹여 살릴 수가 없어 런던 남부 스웨덴교회가 운영하는 고아원에 보냈다. 이제 의지할 데라곤 죽은 남편의 친구 한 사람뿐이고, 그래도 여전히 궁핍하게 살고 있었다.

엘리자베스는 주변에서 들은 이야기를 짜깁기했을 수도 있고, 아니면 아는 누군가의 이야기를 그대로 가져다 썼을 수도 있다. 존 스트라이드의 진짜 아내는 아이를 아홉이나 낳지 않았고 설령 그 수만큼 임신했더라도 그중 아무도 태어나지 못했다는 것, 이것이 엘리자베스의 진짜 비극이었다. 아홉이라는 숫자는 그가 실제로 임신한 횟수였을 수도 있고, 존의 형제자매가 아홉이었다는 데서 빌려온 것이었을 수도 있다. 어느 경우든 엘리자베스는 주변 사람 모두가 사실이라고 믿을 정도로 이 이야기를 하고 또 했다. 이때부터 그는 자신의 역사를 다시 쓰고, 변신하듯 정체성을 재구성하기 시작했다. 남편과 거리를 둘 때도 같은 방법을 썼다. 존과 별거 중일 때 엘리자베스는 과부 행세를 했다.

1881년 4월, 스트라이드 부부는 다시 한번 화해했지만 이번 평화는 몇 달 만에 끝났다. 그해 인구총조사에는 이들의 사정이 매우 심각했던 것으로 나와 있다. 커피하우스 건물의 윗집에서 방을 여러 개 쓰던 두 사람이 이제는 어셔로드의 단칸방에 살고 있었다. 결국 1881년 12월에는 완전히 헤어지기로 합의한 것 같다. 윌리엄 니컬스와 존 채프먼이 그러했듯 존 스트라이드는 공식 별거의 절차에 따라 엘리자베스에게 소액의 부양비를 지급하기로 했을 것이다. 엘리자베스는 화이트 채플로 거처를 옮겼다. 처음에는 브릭레인에 살다가, 기관지염 때문에 구빈원 병원에 입원했다가, 그 후 6년간 같은 여인숙을 자주 찾았다. 플라워앤드딘가 32번지였다.

사회비평가 하워드 골즈미드에 따르면, '플로리딘가'(단골들은 이렇게 불렀다)는 "어떤 다른 이름으로 불려도 향긋한 장미"가 아니라 "병적인" 냄새가 나고 "발길이 내키지 않는" "이스트엔드 빈민가 중에서도 가장 끔찍한 거리 중 하나"였다.[4] 1888년에 이곳을 방문한 미국 연합통신사 기자는 그보다는 살짝 더 우호적인 말을 골라 "이스트엔드치고는 꽤 단정해 보였다"고 썼다.

> 길의 이쪽 편에는 장인 계급 가족이 살도록 지어져 거의 대부분 중산층 유대인에게 임대된 현대적인 건물이 엄청나게 많다. 반대편은 훨씬 더 허름해 보인다. 건물이 벽돌은 오래되어 너럽고, 문과 창문에는 하나같이 그곳이 극빈자의 거처임을 드러내는 매우 낯익은 특징들이 보인다.[5]

이 기사에 따르면, 플라워앤드딘가의 낡은 쪽 건물은 전부 여인숙으로 등록되어 있었다. 32번지 여인숙은 100명을 수용할 수 있었다. 골즈미드는 이러한 공동 침실을 벼룩이 들끓고 "불명예스러울 정도로 과밀하며 환기 상태가 매우 나쁘고 … 악취가 나고 비위생적"이었다고 쓴 반면, 연합통신사 기자는 32번지 여인숙 내부가 "보기 드물게 쾌적한 곳"이라고 평가했다. 엘리자베스는 다른 여인숙보다 이곳을 선호했던 모양으로, 점차 이곳을 일종의 근거지로 삼게 되었다.

플라워앤드딘가 32번지에 살던 시기에 엘리자베스는 파출부 일로 생계를 유지했다. 파출부는 입주 하인을 둘 능력이 없는 가족이 하루에 몇 시간만 고용하는 임시직으로 "가사노동자 중에서 가장 신분이 낮았고 심지어 만능 잡부보다도 낮았다". 나이는 대체로 가정부보다 많은 "마흔 살에서 예순 살 사이"였다. 파출부의 눈에 띄는 특징은 "더러운 모브캡과 후줄근한 보닛 … 걷어붙인 치마와 겉으로 드러난 불그레한 팔", 즉 초라한 행색이었다.[6] 이들은 하루 2실링의 보수에 너해 토스트와 차, 가족이 먹고 남은 음식, 때로는 설탕 등 먹을거리도 제공받았다.

이스트엔드의 화이트채플하이가와 핸버리가 사이는 유대인이 모여 사는 구역이었다. 이들은 안식일에 이교도 파출부를 불렀다. 금요일 일몰부터 토요일 일몰까지 하루 종일 모든 종류의 노동이 금지되었기 때문에, 파출부가 와서 불을 피우고 가스등을 켜고 음식을 요리해 내왔다. 1880년대 들어 러시아, 프로이센, 우크라이나에서 유대인 박해를 피해 건너온 신규 이주민은 대부분 영어를 몰랐지만, 엘리자베스는 이디시어를 알아 이들과 소통할 수 있었다. 어쩌면 그는 예테보리에서 기초 이디시어를 배웠던 것일 수도 있다. 그가 살았던 노동자계급 거주 구역 하가가 예테보리 유대인 공동체의 중심지였다.[7] 이민자들은 과거 이야기를 별로 하지 않고 파출부에게 이것저것 캐묻지 않았을 테니, 이 점에서도 엘리자베스는 유대인 가정에서 일하는 데 만족했을 것이다.

존과 헤어진 뒤 웨스트엔드도 포플러도 아닌 곳에 자리 잡은 엘리자베스는 이제 얼마든지 자신이 바라는 사람이 될 수 있었다. 화이트채플에서 그는 '과부 엘리자베스', '참사 피해자 엘리자베스'였다. 정체성이라는 것은 새로운 동네로 이사하는 일만큼 간단히 바뀌었다. 그도 그럴 것이, 엘리자베스는 스웨덴 농부의 딸이었다가, 하인이었다가, 한 남자의 정부였다가, 타락한 여자가 되었다. 그 여자는 다시 성매매 여성이 되었다가, 회개한 마리아 막달레나가 되었다. 그 뒤에는 이민자가 되었고, 한 부유한 남자의 연인이 되었고, 가난한 목수의 아내가 되었다. 그 뒤엔 커피하우스 주인이 되었다가, 구빈원 재소자가 되었다. 엘리자베스는 스웨덴인이었지만 사람들을 속일 수 있을 만큼 영어를 잘했다. 이따금은 애니 피츠제럴드라는 가명을 쓰며 아일랜드인 행세도 한 모양이다. 심지어 마음만 먹으면 모르는 사람의 동생으로도 변신할 수 있었다

1883년, 운명은 엘리자베스를 메리 맬컴이라는 여자 앞으로 이끌었다. 재봉사였던 맬컴은 오랜 세월 눈을 가늘게 뜨고 바느질을 하느라 시력이 많이 나빴다. 술을 즐기는 습관도 눈 건강에 좋지는 않았을 것이다. 어느 날, 어느 거리 혹은 어느 펍에서 맬컴은 엘리자베스 스트라이드를 언뜻 보고 그가 연락이 끊긴 동생 엘리자베스 와츠가 틀림없다고 생각했다. 맬컴이 동생의 이름을 불렀을 때 엘리자베스는 스스럼없이 대답했을 것이다. 이 착각이 그대로 굳어진 이유 중 하나는 이용가치가 있는 이 관계를 엘리자베스가 너무나 반겼기 때문이었다.

한편 메리 맬컴은 두 사람의 이야기, 그러니까 동생 와츠에 관해 알고 있던 정보와 스트라이드가 자신의 가까운 과거사라며 내놓은 정보를 한 덩어리로 해석했던 듯하다. 사인 심문에서 그는 동생이 '키다리 리즈'라는 별명으로 불렸으며 포플러에서 커피하우스를 운영하는 남자와 산 적이 있다고 주장했다. 또 동생의 남편이 난파 사고로 죽었다고 했는데, 이 기억에는 좀 더 복잡한 배경이 있다. 공교롭게도 와츠의 두 번째 남편이 정말로 세인트폴섬 근처에서 난파 사고로 죽었고, 이 정보가 스트라이드가 지어낸 프린세스앨리스호 참사 이야기와 뒤섞인 것이다. 맬컴은 과거에 진짜 동생 엘리자베스가 최소 두 번 결혼하고 보호 시설에 들어가는 등 여러 곡절을 겪었다는 사실을 바탕으로, 이 구중중하고 초라한 행색의 여자가 자신의 동생이라고 믿게 되었다.[8]

맬컴은 처음 만난 순간부터 '동생'의 가장 큰 약점이 술이었다고 진술했다. 엘리자베스가 매번 돈이 필요하다고 하니 맬컴은 그가 무슨 일로 생계를 유지하는지 "의심을 품게 되었다". 하지만 가족이니까 도와주어야겠다고 생각했다. 이후 5년간 두 사람은 일주일에 최소 한 번은 만났고 때로는 더 자주 만났다. 맬컴은 매주 토요일 네 시 정각 챈서리레인 모퉁이에서 엘리자베스를 만나 그에게 2실링을 주었고 이따금 입을 옷도 가져다주었다. 그러는 동안에도 계속 의심을 품었지만 그것을 키우거나 발설하지는 않았던 것 같다. 두 사람이 꾸준히 만난 5년간 맬컴은 사실 엘리자베스에게 완전히 곁을 내주지 않았다. 단 한 번도 '동생'을 집에 초대하지 않았고 "그에게서 벗어날 때마다 마음이 후련했다"고 했다. 남편이나 다른 사람이 그와 '동생'의 관계에 대해 알고

있었느냐는 질문에 맬컴은 대답했다. "아무에게도 알리지 않았어요. 너무 부끄러워서요."⁹

메리 맬컴이 엘리자베스와의 관계를 부끄러워한 이유 중 하나는 마음에 의심을 품은 채 그를 계속 만났다는 데 있었을 것이다. 하지만 맬컴 자신이 엘리자베스의 일을 너무 자세히 파고들지만 않으면 의심을 잠재울 수 있었고, 엘리자베스는 자신이 실제로 어떤 삶을 살아왔는지를 맬컴에게 잘 숨겼다.

1884년 10월, 엘리자베스는 그 얼마 전 병에 걸린 존이 스테프니 병자보호소에 입원했다는 소식을 들었다. 존은 이곳에서 예순세 살의 나이에 심장마비로 사망했다. 그가 땅에 묻힌 10월 30일로부터 몇 주 사이에 엘리자베스의 삶은 빠르게 곤두박질쳤다.

엘리자베스가 11월 13일 커머셜로드에서 호객을 하다 경찰에 체포된 것도 결코 우연이 아닐 것이다.¹⁰ 또한 그날 그가 체포된 이유 가운데 하나가 술에 취해 소란을 피운 혐의인 걸 보면, 그가 정신적으로 얼마나 괴로운 상태였는지 짐작할 수 있다. 자신의 정신을, 그리고 세상을 향한 분노를 잠재우려는 마음은 자연스러운 것이었다. 밀뱅크 교도소의 지도 신부 프레더릭 메릭이 1890년에 쓰기를, 여성 재소자 대부분이 거리에서 성을 파는 일을 "싫어하며" "그 혐오감을 뭉개는 유일한 방법은 알코올음료에 좀 취하는 것뿐이었다".¹¹ 엘리자베스는 법정에서 징역형 7일을 선고받았다. 그가 그 후 다시 호객 때문에 체포되었다는 증거는 찾아볼 수 없다.

엘리자베스가 다른 남자를 만나 동거를 시작한 것은 존이 죽은 다음의 일이다. 마이클 키드니는 뱃짐을 싣고 내리는 부두 일꾼이었고 육군 예비군으로 부수입을 벌었다. 나이는 삼십 대 중반으로 엘리자베스보다 몇 살은 어렸지만, 본인은 엘리자베스의 겉모습을 보고 둘이 거의 비슷한 나이일 것으로만 짐작했다고 한다. 이들은 커머셜로드에서 처음 만났다고 하는데, 우연한 만남이었는지 아니면 엘리자베스가 호객하던 중에 만났는지는 알 수 없다. 두 사람은 곧 연인 사이가 되었고 먼저 데번셔가에서, 그 뒤엔 그 근처 패션가에서 허름한 가구 딸린 셋방을 빌려 함께 살았다. 키드니도 엘리자베스처럼 과음을 즐겼고 술에 취하면 엘리자베스 못지않게 성을 내고 난폭해졌다. 엘리자베스는 1887년 1월과 6월 경찰에 키드니의 학대 행위를 신고했다. 파트너에게 학대당하는 많은 여성이 그러듯 나중에 고소를 취하했지만 말이다.[12] 하지만 이들의 관계에서 엘리자베스가 수동적으로 피해를 입기만 한 것은 결코 아니었다. 키드니에 따르면 두 사람이 동거한 3년 사이 엘리자베스는 두 번, "다 합해서 다섯 달 정도" 그를 떠났다. 하지만 "내가 찾지 않아도 늘 알아서 돌아왔"는데 그 이유는 "다른 누구보다 나를 좋아했기 때문"이라고 키드니는 자랑하듯 주장했다.[13] 엘리자베스는 그렇게 집을 나오면 주로 익숙한 플라워앤드딘가 32번지에 묵었다. 엘리자베스와 키드니의 관계는 복잡했다. 엘리자베스의 음주와 키드니의 폭력도 문제였지만 신의도 지켜지지 않았던 것 같다. 두 사람이 함께 한 마지막 시기에 키드니는 매독을 앓고 있었고 1889년에 화이트채플 병원에서 치료받았다. 그와 함께 살던 시기에 엘리자베스의 병은 더 이상 전염성이 없었으므로 키드니가 엘리자베스에게서 매독을 옮았을 가능성은 별로 없다.

특이하게도 메리 맬컴은 엘리자베스를 자주 만나면서도 이런 골치 아픈 사정은 조금도 짐작하지 못했다. 그는 '동생'에게 남자가 있다는 사실을 자신은 전혀 몰랐으며, 엘리자베스가 "이스트엔드에서 재봉사와 유대인이 많이 사는 동네 어딘가"의 여인숙에 사는 것으로 알았다고 주장했다. 그러나 엘리자베스가 술 때문에 매우 자주 엉망이 된다는 것과 그러다 치안법정에도 가고 교도소에도 간 적 있다는 사실은 맬컴도 잘 알고 있었다.[14]

그런데 엘리자베스는 특히 1886년경부터 사망할 때까지 평소와 다르게 행동했던 것 같다. 술에 취해 소란을 피우고 외설적인 말을 뱉은 죄로 체포당하는 일이 이 시기에 부쩍 늘었다. 1888년 늦여름에는 세 달 사이에 네 번이나 체포되었다. 여기에는 분명 알코올의존증이 한 역할을 했겠지만, 다른 원인도 함께 작용했을 가능성이 크다. 즉 20여 년 전에 걸린 매독이 마지막 단계인 3기에 진입했던 것일 수 있다.

당시에는 '뇌매독'이라고 불린 신경매독은 3기 매독이 뇌와 신경계를 공격하기 시작하면서 다양한 증상을 보이는 것을 말한다. 매독의 진행을 연구한 프랑스인 외과의사 알프레드 푸르니에는 '간질 발작'이 3기 매독의 첫 징후라고 보았다. 흥미롭게도 사인 심문에서 메리 맬컴은 엘리자베스가 그 얼마 전부터 '발작'을 일으켰다고 증언했다. 그가 알기로 동생은 간질 환자가 아니었기에 어리둥절했다고 한다.[15] 엘리자베스가 얼마나 심하게 경련을 일으켰는지 경찰에 체포당했다가 그 때문에 그냥 풀려난 일도 몇 번 있었던 듯하다. 만약 그가 평생 중증 뇌

전증을 앓았다면 가정부로 일하기는 거의 불가능한 일이었고, 마이클 키드니든 누구든 사인 심문에서 그 사실을 언급하고도 남았을 것이다. 엘리자베스의 경련이 '연기'였을 가능성도 작다. 경찰과 치안판사는 감옥행을 피하려는 목적의 온갖 속임수를 보아 왔기에 가짜 경련 따위에 쉽게 속지 않았을 것이다.

신경매독은 경련 외에 마비를 일으키기도 하고, 치매와 유사한 증상을 유발하기도 한다. 환자는 기억이 흐려지고 환각과 망상을 겪는다. 또한 행동이 변덕스러워지고, 심하게는 비이성적이거나 부적절하거나 폭력적인 모습을 보인다. 엘리자베스가 정말로 신경매독에 걸렸다면, 이 병의 증상이 술에 취한 모습과 잘 구별되지 않았을 것이다. 특히 난폭한 행동과 외설스러운 언어가 더 심해지던 것도 과음 때문이라고 설명하는 편이 더 간단했다. 역으로, 엘리자베스는 방향감각 상실과 고통 같은 이 병의 증상을 해결하려고 전보다 더욱 술을 많이 마셨을 수도 있다.

원인이 신경매독이었는지 아닌지는 확실히 알 수 없지만 화이트채플에 살면서부터 엘리자베스는 거의 언제나 극도로 비밀스럽고 기만적으로 행동했다. 아마도 그는 메리 맬콤을 속이면서, 또 자신이 프린세스앨리스호 참사 생존자라는 거짓말을 반복하면서 인간의 잘 속는 본성을 확인했을 것이다. 그는 노련한 사기꾼처럼 사람들의 이 약점을 이용하여 경제적 이득을 취하는 법을 깨우쳤다. 사인 심문에서 메리 맬컴은 엘리자베스가 3년 전에 "자전거에 치이는 사고로 … 오른발에 움푹 들어간 데가 생겼다"고 말한 일을 언급했다. 엘리자베스는 이걸로 "돈을 얻어 내야겠다"고 말했는데 그가 "정말로 돈을 받았는지"까지는 알 수 없었다.[16] 맬컴이 살펴보니 그의 몸에 생겼다는 "움푹 들어간 데"가 보이지 않아 상황을 이해할 수 없었다고 한다. 맬컴은 이와 비슷하게 기묘한 일을 하나 더 이야기했다. 어느 날 엘리자베스가 맬컴의 집 앞에 벌거벗은 갓난아이를 두고 갔고, "다시 와서 데려갈 때까지 내가 데리고 있었다"는 것이다. 맬컴은 그 아기가 엘리자베스가 어느 경관과의 사이에서 낳은 아이라고 믿었다.[17] 마이클 키드니는 이와 관련한 질문에 너무나 당황했다. "그는 나와 아이를 낳은 적이 전혀 없고, 경관과 아이를 낳은 적이 있다는 말도 전혀 들은 적 없습니다."[18] 그 아기가 엘리자베스의 아이였을 가능성은 별로 없다. 그보다는 구걸에 이용할 생각으로 아는 사람이나 탁아소에서 잠시 데려온 아기였을 것이다.[19] 포대기에 싸인 채 '엄마'의 품에서 우는 배고픈 아기는 행인의 동정심을 부추겨 지갑을 열기 위한 잘 알려진 계략이었다. 엘리자베스는 나중에 아기를 데려갔다. 그 후 메리가 재차 아기에 대해 묻자 엘리자베스는 배스에 사는 첫 남편의 가족에게 데려다주었다고 둘러댔다.[20]

메리 맬컴 외에 엘리자베스를 오래 알고 지냈다고 주장한 사람은 딱 한 명, 일꾼의 아내인 캐서린 레인이었다. 이 증인은 엘리자베스가 플라워앤드딘가 32번지에 처음 묵었을 무렵인 1881년 말에서 1882년 초에 그와 알게 되었다고 진술했다. 그 시기에 두 사람은 거의 매일 마주쳤다. 엘리자베스는 이후 마이클 키드니와 함께 살 때도 자신에게 '집'과 가장 비슷한 장소였던 이 여인숙을 자주 방문했다. 그러나 놀랍게도 캐서린 레인이나 32번지 여인숙의 관리인인 엘리자베스 태너처럼 꾸준히 엘리자베스와 교류한 사람들도 사실은 그의 삶에 대해 아는 바가 거의 없었다. 두 사람 다 엘리자베스의 성도 나이도 몰랐다. 마이클 키드니는 엘리자베스를 삼십 대로 생각했는가 하면, 32번지 여인숙에 살던 앤 밀스라는 사람은 엘리자베스에게 직접 듣기로 그의 나이가 "쉰 살이 넘었다"고 했다.[21] 엘리자베스의 고향을 아는 사람도 전혀 없는 듯했다. 또 엘리자베스가 그동안 영어에 통달한 모양인지 어떤 사람들은 그가 외국인인 줄 전혀 몰랐다. 엘리자베스는 친구들에게도 프린세스앨리스호 이야기를 했고 자신의 고향이 스톡홀름이라고 했다. 오직 한 사람, 그가 자선 구호를 신청하러 자주 찾아간 스웨덴교회의 사무원 스벤 올손만이 교회 장부의 신상 기록을 보고 그의 진짜 역사를 알고 있었다. 안타깝게도 엘리자베스는 화이트채플에서 사는 내내 그 누구와도 깊이 사귀지 않았다. 그를 친구로 여긴 이들에게조차 곁을 내주지 않았다.

1888년 9월 하순, 엘리자베스는 다시 한번 플라워앤드딘가 32번지로 돌아갔다. 캐서린 레인에 따르면 마이클 키드니와 "말싸움"을 벌인 다음이었다. 이제 엘리자베스는 이런 패턴에 익숙했다. 그는 소지품을 챙기고 옆집의 스미스 부인이라는 사람에게 스웨덴어 성가집을 맡겼다.[22] 여인숙은 값나가는 물건을 가져가기엔 위험한 곳이었고 그 점에선 플라워앤드딘가 32번지도 별반 다르지 않았다. 사회개혁가 토머스 바너도는 자신이 9월 26일 이 여인숙의 공동 주방에서 만난 여러 여자 중에 엘리자베스가 있었다고 주장했다. 아동복지 운동가인 바너도는 자녀와 함께 여인숙에서 살아가는 사람들과 대화를 나누며 상황을 개

선할 방법을 도모하고자 그곳을 찾아갔다. 그러나 여자 숙박인들의 관심은 화이트채플 살인 사건에 쏠려 있었다. 그들은 연이은 살인 사건에 "너무나 겁먹은 상태였다". 그중 "술을 마신 게 분명한 어떤 불쌍한 사람이 다소 격렬하게 말했다. '우린 다 망했고 우리가 어떻게 되든 아무도 신경 쓰지 않아. 다음번엔 우리 중 누군가가 살해당할 거야! 누구 한 명이라도 우리 같은 사람을 진작에 도와줬더라면 우린 절대 이 꼴이 되지 않았을 거라고'!"[23] 나중에 바너도는 그 말을 한 사람이 엘리자베스 스트라이드였을 가능성이 아주 크다고 주장했다. 그러나 사실은 그곳의 모든 여자가 엘리자베스 스트라이드였는지도 모른다. 그리고 엘리자베스는 그 모든 여자가 되려고 했다. 모두이자 아무도 아닌 사람. 그는 이름 없는 사람이었다. 그의 이야기와 그의 역사는 얼마든지 달라질 수 있었다. 그는 세상이 자신이나 자신이 겪는 고통에 신경 쓰지 않는다는 걸 진작 깨닫고 그것을 무기 삼아 삶을 살아 나가기로 결심한 사람이었다.

9월 29일은 엘리자베스에게 여느 날과 다름없는 날이었다. 인부들이 32번지 여인숙의 벽을 회반죽으로 새로 단장했고, 작업이 끝난 뒤 엘리자베스와 앤 밀스가 방을 청소했다. 관리인 태너가 보수로 6펜스를 주었다. 그 뒤 태너는 엘리자베스가 커머셜가에 있는 퀸스헤드펍에서 한잔하는 것을 발견했다. 태너는 엘리자베스가 "보닛이나 망토 없이" 펍에 있더라고 지나가는 말로 묘사했는데, 언론은 이 대목을 놓치지 않았다.[24] 빈민가에서 성매매를 하는 여성은 흔히 외양을 가리는 종류의 의복을 생략하여 "몸매"를 드러내는 방법으로 손님의 눈길을 끌었다. 그와 동시에 옷을 "야하게" 입었고 아무리 가난해도 깃털과 장식이 달린 모자를 꼭 썼다. 만약 엘리자베스가 호객을 하러 퀸스헤드에 간 것이라면 그날은 운이 따르지 않았다. 그는 여섯 시 삼십 분쯤 태너와 함께 여인숙으로 돌아왔다. 그리고 아마 그때 숙박비를 지불했을 것이다.

폴리 니컬스와 애니 채프먼의 경우와 똑같이 엘리자베스 스트라이드의 마지막 나날을 보도한 신문 기사들에는 모순과 불일치가 넘쳐난다.《웨스턴 데일리 프레스》 같은 신문은 엘리자베스가 관리인에게 그날 밤 숙박비를 선불로 냈다고 보도한 반면,《데일리 텔레그래프》 같은 신문은 정반대로 보도했다. 엘리자베스가 숙박비를 지불했다고 보면, 그날 저녁 그는 다시 돌아올 생각으로 여인숙을 나섰을 것이다. 몇 시간 자리를 비우기 전에, 아마도 전당포에 맡길 생각으로 어디서 구한 녹색 벨벳 천을 캐서린 레인에게 맡겼다. 엘리자베스는 마지막으로 외양을 단정히 하고, 솔을 빌려 자신의 한 벌뿐인 옷에 묻은 먼지를 털어낸 뒤 여인숙을 나섰다.

그날 엘리자베스가 정확히 어디에 가서 누구와 있었는지는, 다섯 피해자의 죽음을 둘러싼 여러 미스터리 중에서도 가장 난해한 수수께끼이다. 엘리자베스가 자신의 현재와 과거의 삶에 대해 그 누구에게도 자세히 이야기하지 않았기 때문에, 그날 저녁 그가 무슨 일을 했을지 짐작하기가 불가능하다. 사인 심문에서도 엘리자베스가 키드니 외에 다른 남자 또는 여러 남자를 만났다고 주장할 수 있는 증인은 아무도 없었다. 엘리자베스의 특징적인 습관에 대해서, 그가 평소 즐겨 찾던 장소에 대해서, 그가 자주 만나던 사람에 대해서, 혹은 그런 사람이 있긴 있었는지에 대해서조차 아무도 진술하지 못했다. 그가 죽은 뒤 그는 더더욱 알 수 없는 사람이 되었다. 그를 안다고 주장할 수 있는 사람이 실로 단 한 명도 없었기 때문이다. 어쩌면 엘리자베스는 일이 바로 이렇게 되길 바랐는지도 모른다.

그날 밤 엘리자베스의 행동과 관련하여 우리에게 알려진 정보 가운데 증명 가능한 사실은 겨우 몇 가지뿐이다. 부검 보고서에 따르면 그는 어디선가 감자와 빵, 치즈를 먹었다. 술도 몇 잔 마신 것이 거의 확실하다. 그는 어느 시점엔가 코르사주 장식 또는 꽃다발을 손에 넣었다. 장미 한 송이와 공작고사리를 하나로 묶은 것을 그가, 또는 다른 누군가가 그의 웃옷에 달았다. 입안을 상쾌하게 하는 허브 사탕도 가지고 있었다. 이것은 누군가 사 준 것일 수도 있고 그가 직접 샀을 수도 있다. 짐작건대 엘리자베스는 사람들을 만나 어울리려고, 또는 약속한 누군가를 만나려고 외출했을 것이다. 아니면 약속은 없이 손님을 구하러 나간 것일 수도 있고, 장기적으로 만날 파트너를 구하러 나간 것일 수도 있고, 둘 다일 수도 있다. 그날 그의 옷차림에 대해 《노스런던 뉴스》는 "값싼 새틴 재질의 빛바랜 검은색 치마와 면벨벳으로 된 웃옷 위에 모피 장식이 달린 검은색 능직 우스터드 재킷을 걸쳤"으며 그에겐 너무 큰 검은색 크레이프천 보닛을 "머리에 더 잘 맞도록 … 뒤쪽에 신문지를 접어 넣어" 썼다고 묘사했다. 흥미롭게도 이 신문은 엘리자베스의 복식에 "그와 같은 신분의 여자들이 즐겨 착용하는 종류의 장식이 전혀 없었다"고 평했다.[25]

엘리자베스가 살해당한 뒤 많은 사람이 그날 밤 그를 보았다고 주장하고 나섰으나 어두운 조명과 예의 그 목격자 기억의 부정확성으로 인해 그중 사실로 확인할 수 있는 주장은 단 한 건도 없다.[26] 게다가 이른바 동시 살인, 즉 엘리자베스 스트라이드와 케이트 에도스가 같은 날 살해당하는 일이 벌어지자 화이트채플 주민들은 어떻게든 경찰을 도와 이 살인 행각을 막고 싶어 했다. 저마다 돌이켜 생각하니 그날 밤 어떤 남자와 함께 그 거리에 서 있던 여자의 실루엣은 엘리자베스 스트라이드의 것이 분명했다. 그러나 그들은 사실 엘리자베스를 알지도 못했고 그 여자의 얼굴을 분명히 보지도 못했다. 목격된 그 모든 사람 중 정말로 엘리자베스일 가능성이 있는 사람은 딱 한 명이다.

자정을 넘긴 열두 시 사십오 분경, 헝가리에서 이주한 이스라엘 슈워츠라는 남자는 커머셜로드를 따라 걷다 버너가로 접어들었다. 그러자 한 남자와 여자가 다투는 모습이 눈에 들어왔다. 여자는 더트필즈 야드로 들어가는 출입구 앞에서 거리를 향해 서 있었다. 슈워츠가 걸음을 내딛는 동안 다툼이 점점 격렬해졌다. 남자가 여자를 붙잡고 돌려세우더니 바닥으로 쓰러뜨렸다. 여자는 세 번 비명을 질렀는데 그렇게 큰 소리는 아니었다. 이쯤에서 슈워츠는 그들이 부부싸움 중이라고 생각하고 끼어들지 않으려 길을 건넜다. 그때 어느 펍 옆의 어둠 속에 서 있던 남자가 파이프 담배에 불을 붙인 다음 슈워츠 쪽으로 다가왔다. 자신을 쫓아내려는 행동인가 싶어 슈워츠는 당황해서 달리기 시작했다. 그렇게 도망치는 중에 여자를 공격하던 남자가 "립스키Lipski"라고 외치는 것을 들었다. 그건 모지스 립스키, 즉 악명 높은 살인자의 이름이자 흔히 유대인에게 던지는 욕이었다.*

그로부터 15분 후, 인조 보석 상인 루이스 딤슈츠는 귀가하는 길에 더트필즈야드에서 엘리자베스의 시신을 발견했다. 발견 당시 엘리자베스는 벽을 향해 모로 누워 있었고 배 속의 태아처럼 몸을 웅크리고 있었다. 손에는 허브 사탕의 포장지를 쥐고 있었다. 딤슈츠의 눈에는 마치 잠든 것처럼 보였다고 한다.

사인 심문이 열리던 시점에는 경찰과 언론 모두 사건 간 시간 간격이 짧다는 점에서, 슈워츠가 본 사람이 엘리자베스일 가능성이 크다고 판단했다. 그러나 여자를 공격한 그 남자가 엘리자베스의 목을 베어 단번에 그를 죽인 자와 동일인인지는 결코 확인할 수 없다. 나아가 엘리자베스 스트라이드가 '잭 더 리퍼'의 피해자가 맞는지, 아니면 다른 사람이 죽였는지 역시 엘리자베스라는 사람만큼 알 수 없는 수수께끼로 남았다.[27]

사는 동안 엘리자베스는 여러 사람에 다양한 의미로 존재했다. 그는 어둡기도 했고 밝기도 했다. 누군가에겐 골칫덩이였지만 누군가에겐 위로가 되었다. 그는 딸이었고 아내였고 자매였고 정부였고 청소부였고 커피하우스 주인이었고 하인이었고 외국인이었고 때때로 성판매자였다. 그러나 경찰과 언론의 눈에 그는 또 한 명의 피해자일 뿐

---

*   모지스 립스키는 1887년에 같은 블록에서 일어난 여성 살인 사건의 범인으로 기소당해 교수형에 처해진 유대인이다. 그렇기 때문에 '립스키'는 목격자인 슈워츠에게 던진 욕일 수도 있지만, 어둠 속에 서 있던 또 다른 의문의 남자에게 던진 욕일 수도 있다고 추정된다.

THE BERNER ST VICTIM.

1888년 10월 6일 자《일러스트레이티드 폴리스 뉴스》에 실린
엘리자베스 스트라이드의 초상 일러스트레이션. 그는 '공식 피해자 5인' 중
한 사람으로 여겨지지만 실제로 그가 잭 더 리퍼에게 살해당했는가에 대해
줄곧 의문이 제기되어 왔다.

이었다. 화이트채플 여인숙에 사는 '불우한' 여자, 술에 찌들고 타락하고 망가진 늙은 여자. 그들은 엘리자베스의 죽음을 안타까운 피해로 묘사했지만 대단한 상실로는 여기지 않았다. 지면에 활자화된 이 태도가 그대로 고정되어 오늘날까지 거의 고스란히 남았다. 이러한 초상에 반대하는 목소리, 더 온전한 그림을 그리려는 시도는 없었다. 그 누구도 스웨덴에 있는 엘리자베스의 가족을 만나 그들의 이야기를 듣지 않았다. 그 어떤 기자도 엘리자베스의 인척을 찾아가지 않았고, 그의 과거를 제대로 알아보려 하지 않았다. 하이드파크의 그 신사, 가워가의 본드 부인, 또는 포플러 커피하우스의 손님들을 취재한 사람은 아무도 없었다. 엘리자베스 스트라이드를 정말로 알 수 있는 기회는 그렇게 살인자와 함께 어둠 속으로 사라졌다.

엘리자베스

꿈

스벤 올손은 9월 30일 새벽에 두 여자가 살해당했다는 기사를 읽다
가 그중 한 명이 자신이 아는 사람이 아닐까 싶었을 것이다. 스웨덴교
회의 사무원 겸 관리인인 그는 그간 엘리자베스 스트라이드가 교회를
드나드는 모습을 여러 번 보았다. 스웨덴교회에는 엘리자베스처럼 고
향을 멀리 떠나와서 고립된 채 빈곤하게 살아가는 가난한 교구민이 많
았다. 런던의 이 열악한 지역에 부임한 신부 요하네스 팔메르는 사목
에 열의를 잃었고 때때로 격분했다. 그는 교회를 노리는 도둑들과 자
신이 "기생충 같다"고 표현한 걸인들을 상대하는 데 지쳤다. 엘리자베
스 스트라이드도 그런 사람 중 하나였을 것이다.

올손은 신부만큼 빈민들을 귀찮아하지 않았다. 경찰이 찾아와서 이
스트엔드 스웨덴인 공동체의 일원으로 보이는 어떤 사람의 신원을 확
인해 달라고 요청했을 때도 그는 흔쾌히 도움을 제공했다.

엘리자베스의 유품 중에는 올손이 그에게 주었던 성가집도 있었다.
삶에서 숱한 시련을 겪어 온 엘리자베스가 그 선물을 받아 들었을 때,
그 책이 만들어진 목적대로 신앙심이 고양되었을 것 같진 않다. 그래
도 엘리자베스는 그 책을 계속 가지고 있었다. 다른 모든 것은 전당포
에 맡겼지만 그것만은 그러지 않았다. 엘리자베스에겐 그 책이 무언가
중요한 의미를 가지고 있었다. 짐작건대 이제는 흐릿해진 토르슬란다
농가의 기억 같은 것을.

스벤 올손은 잉글랜드에 엘리자베스의 친척이 한 명도 없다는 사실을 알았을 것이다. 그의 시신을 거두고 애도하고 사인 심문에서 그를 위해 증언할 모친이나 형제가 없었다. 심지어 그의 진짜 이름이 엘리자베스 구스타프스도터라고 밝혀 줄 사람도 없었다. 그 모든 일을, 엘리자베스와 아무 관계도 아닌 그가 맡았다.

사인 심문에 출석해 검시관과 배심원단이 악센트 섞인 그의 증언을 하나하나 검토한 뒤, 올손은 자신이 엘리자베스 스트라이드를 위해 할 일이 마지막으로 하나 더 남았다고 생각했다.

돈을 낼 사람이 없었기 때문에 운구차와 조랑말로 이스트엔드를 도는 의식은 치를 수 없었다. 언론은 그의 장례식이 "빈약했다"고 썼다. 10월 6일 플레이스토우의 이스트런던 주민 묘지에서 엘리자베스의 관은 애도의 팡파르 소리도 없이 극빈자의 무덤에 내려졌다. 스벤 올손은 그 곁에 서서 작별을 고하고 그를 위해 스웨덴어로 기도했다.

엘리자베스

Kate

4부

케이트

1842년 4월 14일~1888년 9월 30일

CHAPTER 13

일곱 자매

1843년 6월의 따사로운 아침, 조지와 캐서린 에도스 부부는 바구니와 보따리와 칭얼거리는 아이들을 챙겨 바지선에 올랐다. 울버햄프턴에서 런던까지는 기차로 가는 편이 훨씬 빨랐지만 여덟 식구의 기차표를 살 형편이 못 되었다. 그렇다고 열 살도 안 된 어린아이 여섯을 데리고 새벽부터 밤까지 며칠씩 시골 도로를 걷는 것은 거의 불가능했다. 얼마 안 되지만 옮겨야 할 짐도 있었으니 배를 타는 것이 그나마 적당한 방법이었다.

에도스 가족은 평평하고 납작한 모양의 배에서 다른 승객들과 선장, 그리고 상자며 여행가방이며 가구와 드럼통 같은 거추장스러운 뱃짐과 한데 섞여 이틀을 보냈다. 혹시 비가 내렸다면 피할 곳은 석탄 난로가 한구석을 차지한 작은 선실뿐이었다. 그래도 버밍엄부터 런던까지 공업지대를 지나는 동안 아이들은 신기한 구경거리에서 눈을 떼지 못했을 것이다. 이들은 익숙한 광재 더미와 용광로의 도시를 뒤로한 채, 낯설고 새로운 잉글랜드 남부 지역을 통과하고 있었다. 그랜드 유니언 운하는 마을과 마을 사이를, 농장과 농장 사이를, 야생화가 핀 녹색과 노란색의 들판을, 오래된 교회와 시골 영지를 지나갔다. 수위를 조절하여 배를 위아래로 움직이는 정교한 갑문 시스템과 바지선을 끄는 튼튼한 말도 아이들의 마음을 사로잡았을 것이다. 에도스가 아이들은 아들 앨프리드(9세)와 딸 해리엇(8세), 엠마(7세), 일라이자(6세), 엘리자베스(4세), 캐서린(1세)이었다. 그 전해 4월 14일에 태어난 캐서린, 즉 케이트는 이 여행을 어느 한 토막이라도 기억하기엔 아직 어렸고, 애초에 가족이 울버햄프턴을 떠나야만 했던 사정을 기억하기는 불가능한 나이였다.

조지 에도스의 삶에 굴곡이 지기 시작한 것은, 식구들이 '칙'(Chick, 병아리 또는 어린애)이라는 애칭으로 부른 막내 케이트가 태어난 지 아홉 달이 채 안 되었을 때였다. 에도스 가족은 조지의 조부 대부터 울버햄프턴의 주요 산업인 양철 제조업에 종사했다. 1820년에 출간된 『직업 일람Book of Trades』에 따르면, 양철공은 양철판을 가공하여 "주전자, 냄비, 모든 종류와 모든 크기의 깡통, 우유통, 랜턴"을 만들었고 철물이 녹슬지 않게 주석 보호막을 입히는 일도 했다. 숙련노동에 속하는 이 일을 하려면 보통 열네 살 때 공장에 들어가 7년간 도제 생활을 해야 했다. 그러나 19세기 초반부터 기계 도입으로 인해 그 전통적인 관습이 약화되고 있었다. 도제식 집중 훈련을 받은 마지막 세대였을 조지

케이트

에도스는 1822년부터 올드홀워크스에서 도제로 일했다. 이 공장은 그의 부친 토머스가 최고참 직원이 될 때까지 일한 곳이자, 그의 동생 윌리엄과 존 또한 도제로 들어온 곳이었다. 조지는 담당 장인의 엄격한 지도하에 "큰 가위를 이용하여 양철을 적당한 형태와 크기로 절단하는 법"과 "열을 가하여 작업물의 접합부를 때우는 법"을 익혔을 것이다. 일주일에 6일, 여름에는 아침 여섯 시부터 저녁 여섯 시까지, 겨울에는 아침 여덟 시부터 밤 여덟 시까지 일하며 양철판을 평평하게 펴는 망치와 우묵하게 둥글리는 망치와 주름을 잡는 망치가 각각 어떻게 다른지, 또 "크고 작은 모루, 부리가 앞뒤로 둘인 모루, 넓적끌, 둥근끌, 니퍼, 플라이어, 직각자, 긴 자"를 언제 사용하는지 배웠을 것이다. 이 혹독한 훈련을 마치고 마지막으로 본인의 작업물을 제출해야만 정식으로 양철공으로 일할 자격이 생겼다. 7년에 걸친 도제 생활을 마칠 때쯤이면 이들은 필수 기술을 습득한 숙련공이 되어 있음은 물론, 같은 일을 하는 노동자 공동체에 강한 소속감을 가지게 되었다.

1767년에 설립된 올드홀워크스는 원래 울버햄프턴 변두리의 논밭 한가운데에서 허물어져 가던 엘리자베스 시대 영주관이었다가 이 도시 양철 제조업의 심장부로 변모한 곳이었다. 이 공장에서부터 뻗어 나가는 더들리가와 빌스턴가, 그리고 서쪽의 한갓진 시골로 이어지는 메리데일로드 인근에는 양철공과 '칠공'*이 모여 살았다. 칠공은 정

---

*   동아시아의 옻칠 공예를 모방한 마감 양식을 영어로 저패닝(japanning, 일본칠)이라고 하고 이 일을 담당하는 직공을 저패너(japanner, 일본칠공)라고 불렀다. 19세기 울버햄프턴에서 특히 이 수공업이 발달했다.

울버햄프턴의 올드홀워크스를 묘사한 판화.
'올드홀', '터턴스홀'로 불린 이 건물은 16세기에 레버슨 가문이 지었다.
18세기 들어 건물이 낡기 시작했고, 18세기 말에 양철 공장으로 용도가 바뀌었다.

교한 칠 무늬로 양철 제품을 장식하고 셸락바니시로 마감했다. 올드홀 사람들은 함께 도제 생활을 한 뒤 한 공장에서 일했으며, 비바람에 낡은 작은 집이나 벽을 맞대고 늘어선 연립주택에서 이웃해 살아갔다. 가족끼리도 잘 알았고 서로의 집안 사람과 결혼했다. 이곳에선 뒷말과 소문이 빠르게 퍼졌으며, 특히 주로 양철공들이 가는 펍인 메리데일태번, 스완, 레드카우가 중요한 정보 공유처였다.

그중에서도 레드카우는 '울버햄프턴의 협력하는 양철 숙련노동자 공제조합', 줄여서 '양철공조합'이 1834년 이래 정기 모임을 갖는 장소였다. 1820년대 들어 노동자들이 기계 도입에 불안감을 느끼던 상황에서 양철공조합은 공장주들과의 충돌을 예견하고 노동자 권익을 보호할 전략을 세웠다. 먼저 모든 조합원에게 주당 최소 5펜스에서 최대 6실링의 기부금을 걷어 파업 자금을 마련했다. 또한 '임금률 일람'으로 임금을 표준화하고 1842년 울버햄프턴에서 가동 중이던 양철 공장 여섯 군데 모두에 이 체계를 채택하길 요구했다. "잘 알려진 노동자계급의 벗"으로 칭송받던 올드홀워크스의 윌리엄 라이턴 등 대다수의 공장주가 이에 합의했다.[1] 그러나 모든 공장주가 그런 호평을 받은 것은 아니었고, 표준화된 임금 체계가 본인의 이익과 상충한다고 여기는 이들이 있었다. 조지와 윌리엄 에도스 형제가 막 고용된 공장의 에드워드 페리가 그 대표적인 사람이었다. 이에 양철공조합은 파업을 선언했고 1843년 1월 페리의 공장에서 "서른다섯 명이나 되는 직원이 … 업무에서 이탈했다".[2]

에드워드 페리는 노동자의 벗이 아니었음은 물론 어떠한 상황에서도 노동쟁의를 용인하지 않는 인물이었다. 그는 그 전에도 그 후에도 자신의 공장에서 파업이 일어나면 이주노동자, 살해 협박, 염탐꾼, 감금 등의 방법을 동원하여 파업을 분쇄했다. 그는 자신이 "자본가와 노동자의 권리에 대해, 특히 음모와 관련한 법률에 정통"하다고 자부했으며 무엇보다도 "노동자들의 무지와 열광이 본인에게 유리하게 작용한다고" 믿었다.[3] 그런 그가 1843년 초의 파업에서는 고용 계약을 위반한 직원 한 명 한 명을 직접 잡으러 나섰다. 그는 파업자들이 양철공조합의 보호하에 런던으로 향하고 있다는 사실을 알아내고 그들을 뒤쫓았다. 그리고 정보원과 탐정의 제보를 바탕으로 금속 직공 구역인 클러큰웰의 한 펍에서 이탈자들을 발견하고 영장하에 그들을 끌고 돌아왔다. 고용 계약 위반죄로 재판에 회부된 파업자들은 2개월의 징역형을 선고받고 스태퍼드 교도소에 수감되었다.

페리의 바람대로 그의 불관용 방침은 양철공과 칠공 공동체에 분열을 가져왔다. 페리가 직원들을 고발하러 재판에 참석할 때마다 분노한 양철공들이 법원 앞에 모여 그를 비난했고, 이 소동은 곧 폭력 사태로 비화했다.

양철공조합의 열성 조합원이었던 조지와 윌리엄도 페리의 공장을 불법으로 이탈한 서른다섯 명에 속했다. 형제는 다른 몇몇 조합원과 함께 공장 동료들에게 파업에 동참하라고 촉구하면서 "사태가 끝날 때까지 조합이 주당 15실링을" 지불하겠다고 약속했다. 또 1월 9일에는 "페리의 측근"으로서 파업을 거부한 리처드 펜턴이라는 사람이 메리 데일태번에서 맥주를 마시고 있을 때 윌리엄 에도스와 다른 두 양철

공이 문을 밀치고 들어와 그에게 시비를 걸기 시작했다. 이후 열린 재판에서 증인들은 윌리엄과 "그의 일당이 소동을 일으키러 왔다"고 진술했다.

"형제가 파업을 하고 있는데 말이야, 이 비열한 악마 놈아!" 신문은 윌리엄이 이렇게 외쳤다고 보도했다. 이윽고 그는 "주먹을 들어 펜턴을 때리고 발로 찼다". 몇 분 사이에 윌리엄의 아내 엘리자베스를 비롯한 최소 아홉 명의 양철공이 펜턴에게 달려들어 그를 발로 차고 때렸고 그가 위층으로 도망치려 하자 엘리자베스는 "우리가 저 자식을 죽이자, 저 잡놈을 죽이자!"라고 소리쳤다고 한다.[4]

이 재판을 주재한 치안판사는 펜턴이 겨우 목숨을 건졌다고 판단했다. 윌리엄 에도스는 아마도 본인이 중죄를 저질렀다는 생각에 징역형을 피하려고 숨어 다니기 시작했고, 재판에는 엘리자베스만이 출석했다.

이 사건은 이후 에도스 가족을 덮칠 불운의 서막이었다. 2월 15일 에드워드 페리는 지역 신문 《울버햄프턴 크로니클》에 공고를 냈다. 그는 "우리 직원들을 업무에서 이탈시키려는" 목적으로 "연일 비밀회의가" 열리고 있음을 자신과 두 공장주가 알고 있다며, 현상금 30파운드를 걸고 다음과 같은 제보자를 찾았다.

우리 각자의 사업을 방해하거나 우리 직원들을 빼내려고, 또는 우리가 사업하는 방식을 억지로 바꾸게 하거나 자신들의 조건을 따르게 하려고 돈을 지불하는 등의 방법으로 음모를 꾸미고 있는 집단을 성공리에 고발할 수 있도록 정보를 제공할 사람……

3월 24일 이 광고는 소기의 목적을 달성했다. 밀고자가 누구인지는 모르지만 그는 조지 에도스를 지목했다.

이어진 재판에서 증인석에 선 에드워드 페리는 조지를 향해 포화를 퍼부었다. "피고는 주모자였고 … 철저한 선동가입니다." 페리는 "그가 다른 사람들을 강압했고 그가 없었더라면 파업은 결코 일어나지 않았을 것입니다."라며 그를 맹비난했다.[5] 판사는 피해를 입은 공장주 편을 들어 조지 에도스에게 징역형 2개월을 선고했다.《울버햄프턴 크로니클》에 따르면, 조지는 자신의 죄를 조금도 뉘우치지 않았을 뿐만 아니라 아내와 여섯 자녀를 두고 감옥에 들어가는 것도 전혀 개의치 않는 모습을 보였다. "그는 짐짓 허세를 부리며 … 형벌이 대수롭지 않다는 태도로 … 퇴석했다."[6]

케이트의 부친 조지는 앞으로 두 딜긴 세분기 바퀴를 밟아야 한다는 생각에 두려웠을지 몰라도 그 불안을 겉으로 드러내려 하지 않았다. 헌신적인 조합원이었던 그는 파업을 주동했을 때의 위험을 잘 알았을 테고, 자신과 가족의 희생을 조합이 충분히 보상해 주리라 믿었을 것이다. 그러나 자신이 두 번 다시 형제나 친구들과 함께 울버햄프턴의 양철 공장에서 일할 순 없다는 사실도 마찬가지로 잘 알았을 것이다.

조지 에도스의 가족은 폐수로 오염된 잿빛 강줄기를 따라, 버몬지 부두의 높다란 기중기 아치 밑을 통과하여 수도에 입성했다. 이들은 더러운 강변에서 어느 정도 거리가 있는 배든플레이스 4번지의 작은 집에 정착했다. 아마 조지는 임대료를 더 주고라도 녹지가 비교적 많고 공장과 창고 사이사이 과수원이 끼어 있는 구역에 집을 구하려 했을 것이다. 배든플레이스는 배수와 환기가 열악하고 수도 시설도 제대로 갖춰져 있지 않아서 최상급 주거 환경과는 거리가 멀긴 했어도, 인근 제혁소와 염색소와 양조장에서 배출하는, 눈을 따갑게 할 정도로 독한 화학 물질의 악취가 그대로 밀려오진 않는 위치였다. 그러나 비교적 신선한 공기를 마실 수 있는 것 외에 이 대가족이 앞으로 누릴 수 있는 특권은 거의 아무것도 없었다.

조지가 미혼이었거나 자녀 수가 적당하기만 했어도 런던 상경은 자수성가의 기회가 될 뻔했다. 그는 런던브리지 건너편의 대형 양철·구리 제조업체인 퍼킨스앤드샤퍼스에 들어갔는데, 이는 분명 양철공 조합이 힘써 준 결과였을 것이다. '숙련 직공'인 조지는 버먼지 일대에 많이 사는 잡역부, 배달부, 부두 일꾼 같은 일반 노동자보다 더 많은 보수를 받을 자격이 있었다. 『직업 일람』을 보면 1820년대에 "건전하고 근면한" 양철공은 "일주일에 35실링(1파운드 15실링)에서 2기니(1파운드 22실링)를 어렵잖게 벌"었다. 그렇다면 19세기 중엽에 조지 같은 숙련 양철공은 일주일에 약 3파운드 9펜스를 벌었을 것이다.[7] 이는 자녀가 둘이나 셋 있는 가정이었다면 집세를 내고 난롯불을 피우기에 충분한, 이따금 고기의 가장 좋은 부위를 먹을 수 있는 소득 수준이었다. 저널리스트 콘스턴스 필에 따르면, 조지 같은 남자는 런던에서 "방 여섯 개짜리의 아담하지만 깨끗한 집을 임대할 수 있고" 방 하나는 하숙을 쳐서 연 20파운드를 벌 수 있었다. 그런 집의 자녀는 "브리티시스쿨 등 자선학교에 다녔으며 이따금 튼튼한 장화에 나들이옷을 입고 그레이브젠드나 마게이트로 소풍을 다녀"올 수 있었다. 이처럼 수입이 안정적인 가정의 자녀 둘셋은 사회적으로 더 높은 신분으로 올라설 수 있었다. 학교 공부를 마치면 아들은 사무원이나 소매상이 될 수 있고, 딸은 교사가 되거나, 사무원이나 소매상의 아내가 될 수 있었다. 그러나 자녀가 여섯이나 되는 가정에서는 자수성가가 불가능했다. 사실 에도스 부부는 그런 희망찬 시나리오 자체를 떠올리지 못했을 것이다. 두 사람 모두 부친의 소득에 비해 식구가 너무 많은 가족에서 태어났기 때문이다.[8]

사회개혁가 시봄 라운트리에 따르면, 노동자계급의 인생에는 "잘 살 때와 못살 때"가 번갈아 찾아왔다. 이들의 가계 형편은 식구 중에 돈을 벌 수 있는 사람 수에 따라 좋아졌다 나빠졌다 했다. 가령 젊은 남성은 부모 집에 살며 돈을 벌 때는 "상대적 풍요"를 누렸다. 이 상태가 "결혼한 뒤까지도 이어지다가 아이를 둘이나 셋 낳으면 다시 가난이 찾아온다". "한 10년간 이어지는 이 가난한 시기를" 묵묵히 견디다 보면 "맏아이가 열네 살이 되어 돈을 벌기" 시작한다. 다만 "자녀가 셋이 넘는 경우에는 가난한 시기가 더 오래 이어질 수 있"었다. 여성 노동자도 똑같은 주기를 경험했지만 대체로 임금 수준이 남자보다 낮았고 결혼한 뒤 출산과 가사를 담당하기 시작하면 잠재 소득이 더욱 감소했다.

케이트

이 사실은 케이트의 모친 캐서린 에번스의 삶에도 여실히 나타났다. 울버햄프턴에서 가난한 걸쇠 제작공 가정의 일곱 자녀 중 둘째로 태어난 캐서린은 어린 시절에 별다른 교육을 받지 못하고 일을 시작했다. 그는 십 대 초반부터 주방 일을 했고, 울버햄프턴에서 가장 오래된 여인숙 중 하나인 피코크인의 요리사까지 되었다. 그러나 캐서린의 짧은 경력은 열여덟 살쯤이었던 1832년에 그곳에서 끝났다. 19세기에 여자의 진짜 소명은 결혼과 함께 시작되는 어머니 역할이었다. 이 기준에서 캐서린은 대단히 성공했다. 결혼하고 5년 만에 아이를 넷이나 낳은 것이다. 노동자계급 여성은 흔히 아이를 낳은 뒤에도 집에서 빨래나 옷 수선을 하거나 공장이나 세탁소에 나가 일했지만, 캐서린의 경우에는 정신장애와 간질을 앓는 첫째아이의 건강 문제와 연이은 출산으로 인해 가계 소득에 기여할 수 없었던 것으로 보인다. 그러나 애초에 캐서린이나 그의 남편이 피임에 관한 제대로 된 정보만 얻을 수 있었어도 두 사람의 삶과 그 아이들의 삶은 완전히 달라졌을 것이다.

19세기 사람들에 대한 흔한 오해가 하나 있다. 테이블 다리 덮개까지 발명한 고지식한 사람들이니만큼, 부부의 성생활에 관해서는 깊이 생각하지 않고 글로는 더더욱 쓰지 않았으리라는 것인데, 이는 사실과 한참 다르다. 이미 19세기 초반에 사회개혁가인 프랜시스 플레이스와 로버트 데일 오언, 조지 드라이스데일이 "가족 규모를 제한"하는 방법을 주제로 각각 책을 썼다. 이들이 제안한 방법은 질외사정부터 양 창자로 만든 다회용 콘돔(일명 '프렌치 레터'), 살정제 주입, 질 안에 넣는 '피임 마개'까지 다양했다. 그런데 이러한 정보는 글을 읽을 줄 알고 책을 살 여력이 되는 중산층 사이에서나 조심스럽게 유통되었을 뿐, 노동자계급은 사정이 달랐다. 조지와 캐서린 모두 글을 읽을 줄 몰랐던 데다 그런 책이 존재한다는 사실도, 책을 어디서 구할 수 있는지도 몰랐을 것이다. 콘돔 또한 구하기가 쉽지 않고 가난한 사람들에겐 너무 비싼 물건이었다. 더욱이 이 시대에 임신과 피임은 여자의 책무로 여겨졌다. 캐서린은 그의 어머니와 할머니, 주변 대다수의 여자와 마찬가지로 연이은 출산을 그저 아내 된 숙명으로 받아들였을 것이다. 그러한 가정에서 피임이란 특별한 방법을 동원하는 것이 아니라 대개 남편이 탈진하거나 병에 걸렸을 때의 부수적 결과였다. 정 급할 때는 허브 약차와 살정제를 사용하거나 낙태 유도 효과가 있다는 조제약을 먹었다. 이런 방법을 쓰려면 시간과 돈과 용기가 필요했으나 그중 무엇도 가지지 못한 여자가 참 많았다.

정보 부족, 가난, 성실한 아내로서의 의무감까지 이 모든 인자가 작용한 결과를, 모권^{母權} 운동가 마거릿 루엘린 데이비스는 "과도한 출산의 삶"이라고 불렀다. 피임을 하지 않고 연이어 출산하는 여자들의 삶은 신체적·정신적·물질적으로 피폐하기 그지없었다. 에도스 같은 대가족은 거의 매해 식구가 한 명씩 늘었고 가계 자원은 그만큼 부족해졌다. 구체적으로 말하면 식탁에 오르는 음식이 점점 줄었다. 수프가 점점 묽어지고, 고기는 부속 고기로나 겨우 한두 점 먹을 수 있었으며, 물로 희석한 우유에 빵을 적셔 먹어야 했다. 이럴 때 식사를 거르는 사람은 아이들 어머니였다. 심지어 "잘 먹어야 하는 시기"인 임신기나 수유기에도 여자들은 "돈을 아끼려고 음식을 먹지 않았다. 노동자계급 가정에서는 돈을 아껴야 하는 경우에 남편이나 자녀들이 아니라 아내가, 가족이 남긴 음식으로 끼니를 때우거나 고기도 안 붙은 뼈로 먹는 흉내만 냈다".[9] 당대의 많은 전문가가 여자들의 영양실조 문제와 그로 인해 높아지는 유산·사산의 위험, 생후 1년 내 영아 사망률을 지적했다.

캐서린 같은 여자들은 이처럼 갓난아이와 어린 자녀들을 양육하는 동시에 점점 줄어드는 소득으로 집안 살림을 꾸려야 하는 상황에서, 배 속에 아이가 생겼다고 양육과 가사의 의무를 내려놓을 수 없었고 심지어 출산 때도 쉬지 못했다. 어쩌다 여자 친척이나 이웃에게 도움을 받는 경우에도 그들은 출산하기 직전까지 "가사노동의 끝없는 고역"을 해내야 했다. 산후 회복기에 일손을 고용할 여력이 없는 사람은 출산한 지 며칠 만에 "다시 화덕 앞으로, 문지르고 닦는 일로, 빨래통으로 돌아와 … 무거운 것을 들고 날라야만" 했다. 그 후유증은 출혈, 중증 정맥류, 극심한 요통 같은 심각한 건강 문제였다.

이 모든 위험 인자에도 불구하고 에도스 부부는 런던으로 이주한 뒤에도 꾸준히 식구를 늘렸다. 이듬해인 1844년 일곱째 토머스가 태어났고 1846년에 조지가, 1849년에 존이 태어났다. 이어 1850년에는 새라 앤이, 1852년에는 메리가 태어났다. 1854년에 태어난 윌리엄까지 캐서린은 열두 아이를 낳았는데 그중 둘은 태어난 지 몇 달 만에 사망했다.[10] 겨우 한 아이가 나이가 차서 돈을 벌기 시작할 때마다 갓난아이가 태어나 그 자리를 메우는 모양새였다. 1843년부터 1857년 사이 에도스 가족은 식구 수 변화와 소득 증감에 맞추어 집을 최소 네 번 옮겼다. 흥미롭게도 이들은 처음 정착했던 배든플레이스에서 기껏해야 길 하나 건너는 거리 안에서만 움직였다.[11] 이는 이 가족이 지역 공동체 안에서 어떤 사람들로 인식되었을지 짐작하게 하는 대목이다. 에도스 가족은 사정이 아무리 어려워도 집세를 꼬박꼬박 내고, 인근 상점에 외상을 달았다면 그것도 다 갚았을 것이다. 비숙련노동자 가정에 비하면 소득이 안정적이었으므로 이들은 빚을 남기고 다른 수상쩍은 빈민가로 '야반도주'한 적이 한 번도 없었다. 자부심 강한 숙련노동자였던 조지 에도스는 이를 무척 자랑스럽게 여겼을 것이다. 또 캐서린 에도스는 틈틈이 돈을 모아서 레이스 커튼이나 그릇 찬장, 장식용 카펫 따위를 장만했을 것이다. 아이들도 각자 신발 한 켤레씩은 가졌을 테고, 에도스 일족(사람들이 그렇게 불렀다)의 일곱 자매가 맨발로 거리를 뛰어다니는 아이들과 함께 어울리는 일은 아마 없었을 것이다.

이 많은 자녀를 키우기가 현실적으로 매우 고되었을 텐데도 에도스 부부는 아이들에게 학교교육의 기회를 주고자 애썼다. 영국에 아직 의무교육이 시작되기 전인 1851년의 인구총조사에는 열두 살의 엘리자베스, 열 살의 케이트, 여덟 살의 토머스, 여섯 살의 조지가 모두 '학생'으로 기록되어 있다.[12] 그러나 당시의 많은 부모가 체면상 자녀가 학교에 다닌다고 주장했던 것도 사실이다. 케이트의 손위 자매 넷의 경우, 엠마 외에는 아무도 읽기와 쓰기를 배우지 못한 모양인지 이들의 혼인 증명서에는 서명을 대신하는 곱표가 그려져 있다.

이 시대 노동자계급의 딸은 문자 교육을 비롯한 보통 교육을 제대로 받지 못하는 일이 흔했다. 1840년대 통계에 따르면 영국 여성의 48.9퍼센트가 자신의 이름을 쓸 줄 몰랐다.[13] 여자아이는 집에서 어머니를 돕거나 취직하여 가계에 기여하는 게 바람직하지, 굳이 학교에 다닐 필요가 없다고 여겨졌다. 1860년대에 교육개혁가 제임스 브라이스는 이렇게 썼다. "이들은 가사와 육아를 도울 수 있었다. … 그리하여 체계적으로 교육받기 시작해야 할 나이가 한참 지나도록 학교에 보내지 않는 경우가 많고 … 또한 사소한 이유로 자주 학교를 그만두었다." 여자아이가 학교를 몇 달씩 쉬거나 아예 그만두게 되는 "사소한 이유"는 가지각색이었지만 그 진짜 이유는 대개 가족에 새 식구가 태어났거나 누가 아파서였다. 손위 자매들이 어린 동생의 육아를 돕는 대가족 구성에서는 출생 순위에 따라서도 교육받을 기회가 달라졌다. 맨 위 자매가 밖에서 일하기 시작하면 그다음 아이가 학교를 그만두고 가사 의무를 이어받았다. 에도스 가족의 경우에도 모친이 늘 갓난아이를 키우느라 바빴기에 딸 중에 나이가 많은 해리엇, 엠마, 일라이자가 돌아가면서 아픈 앨프리드와 어린 동생들을 돌보고, 식사를 준비하고, 장보기와 빨래와 청소를 도맡았을 것이다. 케이트 위의 네 자매는 이렇게 집에서 일하다가 바로 임금노동에 나서느라 학교에 제대로 다니지 못했다. 반면에 케이트는 그들 덕분에 교육받는 기회를 누릴 수 있었다.

조지의 직장인 퍼킨스앤드샤퍼스에서 몇 분 거리에 브리지·캔들윅·다우게이트스쿨이라는 자선학교가 있었다. 이 학교는 해당 구에 거주하는 빈민층 자녀를 위해 설립되었다가 그 얼마 전 입학 정책을 확대해 그 지역에서 일하는 사람의 자녀도 받기 시작했다. 아마 누군가에게 이 소식을 전해 들었을 조지는 케이트를 다우게이트스쿨에 입학시켰다.

1840년대의 기록에 따르면 다우게이트스쿨은 "남학생 70명과 여학생 50명" 정도를 가르쳤고 때때로 입학 대기자 명단도 있었다. 기본적으로 영국국교회가 정한 내셔널스쿨 체계를 따르면서도 그보다 훨씬 더 철저하고 엄격한 학풍을 유지했다. 학생은 성별로 나뉘어 공부하긴 했지만 남녀 모두 읽기, 쓰기, 산수, 음악을 배우고 성경을 공부했으며 여학생은 추가로 바느질 수업을 받았다. 비교적 여유 있는 노동자계급 가정에서도 이런 학교에 자녀를 보내는 것은 자랑할 만한 일이었다. 다우게이트스쿨은 기숙학교는 아니었으나 학생들이 일주일 중 하루도 빠지지 않고 등교해야 했으며 봄여름에는 아침 여덟 시에, 가을겨울에는 아침 아홉 시에 시작하여 정오까지, 다시 오후 두 시부터 네 시까지 체계적인 수업을 받았다. 일요일에는 대개 학교 바로 옆 세인트폴 대성당의 예배에 두 차례 참석해야 했다. 다우게이트스쿨은 청결과 품위를 절대적 가치로 가르쳤다. 그 일환으로 모든 학생이 의무적으로 교복을 착용했다. 교복의 세탁과 보급은 학교가 담당했고 세삭은 여학생들이 맡았다. 남녀 학생 모두 자기 옷을 스스로 수선해야 했으며, 얼굴과 손이 깨끗하지 않으면 아침에 교실에 들어갈 수 없었다. 이를 위해 별도의 개수대가 설치되었고 비누 구입비가 연간 예산에 따로 책정되었다. 교사들은 "학생이 6주에 한 번씩 이발하는지도 확인"했다.[14]

다우게이트스쿨 같은 교육기관의 목표는 모범적인 노동자계급을 길러 내는 것, 즉 학생들을 자부심과 신앙심이 강한 노동자, 당당하고 청결하고 신중하고 순종적인 노동자로 만드는 것이었다. 다우게이트스쿨은 열네 살에 공부를 마친 학생들이 좋은 일자리를 찾을 수 있게

케이트

힘썼다. 이곳을 졸업한 남학생은 건축·공학 관련 기술자나 은행·기업의 사무원이 될 수 있었고, 여학생은 가사노동에 고용될 수 있었다. 이후 사회에서 잘 자리 잡은 학생은 교사의 추천을 받아 상금이 5파운드나 되는 포상의 후보가 되었으니, 이 학교의 회의록에는 이에 관한 이야기가 넘쳐 난다.

궁극적으로 다우게이트스쿨이 목표한 학교의 역할 중 하나는, 어린 아이를 공부가 필요한 학생이 아니라 그저 일손으로 취급하는 열악한 일상 환경에서 그들을 분리시키는 것이었다. 하루 종일, 일주일 내내 학교에서 지내면 집에는 저녁식사 때와 잠잘 때만 머무르게 되었고 학교에 있는 동안만큼은 가정의 악영향에서 벗어날 수 있었다. 다우게이트에 자녀를 보내는 학부모라면 누구나 이 학교가 가난의 굴레를 벗어날 기회임을 깨달았을 것이다.

에도스 부부가 그 많은 자녀 중 케이트에게 교육 기회를 준 이유는 확실하지 않다. 출생 순서가 적당했다는 점도 분명 작용했겠지만, 케이트가 다른 형제자매에 비해 공부에 특별한 관심이나 소질을 보였을 가능성도 크다. 훗날 엠마가 회고한 바에 따르면 어린 시절의 케이트는 "활달하고 … 다정하고 유쾌한" 성격이었고,[15] 또 다른 지인들에 따르면 "비범한 지능의 소유자"였다.[16] 다우게이트스쿨은 6세부터 입학이 가능했으므로 케이트는 1848년부터 이 학교에 다녔을 것이고, 어쩌면 엠마와 함께 입학했을 수도 있다. 케이트는 아버지와 똑같이 매일 아침저녁으로 런던브리지를 건넜다. 아마 본인이 직접 바느질한 파란색과 흰색의 교복을 입고서, 여름엔 햇살에 눈을 찌푸리며, 겨울에는 망토로 몸을 감싼 채 피혁 시장과 가이즈 병원 사이로, 공장과 제혁소 거리를 지나 학교에 다녔을 것이다.

케이트가 학교에서 정확히 어떻게 생활했는지는 확인되지 않는다. 아주 우수한 학생이나 문제를 일으킨 학생을 기록한 명부에 케이트의 이름은 보이지 않으므로 평범하고 순종적인 학생이었을 것으로 짐작된다. 이 학교의 후원자들은 학생들이 훌륭한 모습을 보여 주길 바랐지만 그와 함께 온정적인 교육 방식도 강조했다. 학교 이사회는 교사들에게 "심한 체벌은 되도록 삼가라"고 지시했다. 케이트가 이곳에 다니던 바로 그 시기에 부유한 후원자들이 선행상을 제정하여 "품행이 가장 훌륭한 남학생에게 책을, 여학생에게 반짇고리를 상품으로" 주기도 했다. 남녀 교사는 "선행상의 심사를 아이들에게 맡겨 … 진실로 가장 훌륭한 남학생과 여학생을 직접 선정하게 했다".[17]

열정적인 후원자들은 학생들에게 새로운 경험의 기회도 선사하고자 했다. 예를 들어 학교 근처에 있던 캘버트앤드컴퍼니 양조장의 주인 에드먼드 캘버트는 1851년 6월 26일 다우게이트스쿨의 학생 124명을 위해, 그 얼마 전 하이드파크에 개장한 수정궁 소풍을 주최했다. 거대한 온실처럼 생긴 이 웅대한 판유리 건축물 안에서는 세계박람회의 시초 격인 만국박람회가 열려 영국인이 전에 본 적 없는 장관을 연출하고 있었다. 내부 면적이 약 9만 2,000제곱킬로미터에 높이가 약 40미터에 달하는 전시장에서 국내외 1만 5,000여 명의 참가자가 엄청난 물건들을 선보였다. 관객은 인쇄기, 증기 해머, 기관차 등 첨단 기술의 걸작을 비롯하여 중국에서 만든 거대한 자기 화병, 캐나다산 모피, 칠레에서 채굴한 50킬로그램짜리 금괴, 그리고 새장처럼 생긴 안전관 속에서 가스 조명에 밝게 빛나는 그 유명한 코이누르 다이아몬드를 직접 볼 수 있었다. 외국 참가자들은 민속 의상을 차려입었다. 터번, 자수 장식 로브, 금실로 짠 직물을 두른 낯선 이목구비의 남자들이 자국의 보물을 호위하고 있었다. 소설가 샬럿 브론테는 수정궁을 방문하고 다음과 같이 썼다.

인간의 산업이 만들어 낸 모든 것이 이곳에 있다. 거대한 전시관들에는 열차 기관과 보일러, 정식 가동 중인 공장 기계류, 온갖 화려한 탈것, 각종 마구가 들어차 있고, 유리 덮개와 벨벳 깔개를 갖춘 전시대들에는 금세공과 은세공 기술이 낳은 가장 아름다운 작품들이 놓여 있으며, 철저하게 감시되는 관(棺) 속에는 수십 만 파운드에 달하는 진짜 다이아몬드와 진주가 가득 들어 있다. 이를 시장이나 박람회라고 부를 수도 있겠지만, 마치 동양의 신령이 만들어 낸 것 같은 시장이고 박람회이다. 오직 마법만이 지구상 구석구석의 부를 이렇게 한데 모을 수 있는 게 아닐까. 오직 초자연적인 힘만이 그것을 이처럼 찬란하고 다채롭고 감동적으로 배치할 수 있는 게 아닐까.[18]

아홉 살의 케이트 에도스에게 수정궁 견학은 압도적인 경험이었을 것이다. 소풍날 아침 다우게이트의 학생과 교사는 후원자 캘버트가 특별히 준비한 마차를 타고 "그 거대한 볼거리 명소"로 향했다. 교사들은 모자를 쓴 어린이 124명을 나란히 줄 세우고 낙오자가 없는지 거듭 확인하면서, 요정의 나라에서 온 것 같은 신기한 전시품을 둘러보게 했다. 집과 학교의 극히 기본적인 생활환경 말고는 접해 본 것이 거의 없었던 아이들은 서커스처럼 휘황찬란하고 이국적인 전시회 광경에 압도되었을 것이다. "몇 시간 동안 수정궁의 볼거리를 만끽한 학생들은 저녁 여섯 시쯤 다시 양조장으로 출발"했다. 캘버트 양조장에는 "훌륭한 만찬이 준비되어 있어" 학생들과 양조장 직원들이 함께 저녁식사를 했다. 축배사가 있었고, 이어 학생들이 자리에서 일어나 "매우 감동적으로" 국가를 불렀다.[19] 다우게이트스쿨 학생들에게 이날은 특별한 날이었을 것이다. 케이트 또한 짧은 시간 목격한 그 화려한 광채를 기억 속에 오래 간직했을 것이다.

빅토리아 시대 노동자계급의 아들딸에게 유년기란 빠르게 지나가는 삶의 한때였고, 집안 사정으로 인해 갑자기 짧게 끝나 버리는 경우도 많았다. 별일이 없었다면 케이트는 열네 살 생일을 맞는 1856년 4월에 학교를 졸업했을 텐데, 부친의 직장인 퍼킨스앤드샤퍼스가 그 무렵에 폐업했다. 조지 에도스가 다른 직장을 쉽게 찾았는지 어쨌는지는 확인되지 않지만, 아무튼 케이트는 하루라도 더 빨리 일자리를 구해야 했을 것이다. 혹은 케이트가 학교교육을 일찍 끝내게 된 이유는 1855년에 에도스 가족을 덮친 불운 때문이었을 수도 있다.

1855년, 케이트의 모친 캐서린은 몇 달이나 심한 기침에 시달렸을 것으로 짐작된다. 아마 점점 기운이 빠지고 몸이 야위고 계속 고열을 앓았을 텐데, 가족은 의사의 진단을 듣기도 전에 그 병이 결핵임을 알았을 것이다. 나이 많은 딸 중 하나가 어머니를 간병했을 것이고, 방이 서넛뿐인 집을 여덟 식구가 함께 쓰는 상황에서 조지는 아픈 아내가 땀 흘리고 각혈하는 침대를 같이 쓸 수밖에 없었다. 11월, 춥고 축축한 계절이 돌아왔고 케이트의 모친은 결국 그달 17일에 세상을 떠났다. 연이은 출산과 힘든 노동, 영양실조에 시달리던 캐서린 에도스는 마흔두 살, 즉 당시 노동자계급 여성의 평균 수명까지 살았다.

캐서린이 병에 걸리고 사망하는 과정에서 가사 임무가 재분배되었다. 훗날 엠마는 딸 중 둘째인 자신이 집안 살림을 도맡고 오빠 앨프리드와 아직 열두 살이 채 안 된 동생 넷을 건사해야 했다고 말했다. 그러나 이 해결책은 오래가지 못했다. 아내가 떠난 지 2년도 지나지 않아 조지가 병을 앓기 시작했기 때문이다.[20] 1857년 9월, 피할 수 없는 운명이 다가오는 가운데 에도스가의 큰 딸들은 앞날을 대비하기 시작했다. 9월 27일에 넷째 딸인 열아홉 살의 엘리자베스는, 이웃에 사는 연인인 열여덟 살의 일꾼 토머스 피셔와 결혼하기로 했다. 상황이 이렇지만 않아도 조지는 딸이 좀 더 전도유망한 남자와 결혼하길 바랐겠지만, 그가 세상을 떠나기 전에 딸 중 적어도 한 명은 정식으로 결혼식을 올리고 분가하는 것이 바람직했다. 조지는 딸들의 부축을 받아 중병에 걸린 몸을 이끌고 버몬지 세인트폴 교회에서 열린 결혼식에 참석했다. 교회가 있는 키플링가는 에도스 가족이 사는 킹스플레이스에서 무척 가까웠지만 조지는 거기까지 걷기도 쉽지 않았을 것이다. 그는 딸을 신랑에게 인도한 뒤 증인으로서 명부에 곱표로 서명했다. 이 우중충한 가을날의 서글픈 혼사는 이들이 '일족'이던 시절의 마침표가 되었다.

나뭇잎이 붉게 물들다 떨어지고 달력이 10월에서 11월로 넘어가는 동안, 맨 위 두 딸은 부친이 죽고 나면 앨프리드와 어린 동생들을 어떻게 해야 할지를 두고 더욱 진지하게 고민해야 했다. 훗날 엠마가 회고한 바에 따르면 첫째 딸 해리엇은 이미 로버트 카터 가렛이라는 배달부와 (결혼하진 않고) 함께 살고 있었다.[21] 셋째 딸 일라이자도 고용살이를 시작했고, 피셔 부인이 된 엘리자베스는 록스필즈에서 애완 조류 가게를 운영하고 있었다.[22] 엠마는 자신도 다시 전업 일자리를 구해야 생계를 유지할 수 있다는 것을 알았고, 템스강 건너 켄티시타운의 로어크레이븐플레이스에 좋은 일자리가 나자 동생들과 아버지를 언니 해리엇에게 맡기고 집을 떠났다.

이 자매들은 딴에는 앞으로 자신들이 형제자매를 책임질 수 있으리라고 생각했겠지만 그 수가 많아도 너무 많았다. 물론 오빠 앨프리드를 누가 돌볼 것인가 하는 문제는 이들에게 "풀리지 않는 고민거리"였는데, 어떤 이유에서인지 엠마는 그때 그들이 케이트를 가장 걱정했다고 회고하면서 "우리는 특히 그 애를 멀리 보내고 싶었다"고 했다. 열다섯 살이었던 케이트는 필시 어머니의 죽음에 큰 영향을 받았을 테고, 곧 다가올 부친의 죽음은 그를 더욱 슬프게 할 터였다. 그런 상황에서 엠마와 해리엇은 자기들보다 동생을 더 잘 지도해 주고 더 안정적인 환경을 제공해 줄 사람이 필요하다고 판단했든가, 혹은 학교도 다닌 영리한 케이트라면 다른 가족과 함께 살면서 한층 더 성장할 수 있으리라고 기대했던 것 같다. 정확한 이유가 무엇이었든 간에 해리엇은 울버햄프턴에 사는 숙부 윌리엄 에도스 부부에게 편지를 써서 "케이트를 거기로 보내면 취직자리를 알아봐 줄 수 있는지" 물었다. 그들은 그러겠다고 했으나 기찻삯까지 내 주진 못했다. 시간이 얼마 없었다. 자매 중 늘 가장 수완 좋은 모습을 보여 온 엠마가 다시 한번 방법을 찾아냈다. 그는 31년 후에 이렇게 회고했다. "나의 고용주는 우리 집안의 불우한 상황에 대해 듣자마자 케이트가 울버햄프턴에 갈 차비를 대 주었다." 일은 그렇게 결정되었다. 자신의 앞날을 바꾼 이 결정에 대해 케이트 본인은 어떻게 생각했을지 우리는 알 수 없다.

케이트보다 어린 아이들의 운명은 안타깝게도 어떻게 해볼 도리가 없었다. 엘리자베스 피셔 부부와 해리엇-가렛 커플에게는 열세 살의 토머스, 열한 살의 조지, 일곱 살의 새라 앤, 다섯 살의 메리, 그리고 스물세 살의 앨프리드를 부양할 능력이 없었다. 부친이 죽은 지 일주일 후인 12월 9일, 아마도 그의 장례식을 치렀을 바로 그날, 앨프리드와 형제자매 중 가장 어린 세 아이는 고아 신분으로 버몬지구 구빈원에 입소했다. 토머스도 이튿날 같은 시설에 들어갔다. 조지 에도스는 본인의 죽음과 함께 가족이 이렇게 산산이 흩어지게 될 것을 알고 편히 눈감지 못했으리라.

케이트는 혼자 울버햄프턴행 기차에 올라 자신이 아는 모든 것을 뒤로하고 기억조차 나지 않는 곳으로 향했다. 성만 같을 뿐 한 번도 본 적 없는 사람들과 함께 살러 가는 길이었다. 그의 유년기는 1857년 12월에 그렇게 끝났다.

CHAPTER 14

케이트와 톰의 발라드

울버햄프턴을 처음 방문한 사람은 빌스턴가 안쪽 들판에 해자^{塚子}를 두르고 선 16세기 영주관의 낭만적인 외양만 보고는, 그 안에 이 도시에서 가장 바쁘게 돌아가는 공장이 있다는 걸 전혀 짐작하지 못했을 것이다. 원래 부유한 양모상 가문의 저택이었던 이 건물과 주변의 거의 모든 것은 이후의 상업적·시대적 발전에 따라 변화했다. 저택 내부는 공들여 설계한 장식 화단과 관상용 금붕어 연못을 제외하면 이 검댕투성이 도시의 거리거리에 늘어선 여느 공장과 똑같았다. 과거의 주방은 주석을 도금하는 공간으로 바뀌어, 커다란 벽난로 안에 "녹인 금속과 기름이 담긴 통"이 놓이고 "주방 바닥에는 도금 중인 냄비와 접시 덮개가 널려 있었다". 저택 중심부에 자리한 화려한 참나무 계단을 올라가면 "과거에는 대무도회장이 나왔지만, 이제는 여자들과 아이들이 상품을 포장하고 있는 창고들이 나왔다".

저택 남쪽에 있는 실용적이고 현대적인 벽돌조 별채에는 금속을 압인하는 증기 프레스의 쿵쿵거리고 씩씩거리는 소리가 쉼 없이 울려 퍼졌다. 압인실 옆 광택실에서는 여자들이 하루 열두 시간씩 서서 칠기 표면의 셀락바니시를 닦아 냈다. 그 옆의 '사자 우리'로 불리던 공간에서는 칠기 가마가 붉게 타오르고, 두 대의 강력한 엔진과 보일러와 연마기가 돌아가고 있었다.

기계류와 용광로 사이 어느 방에는 산성 물질이 담긴 통이 가득했다. 여기서는 여자들이 머리카락을 작업용 모자 안에 단단히 고정하고, 옷을 보호하는 두꺼운 앞치마를 입은 채 일했다. 이 '세척부'들은 손잡이가 긴 부젓가락, 일명 '절임 포크'를 쥐고서 막 거푸집에서 나온 양철 제품을 산성 용액에 넣어 부스러기를 말끔히 제거했다. 그런 다음 톱밥에 넣고 말리면 칠 작업이 가능한 상태가 되었다. 세척부는 일주일에 엿새씩, 여름에는 오전 일곱 시부터 오후 일곱 시까지, 겨울에는 오전 여덟 시부터 오후 여덟 시까지 똑같은 작업을 반복했다. 이 일을 하다 보면 눈과 목이 얼얼해지는 것은 물론이고 산업재해를 당할 위험도 상당했다.

윌리엄과 엘리자베스 부부는 케이트에게 양철 세척부가 좋은 직업이라고 설명했을 것이다. 그들은 조카를 위해 올드홀워크스에 자리를 알아봐 두었다. 에도스가는 케이트의 증조부 이래 삼대가 이 공장에서 일했고 케이트의 부친도 바로 이곳에서 도제 생활을 했다. 그런 역사가 있었기에 공장주 벤저민 월턴은 1840~1850년대의 노사 분쟁이 끝난 뒤 에도스가 사람을 다시 고용하고 적당한 임금을 지불했다. 그러나 세척부는 케이트의 언니들이 기대한 "취직자리"와는 거리가 멀었고, 고용살이를 위해 여학생을 교육한 다우게이트스쿨의 취지와도 한참 어긋나는 직업이었다.[1]

케이트의 삶은, 기차가 런던을 떠나 그 무렵 '블랙컨트리(검은 땅)'라는 새 이름을 얻은 영국 중서부의 황량하고 시커먼 공업지대를 통과하던 그 순간에 새롭게 시작되었다. 블랙컨트리는 이 지역에 길게 놓인 9미터 두께의 탄맥을 바탕으로 사슬, 벽돌, 단강을 만드는 산업을 발전시켰다. 주민들은 공장이나 제철소에서 일하거나 아니면 산업의 혈액인 석탄을 채굴했다. 낮에는 굴뚝에서 검댕이 뿜어져 나왔고, 밤에는 용광로의 붉은빛이 어둠 속에서 악령처럼 빛났다. 비참하고 무서운 장면에 익숙한 사람들마저도 이 지역의 풍경에 깜짝 놀랐다. 가령 찰스 디킨스는 1840년대에 그 지옥도 같은 모습을 이렇게 묘사했다.

사방에, 그리고 시선이 닿는 가장 깊은 원경에까지 무리 지어 서 있는 높은 굴뚝이 모두 똑같은 흐릿하고 추한 형태를 끝없이 반복하는 것이 흡사 숨 막히는 악몽 같았으며, 그러한 굴뚝들이 연기를 내뿜고 빛을 가리고 우울한 공기에 악취를 채웠다.

울버햄프턴으로 이어지는 길 주변에는 "재가 쌓인 둔덕"이 즐비했고 "수상한 엔진들이 마치 고문당하는 생명체처럼 쇠사슬을 철컹이며 빙빙 돌고 몸부림치고, 때로는 견딜 수 없는 고통에 빠진 듯 빠르게 회전하며 비명을 지르고, 그 고통으로 땅을 진동시켰다".[2] 케이트는 런던에서도 제혁소와 공장이 밀집한 구역에서 살았지만 중공업이 빚어낸 이 새로운 환경은 그에게 이질적이었을 것이며, 여기 사는 친척들도 풍경 못지않게 낯설게 느껴졌을 것이다.

케이트는 아마 태어나서 처음 만났을 숙부 윌리엄과 숙모 엘리자베스의 빌스턴가 50번지 집에서 살게 되었다. 런던에서 가져온 짐은 얼마 안 되었다. 어린 사촌들(열세 살의 윌리엄, 일곱 살의 조지, 다섯 살의 리지)은 머뭇거리며, 그러나 호기심 어린 눈빛으로 케이트를 구경했을 것이다. 맏이인 열네 살의 새라는 케이트와 한 침대를 쓰고 속내를 털어놓으며 서로 친하게 지냈을 것이다. 짐작건대 케이트는 근처에 사는 조부모 토머스와 메리도 만났을 테고 또 다른 숙부 존과 네 명의 사촌동생도 만났을 것이다. 울버햄프턴의 에도스 일족이 런던에서 온 친척 아이를 어느 정도나 환대했을지 우리는 알 수 없다. 먹여 살릴 식구가 한 명 느는 것이 마냥 반갑지는 않았겠지만, 케이트는 자기 앞가림을 하고 가계 소득에도 보탬이 될 수 있는 나이였다. 양친을 잃고 상심한 상태였지만 그런 일은 너무도 흔해서 제 몫을 다하지 않을 핑계가 될 수 없었으므로, 케이트는 울버햄프턴에 도착하자마자 공장에 다니기 시작했을 것이다.

케이트가 십 대 후반에 접어들었을 때 사촌 새라가 가정부로 고용되어 집을 떠났으나 그 자리는 곧 숙모 엘리자베스가 마지막으로 낳은 아이 해리엇이 채웠다. 케이트는 공장에서 긴 시간 일하고 돌아와서도 요리와 청소 등의 집안일과 어린 리지의 양육을 돕고 부업까지 해야 했을 것이다. 바로 이 시기에 케이트는 숙부 윌리엄이 "유쾌한 취미"라고 부른 습관, 즉 "밤늦게까지" 술을 마시는 버릇을 들이기 시작한 것같다.[3] 같은 거리의 몇 집 건너에 있는 양철공의 펍 레드카우는 비좁은 숙부의 집에서 벗어나 한숨 돌리기 좋은 공간이었을 것이다.

외부인인 케이트가 울버햄프턴의 친척들 사이에서 완전한 소속감을 한 번이라도 느꼈을지 의문이다. 1861년 여름, 그는 불안정하고 무모한 모습을 보였고 심지어는 일하는 공장에서 물건을 훔치다가 잡혔다.

건조실이나 포장실을 지나가다 명함통, 작은 상자, 펜 접시 따위를 슬쩍해 주머니나 옷 밑에 숨기기가 그리 어렵진 않았을 듯하다. 공장에서 훔친 물건도 눈감고 받아주는 전당포가 어딘가 한 군데는 있었을테니, 매일매일 양철을 세척하는 데 신물이 난 케이트는 절도의 유혹을 뿌리치지 못했던 것 같다. 그러나 올드홀에는 보는 눈이 많았고 누군가 한 사람은 절도 현장을 목격했다.

케이트는 질책을 받고 공장에서 쫓겨났지만, 아마 에도스가와 공장주의 오랜 인연 덕분에 치안법정에 끌려가는 일은 면했다. 이 사건은 에도스가에 너무도 큰 불명예를 안겼다. 그 충격파는 케이트의 진로를 설계한 장본인인 엠마와 해리엇에게까지 전해졌다. 빌스턴가 50번지에서는 꾸지람과 맞대꾸가 격렬하게 오갔을 것이다.

훗날 이 소동을 언론에 제보한 사람은 크루트 부인, 즉 울버햄프턴의 마구 제작자 겸 말 상인과 결혼한 새라 에도스였다.[4] 그의 회고에따르면 이 일이 케이트의 앞날을 바꾸었다. 에도스 일족은 시간이 지나도록 이 사건을 잊지 않았고 케이트를 용서하지 않았다. 열아홉 살의 케이트는 다시 한번 짐을 챙겨 새로운 삶을 찾아 떠나야 했다. 이번 목적지는 스스로 선택했다. 케이트는 좀 더 동정심 많은 친척에게 몸을 의탁할 생각으로, 울버햄프턴에서 남쪽으로 약 22킬로미터 걸어가야 하는 버밍엄을 향해 출발했다.

과거에 케이트의 모친이 소스와 푸딩을 만들던 울버햄프턴의 유명한 여인숙 피코크인은 1850년대 초부터 맨주먹 권투 경기장으로도 쓰이고 있었다. 상금이 걸린 프로 시합을 자주 주최했고, 경기가 있는 날이면 안뜰을 비운 뒤 톳장을 깔고 링을 세웠다. 울버햄프턴의 지역 영웅인 잉글랜드 헤비급 챔피언 윌리엄 페리(일명 '팁턴 슬래셔'), 훗날 미국 권투계에 진출하여 큰 성공을 거두는 조 고스 같은 선수가 피코크인에서 경기를 치렀다. 톰 에도스, 일명 '스노브'도 이곳의 링 위에서 싸우는 모습으로 조카의 마음을 두근거리게 했던 것 같다.

글러브 없이 싸우는 맨주먹 권투는 18세기부터 잉글랜드에서 큰 인기를 끌기 시작했다. 잭 브로턴이 이 스포츠에 신사다운 인상과 애국적 가치를 더하려는 목적으로 경기 규칙을 정립했고, 런던에는 왕세자의 후원으로 권투 학교가 문을 열었으며, 마침 태동기에 있던 스포츠 신문이 선수들의 시합 전 설전을 보도하며 열기를 북돋웠다. 계급을 불문하고 영국의 수많은 남자가 권투에 빠졌다. 브로턴 규칙에 따라 웃통을 다 벗고 주먹에 솜뭉치를 감은 채 상대를 난타해서 돈을 버는 맨주먹 권투는 국민 스포츠로까지 발전했다.

이 종목 선수들은 계급적으로는 노동자계급이 대다수였고 지역적으로는 잉글랜드 중부 출신이 많았다. 권투가 전업인 사람도 일부 있었지만, 그보다는 가죽 앞치마와 연장을 잠시 내려놓고 링에 오르는 아마추어가 더 많았다. 톰 에도스도 그중 하나였다. 본업이 제화공이라 '스노브(Snob, 구두장이)'를 별칭으로 삼은 그는 자신의 야수 같은 강인함을 활용하여 부수입을 벌었다.

케이트가 그의 경기를 관람한 시점은 1810년생인 톰에게 전성기는 지난 때였다. 그러나 그는 한 경기에 25파운드까지도 벌 수 있는 이 직업을 일찍 포기할 생각이 없었다. 1866년에도 영국의 유력 스포츠 주간지 《벨즈 라이프 인 런던》에 오랫동안 권투 실력을 다져 온 "버밍엄의 노련한 남자들", "네드 윌슨과 톰 에도스(일명 더 스노브)"의 경기 광고가 실렸을 정도로 권투를 오래 했다.[5]

지금도 그렇지만 19세기 초의 권투 경기는 스포츠 시합인 동시에 연극적인 오락물이었다. 1867년에 퀸스베리룰이 도입되기 전까지는 주먹만이 아니라 레슬링하듯 몸을 써도 되었다.[6] 링 중앙에 서서 맨가슴으로 신체적 위용을 드러내는 모습은 무대 위에서 영웅을 연기하는 배우와도 비슷했고, 상금이 큰 경기는 그 액수가 적힌 전단이 곳곳에 나붙으며 마치 서커스단이 찾아올 때처럼 주민들을 흥분시켰다.

경기 당일, 행사는 느긋하게 진행되었다. 높고 낮은 모자를 쓴 남자들이 운집하여 연신 시간을 확인하면서 시곗줄을 만지작거리거나 조끼 주머니에 손을 넣었다 뺐다 했다. 이윽고 양측 선수가 '세컨드'(링 밖에서 경기를 운영하는 보조), '물병잡이'(라운드 사이사이에 선수의 회복과 수분 공급을 담당하는 보조)를 대동하고 차례차례 등장했다. 선수들은 악수를 하고 동전 던지기로 코너 선택권을 결정했다. 이어 옷을 벗고, "변칙적인 물질을 삽입"하진 않았는지 확인하기 위해 "속바지를 검사받았다". 그런 다음에야 경기가 정식으로 시작되었다.

권투 경기장에 '품위 있는' 계급의 여자들은 별로 없었지만, 노동자계급 여성의 권투 관람은 딱히 권장되진 않았어도 완전히 비난받지도 않았다. 짐작건대 케이트는 군중에 섞여 숙부의 경기를 지켜보다가 그의 스타다운 모습에 살짝 반했을 것이다. 두 사람이 어떤 관계였는지, 즉 케이트가 숙부를 동경했던 것인지, 아니면 서로 호감을 가졌는지는 모르지만, 케이트는 울버햄프턴의 친척 사이에서 느끼지 못한 소속감과 호의를 톰이 제공해 주리라고 믿기에 이르렀다.

1861년 톰 에도스와 그의 아내 로재나는 버밍엄의 공업지대 한복판에 살고 있었다. 길 건너편에 굴뚝을 높이 세운 거대한 벽돌 건물은 작은 강철 핀과 바늘을 만드는 엘드리지앤드메릿츠 공장이었다. 같은 거리 몇 건물 옆에 자리한 브룩스앤드스트리트 공장에서는 황동 철사로 체와 난로망을, 토머스 펠턴의 공장에서는 마차용 등잔과 샹들리에를 제작했다. 이런 큰 공장들 사이에 낀 바곳가에는 주로 장난감과 총기를 제작하는 소규모 작업장이 모여 있었는데, 이 구역의 별칭이 '건 쿼터Gun Quarter'인 이유가 여기에 있었다. 버밍엄의 딱딱하고 기능적인 외양은 그 자매 격인 울버햄프턴과 별반 다르지 않았다. 벽돌을 쌓아 만든 건물들이 전부 까만 석탄 가루에 덮여 있었다.

톰 에도스의 가족은 끊임없이 쿵쾅거리는 중공업 시설과 인접한 몰랜드가 안쪽에 살았다. 엔진 돌아가는 소리가 종일 들렸을 것이고 자욱한 연기가 걷히는 날도 없었을 것이다. 금속과 수은을 사용하는 공장이 바로 옆에 있어 수질마저 나빴던 탓에 주민들은 다른 데서 물을 길어 수레로 옮겨 와야 했다. 에도스 가족의 벽돌집은 18세기 말에 지어졌으나 100년 사이에 많이 낡았다. 크기는 네 식구가 살기에 충분한 정도로, 2층과 3층에 방이 하나씩 있고 1층에 주방과 저장고가 있었다. 열여섯 살의 존은 인근 공장에서 황동 배관을 만들었고 열두 살의 메리는 어머니와 함께 집안일을 했다. 톰은 링에 올라 주먹을 쓰지 않을 때는 방 한편에 마련한 작업실이나 인근 작업장에서 신발을 만들었다.

19세기에 노동자계급 가정이 먼 친척을 집에 받아들일 때 환대하는 정도는, 새 식구가 경제적으로나 실용적으로 가계에 기여할 수 있는 능력에 비례했다. 케이트가 무슨 생각으로 버밍엄 이주를 감행했는지는 몰라도, 일하지 않고 살기는 그저 불가능한 일이었다. 고된 공장노동에서 벗어나는 것이 목적이었다면 아마 몹시 실망했을 것이다. 케이트는 양철 공장 일에 익숙했고 버밍엄에는 젊은 여자가 일할 공장이 많았다. 톰은 조카가 울버햄프턴에서 그만두었던 것과 거의 똑같은 일자리를 찾아 주었다. 이번에는 긴 테이블에 앉아 셸락바니시를 갓 바른 칠기를 천으로 닦는 일이었다. 이렇게 한껏 광택을 낸 제품은 거실을 갖춘 가정에서 하인이 차를 내올 때 쓰는 다기가 되거나 손님들의 부러움을 사는 멋진 장식품이 되었다. 노동시간은 전과 다름없이 무척 길었다. 케이트는 새벽에, 혹은 동이 트기도 전에 일어나고 저녁에야 귀가하여 밥을 먹고 메리와 함께 쓰는 침대에 들었을 것이다. 방 한 칸을 둘로 나눈 커튼 저편에서는 사촌 존이나 숙부 부부가 코를 골며 자

케이트

고 있었을 것이다. 도망쳐 온 곳이 어디든 똑같았다. 울버햄프턴에서든 버밍엄에서든, 권투 선수의 집에 살든 양철공의 집에 살든, 케이트의 일상은 그대로였다. 결혼하기 전까지는 똑같은 일과를 반복할 것이었다. 결혼한 후에는 엄마로서 살아갈 터였다. 그 삶에 기다리고 있는 것은 출산의 고통, 육아의 피로, 걱정, 배고픔, 탈진, 그리고 최후에는 병과 죽음이었다.

인도의 무더위는 로열아이리시 제18연대 병사들을 꼼짝 못하게 했다. 이들은 아시르가르 요새의 폐허가 된 이슬람 사원 그늘에서 휴식을 취하며 카드놀이를 하고 부츠를 닦고 이야기에 귀 기울였다. 이야기는 늘 넘쳐 났다. 고향에서 들려오는 이야기, 정글에서 있었던 이야기, 전투 이야기, 음탕한 미소를 지으며 다가오는 검은 얼굴의 여자나 반짝이는 눈과 흰 얼굴을 가진 여자에 관한 이야기.

사병 토머스 퀸은 귀를 쫑긋 세우고 이야기에 귀를 기울였을 것이다. 1836년 11월 21일 아일랜드 메이요주에서 토머스 콘웨이로 태어난 그는[7] 이야기 수집가였고 나중에는 이야기꾼 행상이 되었다. 다만 자신이 성을 바꾼 사연만큼은 누구에게도 들려주지 않았다. 주로 결혼 파탄이나 그보다 더 비참한 일을 겪은 뒤 과거에서 벗어나고자 하는 사람들이 군에 입대하면서 그런 식으로 정체성을 바꾸었다. 토머스 콘웨이는 1857년 10월에 토머스 퀸이 되었다.

짐작건대 토머스는 병적부에 곱표로 서명할 때 이미 인도 파병을 예상했을 것이다. 동인도회사의 군대가 델리 근처에서 반란을 일으켰고 이 사태가 북인도 전역으로 퍼져 나갈 기세라는 소식이 9월에 영국에까지 전해졌기 때문이다. 이 '세포이 반란'에 관한 뉴스가 크림전쟁에 관한 뉴스를 대체하기 시작했고, 영국군은 전력을 재정비할 틈도 없이 인도에 지원군을 보내야 했다. 파병이 긴급한 상황이었기에 토머스는 겨우 한 달 남짓 훈련받은 뒤 제18연대 제2여단의 일원으로 증기선 프린세스샬럿호에 올라 봄베이를 향해 출발했다. 그날은 그의 스물한 번째 생일 전날이었다. 그동안 아일랜드 시골의 뗏장집 풍경 외에는 본 것이 거의 없었던 토머스에게 인도 파병은 인생 최대의 모험이 될 것이었다. 그곳에 가면 수많은 이야기를 수집할 수 있을 터였다.

토머스는 3개월간 바다를 항해하며 수면 위를 나는 날치, 상어 떼, 희망봉 근처의 큰 너울을 보았겠지만, 그 끝에 도착한 인도는 외계만큼 낯설고 놀라웠다. 봄베이에 상륙한 많은 아일랜드인, 잉글랜드인 신병이 정신없는 색채의 향연에 완전히 압도되었다. 이들은 선명한 빛깔의 비단 사리를 두르고 팔찌와 코걸이를 찬 인도 여자들을 말똥말똥 쳐다보았다. 생강과 마늘의 강렬한 냄새, 장터를 느릿느릿 가로지르는 들소의 모습에 당황했다. 영국과는 전혀 다른 문화와 기후에 적응하지 못하는 이들도 있었다. 많은 병사가 "날씨의 혹독함"이나 "향수병의 우울"에 굴복했다.

토머스 콘웨이를 끝내 굴복시킨 것은 전자였다. 가슴에 습기가 찬 것이다. 그는 행군 중에 기침을 심하게 하고 숨도 잘 쉬지 못하여 결국 더 시원하고 상쾌한 남부에 있는 육군병원으로 이송되었다가, 인도인의 '반란'이 다 진압된 후에야 회복했다. 1861년 아일랜드의 더블린

케이트

에 돌아와 찾아간 군 병원에서는 완치 불가 판정을 받았다. 그의 "신체적 장애와 지속적 질환"은 "과거에 앓은 병, 특히 류머티즘과 만성 기관지염 때문"인 것으로 보였다. 게다가 스물네 살의 젊은 나이에 "심장 질환"까지 앓고 있는 것이 발견되었다. 결국 토머스는 제대를 권고받았다. 그래도 병적에는 그의 건강 문제가 "완전히까지는 아니더라도 부분적으로 군 복무와 기후에서 기인한 것이지 방종 등의 악습 때문은 아니"라고 기록되었다.[8]

병든 심장과 약한 폐로는 더 이상 군 생활을 할 수 없었을 뿐만 아니라 입대 전의 생계 수단이었던 일용 노동도 할 수 없었다.[9] 성식 직업훈련을 받은 적 없는 젊은 남자에게 이는 앞날이 캄캄해지는 소식이었다. 일 년에 두 번 퇴역 연금을 받게 된 것만은 다행이었으나 사병의 연금, 그것도 겨우 4년하고 6일을 복무한 토머스가 받을 연금은, 본업이 따로 있는 사람의 부수입은 되었을지 몰라도 주수입으로 삼긴 어려운 작은 액수였다. 군 기록에 따르면 토머스의 퇴역 연금은 일단 하루 6펜스로 책정되었고, 이후 병세의 차도에 따라 재산정되어 1페니씩 늘거나 줄거나 했다.[10] 이제 토머스 콘웨이는 망치를 휘두르거나 건초를 베거나 무거운 짐을 나르는 일이 아닌 일로 생계를 유지할 방법을 찾아야만 했다.

메이요주에서 성장한 토머스는 시골길을 따라 농가와 선술집과 뗏장지붕 집을 찾아다니며 장사하는 행상이라는 직업을 알고 있었을 것이다. 이들은 각종 유용한 물건과 도구를 보따리에 싸매고서 가까이에 상점이 없는 외딴 지역을 순회했다. 가는 길마다 개들이 뒤를 쫓고 아이들이 졸졸 따라다녔다. 사람들은 유랑자 겸 기별꾼 겸 꾀바른 외판원인 행상을 경계하는 동시에 환영했다. 이들은 마을, 군락, 소도시 등 들르는 곳마다 정보와 새 소식과 소문을 수집해 축적했는데, 어떤 이들에게는 이것이 행상의 가장 중요한 역할이었다. 그러나 유능한 행상은 장사하는 법을 잘 알았고 각 방문지에서 최대한의 이익을 뽑아낼 줄 알았다. 가령 농가 여자들은 그가 식탁 위에 펼쳐 놓는 가위, 빗, 골무, 칼, 리본, 실, 단추, 가끔은 브로치와 작은 장신구 따위에 혹했다. 행상은 다양한 인쇄물도 취급했다. 특히 동화부터 전기, 시, 단편소설까지 다양한 읽을거리를 목판화로 장식한 챕북*이 이들의 주력 상품이었다. 선술집과 펍에 들어가서는 이별이나 끔찍한 범죄 사건을 주제로 한 노랫말을 큰 종이 한 장에 담은 '브로드사이드 발라드'를 꺼내 펼쳤다. 보통 이런 노랫말은 누구나 아는 곡조에 붙여 불렀으므로, 사람들은 그 자리에서 발라드를 구매한 뒤 맥주를 들이켜며 새 노래를 부르곤 했다.

행상은 끊임없이 떠돌며 살았다. 매일 아침 빈속으로 일어났고, 당장 그날 밤 잘 곳도 확실하지 않았다. 19세기 전반기에 활동한 행상들의 봇짐에 으레 들어 있던 『행상 존 칩의 역사The History of John Cheap the Chapman』라는 챕북은 행상이 하루하루 어떻게 살았는지를 구체적으로 보여 준다. 신나는 모험보다도 위험하고 불편한 일이 훨씬 많았다. 농가에서는 사나운 개나 뿔을 들이미는 소를 피하려다 도랑이나 두엄물

* 챕맨(chapman, 행상)이 팔았다고 하여 챕북(chapbook)이라고 부른 소책자.

에 빠질 위험이 늘 있었다. 추운 겨울에도 헛간에서 밀 부대를 깔고 자거나, 케일밭이나 외양간 한편에서 자야 했다. 파는 물건을 내주고 수프나 양배추를 얻었고 흔히 "하루 종일 걸은 뒤 고기도 빵도 맥주도 먹지 못하고, 이 집 저 집 전전하는" 신세였다. 그러나 행상은 다른 직업에서는 누릴 수 없는 자유를 누렸다. 이들의 삶은 19세기 사람들을 지배하던 관계나 속박과는 무관했고, 거기엔 분명 어떤 낭만이 있었다. 정처 없이 방랑하고, 제 꾀로만 먹고살며, 다양한 사람을 만나고 새로운 장소를 찾아다니는 존재인 행상은 가족이나 공동체, 교회, 고용주, 그 누구에게도 빚지지 않았으며, 어떤 이들은 그러한 자유에서 짜릿한 해방감을 맛보았다.

쉽게 짐작할 수 있듯, 주로 부양할 가족이 없는 미혼 남성이 주로 행상을 직업으로 선택했다. 그러나 오늘날의 외판원과 마찬가지로 결혼했다고 해서 그만두어야 하는 일도 아니었다. 행상을 하기에 가장 적합한 사람은 기나긴 행군과 고생을 익히 경험한 퇴역 군인이라고들 했다.

십 대 때부터 방랑 생활을 경험한 토머스 콘웨이에게 행상보다 더 그럴듯한 선택지는 없었을 것이다. 1845~1852년의 대기근은 아일랜드 농촌 중에서도 메이요주를 강타했고 1851년경에는 이 지역 인구의 거의 30퍼센트가 사망하거나 다른 지역으로 떠났다. 토머스도 그중 한 사람으로, 군에 입대한 해인 1857년에는 잉글랜드 요크셔주 베벌리 근처에서 일용직 일꾼으로 살아가고 있었다. 1861년 10월 14일에 제대한 토머스는 연금을 수령하고 킬케리의 친척을 방문했다가 다시 한번 잉글랜드로 향했다. 이번 목적지는 전보다 더 밝은 앞날을 약속하는 뉴 캐슬이었다. 그는 연금을 밑천으로 보따리에 물건을 채운 뒤 길을 나서, 남쪽으로 코번트리와 런던에 들렀다가 1862년 여름 버밍엄에 이르렀다.[11]

케이트와 토머스가 어떻게 처음 만났는지에 대해서는 여러 다른 이야기가 있다. 그중 하나에 따르면 스무 살의 케이트는 "아름다운 용모에 따뜻한 마음씨"의 소유자였고 토머스는 밝은 갈색 머리카락과 회색 눈에 능숙한 이야기 솜씨를 지닌 아일랜드인이었다. 사촌 새라와 언니 엠마는 케이트와 토머스가 버밍엄에서 서로 알게 되었다고 말했으나, 숙부 톰은 케이트가 "이 콘웨이라는 남자와 교제를 시작한 것은" 자신이 조카를 보호하던 시기가 아니었다고 주장했다. 어쨌든 케이트는 버밍엄에 온 지 9개월이 지났을 무렵 갑자기 울버햄프턴으로 돌아가겠다고 선언했다. 짐작건대 바로 그 시점에 토머스를 만났을 것이고 울버햄프턴이 그의 다음 행선지였을 것이다.

호랑이와 싱그러운 정글에 대해 들려주고 노래 주머니와 이야기보따리를 풀어 놓는 토머스는 사람들 눈에 낭만적인 사람으로 비쳤을 것이다. 그는 어느 펍, 어느 장터에 가서든 매력적인 대사를 쏟아 내며 손님들을 매혹했을 것이다. 토머스 콘웨이는 어디든 가고 싶은 대로, 바람이 부는 대로 향했다. 유쾌하고 활달하고 거침없는 성격의 케이트가 이 남자의 삶을, 자신이 처한 고된 상황에서 벗어날 흥미로운 대안으로 여기게 된 것도 어쩌면 당연했다.

에도스 가족은 이러한 상황 전개가 탐탁지 않았고, 케이트는 빌스턴가에서 그런 분위기를 충분히 느꼈다. 토머스는 케이트의 가족 누구에게도 환대받지 못했다. 숙부 윌리엄과 숙모 엘리자베스, 사촌 새라, 숙부 톰은 물론이고 런던에 있는 자매들까지도 그를 좋아하지 않았다. 이유는 명백했다. 신체 질환 때문에 군 복무 부적격 판정을 받고, 제대로 된 직업도 집도 가족도 없으며, 하루 6~7펜스라는 쥐꼬리만 한 연금 외엔 확실한 수입원도 없는 아일랜드 출신 떠돌이인, 빅토리아 시대의 젊은 여성이 절대 만나면 안 되는 남자의 전형과도 같았다. 이런 부류와 잠깐이라도 얽혔다가는 가난, 굶주림, 구빈원행을 피할 수 없었다. 더욱이 토머스가 케이트에게 결혼할 뜻을 밝혔을지는 몰라도, 그 뜻을 당장 실행에 옮길 생각은 없어 보였다.

그럼에도 케이트는 토머스를 좋아했다. 《블랙컨트리 버글》에 따르면, 케이트는 "이 잘생긴 아일랜드인 공상가에게" 완전히 "빠졌"다. 결국엔 숙모 엘리자베스가 최후통첩을 전했다. 그 보따리장수와 관계를 정리하든가, 아니면 집에서 나가라고 말이다.[12] 케이트는 후자를 선택했고 토머스와 함께 여인숙에 들어갔다. 이 불화가 벌어진 시점, 그러니까 1862년 7월에 케이트는 임신한 상태였다.

에도스 가족은 조카의 행실이 부끄럽고 당혹스러웠겠지만, 미혼 여성이 임신하는 일이 그리 드문 것도 아니었다. 중상류층 사회에서는 성적 순결이 젊은 여성의 인격과 '상품'으로서의 가치를 나타내는 척도였지만, 현실적 필요가 우선이게 마련인 노동자계급은 순결을 그렇게까지 중요하게 여기지 않았다. 중상류층 여자아이가 순수한 여성성을 지켜야 한다고 배울 때, 노동자계급 여자아이는 그러지 않았다. 이 시대 비평가들은 노동자계급의 성애화가 아주 어린 나이에 시작된다고 우려하면서 그 원인을 비좁은 생활공간에서 찾았다. 가족과 친척은 물론 손님까지 한 침실이나 한 침대를 쓰는 환경에는 신체적 프라이버시나 정숙의 개념이 들어설 여유가 없었다. 남들이 성교하는 장면을 보거나 듣는 일이 흔했으며, 신체 노출은 유혹과 실험으로 이어졌다. 또 생활공간이 부족하니 어린 십 대들이 부모의 시선이 닿지 않는 바깥에 머무는 시간이 길어졌다. 월터라는 이름의 도색문학 작가는 한 젊은 여자에게 이런 이야기를 들었다. "어머니들은 어린 딸들이 무슨 일을 하는지 신경 쓰지 않기에 … 열세 살, 열네 살에 집 안에 있지 않고 밤에 어두운 거리를 돌아다니는 … 여자아이들이 많습니다. … 이들은 좋아하는 행상 남자애들과 어울리고 … 열네 살이면 순결은 거의 찾아볼 수 없죠." 헨리 메이휴도 비슷한 현상을 발견했다. 기성복 제조 공장에서 일하는 한 십 대 여성이 그에게 이렇게 고백했다. "바느질 일을 하는 여자애가 수천 명은 되는데 난 그중 순결한 사람이 한 명도 없다고 분명히 말할 수 있습니다."

성관계가 임신으로 이어지기가 너무도 쉬운 시대였다. 많은 커플이 여자가 임신하거나 아이가 태어나면 그제야 결혼했지만, 노동자계급은 결혼 대신 동거를 선택하는 경우도 많았다. 특히 행상처럼 여기저기 떠돌며 일하는 남자는 결혼보다 동거를 선호했다. 이론상으로 이 유동적인 관계는 남자만이 아니라 여자에게도 이로웠다. 남자가 일 때문에 때로 꽤 멀리까지 나가 있는 동안, 여자는 얼마든지 다른 파트너를 찾아 관계를 맺을 수 있었다. 이런 이유로 많은 커플이 교회에서 정

케이트

식으로 결혼할 필요성을 느끼지 못했다. 물론 동거 관계를 결혼만큼 진지하게 여기고 꽤 오랫동안, 길게는 평생 함께 사는 커플도 꽤 있었지만 말이다. 19세기의 기자와 사회개혁가가 자주 이야기한 대로 노동자계급은 자신의 친구와 이웃이 맺고 있는 관계의 실상을 자세히 알려 들지 않았고, 어떤 커플이 자신들이 부부 사이라고 말하고 그에 걸맞게 행동한다면 그들은 부부 사이인 것이라는 단순한 규칙을 따랐다. 저술가 앤드루 먼스는 이렇게 썼다. "함께 사는 남녀에게 부부 사이냐고 물으면 … 당신의 단순함이 미소를 유발할 것이다. 아무도 모르고, 아무도 신경 쓰지 않는다."[13] 그렇다고 해서 동거하는 커플에 대해 반감이나 미묘한 태도가 전혀 없었다는 뜻은 아니다. (주로 중상류층에 속하는) 지주와 고용주는 집이나 회사에서 합법적이지 않은 커플을 발견하면 가차 없이 쫓아내거나 해고했으며, 이에 뒤따르는 모든 사회적 지탄은 여자 혼자 감당해야 했다. 남자는 동거 관계를 쉽게 정리할 수 있고 그 어떤 뒷일도 감당할 필요가 없었던 반면, 그동안 스스로 돈을 벌 능력은 줄고 먹여야 할 자식들이 생긴 여자는 곧 극빈 상태에 빠졌다.

케이트가 토머스 콘웨이와 동맹을 맺기로 결정했을 때, 그는 자신이 어떤 위험 속으로 걸어 들어가고 있는지 잘 알았을 것이다. 그래도 그때까지의 삶보다는 토머스와 함께하는 삶이 더 나아 보였을 것이 틀림없다. 사촌 새라 크루트에 따르면 케이트와 토머스는 울버햄프턴에 오래 머물지 않았고, 동거를 시작한 뒤 곧 버밍엄으로 돌아갔다.

케이트와의 결합은 토머스에게도 이로웠을 것이다. 단순히 요리와 빨래를 맡아 줄 여자가 생겨서만이 아니라, 케이트가 그의 사업에 도움이 되고 어쩌면 완벽한 동업자가 되었을 것이기 때문이다. 시골에서는 토머스 혼자서도 수월하게 집집을 방문하며 책과 물건을 팔 수 있었지만, 좀 더 큰 마을이나 시장이 있는 도시에서 장사하려면 사람들의 눈에 더 잘 띌 수 있는 사업 수단이 필요했다.

두 사람은 행상 중에서도 헨리 메이휴가 '날아다니는 책 장수' 또는 '책 잡상인'이라고 부른 집단에 속했다. 이들은 판매 방식에 따라 다시 둘로 구분되었다. '움직이는 책 장수'는 거리와 광장을 돌아다니며 판매 중인 발라드나 챕북의 제목과 줄거리를 큰 소리로 외쳤다. '서 있는 책 장수'는 거리 모퉁이나 펍 앞에 자리를 잡고는 사고, 추문, 전투, 참사, 처형에 관한 이야기를 들려주며 행인을 유혹했다. 움직이는 쪽이든 서 있는 쪽이든, 흔히 여자 가수가 발라드의 한 대목을 노래나 말로 읊으며 손님을 끌면 남자 상인이 물건을 팔았다. 둘이 함께 이중창을 부르거나 연극적인 만담을 주고받기도 했다. 학교에서 음악을 배웠고 노래하기를 즐겼던 외향적인 성격의 케이트에겐 거리 공연이 공장노동보다 훨씬 더 체질에 맞았을 것이다.[14]

애초에 토머스는 자신이 직접 책을 쓸 마음으로 책 장수가 되었던 것 같다. 하지만 그에겐 그럴 능력이 없었다. 퇴역 서류에 곱표로 서명한 것에서 알 수 있듯 글을 쓸 줄 몰랐기 때문이다. 그가 인도 모험에서 수집해 온 글감이나 (1850~1860년대에 대인기를 누린) 발라드 형식으로 지은 이야기들은 누군가 다른 사람이 받아써서 출판했을 것이다. 그러다 케이트가 필경사 역할을 맡자 대번에 사업성이 좋아졌을 것이다. 두 사람이 펍의 탁자 위로 몸을 웅크린 모습이 그려진다. 토머스가 시를 읊으면 케이트가 손에 잉크를 묻혀 가며 그것을 받아쓰지 않았을까? 그러다 쓴 것을 지우기도 하고, 토론하고, 다시 쓰고, 쓴 것을 직접 불러 보지 않았을까? 그렇다면 케이트가 창작 측면에서도 한 역할을 담당했다고 봐도 무방할 듯하다.[15]

그러나 케이트가 관습적인 삶 대신 선택한 이 삶이 언제나 그가 상상했던 것만큼 행복하거나 자유롭지는 않았을 것이다. 일단 책 파는 일은 도시에서든 시골에서든 벌이가 시원치 않았다. 메이휴에 따르면 책 장수의 평균 소득은 일주일에 10~12실링 수준이었다. 12실링까지 벌려면 발라드, 챕북, 시, 논설 등등 무엇이든 써서 팔아야 했다. 몸이 아프거나 과음하는 등 일상이 흔들리면 불가능한 일이었다. 또한 떠도는 삶은 너무도 고생스러웠다. 비에 젖어 꽁꽁 언 더러운 옷을 입고, 허기에 시달리고, 당장 묵을 곳도 없는 나날이 계속되었다. 케이트는 특별한 날에만 몸을 씻거나 옷을 빨 수 있었을 것이다. 시골에서는 농가에서 잠자리를 얻을 수 있었지만 도시에서는 불쾌하고 붐비는 여인숙과 구빈원 임시방에 묵어야 했고 여차하면 길에서 자야 했을 것이다. 별것 아닌 소지품도 강도와 사기꾼의 목표물이 되었다. 이 불안정하고 위험한 떠돌이 생활이 임신 중인 케이트에게는 더더욱 고생스러웠을 것이다. 그러니 케이트가 임신 9개월 차인 1863년 4월에 노퍽주 그레이트야머스의 구빈원 의무실을 찾아간 것도 어쩌면 당연한 일이었다.

케이트처럼 출산이 임박한 부랑자들에게 구빈원 병원은 잠시 몸을 맡길 만한 휴식처로 여겨졌을 것이다. 실제로 1860년대에는 모든 구빈원이 극빈층 임신부를 수용하고 있었다. 그러나 이때도 구빈법위원회는 '자격 있는 기혼 여성'과 혼외 관계에서 아기를 임신한 '타락한' 여자를 구분하려고 했다. 구빈원을 찾아간 케이트는 '캐서린 콘웨이'라는 이름을 대고 자신이 '일꾼'의 아내라고 밝혔다. 토머스가 그곳에 함께 갔을 수도 있으나, 그보다는 케이트가 구빈원에 머무는 동안 일을 찾아 나섰을 가능성이 더 크다.

토머스는 '아내'가 지붕 밑에 묵게 되어 안심했겠지만 구빈원 의무실은 출산하기에 적합한 안식처가 결코 아니었다. 산부인과 병실이 따로 있는 경우는 거의 없었고, 진통이 시작된 여자들이 일반 병실에서 각종 질환과 결핵, 천연두, 매독 같은 전염병을 앓는 환자들 옆에 누워 있는 경우도 많았다. 위생 설비는 어디든 열악했다. 구빈법 개혁론자 루이자 트위닝은 한 여성 병동을 방문했다가 부서진 변소가 하수구처럼 방치된 모습, 소독제도 쓰지 않고 청소하는 모습, 비눗물도 없이 아기를 받는 모습을 목격했다. 케이트가 1863년 4월 18일에 첫아이 캐서린 애니 콘웨이를 출산한 그레이트야버스 구빈원 병원은 쥐를 쫓으려고 가스등을 자주 켜 두는 곳이었다. 하지만 케이트에게는 길가의 진창보다는 이 불쾌한 병원이 첫아이를 낳기에 훨씬 더 좋았을 것이다.

갓난아이가 태어났다고 해서 이 커플의 발걸음이 전보다 많이 느려지진 않았을 것이다. 게다가 사람들은 케이트가 딸을 엎거나 안은 모습을 보고 흔쾌히 빵을 더 주거나 안락한 잠자리를 제공해 주었을 것이다. 애니가 태어난 후에도 두 사람은 수년간 행상을 계속했다. 북으로는 뉴캐슬까지 갔다가, 늦여름에는 코번트리로 내려왔다. 1864년 6월에는 잠시 런던에 들렀는데, 케이트는 열다섯 살 때 집을 떠난 이후 이때 처음 런던을 방문했던 것 같다. 방랑 생활 동안 케이트는 어린 딸을 외양간에서, 교회 묘지에서, 건물 옆에서, 비가 쏟아질 때는 나무 밑에서 재웠을 것이다. 이러한 생활 방식이 완벽하게 만족스러운 순간은 단 한 번도 없었을 테지만, 필시 케이트는 자신을 지탱하는 무언가를 이 삶에서 발견했을 것이다. 그것은 공연하는 즐거움, 노래하고 이야기를 읊고 어쩌면 창작도 하는 삶의 기쁨이었을 것이다. 그리고 여윳돈이 있을 때는 알코올도 그를 위로했을 것이다.

성공을 찾아 전국 구석구석을 계속 누비자고 고집한 사람이 토머스 콘웨이였다면, 아이러니하게도 그가 마침내 성공을 찾은 곳은 에도스 가족의 코밑인 스태퍼드셔주였다.

1866년 1월 9일 이른 아침, 목도리와 숄을 두른 구경꾼들이 스태퍼드 교도소 안뜰에 속속 모여들었다. 잔인한 범죄를 저지른 자의 교수형은 오랜만이었기에 주변 도시와 마을 사람들까지 새벽같이 일어나 살인범 찰스 크리스토퍼 로빈슨이 낚싯줄에 걸린 물고기마냥 팔딱거리고 움찔거리는 모습을 구경하러 왔다. 노점상에서는 차와 커피, 따뜻한 우유 등의 음료와 건포도빵, 삶은 계란, 양의 발 고기, 케이크 같은 먹을거리를 팔았다. 공개 처형에 대한 대중적 열광은 1860년대 들어 시들해지긴 했어도 여전히 시장이나 박람회가 열릴 때의 흥분과 맞먹었다. 공장노동자들은 출근길에 구경하러 들렀고, 동네 사람들이 모여 잡담을 나누었으며, 행상들이 물건을 팔러 왔다. 처형 장면이 잘 보이는 자리를 잡으려고 서로 찌르고 밀치는 군중 속에 케이트와 토머스도 장사할 물건을 펼쳐 놓고 있었다.

교수형 집행일은 책 장수가 한몫 잡는 날이었다. 살인범의 비애는 발라드의 단골 주제였고, 범죄 이야기보다 잘 팔리는 품목은 없었다. 그래서 어디선가 공개 처형이 예고되면 전국의 모든 발라드 작가와 인쇄업자가 서둘러 각자의 버전으로 이야기를 짓고 찍었다. 이들이 감옥 안뜰에서 파는 인쇄물에는 흔히 살인범의 '진짜' 마지막 고백이 담겨 있었고, 심지어 아직 처형 전인데도 살인범이 교수대에 올랐을 때 했다는 말이 들어 있기도 했다. 공개 처형은 케이트와 토머스의 일용할 양식이었다. 사실 이들의 방랑은 교수형이 예정된 주도州都를 최종 목적지로 삼은 중간 여정일 때가 많았다. 그런데 이번 교수형은 두 사람에게 특별히 중요했다. 찰스 크리스토퍼 로빈슨이 케이트의 먼 사촌이었던 것이다.

로빈슨은 케이트와 똑같이 양친을 잃은 뒤 친척 집에서 자랐다. 그의 보호자는 울버햄프턴에서 주택 중개인으로 일하는 조사이아 피셔라는 사람이었는데, 어느 정도 부와 지위가 있었던 피셔는 아들의 처제인 해리엇 세거라는 불우한 아이도 거두게 되었다. 나이가 비슷했던 세거와 로빈슨은 서로 애정을 느꼈고 약혼하기에 이르렀으나, 세거는 약혼자의 성마르고 시기심 많은 성격에 마음을 놓지 못했다. 1865년 8월 26일 그는 로빈슨이 씻지도 면도하지도 않고 셔츠만 입은 채 정원을 돌아다니는 것을 발견했다. 두 사람은 말싸움을 벌였고 로빈슨은 세거를 붙잡고 입을 맞추려 했다. 세거가 몸을 피하자 로빈슨은 그의 뺨을 때렸다. 두 사람은 화를 내며 각자 자리를 떴지만 로빈슨은 자신을 비난한 약혼자를 용서할 마음이 들지 않았다. 잠시 후, 면도칼을 들

케이트

고 식기실로 성큼성큼 내려가는 로빈슨을 집안 하인이 목격했다. 시끄러운 소리가 나더니 총소리가 들렸다. 범죄가 발생한 것이다. 집안 사람들이 울부짖는 로빈슨을 발견했을 때, 그는 총으로 자살하는 데 실패한 뒤 면도칼로 제 목을 그으려 하고 있었다. 그의 발치에는 흥건한 핏물 속에 해리엇 세거가 "목이 깊이 잘려 등뼈까지 드러난 상태로" 누워 있었다.[16]

케이트가 살인범 사촌과 실제로 아는 사이였는지는 확인되지 않지만, 그와 토머스는 어떻게든 이 친척 관계를 이용할 생각이었을 것이다. 울버햄프턴 기록보관소에는 토머스 콘웨이와 케이트 에도스가 직접 쓴 것으로 추측되는 거의 유일한 인쇄물이 한 부 소장되어 있다. 1866년 처형장에서 판매할 목적으로 제작한 『8월 26일 울버햄프턴 애블로가에서 연인 해리엇 세거를 살해한 찰스 크리스토퍼 로빈슨의 끔찍한 처형에 관한 시들』이다.[17] 이 발라드는 관점이 흥미롭다. 아마 다른 작가들은 살인 장면을 극적으로 서술하든가, 아니면 살인에 이르는 사랑 이야기를 썼을 텐데, 두 사람의 시는 로빈슨을 자신의 죄를 후회하는 사람으로, 우리가 동정해도 좋을 인물로 그리고 있다.

다들 들으시오, 감정 있는 기독교인들이여
내 이야기에 귀 기울이시오
잔인한 살인 이야기요
나는 스태퍼드 감옥에서 목매달렸소
내가 저지른 무서운 범죄는

듣기에 소름 끼칠 것이오
내가 죽인 이는 내가 사랑했던 이,
해리엇 세거라오.

내 이름은 찰스 로빈슨,
슬픔은 억눌러도
내가 한 짓, 바로 그 생각에
안식할 수 없었소
스태퍼드 감옥 안에서
쓰라린 비탄 속에 울었소
매순간 들리는 듯했소
'불쌍한 영혼은 죽을 준비를 하라!'

비참한 운명은 내 당연한 몫,
아무도 나를 동정할 수 없소
내 이 차가운 피로
그녀를 죽일 수 있었다고 생각하면
그녀는 나를 조금도 해하지 않았건만
나 어떻게 그녀를 해할 수 있었을까
지금 이 마음은 누구도 알 수 없소
내 심장은 비통할 뿐이었소

케이트

오, 어두운 감옥 속에서

슬픈 생각이 속속 떠올랐고

내가 저지른 잔인한 범죄가

내 얼굴 앞에 나타났소

감방에 누워 있노라면

그 무서운 광경들이 떠올랐고

내가 죽인 그녀의 보드라운 형상이

눈앞에 나타났소

오 사탄아, 너 힘센 악령아,

어찌하여 나에게 깃들었느냐?

오 나는 왜 너의 사슬이

내 나약한 마음 옭아매게 했던가?

내 눈에는 그녀가

무엇보다 중요했다네

질투 때문이었네,

내가 불쌍한 해리엇 세거를 죽인 이유는

부디 나의 종말이

만인에게 경고가 되기를

내 불행한 운명을 생각하고

나를 기억하시오

Catherine Eddowes

가난한 자든 부자든

친구들이, 사랑하는 이들이

그리고 주님이 당신의 덧없는 나날을

저 위에서 축복하시리라

케이트는 악당의 목에 올가미가 조여드는 장면을 전에도 수차례 보았겠지만, 혈연이 처형당하는 이날은 여느 날과는 달랐을 것이다. 조문 복장으로 모인 친척들을 보고 케이트가 어떤 심정이었을지 우리는 결코 알 수 없다. 차가운 공기에 대고 시를 읊는 이 뻔뻔한 가수가 케이트임을 그들이 알아보았는지도 알 수 없다.

《블랙컨트리 버글》의 보도가 사실이라면, 케이트와 토머스의 발라드는 그날 엄청난 이문을 남겼다. 두 사람이 "마차 좌석표까지 사서 당당히 스태퍼드를 떠날" 수 있을 정도였다. 기사에 따르면, 토머스는 그날 번 돈으로 당나귀 한 마리와 수레를 사고 빌스턴가 인쇄소에 400부를 추가 주문해 "다음 월요일의 정기 노점"에서 팔았다. 심지어 토머스는 케이트에게 "꽃 장식 모자를 살 돈"도 쥐어 주었다. 또한 이들은 웬스베리 근처 마을인 "목슬리의 여관에 한참 묵었다". 토머스가 오래도록 찾아다닌 바로 그 행운이 드디어 그들을 찾아온 것이었다. 그러나 그는 그 정도에 만족하지 않고 "자신의 시적 재능을 … 훨씬 더 잘 알아봐 줄" 런던에 정착하기로 했다.[18]

《블랙컨트리 버글》의 보도는 그 어느 대목도 진위 여부를 확인할 수 없지만, 토머스의 연금 기록을 참조하면 두 사람이 이때부터 런던에서 점점 더 길게 머물렀다는 주장만큼은 사실인 듯하다. 두 사람이 수도에 정착하기로 한 이유는 부분적으로는 토머스의 야심 때문이었겠지만 다른 이유들도 작용했을 수 있다. 케이트가 양친을 잃은 이후 무언가 배운 것이 있다면, 그건 울버햄프턴의 에도스 일족은 그의 진짜 가족이 아니라는 사실이었다. 그가 유년기를 보낸 곳, 언니들이 있는 곳은 런던이었다. 집을 떠났던 탕아는 이렇게 해서 수년간의 타지 생활을 마치고 마침내 고향으로 돌아왔다.

CHAPTER 15

자매를 지키는 사람

엠마는 늘 옳은 일을 하고자 하는 사람이었다. 대가족의 둘째 딸로서 연신 태어나는 갓난아이들을 돌보았다. 수프 끓이기, 더러운 기저귀 갈기, 걸음마를 배우는 아이가 뜨거운 숯이나 마차 바퀴에 가까이 가지 못하게 감시하기 등을 배웠다. 앨프리드에게서도 눈을 떼지 않고 그가 발작을 일으키면 돌보아 주는 등, 보답할 능력이 없는 그를 늘 안전하게 지켰다. 죽음을 앞둔 어머니와 병에 걸린 아버지를 간호하고 위로한 사람도 엠마였다. 읽고 쓰는 법을 아는 사람도, 식구들을 부양하기 위해 집을 떠나 고용살이를 한 사람도 엠마였으며, 고아가 될 형제자매의 앞날을 고민한 사람도 엠마였다. 그는 최선의 결과를 바라며 케이트를 울버햄프턴으로 보냈고, 자신은 중산층 가족을 위해 성실하게 청소하고 설거지하고 시중드는 일을 계속하며 조용히 돈을 모았다.

1860년경 스물다섯 살의 엠마는 클러큰웰에 사는 언니 해리엇의 이웃인 제임스 존스를 만났다. 남자의 가족은 동물유지로 양초를 만들어 파는 일에 종사했는데 양초 제작자는 한때, 그러니까 가스등이 등장하기 전까지만 해도 독자적인 길드가 있었을 만큼 존경받는 직업이었다. 엠마는 그 시대 여자가 할 만한 일을 했다. 그해 11월 11일 자신에게 청혼한 남자와 결혼한 것이다. 아이들이 태어나기 시작했다. 총 여섯 명이었다.

케이트가 없는 동안 그 위 네 자매의 삶은 나무뿌리처럼 점점 굵어졌고 서로 긴밀하게 얽혔다. 케이트의 어머니 역할을 했던 언니들은 1860년대에 버몬지를 떠나 템스강 북안의 노동자계급 거주 구역인 클러큰웰로 건너가 스미스필드 축산물 시장 주변에 정착했다. 다들 세인트바르나바스 교회에서 결혼했고, 겨우 몇 길 건너 거리에 모여 살았다. 일라이자는 1859년에 제임스 골드라는 그 동네 푸주한과 결혼했고, 해리엇과 로버트 가렛은 아이 없이 동거하다가 1867년에 정식으로 결혼했다. 엘리자베스 부부만은 템스강 남쪽의 그리니치에서 살았다. 각자 꾸준히 아이를 낳아 키우고 집안일에 힘쓰는 와중에도 자매들은 자주 연락하며 지냈고 서로 소문과 소식을 전했다. 그러던 어느 날, 케이트가 런던에 돌아왔다는 소식이 이들에게 전해졌다.

모친을 잃은 열다섯 살 나이에 언니들 결정에 의해 누군지도 모르는 친척에게 마치 소포처럼 보내졌던 케이트가 다 큰 어른이 되어 자신의 아이와 남편이라는 사람까지 대동하고 돌아왔다. 처음에 케이트는 엠마에게 방랑 생활에 관해서는 생략하고 토머스와 버밍엄에 살았다고만 이야기했다. 그러나 이윽고 엠마는 동생이 결혼은 한 것인지, 왜 손에 결혼반지가 없는지, 팔뚝에 새겨진 조악한 이니셜 문신은 다 무엇인지 궁금해했을 것이다.

문신은 19세기 말에 가서 잠깐 유행하기도 하지만, 빅토리아 시대 중기에는 사회 최하층의 독점적인 상징물이었다. 전통적으로 문신 같은 신체 예술은 그러한 관습이 널리 퍼져 있는 아시아, 오세아니아 지역을 항해하는 선원들의 전유물이었고 이들을 통해 영국에 전해졌다. 선원은 빈곤, 악습, 범죄로 악명 높은 직종이기도 했다. 한편 군인들도 팔다리와 몸통에 이름 이니셜이나 연대 표장을 새기는 것으로 잘 알려져 있었다. 아마 토머스 콘웨이는 군에서 복무할 때 이두박근에 뱀, 심장, 십자가, 연인의 이름 따위를 새긴 동료를 많이 보았을 것이다. 하지만 외관을 손상시키는 것으로 남자다움과 모험심을 나타내는 행위가 남자들에게는 용인되었을지 몰라도 여자들에게는 그렇지 않았다. 여자가 문신을 한다는 것은 여성적 순결과 아름나움이라는 사회 관념을 비웃고, 나아가 그 사람을 남자에 가깝게 만드는 행위였기 때문이다. 문신하는 과정은 불결하고 불쾌했다. 잉크를 묻힌 바늘로 피부를 수없이 찔렀다. 여자가 그런 경험을 원한다는 것은 '타고난 섬약함'을 버린다는 뜻이자 신께서 주신 외양을 영원히 바꾼다는 뜻이었다. 케이트가 살면서 내린 많은 결정, 즉 결혼하지 않은 것, 혼외 관계에서 아이를 낳은 것, 떠돌며 살아온 것 등과 마찬가지로, 몸에 문신을 하는 것은 매우 전복적인 행동이었다. 그에게 문신을 권한 것은 토머스였을 가능성이 크고, 아마 토머스의 팔에도 케이트의 이니셜이 새겨졌을 것이다. 어쩌면 두 사람은 결혼반지와 교회 결혼식이 아니라 이 방법으로 자신들의 결합을 독자적으로 공식화한 것이 아닐까 싶다.

해리엇, 엠마, 일라이자, 엘리자베스가 케이트에 관해 어떤 대화를 나누었을지 몰라도 케이트의 런던 귀환은 이제부터 다른 삶을 살겠다는 선언이었던 것 같다. 1868년에 케이트와 토머스는 웨스트민스터의 벨가 안쪽에 있는 코티지플레이스 13번지의 작지만 "깨끗하고 안락한" 집에 살고 있었다. 케이트가 클러큰웰에서 꽤 먼 웨스트민스터에 정착한 것은 언니들과 관계가 그리 좋지 않아서였을 것이다. 이들은 사이가 좋았다 나빴다 하기를 자주 반복했다. 그해에 케이트가 둘째 토머스 로런스를 낳을 때 언니들이 도우러 왔는가는 확인되지 않지만, 이듬해 3월에는 관계가 다시 좋아졌는지 케이트가 막 태어난 셋째 아이에게 맏언니 해리엇의 이름을 붙였다.

토머스가 야심을 좇아 아내와 아이를 데리고 런던에 온 것이라면, 그는 3년이 지나도록 성공하지 못했다. 이 대도시에는 발라드와 챕북을 팔 수 있는 더 큰 시장이 있었으나 토머스는 끝내 그 시장에 진입하지 못했다. 19세기 말 런던 거리에는 자기가 지은 노래를 부르고 파는 책 장수가 수백 명, 많게는 수천 명이나 있었다. 게다가 웨스트민스터는 노래와 구걸을 겸하여 돈을 버는 유명 이야기꾼들이 가장 즐겨 찾는 목 중 하나였다.[1] 과거였다면 이 실패가 토머스와 케이트에게 별 영향을 미치지 못했을 것이다. 다시 돛을 펴고 북쪽이든 남쪽이든 일거리가 있는 곳으로 향하면 그만이었다. 그러나 이제는 어린아이들이라는 닻이 있었다. 토머스는 심장 질환이 있었음에도 가족을 부양하기 위해 다시 육체노동을 시작했다. 그는 한동안 벽돌공의 조수로 일하면서 집세와 얼마 안 되는 식비를 충당했으나 이 안정기는 너무 짧았다. 곧 돈과 식량이 부족해졌고, 갓난아이 해리엇은 어머니의 마른 젖을 빨다가 결국 기운을 잃기 시작했다. 아이는 3주 만에 영양실조로 사망했다. 케이트는 아이가 자신의 품 안에서 마지막으로 경련하는 것을 느껴야만 했다.

이 비극적인 일이 계기가 되었는지 1869년 말 토머스 콘웨이는 런던 밖에서 일거리를 찾기로 했다. 그 겨울 그는 북쪽의 요크셔로 향했다. 그가 없는 동안 케이트는 일곱 살의 애니와 두 살의 토머스를 데리고 그리니치 근처 애비우드로 거처를 옮겼는데, 어쩌면 넷째 언니 엘리자베스의 집에서 살았을 가능성도 있다. 그러나 1870년에 엘리자베스 피셔 가족은 여덟 식구나 되었기에 그들과 함께 사는 것도 잠시였을 테고, 결국 1월 20일 케이트는 두 아이를 데리고 그리니치구 구빈원을 찾아갔다.

처음에는 임시방편이었던 구빈원행은 곧 하나의 생활 방식이 되었다. 이후 10년 동안 케이트는 사정이 어려울 때마다 구빈원에 들어갔다. 1873년 8월 15일에는 서더크 구빈원의 산부인과 병실에서 조지 앨프리드를 낳았다. 기록을 살펴보면 케이트가 구빈원에 머문 기간은 어떤 때는 몇 주, 어떤 때는 몇 달로 그때그때 달랐지만 어느 때에나 곁에 아이가 꼭 한 명은 있었다.

극빈층 여성이 자녀를 데리고 구빈원에 들어가는 데는 여러 가지 문제가 수반되었다. 구빈법 규정상 사생아가 있는 미혼모는 본인 집에 살며 구호금을 받는 '원외 구제'의 대상에서 제외되었다. 정해진 거처가 있는 부도덕한 여자를 경제적으로 지원한다는 것은 국가가 성매매에 보조금을 대는 것과 마찬가지라는 당국의 관점 때문이었다. 정부는 케이트 같은 극빈층 여성 중 많은 수가 남성 파트너와 일부일처 관계로 동거한다는 사실을 알면서도, 이들 '타락한 여자'와 실제 성매매 여성을 제대로 구분하지 않았다. '점잖은 사회계급'이 보기에 아이는 합법적 결합의 산물 아니면 죄 많은 관계의 산물, 둘 중 하나였다. 구빈원에서는 구빈법위원회가 자유재량으로 그 둘을 구분했다. '타락한' 여자들은 영향받기 쉬운 어린 여자들과 분리 수용되었고 사생아를 낳은 죄로 묽디묽은 스킬리죽을 먹어야 했다.

'눈물의 아치'로 불리던 구빈원 입구를 통과한 뒤에는 미혼모든 누구든 똑같은 입소 절차를 거쳤다. 모든 사람이 성별과 연령을 기준으로 분류되고, 옷과 소지품을 제출하고, 욕조에서 몸을 씻은 후 유니폼을 입었다. 구빈법 규정에 따라 7세 미만 아동은 모친과 함께 머물며 더럽고 딱딱한 침대나마 함께 쓰고 뱃밥을 만드는 모친 곁에서 놀 수 있었다. 7~14세 자녀는 부모와 떨어져 구빈원 내 학교에서 지내야 했다. 자녀가 같은 시설에 있는 동안은 일주일에 한 번 식당에서 부모와 '면접'할 수 있었다. 1876년 11월 케이트가 넷째 아이를 임신한 몸으로 그리니치구 구빈원에 입소했을 때, 세 살인 조지 앨프리드는 그의 곁에서 지낼 수 있었지만 각각 열세 살, 여덟 살이 된 애니와 토머스는 서턴에 있는 직업학교로 보내졌다.[2]

구빈원은 끔찍한 시설로 악명이 높긴 했지만 어느 정도의 순기능을 하고 있었고 특히 극빈층 자녀의 삶에 좋은 영향을 줄 때가 많았다. 구빈법 시행 당국의 주장에 따르면, 구빈원들은 매일 적어도 세 시간씩 문자와 숫자를 가르쳐 아이들이 형식적으로라도 교육을 경험하게 했다. 부모와 조부모가 벗어나지 못했던 가난의 덫을 아이들은 빠져나올 수 있게 하자는 취지였다. 1857년 영국 정부는 여기서 한발 더 나아가 직업학교법을 마련하여, 빈민층 아동이 구빈원의 악영향 및 도심의 병적인 환경에서 벗어나 기숙학교로 운영되는 직업학교에서 실용적인 교육을 받게 했다. 직업학교는 직업 교육만이 아니라 일반 교육도 아울렀으며, 학생들에게 적당한 소득 수준의 생계 수단을 마련해 주었다. 이곳에서 남학생은 제화, 재단, 목공, 음악을 배웠고 여학생은 바느질과 뜨개질 등 고용살이에 필요한 가정 기술을 배웠다.

애니와 토머스 남매가 다닌 서턴의 직업학교는 최대 1,000명까지 수용 가능한 곳으로, 런던 동남부 교구의 구빈원들에 들어온 아동의 대다수를 흡수했다. 1870년대에 이 학교는 최신식 시설을 갖춘 것으로 평가받았고, 대형 주방과 세탁실, 화장실, 급탕실, 깨끗한 물을 퍼 올리는 증기 엔진 등을 갖추었다. 널찍한 계단, 공동 침실, 교실은 물론 직업 기술을 가르치는 작업장과 농업 교육을 위한 농장까지 있었다. 구빈구가 운영하는 교육기관은 케이트가 다닌 소규모 자선학교 다우게이트스쿨과 비교해도 어린아이들에게 더 나은 미래를 위한 훨씬 더 많은 기회를 제공했다. 애니 남매와 같은 학교를 다녔던 W. H. R.이라는 익명의 작가는 이곳에 교사들의 열정적인 격려와 잔인한 폭력이 공존했다고 회고했다. 하지만 전체적으로 보아 서턴 학교는 그리니치구 구빈원보다 더 깨끗한 침대, 더 넉넉한 식사, 더 활기찬 환경을 제공했으며 노래를 부르고 오르간을 연주하는 시간도 있었다. 이 시설은 그에게 엄청나게 긍정적인 영향을 미쳤다. "서턴에 있을 때 나는 극도로 가난했고, 앞으로 무슨 일이 있어도 다시는 가난뱅이가 되어 구빈원에 들어오지 않겠다고 결심"하게 만들었기 때문이다.[3]

부친이 죽은 뒤 버몬지 구빈원에 보내졌던 케이트의 동생 토머스, 조지, 메리의 삶에도 구빈원 교육은 좋은 영향을 미쳤던 것으로 보인다. 조지는 제화공이 되었고, 토머스는 음악을 배워 프레스턴의 노팅엄셔 제45보병대 군악대에 들어갔다. 메리도 '가정학'을 배워 하인으로 고용되었다.[4] 케이트가 한두 살만 더 어렸어도 1857년에 서턴 학교에 다닐 수 있었고, 그랬더라면 앞날이 아주 달라졌을지도 모를 일이다.

1870년대 말, 케이트는 이중고에 시달리고 있었다. 첫째는 다른 많은 노동자계급과 마찬가지로 빈곤의 악순환에 빠진 것이다. 토머스는 일거리를 찾아 런던을 떠났지만 그럼으로써 사실혼 관계의 아내와 아이들을 부양할 책임을 저버렸다. 여자는 공장에서 일하든 수작업장에서 일하든 거리에서 물건을 팔든 집에서 삯일을 하든, 그리고 그 일을 아무리 오래 한들 한 가족을 부양할 만한 돈을 결코 벌 수 없었고, 그 결과는 구빈원행이었다. 둘째, 토머스는 이따금 런던에 돌아오면 케이트에게 폭력을 휘둘렀다.

토머스의 잦은 부재와 가족이 겪어야 했던 극도의 고생은 심각한 불화를 낳았다. 언니들과 딸 애니 모두 케이트의 몸에 자꾸 멍이 드는 것을 알아차렸다. 엠마는 "전체적으로 그들은 행복한 가족이었다"고 주장하면서도 "두 사람의 싸움"이 점점 더 묵과할 수 없는 지경에 이르렀다고 말했다. 애니와 엠마 모두, 토머스는 술을 조금도 입에 대지 않았던 반면 케이트는 "과음하는 습관"이 있었던 탓에 부부 간 불화가 더욱 심각해졌다고 진술했다. 부부는 술에 대해서는 "결코 합의할 수 없"었던 것 같고, 결국 언니들이나 딸 모두 그 점에서는 케이트가 불행을 자초했다고 생각하기에 이르렀다.

이처럼 가정 폭력의 책임을 여자에게 돌리는 경향은 빅토리아 시대 노동자계급의 전형적인 태도였다. 가정의 규율을 위해서는 어느 정도의 폭력이 필요하다는 게 이 사회의 통념이었다. 남자들은 아내의 잘못을 책망하며 뺨을 때리는 데 전혀 가책을 느끼지 않았고, 많은 여자가 그러한 폭력을 '자업자득'으로 받아들였다.[5] 남자는 아내가 거친 언어를 썼다고, 자신의 성적 접근을 거부했다고, 고분고분하지 않다고, 건방지다고, 혹은 가장에게 이의를 제기했다는 등의 갖가지 이유로 심기가 언짢아질 수 있었다. 하지만 그 무엇보다 두드러진 원인은 술이었다. 술에 취한 남자가 아내를 때리는 경우도 많았고, 맨 정신인 남자가 술에 취한 아내를 구타하는 경우도 똑같이 많았다. 폭행죄로 법정에 선 남자들은 아내의 상습적인 음주를 구실로 내세워 처벌을 면할 수 있었다.[6] 케이트와 토머스의 불화가 시작된 해인 1877년에 출간된 법학 교과서 『처벌의 원칙들Principles of Punishment』은 배우자 폭행죄의 "범죄성이 무한대로 다양하다"고 설명했다. 즉, 죄질이 무거운 경우에는 구속될 수도 있었지만 대부분의 사건은 "대체로 정당화될 수 있는 사소한" 일로 여겨졌다.

그러나 이러한 태도에도 한계는 있었고, 가족이나 지역사회의 모든 사람이 가정 폭력을 좌시한 것도 아니었다. 사람들은 이웃이나 친구의 가정불화에 물리적으로 직접 개입하기보다는 여자의 상태를 주시하거나, 당신이 무슨 짓을 하는지 다 들린다고 남자에게 언질을 주는 간접적인 방법으로 문제에 관여했다. 행동을 취하는 경우에도, 대개 남편의 손아귀에서 당장 벗어나야 하는 여자에게 피난처를 제공하는 정도였다. 에도스 자매들이 케이트의 가정 문제에 대처한 방법도 이와 같았다.

1876년 11월부터 1877년 12월까지 약 1년간 케이트는 구빈원 및 임시방을 최소 일곱 차례 이용했다. 1877년 8월 6일에는 술에 취해 소란을 피운 죄로 체포되어 원즈워스 교도소에서 2주를 보냈다.[7] 구빈원에 갈 때마다, 그리고 교도소에 갇혔을 때도 케이트는 아이를 전부 또는 몇 명 함께 데려갔다. 이렇게 케이트의 삶이 무너지고 있을 때 그를 일으켜 주고자 한 사람은 역시 엠마였다. 《런던 데일리 뉴스》와의 인터뷰에서 엠마는 케이트가 가장 힘들었던 시기에 자신을 자주 찾아와 도움을 청했다고 회고했다. 그때마다 엠마는 동생이 토머스에게 구타당해 얼굴이 "끔찍하게 손상된" 것을 보았다. 케이트는 술까지 마셔 더욱 격앙된 감정 때문에 끝내 눈물을 흘리곤 했다. "나도 언니처럼 살고 싶어." 그는 울면서 그렇게 말했다고 한다.[8] 사실 브리지워터가든스의 낡고 좁은 집에 사는 엠마의 형편이 누가 부러워할 만한 것은 아니었지만, 케이트에게 엠마의 삶은 자신이 되지 못한 모든 것을 상징했을 것이다.

상황은 계속 나빠지기만 했다. 1877년 12월 크리스마스 직전, 케이트는 또다시 토머스와 심하게 다투다가, 태어난 지 아홉 달 된 프레더릭을 데리고 구빈원 임시방에 들어갔다.[9] 크리스마스에는 잠시나마 화해한 모양인지 두 사람이 함께 케이트의 자매들과 그 가족을 만나러 갔다. 그러나 축하하고 즐겨야 할 날에 그들은 그러지 못했다. 언니들은 케이트의 얼굴을 보고 깜짝 놀랐다. 엠마는 그날 동생의 "두 눈이 검게 멍들어 있었고" "표정이 너무도 안 좋았다"고 기억했다. 토머스의 태도 또한 소름 끼쳤다. 엠마는 경멸하는 어조로 "그자, 콘웨이는 동생을 좋아하는 것처럼 보였지만" 그 두 사람 사이에 애정이 존재할 수나 있는 것인지, 동생이 그토록 명백하게 "그의 학대에 고통받는데도" 서로 사랑한다고 말할 수 있는 것인지 의아했다고 한다. 토머스는 본인의 행동을 부끄러워하는 기색이 전혀 없었을 뿐만 아니라 씩씩 한숨을 내쉬며 "나 며칠 안으로 당신한테 열받게 생겼어."라며 대놓고 케이트를 위협했다.[10] 이날의 가족 모임에서 정확히 무슨 일이 벌어졌는지는 모르지만, 케이트도 토머스 못지않게 꼴사나운 모습을 보였다고 한다. 과음 때문이었는지 다른 무엇 때문이었는지 케이트는 언니들과 싸웠고, 엠마와 해리엇은 결국 동생과 교류를 완전히 끊었다. 자매들 간의 소원한 감정은 그 후로도 결코 사라지지 않았다.

가정 폭력의 굴레에 갇힌 많은 여성이 그러듯이 케이트는 토머스를 떠났다가도 매번 그에게 돌아갔다. 이 가정에는 화목한 시기와 반목하는 시기가 교대로 찾아왔으며, 이로 인해 아이들의 삶은 늘 혼란스러웠다. 결코 나아지지 않는 가계 사정 때문에 웨스트민스터에서 서더크로, 뎃퍼드로 동네를 옮겨 가며 온 가족이 단칸방에 살거나 그것도 안 되면 여인숙에 묵었다. 하지만 맏아이 애니가 어린 동생을 돌보고 집안일을 맡을 수 있는 나이가 되면서는 케이트가 바깥일을 할 수 있게 되었다. 그는 세탁소에서 일하기도 하고 비교적 잘사는 이웃집에서 파출부 일도 하다가 1870년대 말 다시 토머스와 함께 책을 팔러 나섰다.

1879년에 이들은 주로 울위치 병영 근처의 밀레인에서 장사했다. 이 소규모 상점가는 주민과 군인을 상대로 물건을 파는 노점상과 행상의 집합지였다. 그해 10월 4일에는 열한 살의 토머스와 여섯 살의 조지가 함께 나와, 노래하고 공연하는 부모 옆에 있었다. 이윽고 케이트와 토머스는 아이들에게 그 자리, 밀레인 8번지 앞에 그대로 있으라고 하고는 어디론가 사라졌다. 하지만 날이 저물도록 아무도 돌아오지 않았고, 아이들은 그리니치 구빈원으로 보내졌다. 이젠 그들이 제 집처럼 잘 아는 곳이었다. 그로부터 거의 일주일이 지나서야 케이트가 연락을 받고 아이들을 데리러 왔다.[11] 11월 11일에도 비슷한 일이 또 벌어졌다. 경관이 거리에서 "엄마가 버린" 아이들을 발견해 구빈원에 데려다주었는데,[12] 이번에는 케이트에게 도통 연락이 닿지 않았고 거의 한 달이 지나서야 열여섯 살 애니가 동생들을 찾으러 왔다. 이때 케이트가 어디로 사라졌는지는 아무도 모른다. 그의 정신 상태나 음주 습관과 관련하여 여러 가지 의문이 떠오르는 대목이며, 그 얼마 전 갓난아이 프레더릭이 사망한 일이 케이트의 문제를 한층 더 악화시켰을 가능성도 크다.

케이트와 토머스의 유독하고 파괴적인 관계는 1881년까지 근근이 이어졌다. 그해 인구총조사에는 그들이 아들 둘과 함께 첼시의 로어조지가 71번지 단칸방에 살았다고 기록되어 있다. 그러다 두 사람은 그해 가을에 헤어졌다. 언론과의 인터뷰에서 토머스와 애니 모두 정확한 결별 날짜는 기억하지 못했다. 토머스는 자신을 피해자로 묘사하기에 바빴다. 그는 케이트의 음주 문제 때문에 아내를 떠날 수밖에 없었으며 아이들은 자기가 데려가겠다는 의사를 분명히 밝혔다고 주장했다. 에도스 자매들의 이야기는 다르다. 가령 엘리자베스는 토머스가 "지독하게 대했기 때문"에 케이트가 그를 떠났다고 설명했다. 딸 애니는 "두 사람이 완전히 헤어지기 전부터 엄마는 이미 1년간 아빠를 한 번도 만나지 않았다"고도 말했다.[13] 즉, 이들의 결별은 오래전부터 서서히 진행되고 있었으며, 마침내 서로 갈라섰을 때는 두 사람 모두 한숨 돌릴 수 있었다.

토머스와의 관계를 정리한 뒤 케이트는 한동안 언니 엘리자베스에게 의지했던 것으로 보이나 이 상황은 오래가지 않았다. 엠마와 해리엇이 그랬듯 엘리자베스도 곧 동생의 행동을 용인하기가 어려워졌다. 그해 9월, 케이트는 또다시 주취 소란죄로 체포되었고 경찰서에 끌려가는 동안 행인들을 향해 폭언을 퍼부었다. 다행히 이번에는 징역형까지 선고받지는 않았다. 그러나 법은 그를 용서했을지 몰라도 가족은 아니었다. 그해 말 엘리자베스마저 케이트와 완전히 교류를 끊었다.

엘리자베스도 토머스도 두 아들도 엠마와 해리엇도 떠나고 이제 케이트에겐 아직 관계를 유지하고 있는 언니 한 사람만 남았다. 일라이자였다.

일라이자 골드는 존경받는 숙련노동자에 속하는 푸주한과 결혼했지만 1881년이 되기 전 남편이 죽은 뒤로 경제적으로 어려움을 겪고 있었다. 그에겐 혼자서 살아갈 수 있는 대비책이 전혀 없었던 것 같다. 이처럼 남편의 죽음으로 인해 처지가 급격히 나빠지는 상황은 일라이자와 같은 신분의 여자들에게 흔히 있는 일이었다. 저금이나 연금이 없고 임금노동에 나서기엔 아직 어린 아들을 키우는 상황에서 일라이자는 가능한 한 빨리 새로운 파트너를 찾아야 했다.[14] 그가 두 번째 남편이라고 부르게 된 찰스 프로스트라는 남자에 대해서는 알려진 바가 거의 없다. 두 사람 모두 배우자와 사별했고, 그러한 상황에서 새로운 상대를 찾은 노동자계급 남녀가 흔히 그랬듯 정식으로 결혼하지는 않았다. 한 신문과의 인터뷰에서 일라이자는 자신의 "남편"이 "강변에서 과일 하선하는 일을" 하며 이따금 리버풀스트리트역에서 저렴한 책자를 팔기도 한다고 밝혔다.[15]

첫 남편 제임스 골드가 살아 있을 때만 해도 일라이자는 자매들이 사는 곳과 가까운 클러큰웰이나 혹스턴에 살았으나 찰스 프로스트를 만나면서 거처를 화이트채플로 옮겼다. 두 사람은 짧게 잡아도 1881년부터 트롤가 6번지의 다락방에서 일라이자의 아들, 찰스의 딸과 함께 살았다. 새 주소지는 자랑거리가 못 되었다. 혹스턴이 빈민과 중산층이 섞여 있는 주거 구역이었다면 트롤가는 스피탈필즈에서도 가장 악명 높은 빈곤의 웅덩이였다.[16] 케이트는 바로 이 시기에 일라이자를 찾아와 푼돈을 꾸거나 한 끼 얻어먹거나, 혹은 침대 한편에 잠자리를 얻었던 것 같다.

그해 케이트는 수중에 4펜스가 있을 때는 트롤가 바로 옆인 플라워
앤드딘가 55번지, 후에 '쿠니즈Cooney's'라고 불리게 되는 여인숙에 묵었
다. 그리고 이곳에서 만난 존 켈리라는 남자가 토머스 콘웨이의 빈자
리를 채우게 되었다. 신문기자들이 윤색한 티가 물씬 나는 존의 진술
에 따르면, 존은 케이트가 쿠니즈에 묵는 동안 "그에게 처음 눈길을 주
었고" 두 사람은 "오랜 시간 함께 어울리다가" 서로 호감을 품게 되어
"정식으로 관계를 맺기로 결정"했다.[17]

에도스 자매들은 토머스 콘웨이도 싫어했지만 존 켈리는 더 싫어
했다. 엠마의 경우, 토머스와 헤어진 뒤 케이트의 삶이 "전보다 더욱 나
빠졌다"고 표현했다. 폭력을 휘두르긴 했어도 토머스는 적어도 동생에
게 "깨끗하고 안락한" 집을 제공했다.[18] 존이라는 남자는 집조차 없어
서 동생을 여인숙이라는 불결하고 임시적인 환경에 살게 했다. 성격은
토머스 콘웨이와 달리 "고요하고 무해"했지만 그에겐 토머스에게 없었
던 큰 단점이 하나 있었다. 그는 술을, 그것도 너무 많이 마셨다. 엄마
때문에 가족이 파탄했다고 여긴 애니는 존에게 아주 분명한 감정을 품
었다. "나는 그 사람과 말을 섞은 적이 한 번도 없고 그가 마음에 들지
않는다."[19]

가족의 의견이야 어쨌든 케이트는 학대당하는 삶에서 벗어나, 여전
히 불안정하긴 해도 더 행복하게 살았다. 그와 존 모두 술을 즐겼고, 사
람들과 어울리기 좋아해 쿠니즈에서 인기가 많았다.[20] 언론에서 인터
뷰한 숙박인들에 따르면, 케이트는 언제든 노래할 준비가 되어 있었으

케이트

며 잘 돈이 없는 사람을 보면 주저하지 않고 수중에 남은 4펜스를 전부
쥐어 주었다. 어느 시기에는 두 사람 다 일을 했다. 케이트는 엘리자베
스 스트라이드와 마찬가지로 이 구역의 유대인 가정에서 파출부로 일
했고, 존은 시장에서 육체노동을 했다. 그러나 두 사람이 함께 벌어도
돈은 늘 부족했고 그마저 언제 끊길지 몰랐다.

이들에겐 플라워앤드딘가 55번지가 집이나 마찬가지였으나 화이
트채플의 여인숙을 전전하는 사람 대다수와 마찬가지로 매일 그곳에
묵을 수 있는 형편이 못 되었다. 존의 사인 심문 증언에 따르면, 두 사
람은 쿠니즈에서 묵기도 하고 그 옆 52번지에 묵기도 했으며 때로는
구빈원 임시방이나 거리에서 밤을 보내기도 했다. 이미 오래전부터 길
거리 생활을 해 온 케이트는 스피탈필즈 노숙자 사이에 잘 알려져 있
었다. 그가 살해당한 뒤 가장 먼저 그의 신원을 확인하러 달려온 사람
중에도 노숙자 여성들이 있었다. 케이트는 "침대를 얻을 방법이 없는
열 명에서 스무 명 남짓한 집 없는 사람들" 중 하나였고 도싯가 안쪽의
창고에서 몸을 웅크리고 자다가 발견된 적이 많았다.[21]

케이트와 존은 그날 벌어 그날 먹고사는 형편상 어느 한 장소에 오
래 머무르지 못했다. 또 구빈원 입소 장부를 살펴보면 두 사람은 1883
년부터 일거리를 찾아 켄트주를 여러 번 방문했고 그 길에 런던, 다트
퍼드, 세븐오크스, 채텀 등지의 임시방을 이용했던 것 같다. 케이트는
행상 일을 절대 그만두지 않았다. 그에게는 그 일이 돈을 버는 수단인
동시에 삶을 살아가는 방식이었을 것이다. 20년 넘게 방랑한 그에게는
떠도는 삶이 그 어떤 정주된 삶보다도 편안했을 것이다. 토머스를 통

해 배운 행상으로서의 삶은 그 누구에게도, 심지어 가족에게도 빚지지 않는 삶을 의미했기 때문이다.

케이트가 존 켈리와 함께 살기 시작하고부터는 언니 일라이자와 딸 애니마저 그와 거리를 두기 시작했다. 애니는 십 대에 집을 나온 뒤 루이스 필립스라는 안료 포장업자와 동거하다가 나중에 결혼했다. 애니의 사인 심문 증언에 따르면, 케이트는 술에 취한 상태로 자주 찾아와 도와 달라고 부탁하는 등 필립스 부부를 괴롭혔고 이들은 케이트를 피해 집을 옮겨야 하는 지경에 이르렀다. 애니는 모친이 술을 끊지 않는 한 그와 정상적인 관계를 유지하기는 불가능했다고 토로했다. 두 사람 사이의 골은 1886년 8월에 결정적으로 깊어졌다. 셋째 아이의 출산을 앞두고 있던 애니는 케이트에게 도움을 청했다. 이에 케이트는 딸이 해산할 때 곁에 있겠다고 약속하면서 그 대신 보수를 달라고 요구했다. 애니는 마지못해 돈을 주었지만 케이트는 그 돈을 들고 나가 "너무 많은 술을 마셨다". "그로 인해 언쟁이 벌어졌고" 두 사람은 "그리 좋지 않은 사이로 관계를 끊었다".[22] 아이를 낳은 지 겨우 일주일 만에 모친을 내쫓은 애니는 다시는 그를 상대하지 않기로 결심했다. 필립스 부부는 다음 주소지를 알리지 않고 버몬지의 킹가 22번지를 떠났다.

존 켈리가 다른 누구와도 달리 케이트와 잘 지낼 수 있었던 이유는 거의 아무것도 요구하지 않는 듯한 그의 성격 때문이었다. 둘의 관계를 아는 모든 사람, 즉 케이트의 자매들부터 쿠니즈 여인숙의 친구들까지 모두가 한목소리로 두 사람이 "서로 진심으로 좋아했으며" 케이트가 "그 밖의 다른 어떤 남자와도 어울리지 않았다"고 증언했다. 그렇지만 이들의 관계는 정서적 친밀감보다도 현실적 필요성 위에 형성되었다고 보는 것이 맞을 듯하다.[23] 존은 케이트를 '아내'라고 불렀던 반면, 케이트는 콘웨이라는 성을 즐겨 썼으며(그는 토머스가 자신의 법적 남편이라고 계속 주장했다) 필요할 때만 존의 성을 썼다. 존은 케이트에게 필요 이상의 질문은 결코 하지 않는 듯했다. 그는 케이트의 자매들과 거리를 유지했고, 케이트와 딸의 관계에 대해 묻지 않았으며, 토머스 콘웨이의 이름을 거론한 적도 없었다. 케이트의 속생각을 알아내려는 섣부른 시도도 하지 않았던 것 같다. 존은 7년이나 함께 산 파트너였음에도 케이트에 대해 아는 것이 놀라울 만큼 적었고 심지어 그가 울버햄프턴에 살았다는 사실조차 몰랐다. 존 본인이나 다른 사람들의 증언에 따르면 두 사람은 거의 다투지 않았다. 존은 두 사람이 딱 한 번 "말싸움을 했지만" 몇 시간 후 케이트가 바로 돌아왔다고 회고했다.[24] 케이트와 존은 다른 무엇보다 하루하루 살아가는 데 서로가 필요했을 것이다. 존을 만나기 전까지 케이트는 가족 대부분과 사이가 틀어졌고, 가정 폭력에 시달리고 어린아이들을 잃었으며, 구빈원행과 지독한 굶주림과 질병의 고통을 겪었다.[25] 그런 상황에서 가장 중요한 것은 '지금, 이곳'이었다. 바꿔 말해, 고통을 잠재울 술과 배를 채울 음식을 손에 넣는 것이었다. 거리에서 자신을 보호해 주고 이따금 돈을 벌어 오기도 하는 존을 곁에 두면 살아남기가 좀 더 수월했다. 가진 것이 거의 없는 여자는 그 정도로도 충분히 만족할 수 있었다.

CHAPTER 16

'아무것도 아닌'

런던의 빈민에게 늦여름은 딱 한 가지를 뜻했다. 켄트주의 홉 농장에 가서 돈을 벌며 즐거운 시간을 보낼 수 있는 기회. 홉을 따며 신선한 공기를 마시고 모닥불 앞에서 우정을 다지고 농가에서 내주는 공짜 맥주와 사과주를 즐길 수 있는 기회였고 이 계급이 향유할 수 있는 휴가와 가장 비슷한 경험이었다. 매년 9월이면 수천 명의 도시민이 켄트주로 향했다. 그나마 여유가 있는 이들은 기차를 탔지만 그보다는 런던에서부터 걸어가는 사람이 많았다. 1890년 같은 풍년에는 남녀노소 약 5~6만 명이 켄트주를 찾았고, 열매 1부셸(약 28킬로그램)당 2펜스를 받았다. 잠은 홉 농장 옆의 오두막이나 창고, 헛간에서 잤다.

케이트와 존은 무료 숙소와 음료가 제공되는, 그래서 주머니와 배를 함께 채울 수 있는 이 기회를 한 해도 놓치지 않았을 것이다. 이들은

케이트

1888년 여름에도 예년처럼 남쪽으로 향하는 인파에 합류했다. 그러나 이해엔 홉이 지독한 흉년이었다. 《더 에코》는 켄트주 곳곳에 "딸 만한 홉이 없었다"고 보도했다. 일꾼들은 "여러 군데에 들렀다가 빈손으로 런던에 돌아와야만" 했다.[1]

케이트와 존은 과수원과 들판에 과일 수확 일손이 필요해지는 8월 말에 길을 나섰다. 이들은 평소에도 홉이 익을 때까지 켄트주를 한 바퀴 돌며 행상과 육체노동으로 돈을 벌었던 것 같다. 이윽고 두 사람은 그나마 다른 곳보다 홉 수확이 괜찮다고 하는 메이드스톤으로 갔다. 켄트의 주도인 메이드스톤에서는 홉 따기에 필요한 물품도 살 수 있어, 존은 전당포에서 새 장화와 재킷을 샀다. 이어 8킬로미터쯤 떨어진 헌턴이라는 마을을 찾아갔으나, 역시나 작황이 너무 나빠 "외지인은 아무 일도 구할 수 없"는 상황이었다.[2] 그들은 실망한 채 런던으로 발길을 돌렸다.[3]

케이트와 존은 9월 27일 목요일 저녁 런던에 도착했다. 그러나 켄트에서 번 돈은 먹고 마시는 데 다 써 버렸기에 그날 밤은 슈레인의 타비스인 구빈원 임시방에 묵어야 했다. 오래 부랑 생활을 한 두 사람은 어느 구빈원 임시방이 가장 좋은지 잘 알았고, 타비스인은 부랑자들에게 특히 인기가 높았다. 1882년의 임시구빈법에 따라 모든 임시방 이용자는 최소 이틀을 묵으면서 둘째 날 내내 뱃밥 만들기나 돌 깨기 같은 노동을 해야 했지만, 타비스인은 이 규정에 얽매이지 않고 "억류와 노동을 강제하지 않아 … 가난뱅이들이 몰려드는" 시설로 알려져 있었다.[4] 이 점은 존 켈리의 사건 진술과도 맞아떨어진다. 그에 따르면 두 사람은 금요일 아침 일찍 임시방에서 퇴소했고 존이 스피탈필즈 시장에서 일을 구했다. 그는 그날 오후까지 6펜스를 벌었다. 이는 둘 중 한 사람이 여인숙에서 하룻밤 잘 수 있는, 그러나 두 사람 몫은 안 되는 액수였다. 케이트가 살해당한 뒤 사람들에게 무책임한 남편이라는 인상을 주고 싶지 않았던 존은, 공식 진술에서 자신이 마일엔드 임시방에 가기로 하고 케이트에게 4펜스를 주며 쿠니즈에 묵으라 했다고 주장했다. 이에 케이트는 "아니, 당신이 침대를 얻어, 내가 임시방에 갈게." 하며 반대했다고 한다. 그러나 두 사람이 어떤 결론에 이르렀고 실제로 어떤 말을 주고받았는가는, 존 자신이 검시관 앞에서 인정한 대로 다소 "뒤죽박죽"이다.

케이트와 존의 9월 행적에 관해 알려진 대부분의 정보는 존의 혼란스러운 진술에서 나온 것인 데다 그마저 신문에는 여러 다른 버전으로 보도되었다.[5] 처음에 그는 케이트가 금요일 오후 서너 시쯤 마일엔드 임시방을 향해 출발했다고 진술했으나, 심문이 이어지면서 사실은 그게 아니었다고 말을 바꾸었다. 검시관이 그가 전당포에 맡겼다는 장화의 전당표를 제시하자 존은 당황했다. 앞서 그는 토요일 아침에 장화를 전당 잡히고 그 돈 2실링 6펜스로 음식과 음료를 샀다고 주장했으나, 전당표에는 날짜가 28일 금요일로 적혀 있었던 것이다. "금요일 밤 아니면 토요일 아침이었습니다. 제 머릿속이 너무 뒤죽박죽이네요." 거짓말이 드러나기 시작하자 존은 이렇게 변명했다. 금요일 밤에 장화를 전당포에 맡긴 사람 또한 케이트였고 자신은 문간에 맨발로 서 있었다고도 털어놓았다.[6] "물건을 전당 잡힐 때 당신은 술을 마시고 있었습니까?" 검시관이 물었다. "그렇습니다." 존은 주눅이 든 채 인정했다. 그의 기억이 뒤죽박죽인 이유가 분명해졌다.[7]

금요일 오후, 케이트와 존 모두 아침에 임시방을 나온 뒤로 아무것도 먹지 못했기에 어서 음식과 술로 허기를 채워야겠다는 것 외엔 아무 생각도 할 수 없었을 것이다. 시장에서 번 6펜스로 술부터 샀을 게 틀림없고, 케이트가 장화를 전당 잡힐 때 그는 취한 상태였을 것이다. 장화 값 2실링 6펜스 중 "대부분"으로는 이튿날 아침까지 버티는 데 필요한 물건을 샀다.[8] 즉, 그들은 차와 설탕을 사서 케이트의 치마 주머니에 보관했고 아마 술도 몇 잔 더 마셨을 것이다. 저녁 무렵엔 그 돈마저 거의 바닥났고, 남은 4펜스로 존이 여인숙의 싱글 침대에 묵기로 했다. 그날 밤 존은 플라워앤드딘가 55번지가 아니라 52번지에 묵었다. 케이트는 마일엔드의 임시방에 묵지 않은 것이 거의 확실하다. 입소 장부에 그의 이름이 없기 때문이기도 하고, 마일엔드는 타비스인과 달리 법 규정을 엄격하게 지켰다는 점에서도 그렇다. 케이트가 그곳에 묵었다면 이튿날 뱃밥 만들기를 한 뒤 하룻밤 더 묵어야 했을 텐데, 그는 토요일 아침 여덟 시라는 아주 이른 시각에 존을 만나러 왔다. 아마도 존이 본인 입으로 말하고 싶지 않았던 사실은 케이트가 그날 밤을 밖에서, 그것도 어쩌면 도싯가 안쪽의 창고에서 보냈다는 것이 아니었을까 싶다.[9] 화이트채플에서 살인 사건이 계속 벌어지고 있는 마당에 여자를 노숙하게 했다고 말했다간 좋은 말을 듣기 어려웠을 테니까.

검시관과 배심원단은 존의 이야기를 별로 신뢰하지 않았다. 단순히 진술의 앞뒤가 맞지 않아서가 아니었다. 경찰, 언론과 마찬가지로 그들도 범인이 매춘부를 골라 살해했다고 믿고 있었기 때문이다. 존 켈리, 일라이자 골드, 애니, 심지어 쿠니즈 관리인 프레더릭 윌리엄 윌킨슨의 증언에도 그 믿음을 뒷받침하는 증거는 들어 있지 않았다. 케이트와 존을 7년간 알고 지냈다는 윌킨슨은 케이트가 "존 외에 친밀하게 지낸 사람을 나는 전혀 모르고 들어 본 적도 없다"고 단언했다.[10] 검시관은 존에게도 이 점을 추궁했다. 존은 자신이 케이트와 함께 지내는 동안 그가 "부도덕한 목적으로 밤에 외출하는" 모습은 본 적이 없다고, 또한 "외출했다가 아침에 돈을 가지고 돌아온" 경우도 한 번도 없었다고 진술했다. 그는 그런 일은 자신이 용납하지 못했을 거라고 일축했다.[11]

그러나 존은 케이트의 명예를 지키는 과정에서 이중 의미를 가지는 표현을 쓰는 실수를 범했다. 그는 여인숙에 묵을 돈이 없어 고생하던 일을 설명하면서 자신은 케이트가 "밤에 거리를 돌아다니는 걸 보고" 싶지 않았다고 했다. 검시관은 즉각 이 말을 물고 늘어졌다,

"'거리를 돌아다닌다'는 게 무슨 뜻입니까?"

"그게, 우리가 숙소를 구할 돈이 없을 때가 많았는데 그럼 여기저기 걸어 다녀야 했답니다." 존이 해명했다.[12]

윌리엄 부스가 『가장 어두운 잉글랜드와 그 탈출로』에서 설명하기로 "거리를 돌아다니는 것"은 노숙자 생활의 한 부분이었다. 그들은 어딘가 조용히 쉴 만한 장소를 찾아냈다가도 경찰이 와서 단속하면 또 다른 장소를 찾아 어둠 속을 돌아다녀야 했다. 하워드 골즈미드에 따르면 거리 돌아다니기는 트롤가, 도싯가, 플라워앤드딘가의 여인숙을 드나드는 사람들에게 익숙한 생활 방식이었다. 그들은 "보도의 연석 위나

1888년 10월 13일 자《페니 일러스트레이티드 페이퍼》에 실린
케이트 에도스의 초상화. 케이트의 사진을 그대로 옮긴 것인지,
아니면 화가의 주관이 들어간 것인지는 알 수 없다.

도랑 속, 쓰레기 더미 위 등등에" 몸을 뉘일 때가 아니면 "양손을 주머니에 넣은 채, 흐릿하고 졸린 눈은 감은 채 이리저리" 걸어 다녔다.[13] 그러나 존의 해명에도 불구하고 많은 신문이 끝까지 케이트를 매춘부로 규정했다. 《데일리 텔레그래프》는 시대의 편견을 그대로 따르는 동시에 이야기를 한층 외설스럽게 만들기 위해, 집 없는 여자와 성을 판매하는 여자는 결국 똑같은 사람이라고 주장했다. 이 신문은 케이트가 "자신과 같은 집 없는 떠돌이, 무일푼의 매춘부"와 함께 거리나 헛간에서 자주 노숙했다고 보도했다.[14]

케이트가 금요일 밤을 어디에서 보냈든, 토요일 아침 그와 존은 쿠니즈로 돌아왔다. 둘은 여인숙의 공동 주방에 들어가 그날 밤 잘 돈을 어떻게 구할지 생각했다. 그리고 이 문제를 해결하기 위해 거리로 나섰다. 일단 비숍게이트 쪽으로 방향을 잡았으나 딱히 목적지가 있지는 않았을 것이다.

정오가 지났을 무렵 이들은 하운즈디치 근처에 있었다. 이 구역은 헌옷을 취급하는 유대인들의 거점으로, 가게 진열창에 얼룩이 밴 무명 속치마며 해진 모직 바지 따위가 놓여 있었다. 그 전날 밤엔 존이 장화를 전당 잡혔으니 이번엔 케이트가 친츠 치마와 검은색 재킷 아래 겹겹이 껴 입고 있던 옷 중 하나를 팔 생각이었을지도 모르겠다. 그러나 그날은 토요일, 즉 유대교 안식일이었기에 문을 연 가게가 없었을 것이다.

존에 따르면 이 시점에 케이트가 자신이 버몬지에 사는 딸에게 가서 돈을 꾸어 오겠다고 말했다. 하지만 진지하게 한 말은 아니었을 것이다. 케이트는 딸 애니와 연락이 끊긴 지 2년이 넘었고 그가 어디에 사는지조차 몰랐다. 다른 많은 부분과 마찬가지로 이 대목에서도 존의 이야기는 "뒤죽박죽"이다.

그 시각 두 사람이 어디쯤에 있었는지는 확실하지 않다. 하운즈디치는 플라워앤드딘가에서 걸어서 금방이었지만 가는 길에 술집이 많았다. 두 사람은 화이트채플에서 7년이나 살았으니 근방에 친구와 지인이 많았을 테고 그중에는 술 한 잔 '대접'할 사람, 혹은 전에 이들에게 술을 얻어마셨다면 여러 잔도 사 줄 사람이 많았을 것이다. 케이트는 술을 한두 잔 걸치고 나니 강 건너 어딘가에 있는 딸을 만나러 간다는 생각이 그럴듯하게 여겨졌을 것이다.

케이트는 존과 헤어지면서 네 시까지 돌아오겠다고 약속했다. 두 사람의 주머니엔 1페니도 없었기에 존은 케이트가 하운즈디치를 따라 올드게이트 쪽으로 내려가는 모습을 지켜만 보았다.

그러나 케이트는 그리 멀리 가지 못했다. 모퉁이를 겨우 한두 번 돌아 올드게이트하이가에 들어서자마자 아마도 그에게 술을 빚졌을 사람과 우연히 마주쳤다. 케이트는 거절하는 성격이 아니었고, 그의 계획은 전에도 흔히 그랬듯 첫 잔을 들이켜는 순간 없던 일이 되었다.

그날 밤 여덟 시 삼십 분, 곤드레하게 취한 여자가 올드게이트하이가 29번지 벽 앞에 털썩 주저앉아 중얼거리고 노래하고 욕을 뱉고 있었다. 사람들이 주위에 모여들었다. 이런 광경이 화이트채플에서는 그리 보기 드문 것도 아니었으나 어쨌든 사람들은 웃으면서, 혹은 순수하게 이 불쌍한 사람을 걱정하면서 구경했다. 지나가던 경관 루이스 프레더릭 로빈슨은 무슨 소동이 벌어지고 있는지 확인하기로 했다. 군중 가운데에는 비참한 모습의 여자가 검은색 벨벳과 밀집으로 된 보닛을 둘러쓴 머리를 흐느적거리며 바닥에 앉아 있었다. 술 냄새가 지독했다. 로빈슨은 구경꾼들에게 이 여자를 알거나 사는 곳을 아는 사람이 있느냐고 물었다. 아무도 대답하지 않았지만, 그곳엔 그가 누구인지 정확히 아는 사람이 있었고 존 켈리에게 달려가 당신 "아내"가 주취죄로 체포되었다고 알리기까지 했다.

로빈슨은 여자를 끌고 가려 했지만 남자용 목구두를 신은 케이트의 발이 꼭두각시처럼 질질 끌렸다. 케이트는 곧 경관의 손에서 빠져나와 옆으로 미끄러졌다. 로빈슨은 조지 시먼스라는 또 다른 경관의 도움을 받고서야 취객을 비숍게이트 경찰서까지 연행할 수 있었다. 그들은 케이트를 수감하기에 앞서 정해진 절차에 따라 그에게 장부에 기록할 이름을 물었다.

"이름이 뭡니까?" 로빈슨이 물었다.

"아무것도 아니에요." 케이트가 취한 목소리로 대답했다.

경관은 '아무것도 아닌' 이가 곧 술에서 깨길 바라며 그를 유치장에 넣었다. 그러나 케이트는 취기에 잠들어 버렸다.

조지 헨리 허트라는 간수는 아홉 시 오십오 분쯤부터 유치장을 여러 차례 들여다보았다. 케이트는 열두 시 십오 분쯤 깨어나더니 노래를 흥얼거리기 시작했다. 그렇게 십오 분쯤 더 지났을 때 허트는 다시 유치장을 살피러 갔다.

"저를 언제 내보내 줄 건가요?" 케이트가 피곤하고 메마른 목소리로 그에게 물었다.

"당신이 몸을 가눌 수 있을 때요."

"난 지금도 몸을 가눌 수 있어요."

케이트의 말은 사실이 아니었다. 저녁 여덟 시 삼십 분에 몸을 전혀 가누지 못했던 사람이 밤 한 시에 멀쩡할 순 없었다. 어쨌든 간수는 케이트를 내보내기로 했다. 유치장을 나와 경찰서로 가는 걸음걸이가 아까보다는 멀쩡했을지 모르지만 케이트는 여전히 취해 있었다.

"몇 시예요?" 케이트가 간수에게 께느른히 물었다.

"술을 더 마시기엔 늦은 시각이죠." 허트가 대답했다.

"그러니까 몇 시?"

"딱 한 시요."

"집에 가면 흠씬 맞겠구먼." 케이트는 짐짓 그렇게 중얼거렸다.[15] 물론 토머스 콘웨이와 살 때였다면 정말 그랬을 것이다.

"그래도 싸지, 술에 그렇게 취해서야." 간수는 케이트의 자매, 딸과 마찬가지로 그 시대의 잣대를 들이대며 그를 비웃었다. 엇나간 아내는 맞아도 싸다고.

제임스 바이필드라는 경관은 케이트를 내보내기 전에 그에게 다시 한번 이름과 주소를 물었다. 케이트는 통째로 꾸며 내거나 일부를 바꾼 가짜 이름과 주소지로 구빈원과 임시방의 관리자들을 속여 넘기는 데 익숙했고 그날도 어떻게 대처해야 하는지 잘 알았다. 권력을 경멸하는 태도가 그에겐 이미 제2의 천성이었다.

그날 케이트의 이름은 "메리 앤드 켈리"였고 주소지는 "패션가 6번지"였다. 켄트주에서 홉을 따고 막 돌아온 참이라고 밝혔는데, 이것만은 딱히 틀린 말이 아니었다.[16]

경찰은 케이트에게 소지품을 돌려주었다. 그가 늘 몸에 지니고 다녔을 각종 필수품은 비누 조각 여섯 개, 참빗, 흰색 손잡이가 달린 식탁용 칼과 금속제 찻숟가락, 차와 설탕이 든 양철 상자들, 빈 양철 성냥갑, 핀과 바늘을 보관하는 붉은색 플란넬 쌈지, 골무와 월경대 한 뭉치였다. 이 외에도 붉은 가죽으로 된 담뱃갑 하나, 검은색의 짤막한 점토 담뱃대 두 개, 베실 한 타래 등 거리에서 팔 만한 물건들도 다시 케이트의 치마 속으로 들어갔다.

케이트가 소지품을 다 수습하자 허트가 그를 경찰서 밖으로 안내했다.

"이쪽이에요, 부인." 그는 이렇게 말하며 통로로 이어지는 여닫이문을 열었다. 케이트는 통로를 따라 경찰서 현관에 이르렀다. 허트는 그에게 "문을 꼭 닫고 가 달라"고 정중히 부탁했다.

"알겠어요. 나으리, 안녕히." 케이트가 대답했다.

그러나 그는 문을 반만 닫고 떠나 허트를 짜증나게 했다. 경관은 케이트가 경찰서에서 왼편으로, 하운즈디치 쪽으로 향하는 것을 바라보았다.[17]

밤 한 시, 케이트는 존을 찾아야겠다는 생각부터 했을 것이다. 아까 헤어질 때 존에겐 한 푼도 없었으니 쿠니즈에 갔을 리는 만무했다. 갔더라도, 돈이 없는 사람은 관리인에게 쫓겨났을 시각이었다. 케이트는 존을 마지막으로 본 장소가 하운즈디치였으니까 다시 그쪽에 가서 아직 술을 마시고 있을 사람들에게 존의 행방을 물어보자고, 취한 머리로 생각했을 것이다. 사실, 존 켈리는 그때 쿠니즈에 있었다. 그는 케이트와 헤어진 뒤 숙박비 4펜스를 구했고, 누군가에게서 케이트가 체포되었다는 소식을 전해 듣고는 관리인 윌킨스에게 싱글 침대를 내어 달라고 했다.

9월 30일 꼭두새벽의 거리는 쉿쉿 소리를 내는 가스등이 드문드문서 있긴 했어도 칠흑같이 어두웠을 것이다. 그러나 케이트는 어둠 속을 걷는 데 익숙했고 화이트채플의 골목골목을 제 손금처럼 잘 알았다. 그는 아직 여기저기 타오르고 있는 불빛 속에 하운즈디치를 돌아보다가 듀크가로 방향을 꺾어 그쪽에 아는 얼굴이 있는지 살폈다. 화이트채플은 밤늦은 시각에도 늘 목소리가 들리고 행인이 보이는 동네였다. 어느 밤에나 곳곳에 사람들이 있었다. 케이트와 같은 사람들, 술취한 사람들, 집 없는 사람들, 빈털터리들, 범죄자들이었다. 후미진 구석을 찾는 이들도 있었고 집으로 향하는 이들도 있었다. 약 20분간 거리를 돌아다니던 케이트는 이쯤에서 존을 찾는 일을 포기하자고 생각했을 게 틀림없다. 지쳐서, 하룻밤 더 길에서 자야겠다고 그만 체념했던 것 같다.

케이트의 나이는 이제 마흔여섯 살이었고 그에게 노숙은 일상이었다. 별빛 아래에서 자는 법, 즉 딱딱한 벽에 머리를 기댈 때 덜 아픈 방법과, 치마 속 잡동사니나 발을 적시는 더러운 물에 신경 끄는 법을 그는 잘 알고 있었다.

케이트는 마이터스퀘어 저 안쪽에 불빛이 닿지 않는 적당한 귀퉁이가 있는 것을 발견했다. 그는 거기에 자리를 잡고 의자에 앉듯이 벽에 등을 기대었다. 아마 그때 주머니에 든 이런저런 물건이 서로 부딪는 소리가 났을 것이다. 그 안엔 설탕과 차, 전당표를 담아 둔 양철 상자가 여러 개 있었다. 가족과의 추억이 깃든 물건은 하나도 없었다. 괴로운 과거를 잊고 주변의 모든 사람을 내칠 생각만 하는 것 같던 그에게 그 작은 물건들이 뭐라고 속삭였을까? 비웃었을까? 문득문득 맡아지는 양철 냄새가 울버햄프턴이나 올드홀워크스를, 혹은 아버지를 떠올리게 하진 않았을까? 케이트는 원체 유쾌한 사람, 노래하며 즐기기를 좋아하는 사람이었지만 그의 마음은 상처투성이였을 게 틀림없다.

그는 어둠 속에서 눈을 감고 자신에게 허락된 휴식을 취했다. 닻 없이 표류하는, '거리를 돌아다니는' 모든 사람과 마찬가지로 그는 당장이라도 누군가 나타나 그를 그 자리에서 치우리란 걸 알고 있었다.

꒰꒱

9월 30일 아침, 한 여자아이가 트롤가 7번지의 계단을 뛰어 올라가 꼭대기층의 문을 두드리고 "프로스트 부인" 하고 이웃의 이름을 불렀다. 한 신사가 경위와 함께 그를 찾아왔다. 다른 이름으로 과부 일라이자 골드, 과거에는 일라이자 에도스였던 프로스트 부인은 침대 안에서 끙 소리를 냈다. 몸이 너무 아파 일어날 수가 없었다. 그는 아이에게 그냥 가라고 했다.

아이는 거리에서 기다리는 남자들에게 돌아가 말을 전했다. 그러나 다급한 상황이었으므로 경위는 다시 아이를 시켜 한 번 더 부인을 불렀다. 이번에 아이는 훨씬 더 강력한 말을 전달했다. 부인의 자매가 죽었으니 시신을 확인해 주셔야 합니다, 라고.

일라이자는 너무나 놀랐다. 그는 옷을 제대로 갖춰 입고, 그러나 아프고 쇠약한 몸으로 이웃과 아들 조지의 부축을 받아 거리로 내려갔다. 경위와 존 켈리는 일라이자와 함께 골든레인의 시체 안치소로 향했다.

관의 뚜껑이 열렸을 때, 일라이자는 괴로움에 통곡하기 시작했다. 슬픔이 너무도 거세게 터져 나와 사람들이 그를 밖으로 데리고 나가야만 했다.

일라이자는 얼마간 시간이 흐른 뒤에야 마음을 추스르고 입을 열수 있었다. 얼굴이 훼손되긴 했지만 그 이목구비는 동생의 것이 아닐 수 없었다. 살인범은 에도스 가족의 표식까지 제거하지는 못했던 것이다. 일라이자는 신문기자에게 안치소에서의 일을 묘사하다가 다시 한번 격렬하게 흐느꼈다. "아 불쌍한 내 동생, 어쩜 이런 결말을 맞을 수 있을까요."[18]

에도스 자매들은 형편이 넉넉하진 않았지만 동생이 극빈자의 무덤에 묻히게 놔두지 않았다. 화이트채플 사람들 또한 제대로 된 이별 의식 없이 케이트를 보낼 수 없었다. 10월 8일 수백 명이 거리를 메웠다. 어떤 지점에는 사람이 너무 많아서 유리로 된 운구차와 장례 마차의 행렬이 느려졌다. 매장지인 일퍼드 묘지에는 500명에 가까운 조문객이 모였다. 오랫동안 서로 만나지 못했던 에도스 일족도 장례식에 참석했다. 케이트의 죽음은 자매들을, 딸들을, 사촌들을, 숙모들을 서로 더 가깝게 연결했다. 그들의 마음 한가운데 생겨 버린 구멍을 서로가 메웠다.

5부

메리 제인

1863년(추정)~1888년 11월 9일

CHAPTER 17

마리 자네트

1880년대 초, 신사계급 남자들이 웨스트엔드에서 육체적 쾌락을 찾기가 전보다 어려워졌다. 한때 떠들썩한 악습의 중심지였던 헤이마켓이 1870년대에 정리되었다. 금박과 심홍색으로 장식한 '아가일룸스', 그러니까 돈 많은 '거물'들이 비단 드레스를 입은 매춘부들과 함께 자정까지 샴페인을 들이켜고 춤추던 퇴폐적인 유흥 시설이 문을 닫았다. 그런 '방탕아'들이 '잠깐의 짝'과 함께 밤늦게 들러 시가를 피우고 음식을 먹으며 휴식을 취하던 피카딜리의 '밤 집'들도 사라졌으며, 마지막 순서로 찾아가던 숙박업소들도 문을 닫았다. 다마스크천 커튼을 드리운 채 거울로 내부를 되비추던 매음굴들마저 폐쇄되었다. 그 결과, 악습은 눈에 띄지 않는 장소로 숨어들 수밖에 없었다.

부유한 신사들, 특히 세인트존스우드, 브롬턴, 핌리코 등 근교에 살면서 멋진 옷을 차려입는 여자들이 가장 선호한 고객층은 비밀 무도회에 초대받을 수 있었다. 장소는 주로 옥스퍼드가와 메릴본 사이 어딘가에 대략 남자 40명과 여자 40명, 총 80명을 수용할 수 있는 연회장이었다. 남자 참석자 한 명이 여자 참석자 한 명의 입장료를 지불했고 이 참가비로 장소 대관과 밴드 섭외, 만찬 준비가 진행되었다. 실크해트와 야회복 차림의 신사들, 드레스와 보석으로 치장한 아름다운 젊은 여자들이 모인 이런 무도회는 언뜻 보면 뭔가 부적절한 일이 일어나고 있다는 느낌이 전혀 들지 않았다. '월터'라는 가명으로만 알려진 성 모험가의 회고록에 따르면 이런 행사에서 "품위 없는" 혹은 난잡한 면모는 거의 찾아볼 수 없었다. 다만 "소개 절차는 생략되었고, 남자들이 아무 여자에게나 춤을 청했으며 … 여자들도 거리낌 없이 남자들에게 춤을 청했"다는 점은 눈에 띄었다. 그러나 만찬이 끝나면 분위기가 달라졌다. "춤이 희롱으로 변하고 색욕이 두드러지기 시작했다. … 도발적인 대화가 밤을 지배했고 음담이 새어 나왔으며 남자들은 왈츠를 추면서 여자들의 어깨에 입을 맞추었다. 폴카를 추는 한두 커플은 성교를 암시하듯 서로 배를 치댔다."[1] 이윽고 무도회가 끝나면 짝을 이룬 남녀가 무리에서 벗어나 각각 마차를 타고 여자가 사는 근교의 거처에 가서 은밀하게 잔치를 이어 갔다.

1883년에서 1884년 사이, 바로 이 무대에 메리 제인 켈리라는 여자가 등장했다. 그의 자기소개에는 진실과 허구가 뒤섞여 있었지만, 지금까지 그 누구도 어느 쪽이 진실이고 어느 쪽이 허구인지 확실히 말하지 못했다. 그는 아는 사람의 정체성을 빌려 썼을 수도 있고, 혹은 완전

메리 제인

히 새로운 정체성을 꾸며 냈을 수도 있다. 당시엔 이 직업을 가진 많은 사람이 그렇게 했다.

이야기의 한 버전에 따르면 메리 제인은 1863년경 아일랜드 리머릭에서 태어났다. 아주 어려서 부친(이름이 존 켈리라고 했다)이 가족을 데리고 웨일스로 건너갔고 카나번셔 아니면 카마던에서 철공소 감독 자리를 찾아 정착했다. 그를 포함하여 형제자매가 아홉 명이었고, 1888년도에 그보다 어린 남자애 여섯이 아직 부모 집에 살고 있다고 했다. 그중 헨리(어째서인지 존이나 '존토'라고 불렸다)라는 형제는 스코틀랜드 제2근위대대에서 복무했다. 메리 제인에게는 그를 "무척 아끼는" 자매도 한 명 있었는데, 그는 숙모와 함께 "이 장터 저 장터를" 돌며 착실하게 살았다. 메리 제인은 열여섯 살에 결혼했으나 이름이 데이비스인지 데이비즈인지 하는 광부 남편이 1년 후 혹은 2년 후에 폭발 사고로 죽었다고 했다. 남편이 죽은 뒤 메리 제인은 가족이 있는 카디프로 갔다. 그곳의 "병원에서 8개월인가 9개월인가를 보낸" 다음 "나쁜 삶을 살고 있는" 사촌 자매와 친해졌다. 대놓고 말하진 않았지만 이 사촌과의 관계로 말미암아 성매매를 시작하게 된 듯했다. 그러다 1884년쯤, 어쩌면 그보다 조금 일찍 런던에 와서 "웨스트엔드의 어느 즐거운 집*에 살았다".[2]

메리 제인이 연인 조지프 바넷에게 들려준 이 이야기는 조각조각의 스냅사진을 한데 모은 것 그 이상도 이하도 아니다. 또 다른 지인들

---

* '즐거운 집(gay house)'에서 'gay'는 '화려한, 마음 편한, (쾌락과 관련되어) 방탕한, 부도덕한'이라는 뜻도 있다.

은 그에게서 각각 조금씩 다른 이야기를 들었다. 어떤 이는 그가 "웨일스 출신인데 그를 버린 부모님은 아직 카디프에 산다"고 들었다. 카디프에서 다른 곳을 거치지 않고 런던으로 바로 왔다고도 했다. 어떤 이는 "그가 웨일스 사람이며, 부모님인지 친척인지가 카디프에 산다는 그의 말을 믿을 이유가 충분하다"고 했다. 흥미롭게도 이 지인은 메리 제인이 카디프의 "유복한" 가정을 떠나 런던에 도착한 시점이 1882년 혹은 1883년이었다고 알고 있었다. 누군가는 그가 "뛰어난 학생이었고 대단한 수준의 화가"였다고 기억했다.[3] 또한 그가 살던 집의 주인과 한 선교사는 그가 아일랜드 출신이며 아일랜드에 사는 모친이 편지를 보내온다고 들었다.[4] 한 이웃은 메리 제인이 가족과 친구들에 관한 이야기를 자주 했고 "런던에서 배우로 활동하는 여자 친척이 있다"는 말을 들었다고 했다. 또 다른 사람들은 그에게 1883년경에 태어난 두 살 난 아이가 있다고 들었다.[5]

메리 제인이 런던에 오기까지의 자신의 삶에 대해 이야기한 내용 중 사실임이 확인된 것은 하나도 없다. 1888년에 아일랜드의 리머릭과 웨일스 양쪽에서 조사가 이루어졌지만 아무 소득이 없었다. 스코틀랜드 근위대대에 복무한다는 가족도 찾을 수 없었다. 그가 살해당했다는 소식이 영국 전역과 세계 곳곳에 전해졌지만, 메리 제인 켈리라는 이름이나 그의 이야기 어느 한 대목이라도 알아듣고 증인으로 나선 옛 친구나 친척이 한 명도 없었다. 이후 몇십 년이 지나는 동안 여러 사람이 메리 제인의 실제 역사를 밝히고자 했으나 다들 실패했다. 웨일스와 아일랜드의 인구총조사, 교구 명부 같은 기록을 아무리 뒤져도 켈리나 데이비스, 메리 제인이라는 이름을 가진 사람 중 이 사람으로 추측되는 인물은 전혀 나오지 않는다. 그렇다면 여기서 끝어낼 수 있는 유일한 결론은, 메리 제인 켈리의 삶에 관한 이야기와 그 이름까지 전부 가짜였다는 것이다.

19세기에는 새로운 정체성을 만들어 내기가 비교적 쉬웠다. 다른 도시로, 혹은 같은 도시의 다른 구역으로 옮겨 가서 이름만 바꾸면 되었다. 지어낸 역사를 바탕으로 새로운 인물을 창조하고 차림새와 습관을 바꾸는 방법만으로도 (위로든 아래로든) 다른 사회계층에 무난히 진입할 수 있었다. 그러나 높은 교육 수준과 그것이 남기는 진한 표식은 억지로 만들어 내기도, 감추기도 훨씬 더 어려웠다. 한 개인의 교육 경험은 읽고 쓰는 능력으로 드러났을 뿐 아니라 말, 몸가짐, 관심사에도 영향을 미쳤고 때로는 미술이나 음악 분야의 기량으로 나타났다. 가난한 계층은 가장 기본적인 교육만 받을 수 있었던 반면, 사회적으로 특별한 지위를 누리고 싶어 하던 신흥 중산층은 자녀의 몸에 품위가 배도록 교육에 힘썼다.

메리 제인에게도 그러한 특징이 있어서 사람들이 그가 "유복한 가정에서" 자랐다고 짐작한 것 같다. 메리 제인의 여지주 중 한 명은 그가 학식이 높고 그림 솜씨가 뛰어났다고 증언했다. 당시 미술 수업은 상류층 자제들이 다니는 여학교에서나 이루어졌지 일반 학교의 교과 과정에는 들어 있지 않았다.[6] 만일 메리 제인이 시골에 사는 가난한 대가족의 딸이었다면 예술 분야의 기술을 배울 기회가 거의 없었을 테고, 물품을 살 돈도 없었을 것이며, 화가가 되는 데 꼭 필요한 주변의 격려도 받지 못했을 것이다. 한데 이보다 더 흥미로운 점은 메리 제인이 어느 특정 지방의 악센트를 썼다고 증언한 지인이 한 명도 없다는 사실, 그리고 그에게 고향이 어디냐고 물으면 웨일스나 아일랜드라고 답했다는 사실이다. 이는 그가 웨일스 또는 아일랜드에서 성장했더라도 그 흔적을 거의 감쪽같이 지웠다는 뜻인데, 어쩌면 화술 수업을 받은 결과였을 수도 있다. "만약 당신이 그를 거리에서 만났더라면 그가 비참한 계급에 속한다는 사실을 짐작하지 못했을 것이다. 그는 늘 깔끔하고 멋지게 차려입었고, 매우 세련되고 품위 있는 모습을 보였다." 그가 화이트채플에 살던 시기에 알고 지낸 선교사의 말이다.[7] 한편 메리 제인이 조지프 바넷에게 자신의 아버지는 철공소의 높은 자리인 '감독'이라고 한 말만큼은 진실이었을 수도 있다. 바넷이 말뜻을 오해하여 그의 부친이 철공소를 운영하거나 경영에 관여하는 사람이라고 해석했을 가능성도 있는데, 그랬다면 메리 제인이 속한 사회계급을 전혀 다르게 생각했을 것이다.

메리 제인은 자신이 열여섯 살 때 데이비스 또는 데이비즈라는 광부와 정식으로 결혼했다고 주장했으나 이를 사실로 입증하는 기록은 지금껏 발견되지 않았다. 그가 실제로 어떤 남자를 만났다면 법적 아내가 아니라 정부 또는 사실혼 관계의 아내가 되었던 것일 가능성이 크다. 그랬다면 그가 1883년경에 아이를 낳고 그 전후로 카디프의 "어느 병원에서 8개월인가 9개월인가를 보냈다"는 말도 설명된다. 메리 제인의 이야기에 나오는 다른 모든 사건과 마찬가지로, 그가 아이를 낳았다는 사실을 뒷받침하거나 그 아이가 이후 어떻게 되었는지 알려

주는 자료는 전혀 없다. 1880년대에는 공공 종합병원에 그 정도로 오랜 기간 입원하는 일이 드물었으므로 그가 입원한 곳은 사설 병원이었을 가능성이 더 크고, 어쩌면 타락한 여자를 위한 교정원이었거나 정신병원이었을 수도 있다. 특히 마지막 두 선택지는 중산층 가정의 딸이 혼외정사로 사회규범을 위반했을 때 몸을 의탁할 수 있는 시설이었다. 당시 카디프에는 타락한 여자를 위한 시설이 최소 두 군데 있었다. 하나는 개신교 계열의 자비의집House of Mercy이었고, 다른 하나는 가톨릭교의 선한목자수녀회Convent of the Good Shepherd였다. 두 곳 모두 하류층에 속하는 십 대에서 이십 대 여자들을 수용했지만 이따금 중산층 여자들도 찾아왔다. 이런 시설에서는 주로 종교 교육, 가사 기술 및 바느질 훈련으로 입소자의 재활을 도왔다. 그러나 일부 중산층은 여성이 결혼제도 밖에서 성적 욕망을 표출하는 행동은 불안한 정신에서 기인하므로 정신과적 치료가 필요하다고 여겼다. 당시 카디프에는 정신병원이 없었기에 이 도시의 환자들은 카마던에 있는 주 연합 정신병원에 보내졌다. 카마던은 메리 제인이 한때 머물렀다고 한 그 도시이다.

메리 제인의 과거를 연대순으로 파악하기가 쉽지는 않으나 그는 조지프 바넷에게 자신이 그 병원에서 나온 '다음에' 행실 나쁜 사촌과 어울렸다고 말했다. 정신병원이나 종교 시설의 재활 훈련이 수포로 돌아가는 때도 많았으니 이 순서가 맞을 수도 있겠다. 아쉽게도 바넷은 메리 제인에게 그 사촌의 "행실이 나빴다"는 게 무슨 뜻인지 자세히 묻지 않았다. 이른바 '방탕아'에 속했던 걸까? 매춘부이거나 누군가의 정부였을까? 성매매를 알선하는 마담이었나? 그가 메리 제인의 런던행을 도왔을까?

메리 제인의 이야기에는 채울 수 없는 구멍이 숭숭 나 있지만 그 중에서도 가장 큰 수수께끼는 그가 카디프를 떠나 런던 웨스트엔드의 "즐거운 집"에 이르게 된 이유와 과정이다. 19세기에는 여자가 혼자 다른 마을과 도시를 여행하거나 이사하는 것이 상당히 위험한 일이었다. 카디프와 런던은 철도로 연결되어 있긴 했어도 물리적으로나 문화적으로나 꽤 먼 거리였다. 결혼하지 않은 젊은 여자가 혼자서 런던에 오는 경우는 대개 둘 중 하나, 런던에 일자리를 구했을 때 또는 런던에 아는 사람이나 친척이 있을 때였다. 메리 제인도 둘 중 하나, 혹은 둘 다의 이유로 런던에 왔음이 틀림없다. 그렇지 않고서야 런던에 막 도착한 외지인이 성매매의 중상류층에 그렇게 쉽게 진입할 순 없었다. '점잖은' 사회계급 구성원이 이 새롭고 혼란스러운 도시에 와서 비슷한 계급 사람들과 어울리려면 개인적 연고가 꼭 필요했던 것과 마찬가지로, 신사계급을 상대하는 성매매 여성도 연줄이 있어야만 제대로 자리잡을 수 있었다. 아마도 메리 제인은 누군가 아는 사람에게 런던의 '여지주'를 소개받았을 것이다. 물론 카디프에서 연인과 함께 건너왔거나 런던에서 연인을 만날 계획이었을 가능성도 배제할 수 없다.

과거에는 대다수 성매매 여성이 거주지에서 성매매를 했으나 19세기 후반부터는 밖에서 호객을 하게 되었다. 피카딜리, 헤이마켓, 리젠트가에서 활동하는 여자들은 주로 첼시, 핌리코, 세인트존스우드 같은 근교 지역이나 병영에서 가까운 나이츠브리지와 브롬턴에 살았던 반면, 가난한 여자들은 주로 이스트엔드에 살았다. 메리 제인 켈리는 나

메리 제인

이츠브리지 근처에 정착했다.

19세기 중반 이후, 나이츠브리지 병영과 브롬턴로드를 두 변으로 하여 서쪽으로 브롬턴스퀘어에 이르는 삼각형 모양의 나이츠브리지 일대 골목골목에는 장교의 정부, 배우, 그리고 덧문과 짙은 벨벳 커튼 뒤에서 은밀하게 부도덕한 삶을 영위하는 여자들이 많이 살았다. 가령 1881년, 직사각형의 녹지인 브롬턴스퀘어 주변에는 '여인숙 주인'을 자처하는 여자 지주들이 많은 건물을 소유하고 있었다.[8] 가령 '여배우' 두 사람이 사는 15번지 건물의 주인 메리 제퍼리스는 빅토리아 시대의 가장 비범한 마담 중 한 사람으로, 귀족과 정치인과 부유한 자본가를 상대했고 왕족 중에도 그의 손님이 최소 한 명 있었다. 제퍼리스는 브롬턴과 첼시에도 다수의 건물을 보유했다. 그의 숙소 및 매춘부 네트워크는 런던 서부와 북부를 넓게 아울렀다. 제퍼리스는 자신의 '아이들'과 손님들이 여러 다른 장소에서 만나도록 주선하고 본인의 손은 더럽히지 않는 방식으로, 마치 인형술사처럼 적당히 떨어진 거리에서 사업을 운영했다. 메리 제인의 집주인이었던 "프랑스 여자"가 제퍼리즈처럼 본격적인 성매매 제국을 운영했을 가능성은 작지만 이 사람 역시 자기 집의 '하숙인'에게 신사와 교제할 기회를 주는 식으로 장사했을 것이다.

19세기 후반에 중상류층 남자들은 여자를 소개받기 위해 굳이 포주를 찾아갈 필요가 없었다. 편지나 대화로도 밀회 약속을 정할 수 있었고 더러는 우연한 만남으로 약속이 체결되기도 했다. 가령 '월터'는 기차간에서 마담과 눈빛을 교환한 뒤 메릴본에 있는 상점으로 위장한 은밀한 매음굴을 소개받았다. 그가 말을 걸자 마담은 자신이 양재사이며 자기 가게에는 아주 예쁜 아이들만 일한다고 귀띔했다. 그리고 기차에서 내리기 전에 그에게 명함을 건네며 "언제 한번 내가 만든 장갑을 보러 오라"고 청했다. 월터가 보기에 이 사람은 주로 기차 등의 대중교통에서 남자들에게 접근하는 방법으로 장사하는 게 분명했다.[9] 메리 제퍼리스가 새로 영입한 여자를 홍보한 방법 중 하나는 자신의 사륜마차를 타고 장교회관에 가서 그곳 남자들에게 초대장을 뿌리는 것이었다. 부유한 귀족 가문 출신인 최정예 연대의 장교들은 런던 병영에 주재하는 동안에 시간과 돈이 남아돌았으므로 성매매 업자들의 중요한 고객이었다. 메리 제인이 나이츠브리지 병영 가까이에 살았고 그지역에 장교의 정부가 많았다는 점을 생각하건대 그 역시 많은 장교를 상대했을 것이며, 스코틀랜드 제2근위대대 소속이라는 헨리 또는 '존토'라는 남자가 사실은 그중 한 사람이었을 수 있다. 즉 존토는 메리 제인의 형제가 아니라 해외 파병 중에 그와 편지를 주고받던 옛 장교 연인이었을 수도 있다.[10]

포주의 알선으로 여자를 만나는 남자들은 대개 성교에 앞서 저녁시간을 유흥으로 채웠다. 월터는 그 양재사-마담의 가게 근처 집에서 소피라는 젊은 여자를 정식으로 소개받았는데, 마담은 그에게 그 장소에서 섹스를 해선 안 되며 자신에게 선금 5파운드를 낸 뒤 소피에게 저녁식사를 대접하라고 일렀다. 5~6년 전만 해도 남자들은 아가일룸즈에서 소피나 메리 제인 같은 여자를 만나 숙박업소에 갔지만 이제는 리젠트가 69번지의 세인트제임스 레스토랑(일명 '지미즈'), 헤이마켓의 카페드르유럽에서 저녁 유흥을 시작했다. 이런 음식점에서는 담배 연기가 자욱하고 거울이 달려 있으며 종려나무 잎으로 장식한 방에서 입이 무겁기로 유명한 프랑스인, 이탈리아인 웨이터가 식사를 시중들었다. 손님들은 굴, 매콤한 콩팥 요리, 구운 쇠고기를 배불리 먹고 매끈한 모양의 잔에 담긴 샴페인과 백포도주로 속을 씻어 내린 다음, 전세마차나 남자의 마차를 타고 역시나 눈에 띄지 않는 호텔이나 여자의 숙소로 이동했다. 물론 이러한 만남은 꼭 레스토랑에서 시작하란 법도 없었고 꼭 다음 날 아침에 끝나란 법도 없었다. 극장, 뮤직홀, 경마회 등 각종 유흥이 몇 가지나 곁들여질 수 있었고, 신사가 마침내 성적으로 소진되거나 상대에게 흥미를 잃거나 다른 볼일이 있을 때 만남이 끝났다. 남자는 쾌락을 얻은 만큼 비용을 지불했다. 보통 이 '가격'은 현금과 함께 방물 형태로 지불되었다. 월터는 양재사-마담에게 낸 "선금 5파운드" 외에도 소피가 요구한 "소버린^{Sovereign}* 금화 세 닢과 새 드레스 한 벌"을 하룻밤 비용으로 지불했다.

성매매는 포주의 만남 알선 외에도 여러 방법으로 이루어졌다. 계층에 관계없이 모든 성매매 여성이 공공장소에서 구매자를 찾았다. 이들은 특정한 극장과 뮤직홀에 가거나 거리를 돌아다니면서 남자들에게 자신의 모습을 드러냈다. 아가일룸스가 폐쇄된 후, 우아한 차림의 여자들과 후줄근한 차림의 여자들 모두가 레스터스퀘어의 알람브라 극장에 헤쳐 모였다. 런던의 낮과 밤을 관찰한 미국인 저널리스트 대

---

*   1파운드스털링의 가치를 가진 영국의 금화로, 1817년부터 발행되고 있다. 지금은 통화보다는 지금형 주화 또는 귀금속으로 쓰인다.

니얼 조지프 커완은 1878년의 어느 날 밤 "담배를 피우는 아가씨" 무리를 통과하여 알람브라 극장으로 들어섰다. "남자와 여자로 발 디딜 틈 없는" 그곳에서 사람들은 "서로 지나치고, 무대를 구경하고, 바에서 술을 들이켜고, 서로 거칠게 밀쳐 대고, 큰 소리로 웃었다".[11] 커완은 극장을 채운 남자들이 "높은 계급에 속하는" 것으로 보이고 여자들은 "발랄하고 쾌활하고 예의가 매우 밝으며, 페인트칠한 난간 안쪽 더 정숙한 자리에 앉은 직공과 소매상의 아내나 연인보다 훨씬 더 좋은 취향의 옷을 입고 있는" 데 놀랐다.[12] 그러나 사실 알람브라 극장은 모든 계층의 성매매 여성이 활동하는 곳이었고 그날 밤 그곳에는 "밤거리 여자 최소 1,200명"이 있었다고 추정되었다. 커완은 관람석으로 올라가자마자 분위기가 달라지는 것을 느꼈다. "소음과 연기가 끔찍했"으며 "여자들의 행동에는 일말의 가식도 없었다". 그보다 더 위쪽에 "어중이떠중이가 모인" 관람석은 더욱 끔찍했다. 커완은 이렇게 결론지었다. "알람브라의 6펜스짜리 관람석을 찾는 여자는 그 어떤 구원도 불가능할 만큼 타락한 이다."[13]

성매매의 중류층에 속하는 이들은 웨스트엔드 거리에서도 손님을 물색했다. 이들의 주 무대는 헤이마켓, 리젠트가, 피카딜리, 그리고 거기서 레스터스퀘어와 소호로 이어지는 작은 길들이었다. 예를 들면 이들은 피카딜리서커스에서부터 느긋하게 정처 없이 걷기 시작하여 리젠트 상점가에서 진열창에 전시된 모자, 도자기, 작은 장신구 따위를 구경하는 척하며, 지나가는 행인 중 걸음을 늦추고 옆에 와 서는 남자가 진짜 쇼핑객인지 손님인지 아니면 경관인지 주의 깊게 살폈다. 여

메리 제인

기서 별 소득이 없으면 남쪽으로 길을 건너 헤이마켓의 카페드르유럽에 들러 신사 무리의 눈길을 끌고자 했다. 여기서도 별 소득이 없으면 코번트리가를 동쪽으로 걸어 레스터스퀘어의 알람브라 극장으로 향했다. 그렇게 걷다 보면 그날 밤 적어도 한 명쯤은 곁에 와서 모자를 만지며 인사를 건네기 마련이었다. 아마 여자가 길을 건너 인도에 올라설 때 치맛자락을 살짝 과하게 들어 올리는 것을 알아차리고 뒤따라왔을 것이다. 그러나 번화가인 웨스트엔드에는 퇴근하는 상점 점원, 주인의 심부름을 나온 가정부도 많았기에 신중하게 접근해야 했다. 이런 만남에 경험이 많은 월터 같은 남자조차도 매춘부와 "순결한 여자"를 구별하기가 어려울 때가 많다고 썼다. 한번은 본드가에서 발견한 여자가 접근해도 되는 사람인지 아닌지 판단이 서질 않아 피카딜리까지 계속 따라갔다. "상급 하인처럼 차림새가 말쑥하여 즐거운 일을 하는 여자인지 아닌지 단정할 수가 없었다. … 누구에게도 눈길을 주지 않고 가게들 앞에 멈춰 구경만 하는 듯했다. 나도 따라 걸음을 멈추고 구경하면서 그 옆에 섰다."

웨스트엔드의 거리 성매매 규칙은 손님이 먼저 말을 걸어야 한다는 것이었다. 그러면 여자는 짐짓 불쾌한 척하며 수작을 잇거나 제안을 수락했다. 월터는 그 젊은 여자에게 몸을 기울이며 이렇게 물었다.

―제가 집에 모셔다 드릴까요?
여자는 좀 놀란 듯이 나를 쳐다보며 머뭇거리더니,
―그래요, 하지만 제 집은 여기서 3마일 거리라―

―마차를 탑시다.

―오 아뇨, 당신을 제 집에 모실 순 없어요.

이에 월터는 마차를 불러 세워 여자와 함께 10분 거리에 있는 "어느 은밀한 숙박업소"로 갔다.[14]

이처럼 피카딜리와 레스터스퀘어 일대는 런던의 상류층 남자가 적당히 체면을 지켜 가며 성을 구매하는 장소였지만, 성매매는 웨스트엔드의 다른 구역을 포함해 런던 대부분의 지역에서 행해졌다. 스트랜드와 채링크로스역 사이는 1880년대 초까지 100여 년간 거리 호객의 거점이었고, 레스터스퀘어 바로 위쪽의 브루어가와 리슬가는 더 나이 많고 가격이 저렴한 여자들이 모이는 곳으로 유명했다.[15] 유스턴, 빅토리아 등 기차역 주변은 유동인구가 많고 호텔과 여인숙이 몰려 있어서 새로운 성매매 중심지가 되었다. 그러나 스무 살을 갓 넘긴 나이로 이 직업의 '전성기'를 누리고 있던 메리 제인은 런던에서 가장 번화한 거리에서 상류층을 상대하며 살아가는 데 아무 문제가 없었을 것이다. 그는 170센티미터의 키에 보기 좋게 통통한 몸매, 푸른 눈, 길고 풍성한 머리카락 등의 신체적 매력을 바탕으로 "마차를 타고 돌아다니며" "귀부인 같은 삶을 살았다". 이름은 프랑스어인 '마리 자네트'를 사용했고 "값비싼 드레스를 여러 벌" 수집했다. 알람브라 극장, 카페드르유럽, 세인트제임스 레스토랑에서 일하는 사람들 중에 그를 모르는 사람은 아마 없었을 것이다.

메리 제인은 좋은 옷을 입은 신사들의 제안과 약속에도 익숙했을 것이다. 경마회에 놀러 가자, 장갑과 장신구를 사 주마, 맛있는 음식과 술을 대접하겠다, 같은 말들 말이다. 성매매의 생태에 빠삭한 이들은 젊음에서 오는 매력이 곧 사라지리란 것을 잘 알았고, 자신의 가치를 최대한 이용하기 위해 눈앞에 보이는 모든 기회를 붙잡으려 했다. 그래서 "어떤 신사"가 함께 파리에 가자고 제안했을 때 메리 제인은 수락했다.

이 역시 조지프 바넷이 메리 제인에게 들은 이야기라, 파리행 제안이 어떤 맥락에서 나왔고 남자의 이름이 무엇이며 여행이 구체적으로 어떻게 진행되었는지 등에 대해서는 밝혀진 바가 없다. 애초에 메리 제인이 이 남자와 어떻게 알게 되었는지도 알 수 없다. 손님이었을 수도 있고, 진지한 연애 상대였을 수도 있고, 단순한 지인이었을 수도 있으며, 혹은 그가 메리 제인에게 일자리를 제안했던 것일 수도 있다. 분명한 사실은 이 파리 여행의 실상이 겉보기와는 달랐다는 것이다. 메리 제인이 살던 집의 프랑스인 주인-마담이 이 일에 관여했을 가능성도 있다. 당시에는 외국을 여행할 때 짐을 따로 보냈는데, 메리 제인은 자신의 값비싼 옷을 큰 여행가방에 챙겨 두고 파리에 가서 거처를 정한 뒤에 마담에게 부쳐 달라고 한 것 같다. 그러나 아무리 기다려도 옷은 오지 않았고, 어쩌면 메리 제인은 그제서야 이 여행이 함정일지 모른다는 생각을 떠올렸을 것이다.

19세기 후반 들어 영국과 유럽 대륙 간에 여성 인신매매가 성행하고 있었다. 철도망과 해운업이 폭발적으로 발전하면서 사람과 상품의 이동이 더 간단해지고 저렴해졌다. 이와 동시에 여성이라는 '상품'도 더 다양한 시장으로 판매되고 더 특수한 수요를 충족하게 되었다. 영국은 프랑스, 벨기에, 독일에서 젊은 여자를 수입하는 동시에 자국 여자를 유럽 대륙의 매음굴에 수출했다. 성인 및 미성년 여성을 사고파는 이 어두운 세계를 탐사한 1885년의 연속 기사 〈현대판 바빌론의 처녀 공물〉에서 W. T. 스테드가 인터뷰한 전직 인신매매상은 1884년 한 해에 영국에서 벨기에와 북프랑스로 팔려 간 사람만 해도 최소 250명이었다고 추측했다. 이 중 3분의 2가 가정부 일자리나 결혼을 미끼로 유괴당한 이들이었다.[16] 술이나 약물을 강권하여 여자를 취하게 한 뒤 가짜 증명서를 들려 기차에 태우는 경우도 많았다.

1879년, 그 얼마 전 가정부 일자리를 잃은 애덜린 태너라는 젊은 여자가 바로 그런 일을 당했다. 사건의 발단은 아주 평범했다. 역 대합실에서 열차를 기다리는 그에게 "점잖은 차림의 남자" 존 살카르트가 외국 악센트가 느껴지는 말투로 말을 걸었다.[17] 애덜린은 몇 달 후 우연히 살카르트와 다시 마주쳤고 이번에는 소호에 있는 호텔에서 한잔하자는 남자의 제안을 받아들였다. 애덜린이 좀 더 경험이 많았다면, 가령 메리 제인처럼 성매매를 잘 아는 사람이었다면 그 구역이 어떤 곳인지 즉각 알아차렸을 테지만 열아홉 살의 애덜린은 부모의 보호하에 살아온 경험 없는 사람이었다. 살카르트는 애덜린의 와인잔이 비기가 무섭게 계속 술을 채웠고 애덜린은 곧 "자신이 하는 말도 거의 기억하지 못하는 상태"가 되었다. 남자는 이때를 기다렸다는 듯 자신의 동업자인 프레데리크 슐츠라는 "잘생긴" 벨기에인을 애덜린에게 소개했다. 사실은 두 사람 모두 대륙의 매음굴에 여자를 공급하는 '취업 알선

업자'였다. 머리가 빙빙 도는 애덜린 앞에 미래의 포주도 나타났다. 에두아르 로제라는 이 프랑스 남자는 대화를 좀 나누더니 대뜸 "당신이 너무도 마음에 든다, 당신을 프랑스에 데려가고 싶다, 나의 저택과 마차 등등을 보고 나면 당신도 내 아내가 되고 싶어질 거다, 난 당신과 결혼하겠다"고 말했다.[18] 술에 취하고 달콤한 말에 혹한 가정부는 로제의 제안을 서슴없이 받아들였다. 물론 문제는 살카르트와 슐츠가 꾀어낸 다른 두 젊은 여자와 애덜린이 파리가 아닌 브뤼셀로 보내져 공창가에 감금되었다는 것이다. 잉글랜드를 떠나기 전 세 사람 모두 가짜 신분증을 받았다. 그러나 벨기에에 도착하자마자, 신분 위조는 불법 행위이므로 로제의 집을 탈출하려고 시도라도 했다간 그 즉시 체포당할 것이라는 말을 들었다.

이처럼 사기를 당해 외국에 팔려 간 이들이 있었는가 하면, 나머지 3분의 1은 이미 성매매를 하던 여성이 "변화를 갈망하여" 외국에 나간 경우로 설명되었다. 1885년의 연속 기사에서 W. T. 스테드는 런던에서 보르도로 건너간 아멜리아 파웰의 이야기를 전한다. 아멜리아는 자신이 남편과 헤어진 뒤 "극빈에 빠지기 직전"에 성매매를 시작했음을 암시했다. 그러다가 "성실한 일을 하는 한 친구"가 리젠트가에서 담배 상점을 운영하는 "어떤 그리스인"을 그에게 소개했다. 남자는 아멜리아를 비롯한 네 여자에게 보르도의 "훌륭한 취직자리"를 약속했다. 아멜리아는 깊이 생각하지 않았다. "이 제안은 … 내게 고통스러울 만큼 익숙한 런던에서의 관계와 시련으로부터 탈출할 방법이 될 것이었다."[19] 그러나 여자들은 보르도에 도착하고 얼마 안 있어 "훌륭한 취직자리"의 실체를 깨달았다. 그들은 매음굴 안에 들어서자마자 "가진 옷을 빼앗긴 뒤, 비단 드레스 같은 화려한 옷을 입어야 했다". 이는 여자들에게 강제로 빚을 떠안김으로써 그들이 그곳을 떠날 경우 절도죄로 고발하기 위한 방법이었다. 아멜리아는 그렇게 억지로 입어야 했던 옷값과 그를 "데려오는 일에 든 비용"까지 합쳐 1,800프랑을 빚졌다고 들었다. 매음굴 주인은 신사들에게 유흥을 제공하는 일로 빚을 다 갚으면 얼마든지 떠나도 된다고 했으나, 아멜리아는 그러기가 불가능하다는 것을 곧 알 수 있었다. "장부에 빚이 400~500프랑쯤 남으면 주인이 작업을 시작한다. 구슬려서든, 부추겨서든, 새까만 거짓말을 해서든 여자에게 또 옷을 사게 만드는 것이다. 그렇게 시간이 한 달 한 달 늘어난다."[20]

이런 계략은 이미 수백 년 전부터 매음굴에서 널리 쓰여 온 방법으로, 무경험자는 물론 경험 많은 성매매 여성까지도 흔히 걸려드는 수법이었다. 성매매 목적의 국제적 인신매매 업자들은 치밀한 각진에 따라 눈에 띄지 않게 한발 앞서 움직였기에 피해자들은 영문도 모르는 채 외국 매음굴에 도착했다. 메리 제인의 경우에도 그의 프랑스인 지주-마담이 "어떤 신사"라는 자와 공모하여 그를 파리의 매음굴에 보냈을 가능성이 크다. 이들의 구체적인 시나리오가 무엇이었는지는 몰라도, 마담은 마리 자네트가 매음굴에 도착했을 때쯤이면 아름다운 드레스가 더는 필요하지 않을 것으로 판단했으리라.

프랑스의 공창가는 법적으로 매우 엄격하게 규제되고 있었다. 가령 여자들은 거리에서 성매매하는 불쾌한 모습을 보이지 않도록 바깥출입이 제한되었다. 이들은 특정 시간대에만 밖에 나갈 수 있었고, 그럴 때도 무리 지어 서 있거나 매음굴 입구 근처를 서성여서는 안 되었으며, 심지어 집 안에 있을 때도 창밖으로 모습을 보여선 안 되었다(그래서 늘 덧문을 닫아 두어야 했다). 또한 매음굴에 새로 들어온 여자는 규제 당국인 풍속경찰에 이름을 등록하고 2주에 한 번씩 성병 검진을 받아야 했다. 다시 말해, 인신매매 피해자가 빚이 있든 어떻든 개의치 않고 매음굴을 빠져나온다 해도 성매매 여성의 개인적 자유를 통제하는 엄격한 법률이 다시 한번 앞을 막아섰다. 요컨대 현지에 아는 사람도 없고 의사소통도 불가능한 사람이 공창가의 덫에 한번 걸려들면 거기서 빠져나올 가능성은 거의 없었다.

메리 제인은 필시 이 함정을 간파했을 것이다. 그는 파리에 갔지만 "그 부분이 마음에 들지 않아" 오래 머무르지 않았다고 바넷에게 설명했다. 바넷이 이해하기에 "그 부분"이란 파리에 간 "목적"을 가리켰다. 메리 제인은 보름 만에 런던으로 돌아왔다. 그를 옭아매려고 제작된 덫으로부터 어떻게 빠져나올 수 있었는가는 그 자체로 또 하나의 미스터리이다. 살카르트가 스테드와의 인터뷰에서 밝힌 대로라면 여자들은 "의혹을 키우다가" 목적지에 도착해서야 "깜짝 놀라는" 경우가 많았다. 만일 주변인의 증언대로 메리 제인이 교육 수준이 높았다면 간단한 프랑스어 정도는 알아서 그 덕을 보았을 수도 있다. '인간 소포'로 불리던 피해자들이 '배달' 도중에 경찰과 대화라도 하는 경우는 인신매매 업자와 매음굴 주인이 무시할 수 없는 위험 상황이었다. 또한 피해자가 목적지에 '배달'된 뒤에도 위험은 남아 있었다. 프랑스 법에 따르면 누구든 불법 인신매매가 의심되는 상황을 풍속경찰에 고발할 수 있었고(흔히 부탁을 잘 들어주는 구매자가 고발했다), 경찰은 "자신의 의사에 반하여 매음굴에 억류된 모든 영국 여자를, 부채 잔류 여부에 관계없이 풀어 줄 법적 의무가 있었다".[21] 인신매매 업자와 매음굴 주인은 자신에게 손해를 끼치는 이러한 종류의 방해를 가볍게 여기지 않았다. 그들의 범죄를 증언할 수 있는 사람이 바깥세상을 자유롭게 돌아다니게 된다는 것도 곤란한 일이었다.

스테드가 강조한 대로, 국제 노예무역 상인은 결코 만만한 사람들이 아니었다. 그런 범죄 조직은 극도로 위험한 남자들이 운영하고 있었다. 그 대다수가 "교도소가 얼마나 지내기 불편한 곳인지를 너무도 잘 아는 전과자"였다.[22] 매음굴을 떠나는 순간, 메리 제인은 본의 아니게 무서운 적을 만들었다. 파리에서는 어찌어찌 그들을 따돌릴 수 있었으나 이제 런던에서의 삶은 결코 쉽지 않을 터였다.

CHAPTER 18

즐거운 인생

여름철, 파리에서 런던으로 향하는 사람들은 북프랑스 불로뉴의 항구에서 승선하여 런던탑 옆 세인트캐서린 부두에 내렸다. 승객들은 현문을 건넌 뒤 주로 도심이 있는 서쪽으로 향했지, 길을 건너 동쪽으로 향하는 수는 많지 않았다. 어지럽게 펼쳐진 부두들, 수많은 여행가방과 뱃짐, 증기선 경적 소리와 타르 냄새의 소용돌이를 빠져나가면 곧 랫클리프하이웨이라는 붐비는 도로가 나왔다. 언뜻 길 어귀만 봐서는 평범한 상점가였다. 선구, 등잔, 선원의 옷을 취급하는 가게가 밀집해 있었고 진gin을 파는 허름한 술집도 몇 군데 있었다. 하지만 길을 따라 더 걷다 보면 이 구역의 본모습이 드러났다. 선박 잡화점보다 싸구려 여인숙이 많아지고 맥줏집과 펍과 뮤직홀이 줄줄이 나타났으며 흥청흥청 죄 짓는 소리가 점점 더 크게 들려왔다.

랫클리프하이웨이는 도로 이름인 동시에 동네 이름이었다. 이 구역의 정체성과 질서는 부두에 들어오는 수많은 선박과 선원이 결정했다고 해도 과언이 아니었다. 말하자면 뱃사람들이 술과 섹스를 찾는 곳이었다. 1811년 영국 역사상 거의 최초의 연쇄살인 사건(밤잠에 든 일곱 사람이 살해당했다)이 이곳에서 발생한 이후 19세기 말까지도 랫클리프하이웨이는 폭력이 난무하는 동네로 이름을 떨쳤다. 가스등이 밝게 빛나고 발랄한 폴카 선율이 흘러도 본질적으로 어둡고 비참한 곳이었다. 다양한 국적의 선원이 자리를 메운 뮤직홀과 지하 펍에서는 툭하면 유리잔과 사람 턱이 부서지고 술과 피가 흘러넘쳤다. 밤이 깊어지면 이들이 무허가 술집과 아편굴을 찾아 비틀거리며 돌아다니는 소리, 새된 비명과 다투는 목소리, 노래하고 성교하는 소리가 골목골목 울려 퍼졌다.

메리 제인 켈리는 본의 아니게 랫클리프하이웨이에 발을 들였다. 다른 선택지가 없었다. 웨스트엔드로 돌아가는 것이 안전했다면 그렇게 했을 것이다. 성매매의 중상류층 여성은 혼자서 따로 일하지 않았다. 즉, 서로 아는 친구들로 연결되어 있었고, 새 일자리가 필요할 때는 어느 집 지주-포주를 찾아가면 되는지 알고 있었다. 곤경에 처했을 때는 인정 많은 손님이나 옛 연인에게 도움을 청하는 경우도 흔했다. 메리 제인도 기댈 곳은 많았을 테니 얼마든지 웨스트엔드에서 일을 재개할 수 있었을 것이다. 그를 뒤쫓는 사람들만 없었더라면. 메리 제인은 세인트캐서린 부두에서 동쪽으로 방향을 틀어 랫클리프하이웨이에 들어섰다.

브리저스힐 모퉁이에 있는 페닝턴가 79번지는 부두에서 걸어서 겨우 10분 거리였다. 창고들을 마주 보는 위치에 있는 검댕으로 뒤덮인 이 벽돌 건물은 원래 레드라이언이라는 이름의 펍이었다가 1874년에 주택으로 개조되었다. 1885년 이 집에는 독일인 재봉사 밀러의 가족, 엘리자베스 부퀴와 요하네스 모르겐슈테른이라는 네덜란드인 커플과 그들의 어린 쌍둥이 딸이 살았다. 자칭 부퀴 부인의 원래 이름은 엘리자베스 블루마로, 네덜란드에서 설탕 정제업자의 딸로 태어났고 어릴 때 런던으로 이주하여 페닝턴가에 정착했던 것으로 보인다. 그는 네덜란드인 공동체에서 만난 루이스 부퀴와 결혼했다. 남자의 직업은 가스 배관공이었다고 하는데, 노동자계급으로서는 다소 이례적으로 부동산을 취득하기 시작했다. 루이스 부퀴는 1880년경에 페닝턴가 79번지 주택을 매입했다.

부퀴는 레드라이언 펍을 밀러 가족에게 세주고, 밀러 가족은 부퀴의 승인하에 성매매 여성들에게 방을 전대했던 것으로 보인다. 세입자가 하는 일을 눈감아 주기만 하면 쉽게 임대 소득을 벌 수 있는 지역에서는 이런 관행이 드물지 않았다. 구중중한 일은 밀러 가족이 맡고 지주 가족은 다른 데 살았다. 그러다 1882년 남편 루이스가 죽은 뒤 엘리자베스 부퀴는 남편의 재산을 직접 관리하기로 했다. 그는 성매매 사업을 시작할 계획으로 새 동거남 요하네스 모르겐슈테른과 함께 밀러 가족의 위층으로 이사했다.

부퀴는 페닝턴가 79번지 외에도 그와 비슷한 집을 여러 채 소유하고 있었던 것 같다. 아마도 그런 배경에서, 부퀴 가족이 페닝턴가로 이

사한 바로 그 시점에 요하네스 모르겐슈테른의 형제인 아드리아누스가 엘리자베스 펠릭스라는 여자와 함께 포플러에 있는 부퀴 소유의 주택으로 이사했다. 아드리아누스의 딸에 따르면 이 집 또한 매음굴로 쓰였다고 한다.[1] 즉 부퀴 부인이 결단력 있는 사업가였던 것도 맞겠지만 그가 '가족 사업'을 일군 데는 모르겐슈테른 형제가 한 역할을 했음이 틀림없다.

부퀴와 모르겐슈테른은 79번지 집의 최소 한 층을 다 썼지만 원래 펌이었던 건물이라 임대할 방은 넉넉히 남아 있었다. 1881년에 이 집에는 세 명의 젊은 여자(스물한 살의 메리 비머와 에이다 킹, 스무 살의 에밀리 챌리스)가 살았다. 인구총조사 기록에 따르면 조사원이 방문했을 때 이들은 외국인 선원 둘을 상대하고 있었다. 이후 스물두 살의 아리따운 '즐거운 여자' 메리 제인이 집의 문을 두드렸을 때, 부퀴 부인은 참으로 이상적인 하숙인이 생겼다고 생각했을 것이다. 메리 제인이 새 마담에게 자신의 과거를 어디까지 밝혔는지는 알 수 없으나, '켈리'가 그의 본명이 아니었다고 한다면 바로 이 시점부터 쓰기 시작했을 것이다. 프랑스에서 막 돌아온 메리 제인은 사람들 눈에 띄고 싶지 않았다. 그를 뒤쫓는 사람들은 웨일스 여자를 찾고 있을 테니, 익명이나 다름없는 그 흔하디흔한 아일랜드계 이름으로 살아가는 것이 그나마 안전하리라고 판단했으리라.

메리 제인은 페닝턴가 79번지에 무일푼으로 도착했지만 곧 돈을 벌어 집세를 내겠다고 부퀴 부인에게 약속했다. 그러나 랫클리프하이웨이는 가게와 손님은 물론 관행까지도 웨스트엔드와는 자못 다른 동네였다. 사회개혁가 에드워드 W. 토머스는 이렇게 썼다. "랫클리프와 와핑은 그곳만의 방식이 있으며 이를 가장 자세히 보여 주는 것이 선원들과 여자들의 행동이다."[2] 이 구역을 방문한 토머스는 매춘부 간에 호객에 관한 특정한 규약이 있는 것을 발견했다. 성매매 여성들과 포주들은 선박 입항 일정을 꿰고 있다가 "부두에 배가 들어오면 일이 빈 여자 중 다수가 그 입구까지 내려가 선원들을 꾀기 시작한다". 여기서 성사된 관계는 선원이 다시 바다에 나갈 때까지 구속력을 가졌다. 또한 선원들은 "자기만의 여자"를 지정하는 관습이 있었고, 랫클리프의 성매매 업자들은 이 점을 최대한 이용했다. 선원은 그렇게 지정한 여자를 "여기저기 대동했고, 밤에는 술잔치를 벌이고 낮에는 … 여자의 숙소에서 잠을 자며 늘 함께했다". 여자는 남자의 관심이 사그라들지 않도록 "상대의 수중에 돈이 남아 있는 한 그를 위해 애썼다".[3] 남자가 돈을 다 쓰거나 다시 바다에 나가면 그다음 배에서 내리는 수많은 선원 중에 다시 손님을 찾았고, 아니면 평범한 방식대로 거리에서 호객하거나 이 구역에 널려 있는 펍과 진 가게와 뮤직홀에 들어가 손님을 물색했다.

에드워드 토머스를 비롯해 여러 도덕가가 목격한 바에 따르면 랫클리프하이웨이의 여자들은 웨스트엔드를 비롯한 런던 다른 지역의 여자들에 비해 일하는 방식이 더 거칠고 뻔뻔했다. 이곳에는 성매매 수요가 말 그대로 밀물과 함께 밀려들었다는 점에서 경찰마저도 성매매와 매음굴 확산을 규제할 방법이 없었다. '즐거운 여자들'은 당국을 별로 두려워하지 않고 거리에서 공공연하게 호객했다. 토머스에 따르면 이들은 가장 서늘한 계절에도 "보닛이나 어떤 종류의 머리쓰개도 … 그 어떤 여분의 차림도 갖추지 않고" 저녁 거리를 돌아다녔다.[4] 또한 "많은 여자가 무척 좋은 옷을 입었지만" 그들의 드레스는 목이 깊이 파이고 길이 또한 짧았으며 "저렴하고 현란한 종류의 장신구"가 그들을 "매우 눈에 띄게 했다".

이 구역의 상류층 매춘부, 즉 나이가 어리거나 어려 보이는 여자들은 담배 연기 자욱한 뮤직홀 안에서 손님을 구했다. 이런 가게들은 뱃사람을 단골로 끌어들이려고 항해를 테마로 실내를 장식했으니, 벽마다 거친 바다 풍경과 닻과 인어가 그려져 있었다. 뺨을 붉게 화장하고 거의 투명한 소재의 의상을 입은 무용수들이 나무 파도 사이에서 춤추었고, 가수들은 뭍에 두고 온 연인을 회상하는 신파조의 노래를 불렀다. '즐거운 여자'들과 몇몇 동네 주민을 빼면 스웨덴어나 덴마크어, 독일어, 포르투갈어, 에스파냐어, 프랑스어를 쓰는 손님 대다수는 노래 가사를 한마디도 알아듣지 못했을 것이다. 그래도 그들은 누군가와 싸우기 전까지는 나무 의자에 엉덩이를 붙인 채 말술을 마시며 옆에 앉은 여자와 시시덕거렸다.

랫클리프하이웨이의 저녁 유흥은 물가가 더 비싼 웨스트엔드와 똑같이 술을 중심으로 이루어졌다. 그러나 경험 많은 여자들은 술을 찔끔거리기만 했다. 뱃사람이든 거물이든 상관없이 낯선 손님은 위험했기 때문이다. 그들 옆에서 샴페인 한 병을 다 마시거나 진을 여러 잔 들이켜는 것은 러시안룰렛에 뛰어드는 것이나 마찬가지였다. 처음 만난 이 남자가 술에 취하면(혹은 취하지 않더라도) 어떻게 돌변할지 미리 알 수 있는 방법은 없었다. 운이 좋으면 곯아떨어지겠고, 운이 나쁘면 여자를 인사불성이 될 때까지 때릴 수도 있었다. 여자가 취할 수 있는 최선의 방책은 술에 취하지 않는 것이었는데, 상대가 연신 잔을 채워 주면 그러기도 쉽지 않았다. 이 시대의 한 성매매 여성은 손님과 있을 때 "꼭 술을 마실 필요는 없다"고 썼다. 잔을 입술에 대기만 한 뒤 내용물은 남자 몰래 다른 데 부어 두면 되었다.[5] 그러나 술은 비참한 삶에서 간단하게 벗어날 수 있는 방법이기도 했다. 원치 않게 임신을 하거나 병에 걸릴까 하는 걱정(성교 한 번에도 얼마든지 그런 일이 생길 수 있었다)이 술을 마시면 누그러졌다. 신체적으로 불쾌한 남자와 성행위를 할 때의 혐오감도 술을 마시면 줄어들었다. 자괴감과 죄책감, 고통, 폭력이 남긴 외상성 기억이 술을 마시면 잠깐이나마 가라앉았다. 메리 제인 켈리는 성매매를 시작한 이후 늘 술을 마셨겠지만 프랑스에서 돌아온 뒤에는 그 정도가 심각해졌다. 부쿼의 '시누이'인 엘리자베스 펠릭스(신문에는 '피닉스 부인'으로 잘못 기재되기도 했다)는 메리 제인의 행동에 대해, 술에 취하지만 않으면 "이보다 훌륭하고 착한 여자가 또 없"지만 "술에 취하면 걸핏하면 싸우고 입이 거칠어졌다"고 회고했다.[6] 부쿼와 모르겐슈테른 같은 사람은 환멸감에 영혼이 말라 버린 여자들의 비슷한 행동을 익히 보았을 텐데도 메리 제인의 "주류 탐닉"은 그들에게마저 "달갑지 않을" 정도로 심각했다.[7] 결국엔 메리 제인이나 집주인 중 어느 한쪽에서 퇴거를 결정했던 것 같다. 그러나 메리 제인은 그곳에서 그리 멀리 벗어나지 못했다.

페닝턴가 79번지의 옆집인 브리저즈힐 1번지는 로즈 메리(또는 메리 로즈) 매카시와 남편 존이 운영하는 하숙집으로, 매춘부와 그 손님에게 방을 빌려 주었다는 점에서 부퀴의 집과 별반 다르지 않았다.[8] 매카시 부부는 같은 건물에서 무허가 펍도 운영했는데, 단순히 불법으로 술을 판매하는 데 그치지 않고 매춘부를 시켜 선원이나 다른 어수룩한 사람들을 그곳으로 유인해 강도 행각을 벌이기까지 했다.[9] 메리 제인이 그 일에 관여했는지는 확인되지 않지만, 아마도 매카시 부부는 집세를 잘 내기만 한다면 그가 술에 취해 분통을 터뜨리든 소란을 부리든 별로 개의치 않았을 것이다.

메리 제인이 집주인들에게, 특히 부퀴-모르겐슈테른에게 진 빚을 쉽게 갚았는지는 의문이다. 엘리자베스 펠릭스에 따르면 메리 제인이 부퀴의 집에 도착한 직후에 이런 일이 있었다. 돈이 너무 궁해서였는지, 아니면 부퀴 부인이 부추긴 일인지 몰라도 메리 제인은 나이츠브리지에 있는 전 지주에게 가서 그 여행가방에 싸 둔 값비싼 드레스들을 되찾기로 했다. 본인의 물건을 되찾는 일이야 바라던 바였지만, 아는 얼굴이 많은 곳으로 돌아가는 발걸음이 가벼웠을 리 없다. 부퀴 부인은 그를 안심시키기 위해서, 그리고 어쩌면 메리 제인이 이제 모르겐슈테른 형제에게 보호받는다는 사실을 옛 마담에게 분명히 알리기 위해서 그와 동행했다. 그날 메리 제인은 파리에서 돌아온 이후 처음으로 그 익숙한 거리거리를 다시 보았을 테고, 이스트엔드의 포주 옆에 앉아 떨리는 마음을 애써 진정시켰을 것이다.

두 사람의 작전이 결국 성공했는지 어땠는지는 알 수 없다. 그 '프랑스 부인'이 부퀴 같은 동업자들처럼 빈틈없는 성격이었다면 메리 제인의 값나가는 물건은 진즉에 다 처분했을 것이다. 그런데 그보다 더 큰 문제는, 스스로 우려했던 대로 메리 제인이 웨스트엔드에 오지 않는 편이 나았다는 것이다.

메리 제인이 전 지주를 만나고 돌아온 직후, 어떤 남자가 그를 찾으러 랫클리프하이웨이에 나타났다. 나중에 조지프 바넷이 메리 제인에게 들은 이야기로는, 한 중년 남자가 "딸을 찾고 있다"며 그를 찾아 다녔다. 남자는 어떻게든 메리 제인을 찾아낼 각오였는지 여기저기 펍과 술집에 들어가서, 또 거리에서 호객 중인 젊은 여자들에게 그의 소재를 물었다고 한다. 이윽고 메리 제인은 "남자가 자신을 찾고 있다는 말을 친구들에게 전해 듣고" 이자가 문제를 일으키러 왔다는 것을 직감하여 몸을 숨기려 했다.[10] 그의 정체가 무엇이었든 메리 제인 켈리의 아버지는 결코 아니었을 것이다. 펠릭스는 메리 제인이 "그를 버린" 가족과 전혀 교류하지 않았다고 주장했고, 바넷 역시 메리 제인이 "친척은 전혀 만나지 않았다"고 말했다. 바넷의 사인 심문 증언에 따르면, 그때 메리 제인은 신변에 위협을 느꼈지만 그럼에도 정확히 누가 또는 무엇이 그를 불안하게 만들었는지에 대해서는 끝까지 침묵했다. 이렇게 메리 제인은 자신을 뒤쫓는 이들에게 발견될 것을 두려워하며 살았지만, 1888년 가을에는 '잡히지 않은 살인범'이라는 더 큰 두려움이 마음을 짓눌렀을 것이다.

메리 제인이 랫클리프하이웨이 생활이나 지주들과의 불화에 이미 신물을 느끼고 있었다면, '딸'을 찾아다닌다는 이 위협적인 남자의 등장은 그에게 앞날을 다시 생각하게 하는 계기가 되었음 직하다. 그리고 바로 그 무렵인 1886년 말에서 1887년 초 사이 어느 시점에 그의 눈앞에 그럴듯한 해결책이 나타났다. 누군가 메리 제인을 사랑하게 된 것이다.

젊고 아름답고 성적 매력이 넘치는 메리 제인은 늘 남자들의 구애를 받았을 테고, 주민보다 유동인구가 많은 이 구역에서도 많은 단골손님을 확보했을 것이다. 그중 한 사람이 근처 베스널그린에 사는 스물일곱 살의 미장이 조지프 플레밍이었다. 직업이 건설 현장 일꾼이라 벌이가 시원치 않았고 메리 제인이 웨스트엔드에서 만나던 남자들에 비하면 아주 가난한 남자였다. 그러나 메리 제인이 플레밍과 살림을 합치기 직전까지 살았던 집의 매카시 부인에 따르면 이 남자는 메리 제인에게 완전히 반해서 "그와 결혼할 생각"이었다. 메리 제인도 플레밍에게 같은 감정을 품었고 여자 친구들에게도 그가 마음에 든다고 털어놓았던 것 같다.[11] 두 사람은 베스널그린로드 또는 올드베스널그린로드의 가구 딸린 셋방에서 겨우 몇 달 동거하다가 헤어졌다.[12] 결별이유는 확실하지 않지만, 메리 제인의 친구 줄리아 벤터니는 플레밍이 메리 제인에게 폭력을 휘두르고 그를 "나쁘게 대해서"였을 수 있다고 진술했다.[13] 매카시 부인은 메리 제인이 1887년 초 어느 날 새벽 두 시에 자신의 집을 찾아왔을 때에야 그의 신변에 변화가 생긴 것을 알았다. 그때 그는 어떤 남자와 함께 잠자리를 구하러 왔다. 매카시 부인이 자못 혼란스러워하며 "널 이 동네에서 데리고 나간 그 남자와 같이 사는 게 아니었느냐"고 물으니, 메리 제인은 그 관계는 끝났고 다시 호객을 시작했다고 대답했다. 매카시 부인은 그 이상 묻지 않고 2실링에 방

을 하나 내주었다.[14]

플레밍과 헤어진 후 메리 제인은 베스널그린에 계속 있고 싶지 않았고 랫클리프하이웨이로 돌아가고 싶지도 않았다. 그가 선택한 곳은 완전히 새로운 동네인 화이트채플의 스피탈필즈였다. 메리 제인은 트롤가의 쿨리즈 여인숙에 묵으며 올드게이트 주변에서 일했다. 런던경찰청의 월터 듀 경감은 자신의 직업 생활을 무람없이 낭만화한 1938년의 회고록에서, 메리 제인이 "커머셜가, 플라워앤드딘가와 올드게이트 사이, 화이트채플로드를 걷는 모습"을 자신이 자주 목격했다고 썼다. 그에 따르면 메리 제인은 언제나 "무척 깔끔하게 차려입고 늘 깨끗한 흰색 앞치마를 입었지만 모자는 쓰지 않은 채", "자신과 같은 부류의 두세 사람과 함께" 거리를 활보했다.[15] 메리 제인을 실제로 알았던 많은 사람이 그의 외양과 태도를 듀와 비슷하게 설명했다. 한 선교사는《이브닝 뉴스》와의 인터뷰에서 "그는 이 동네에서 가장 우아하고 예쁜 여자"였으며 "늘 깔끔하고 멋지게 차려입었고, 매우 세련되고 품위 있어 보였다"고 회고했다. 이웃들도 메리 제인의 즐겁고 다정한 성격에 끌렸으며 그가 "착하고 조용하고 유쾌한 사람"이라 "인기가 많았다"고 진술했다. 메리 제인이 노래하고 이야기하기를 좋아했다고 회고한 사람도 여럿이었다. 특히 웨스트엔드 시절을 즐겨 회고했다는데, 현재 자신이 처한 험하고 지저분한 환경과 비교해 그곳이 그리웠을 것이다. 메리 제인은 과거의 모험에 대해서도 "숨기는 것이 전혀 없었다". 마차를 타고 돌아다니며 "귀부인 같은 삶을 살았다"는 이야기로 친구들을 즐겁게 했고 파리에 다녀왔다는 사실까지 자랑했다. 아일랜드에 대한 환상, "자기 민족에게 돌아가고 싶다"는 이야기도 자주 했다. 그러나 메리 제인의 이 온화한 초상을 뒤집어 생각하면, 그가 자신의 감정을 감추는 데 얼마나 익숙했는가를, "즐거운 여자"에겐 필수적인 그 기술에 얼마나 통달했는가를 알 수 있다. 메리 제인이 자신의 감정을 솔직하게 드러낸 드문 일화가 있다. 이웃에 사는 스무 살의 리지 올브룩이 그의 능숙한 처세에 감탄하자 메리 제인은 올브룩에게 이 일에 발을 들이지 말라고 경고하면서 사실은 "자기가 살고 있는 삶에 진심으로 신물이 난다고" 말했다.[16]

메리 제인에 대한 또 하나의 묘사는 다른 모든 사람의 후한 평가와 자못 상반된다. 1965년 '공포의 가을'에 관한 책을 쓰고자 자료를 조사하던 저널리스트 톰 컬린은 1888년의 메리 제인 켈리를 기억한다는 데니스 바렛을 만났다. 바렛은 메리 제인이 '흑발의 메리'로 불렸으며 "좀 무서운 사람"이었다고 설명했다. 특히 텐벨스라는 펍 앞에서 호객을 할 때 불독처럼 사나운 모습을 보였다. "누구든 그의 구역을 침범하려는 사람은 화를 면치 못했다. … 그랬다간 머리카락을 몇 줌씩 뜯기기 일쑤였다."[17] 어린 시절 기억이라 그가 본 사람이 메리 제인 켈리가 아닐 가능성도 있지만, 만약 바넷의 말이 사실이라면 우리는 메리 제인에게 판이한 두 가지 성격이 공존했다고 말할 수 있다. 그가 겉으로는 다정한 모습을 능숙하게 연출했지만 속으로는 혼란과 비탄에 빠져 있었다고 말이다.

메리 제인은 거리를 돌아다녀야 하는 이스트엔드의 삶에서 별 위안을 얻지 못했을 것이다. 플레밍과 함께했던 안정된 가정생활은 비록 길지도 않았고 완벽하지도 않았지만 성매매하는 삶의 예측 불가능성과 상존하는 위험에서 벗어날 수 있는 시간이었다. 그런 이유에서 메리 제인은 플레밍과 헤어진 뒤 다시 그와 비슷하고 그보다 더 안정적인 관계를 찾기 시작했다. 1887년 3월경 커머셜가에서 일하던 중에 그런 사람이 메리 제인 앞에 나타났다.

조지프 바넷, 그러니까 후에 메리 제인의 역사를 가장 전면에서 전하게 되는 남자가 혜성처럼 그의 삶에 들어섰다. 혹은 바넷의 일방적인 설명에 따르면 그러했다. 그날은 부활절이 다가오는 목요일 밤이었다. 메리 제인을 보자마자 매력을 느낀 바넷은 그에게 말을 걸어 펍에서 한잔하자고 청했다. 1년 반 뒤 사인 심문에 나와서는 그날 그가 성교를 위해 돈을 지불했다는 사실은 신중히 숨긴 채 "그다음 날에 만나기로 약속했다"고만 증언했다. 바넷은 메리 제인을 만난 지 48시간도 지나지 않아 사랑에 빠졌다. 그는 토요일에 함께 살자고 제안했고 메리 제인도 동의했다. 바넷은 그 즉시 조지가 근처에 방을 구했다. "우리는 그때부터 해서 … 얼마 전 그날까지 함께 살았습니다."[18]

1888년 11월, 바넷은 중산층으로 이루어진 편향적인 배심원단에게 그리 좋은 인상을 남기지 못했다. 그는 네 시간에 걸쳐 경찰의 심문을 받고 겁을 잔뜩 먹은 상태에서 증인석에 섰다. 그의 증언은 진지했지만 혼란스러웠다. 말을 더듬고 같은 말을 반복했다. 이날 그는 메리 제인이 알던 그 남자, 자신이 원하는 것을 손에 넣는 일에는 누구보다 대담하고 단호했던 그 남자가 아니었다.

메리 제인이 그날 밤 커머셜가에서 만난 바넷은 화이트채플의 아일랜드계 가정에서 태어난 스물아홉 살 청년으로, 파란 눈과 금발에 코밑수염을 멋지게 기른 남자였다. 그 시대 그 계급의 자녀가 흔히 그랬듯 바넷은 열세 살의 나이에 양친을 잃은 뒤 손위 형제자매의 손에 컸다. 빌링스게이트 어시장에 취직자리를 알아봐 준 것도 그의 형이었다. 시장에서 물건을 나르는 운반부는 면허가 필요한 전문직이었고, 일 재간이 있는 건장한 남자라면 안정적인 소득을 올릴 수 있는 인기 많은 직업이었다. 바넷은 키 170센티미터에 평균 체격이었으므로 운반부 일을 하기에 적당했다. 그런데도 바넷과 메리 제인은 경제적으로 어려움을 겪었다. 두 사람 모두 술을 많이 마셨던 것이 문제였지 싶다. 함께 산 약 18개월 동안 이 커플은 거처를 네 차례나 옮겼다. 처음 살던 조지가, 그다음 리틀페터노스터로우의 허름한 셋방에서는 각각 과음 습관과 임대료 체납 때문에 쫓겨났다.[19] 그다음엔 브릭레인으로 옮겼다가 1888년 3월경 밀러스코트의 단칸방으로 이사했다.

밀러스코트는 원래 도싯가 26번지와 27번지 건물에 속한 두 개의 인접한 뒤뜰이었다. 그러다 19세기 중반 들어 지주가 이 땅에 노동자 계급 거주용으로 공동주택을 지었다. 이 건물에 세든 30명은 안마당 한쪽 끝에 있는 공용 변소 세 개를 함께 썼다. 26번지 건물 1층의 뒤뜰 쪽 창문이 그 지저분한 구석을 마주하고 있었으므로 주인은 이쪽 공간을 가벽으로 구획하여 밀러스코트 13호로 세를 놓았다. 임대료가 일주일에 4실링 6펜스인 가로세로 3.5미터 남짓한 이 어두운 골목길 끝 방에 메리 제인과 조지프 바넷이 들어왔다. 도싯가에 흔한 비참한 좁은 집 중 하나였다. 딸린 가구라곤 침대 하나, 테이블 하나, 고장난

메리 제인

세면대 하나, 의자 하나, 찬장 하나로 빈약하기 짝이 없었다. 누군가가 이 불쾌하고 횅한 방을 밝게 꾸며 보려 했던지 벽에 〈죽은 어부의 아내The Fisherman's Widow〉라는 그림의 복제화가 붙어 있었다.

그러나 그림을 걸든 뭘 갖다 놓든 이 집에 밴 어둠과 거기 사는 사람들의 불행은 별로 바뀌지 않았다. 지주인 존 매카시는 "가난한 사람들의 푼돈을" 갈취하는 "불량배" 소리를 듣는 사람이었고 사정이 곤란한 독신 여성을 세입자로 선호했던 것 같다.[20] 13호의 윗방에는 남편과 헤어진 엘리자베스 프레이터가 살았고, 1호에는 남편과 사별한 뒤 파출부로 일하는 사십 대의 줄리아 벤터니가, 5호에는 자칭 "과부이며 불운아"인 메리 앤 콕스가 살았다. 바넷은 메리 제인이 다시는 "거리를 돌아다니지 않게" 그를 먹여 살리겠다고 약속했지만, 13호 방은 메리 제인이 본인 이름으로 임대했던 것 같다.[21] 필시 존 매카시는 여자들이, 특히 성매매를 하는 이들이 빚을 잘 갚는다는 사실을 잘 알았을 것이다. 바로 그러한 종류의 시련이 1888년 늦여름 바넷이 빌링스게이트에서 해고되었을 때 찾아왔다. 구체적인 이유는 알 수 없으나, 두 사람이 과음 때문에 예전 집에서 쫓겨났다는 사실을 생각하면 술이 한 원인이 되었음 직하다. 바넷이 실직한 후 두 사람은 매카시에게 점점 더 많은 빚을 졌다(매카시는 건물에 붙어 있는 잡화점도 운영하고 있어서 세입자들이 그곳에서 외상으로 식료품과 양초, 생필품을 샀다). 11월 초에는 6주치 집세와 29실링이 빚으로 쌓여 있었다.

메리 제인에게 성매매를 다시 시작하라고 권한 사람은 존 매카시가 아니었을까 싶다. 1년 넘게 단 한 명의 친밀한 파트너와 한 침대를 써 온 메리 제인은 그 말을 흔쾌히 받아들일 수 없었을 것이다. 그는 지난 18개월간 낯선 남자의 몸에서 매독의 징후를 살필 필요가 없었다. 임신하면 어떡하나 걱정할 필요가 없었다. 비 오는 날 모자나 숄도 없이 거리 모퉁이에 서서 미소를 지어야 하는 일도 없었으며, 방금 자신이 만족시킨 불결한 남자가 돈을 안 내면 어쩌나 고민할 일도 없었다. 둘이 함께 사는 동안은 거리 호객을 하지 않아도 된다고, 자신이 벌어둘이 먹고살 수 있다고 굳게 약속한 사람은 바넷이었다. 그가 약속을 저버렸을 때 메리 제인은 분노를 느끼고 그를 원망했을 것이다. 그러나바넷은 임시 일용직 말고는 일을 구하지 못했고 그 수입으로는 집세를 감당할 수 없었다. 두 사람은 자주, 격렬하게 다투기 시작했다. 한번은술에 취한 메리 제인이 방문 옆 창문의 판유리를 깼다. 그 후 외풍을 막으려고 넝마로 창문을 막긴 했지만 유리를 갈아 끼우지는 않았다.

밀러스코트에 사는 메리 제인 앞으로 아일랜드에서 편지가 여러 번왔다. 그의 말로는 모친이 보낸 것이라는데 어쩌면 "형제"가 보낸 것일수도 있다. 아니면, 공교롭게도 스코틀랜드 제2근위대대가 1888년 8월부터 더블린에 주둔했으므로 그 부대에서 복무하는 메리 제인의 옛 연인이 편지와 함께 어쩌면 소액의 돈을 보냈을 가능성도 있다.[22] 이때메리 제인은 조지프 플레밍과도 계속 만나고 있었다. 줄리아 벤터니에 따르면 플레밍이 이따금 집에 찾아와 "그에게 돈을 주곤 했다."[23] 바넷은 이 사실을 몰랐는데 알았다면 아마 가만있지 않았을 것이다. 메리 제인은 바넷과 싸울 때 플레밍의 이름을 들먹이면서 "내가 무척 좋아하는" 사람이라고까지 말했다고 한다. 그러나 바넷에 따르면 자신이

메리 제인

A LOST WOMAN
MARY KELLY
IN MILLER'S COURT

1888년 11월 24일 자《페니 일러스트레이티드 페이퍼》에 실린
'타락한 여자' 메리 제인 켈리의 초상.
사후에 그의 수수께끼 같은 삶을 둘러싸고 많은 억측과 낭만화가 이루어졌다.
다섯 피해자 중 가장 젊고 가장 아름답고 가장 눈에 띄게 성적인 인물이기에
그의 삶이 가장 적극적으로 조사되었다.

그보다 더 분개한 일은 메리 제인이 매춘부들과 자주 어울리고 그들을 집에 데려온 것이었다. 그 자신도 메리 제인이 매춘부로 일할 때 처음 만났지만 함께 살림을 차린 뒤로는 연인의 과거를 떠올리고 싶지 않았을 것이다. 어쩌면 그는 못마땅한 이들이 집에 찾아오는 것이 정말로 거슬렸다기보다는 메리 제인이 다시 거리로 나가는 데 좌절했던 것일 수 있다. 두 사람은 사이가 계속 틀어졌고 결국 메리 제인은 바넷에게 그와의 관계보다도 '즐거운 여자들'과의 우정이 더 소중하다는 메시지를 아주 분명하게 전했다.

그해 10월, 화이트채플의 모든 사람이 잭 더 리퍼 살인 사건을 이야기하며 두려워하고 있었다. 취약한 여자들이 많이 사는 도싯가와 밀러스코트의 주민들은 특히 불안할 수밖에 없었다. 바넷에 따르면 그와 메리 제인은 살인범이 체포되었다는 소식이 실렸나 싶어 매일 신문을 읽었다. 그러나 살인범은 아직 바깥세상을 자유롭게 돌아다니고 있었다. 이에 메리 제인은 성매매나 노숙밖에 선택지가 없는 지인들에게 피난처를 제공하기로 했다. 맨 처음 초대한 손님은 '줄리아'라는 이름으로만 알려진 성매매 여성이었다.[24] 그 직후에는 세탁부로 일하는 마리아 하비라는 독신 여성이 잘 돈이 없어 신세를 졌다가 방에 옷을 한 무더기 두고 갔다. 결국 조지프 바넷은 이 '밤손님들' 앞에서 인내심에 한계를 느꼈다. 그런 행동이 연민에서 비롯된 것은 알았지만, 자신을 집에서 내쫓으려는 목적도 있다고 생각했다. 그는 10월 30일 메리 제인을 떠났다. 그러나 마음에 가책은 남아 있었다.

사이가 나빠지긴 했지만 바넷은 여전히 메리 제인을 걱정했던 듯하고 그와 다시 화해하기를 바랐다. 그는 비숍게이트가 모퉁이에 있는 불러즈 하숙집에 묵으면서 일자리를 찾는 동시에 메리 제인을 자주 찾아왔다. 바넷은 11월 8일 목요일 초저녁에도 메리 제인의 방문을 두드렸다. 깨진 창문은 넝마로 막아 둔 그대로였고 마리아 하비가 두고 간 코트가 임시 커튼처럼 걸려 있었다. 그날 밤 바넷은 넝마를 빼고 손을 넣어 문을 안쪽에서 열 수도 있었다. 열쇠를 잃어버린 뒤로 두 사람은 그렇게 해 왔다. 그러나 이제는 그래선 안 될 것 같았다. 방 안에 촛불이 켜져 있었고 다른 사람이 더 있었다. 그때 메리 제인은 리지 올브룩과 이야기를 나누고 있었다. 바넷이 나타나자 올브룩은 자리를 떴다. 메리 제인은 텐벨스에서 친구 엘리자베스 포스터와 술을 마시고 돌아온 지 얼마 안 된 상태였다. 그러나 바넷에 따르면 자신이 찾아갔을 때 메리 제인은 완벽하게 맨 정신이었다.

메리 제인과 바넷은 한 시간쯤 함께 있었다. 그동안 조용히 대화를 나누었을 수도 있고 싸웠을 수도 있고 욕망에 몸을 맡겼을 수도 있으나, 뭐가 됐든 그들의 교착된 관계를 다른 방향으로 바꾸진 못했다. 결국 바넷은 자리에서 일어나며 메리 제인에게 미안하다고 말했다. 사인 심문에서도 바넷은 같은 말을 처량하게 반복했다. "난 일거리가 없다고, 그래서 당신한테 줄 게 없다고 말했습니다. 그게 나는 너무나 미안했습니다."[25] 이날 메리 제인은 원래는 좋은 옷감으로 만들었지만 이제는 다 해진 검은색 벨벳 웃옷과 치마를 입고서 바넷이 떠나는 모습을 지켜보았다. 이 실패한 관계에 대해 메리 제인이 어떤 감정을 느꼈을지 우리는 결코 알 수 없다.

바넷과 헤어진 뒤 메리 제인이 어디로 향했는지는 확실하지 않다. 밀러스코트 5호에 사는 메리 앤 콕스는 열한 시 사십오 분쯤 메리 제인이 어떤 남자와 함께 도싯가에서 밀러스코트로 들어오는 모습을 보았다고 했다. 콕스는 그가 무척 취해 있었다고 진술했으나, 근방의 펍 주인 가운데 그날 밤 메리 제인을 목격하거나 그에게 술을 판 사람은 한 명도 없었다. 콕스에 따르면 메리 제인과 남자는 방으로 들어갔는데, 그에 앞서 메리 제인이 콕스에게 "이제부터 노래를 부를" 거라고 알렸다. 문이 쾅 닫히고, 옷으로 대충 가린 창문을 통해 빛이 가물가물 새어 나왔다. 잠시 조용한가 싶더니 메리 제인이 〈나 어릴 적 어머니 무덤에서 뽑은 제비꽃〉*의 1절을 부르기 시작했다.

어린 시절 장면들이 눈앞에 떠오르며

어린 내가 저 아래 초원을 거닐던

지니긴 행복한 나날의 기억을 풀어내는구나

그 좋았던 옛집에서 날 즐겁게 해 줄 이 이제는 없네

아버지와 어머니는 돌아가셨고

자매와 형제는 흙 속에 묻혔으니

그러나 삶이 나를 즐겁게 해 주는 동안은 나 간직하리

어머니의 무덤에서 뽑은 이 작은 제비꽃

---

* 〈A Violet Plucked From My Mother's Grave When A Boy〉. 1881년에 작곡되어 영국의 뮤직홀에서 큰 인기를 누렸던 곡으로 알려져 있다.

어릴 적에 뽑은 한 송이 제비꽃이건만

마음 서글플 때 이 꽃이 날 기쁘게 한 적 많지

그러니 삶이 기억으로 남아 있는 동안은 나 간직하리

어머니의 무덤에서 뽑은 이 작은 제비꽃

사랑하는 어머니의 미소가 눈에 선하네

수고하고 돌아오는 나를 반길 때

늘 그 낡은 안락의자에서 뜨개질하고 계셨지

아버지는 자식들을 모아 놓고 앉아 책을 읽어 주셨지

하지만 그 좋았던 옛집은 이제 고요하기만 하네

모두 떠나고 나만 남아 여기 슬픔 속을 거닐지만

삶이 기억으로 남아 있는 동안은 나 간직하리

어머니의 무덤에서 뽑은 이 작은 제비꽃

콕스는 켈리가 적어도 한 시까지 노래를 불렀다고 확신했다. 그러나 이 다섯 사건의 목격자 증언이 흔히 그렇듯 콕스의 증언에는 누락된 내용과 의문의 여지가 있으며 앞뒤가 맞지 않는 부분도 있다.[26] 이 75분간의 콘서트 중에 메리 제인이 데려온 남자에게 정확히 무슨 일이 있었는지는 아무도 모른다.

메리 제인의 위층에 사는 엘리자베스 프레이터는 집의 얇은 가벽과 바닥을 통해 거의 모든 소리를 분명히 들을 수 있었다고 진술했다. 새벽 한 시 삼십 분, 메리 제인의 방에서는 아무 소리도 나지 않았다.

메리 제인과 조지프 바넷이 마지막으로 함께 산 밀러스코트 13호.
메리 제인은 1888년 11월 9일 새벽에 살해당했다. 살인자는 깨진 유리창으로
손을 넣어 문을 열고 방에 들어갔을 것으로 추측된다.

11월 9일 새벽, 메리 제인은 하루를 마치고 잠자리에 들기로 했다. 그는 옷을 하나하나 벗었다. 한때는 눈부셨지만 해지도록 입어서 이제는 빛을 잃은 옷가지. 밑단은 도싯가의 울퉁불퉁한 보도에 쓸려 닳았고, 옷자락은 맥주와 진이 튄 자국으로 얼룩덜룩했다. 메리 제인은 비록 낡은 옷이지만 하나하나를 깔끔하게 개켜 의자 위에 두었다. 깨진 와인잔으로 받친 하나뿐인 양초의 불빛이 가늘어지고 흔들리다가 마침내 꺼졌다. 어둠 속에서 침대에 들어간 메리 제인은 이불로 몸을 포근하게 감싸 밤으로부터 자신을 보호했다.

ஃ

　메리 제인 켈리에겐 가족에 가장 가까운 사람이었던 조지프 바넷
마저도 관 속에 누워 있는 그의 진짜 정체를 끝까지 알지 못했다. 생전
에 켈리라는 성을 썼고 자신이 아일랜드에서 태어났다고 말했기에 그
는 가톨릭교 묘지인 레이턴스톤 세인트패트릭스에 묻혔다. 만약 다른
많은 사람의 증언대로 그가 웨일스 출신이었다면 감리교 묘지에 묻히
는 게 맞았을 것이다.

　생전의 메리 제인은 자신이 되고 싶은 대로 되었다. 죽어서는 조지
프 바넷이 기억하고 싶은 대로 기억되었다. 황동 관에 새길 이름으로
'마리 자네트 켈리'를, 웨스트엔드의 주말 밤을 채우던 온갖 흥성거림
과 화려함이 그대로 느껴지는 그 별명을 선택한 것도 바넷이었다.

　화이트채플의 이름 없는 주민이었던 메리 제인이, 죽어서는 화이트
채플 사람들이 상상하고 싶은 대로 상상되었다. 그는 아직도 체포되지
않은 괴물의 손에 희생당하고 만 지역 영웅이 되었다. 무개 운구차와
두 대의 장례 마차, 그리고 두 개의 화관과 심장 씨앗 위로 피어난 십자
가 문양으로 장식한 참나무와 느릅나무 재질의 반짝이는 관은 저항의
행렬로 해석되었다. 물론 이 애도 의식은 그저 구경하고 술을 마시고
탄식할 구실이기도 했다. 행렬은 거리거리를 지나갔고 펍 주인들과 그
단골손님들, 그리고 신문에서 말하는 '불우한 계급'의 여자들이 그 뒤
를 따랐다. 갓난아이를 안은 여자들은 문 앞 계단에 서서 지켜보았다.

남자들은 행렬이 앞을 지나갈 때 모자를 벗어 인사했다.

사람들은 흐느끼는 목소리로 이렇게 외쳤다. "주님께서 그를 용서하시길! 우리는 그를 잊지 않으리!"

나오며

'그저 매춘부일 뿐'

이 다섯 사람의 죽음은 … 분명 비극입니다. … 여러분은 이들의 생활 방식을 혐오스럽게 생각할 수도 있습니다. … 그러나 이들이 무슨 악을 믹있든, 이들이 부슨 일를 했든 이 사람들에게 조금이라도 해를 끼칠 자격은, 하물며 이들을 살해할 자격은 그 누구에게도 없습니다.

_그로스 판사, 2008년 스티브 라이트(일명 '서퍽 교살범') 사건 재판에서

애니 채프먼이 살해당한 직후, 영국 식민성의 고위 공무원이며 런던 벨그레이비어의 상류층 거주 구역인 사우스이튼플레이스의 주민인 에드워드 페어필드라는 남자는 펜을 들고 《타임스》에 보낼 편지를 쓰기 시작했다. 그는 화이트채플에서 연이어 벌어진 살인 사건 때문에

걱정이 이만저만이 아니었다. 그런데 그를 괴롭힌 것은 "도싯가와 플라워앤드딘가의 부도덕한 거주민들"의 죽음이 아니었다. 그보다는 이번 소란으로 인해 애니 채프먼 같은 여자들이 스피탈필즈라는 끔찍한 우리를 벗어나 자신이 사는 지역에 발을 들이고 "지금까지 깨끗했던 거리들에 그들의 더러움을 옮겨" 올까 봐 걱정하고 있었다. 이 공무원은 다음과 같이 말을 이었다.

화이트채플의 네 부랑자 살인 사건이 불러일으킨 공포와 전율에는 그들에게 살 권리가 있었다는 보편적인 믿음이 내포되어 있습니다. 만약 그들에게 그런 권리가 있었던 것이라면, 잉글랜드의 밤의 혹독함을 피해 머물 곳을 가질 권리도 있었겠지요. 만일 그들에게 그런 권리가 없었던 것이라면, 그들이 이 정체불명의 천재 외과의와 마주친 것은 크게 보아 좋은 일이었습니다. 그는 어쨌든 "이스트엔드에서 부도덕한 거주민을 내보내는 문제"를 해결하는 데 기여한 것입니다.[1]

이 말이 오늘날 우리에겐 끔찍하게 들리지만, 1888년에는 대중적 정서까지는 아니었더라도 글쓴이가 보기에 공개적으로 발언해도 문제없는 의견이었다. 독신자였던 페어필드는 사교회관에서 많은 시간을 보냈는데, 그곳에서 그의 평판은 "살짝 경박하고, 살짝 방탕한 인물"이었다.[2] 그는 집에 요리사 한 명과 시중드는 고용인 한 명을 두었고, 남성 친구들을 초대하여 자주 친밀한 만찬을 즐겼다. 그 시대 신문 독자 대다수와 마찬가지로 페어필드는 이스트엔드의 "부도덕한 거주민"에 대해 알아야 할 모든 것을 신문에서 읽고 알았다. 신문에 실린 조각조각의 정보를 통해 그 빈민가 여자들이 얼마나 혐오스럽게, 가난하게, 술에 취해 살았는지 배웠다. 혹시 그들의 삶에 대해 아직 모르는 대목이 있으면 그건 '상식'으로 채웠을 것이다. "그들은 모두 가망 없고 불결하고 입이 거친 매춘부"라는 상식으로. 그러나 안타깝게도 페어필드를 위시한《타임스》의 모든 독자가 몰랐던 사실이 있다. "애니 채프먼 같은 부류"(페어필드가 쓴 표현이다)는 신문에 실린 이야기 이상의 삶을 살았다는 것이다. 페어필드는 애니 채프먼이 이미 그의 거주 구역에 "더러움을 옮겼"다는 사실부터 몰랐을 것이다. 애니 채프먼은 바로 그 동네에서 오래 산 사람이었다. 애니의 가족도 페어필드의 집에서 도보 15분 거리에 살았고, 삶의 마지막 나날에 남루하고 아프고 의기소침하고 "부도덕"했던 애니는 그 동네에 있는 동생들 집을 방문했다. 어쩌면 에드워드 페어필드는 해러즈 백화점에 가는 길에 브롬턴로드에서 애니와 스쳐 지나간 적이 있을지도 모른다.

이 여자들의 삶의 진실은 단순하지 않았다. 그러나 선정주의에 빠진 19세기 언론은 독자에게 사건의 전말을 알리는 데 관심이 없었다. 이 사건을 다룬 편집자와 기자 중 그 누구도 피해자들의 생애를 깊이 파고들 필요나 가치를 느끼지 못했다. 피해자가 어떤 사람이었고, 어떻게 화이트채플에서 생을 마감하게 되었는지를 정말로 궁금해한 사람은 단 한 명도 없었다.

폴리, 애니, 엘리자베스, 케이트, 메리 제인은 태어난 첫날부터 그들에게 불리한 게임에 참여해야 했다. 그들 대부분이 노동자계급 가정에서 태어났다. 그들 모두가 여자로 태어났다. 그들은 말을 배우기도 전부터 같은 가족의 남자 형제보다 덜 중요한 존재, 다른 계급 가족의 딸보다 더 많은 짐을 져야 할 존재로 여겨졌다. 그들은 자신의 가치를 증명하러 나서기도 전에 가치를 절하당했다. 그들은 결코 남자와 똑같은 소득을 벌 수 없을 터였고, 그러니 학교에 다녀야 할 이유도 적었다. 그들이 밖에서 일하는 목적은 가계에 도움이 되는 것이지, 성취감이나 목적의식이나 개인적 만족을 채우는 것이 아니었다. 노동자계급 여자아이가 잡을 수 있는 최고의 기회는 남의 집에 가정부로 고용되는 것이었다. 그렇게 등이 휘도록 수년간 일하다 보면 더 높고 좋은 자리인 요리사, 가정관리인, 시종이 될 수도 있었다. 가난한 여자아이는 케이트 에도스나 폴리 니컬스처럼 글을 읽고 쓸 줄 알더라도 사무직을 가질 수 없었다. 대신 수작업 공장에서 하루 열두 시간씩 바지를 바느질하거나 풀로 성냥갑을 붙였는데, 그런 일의 일당은 하루 먹고 자는 생활비에 못 미쳤다. 가난한 여자의 노동이 쌌던 이유는 가난한 여자가 쓰고 버려도 되는 존재였기 때문이고, 또한 사회가 그들을 가장으로 인정하지 않았기 때문이다. 그러나 실제로는 많은 여자가 원하든 원치 않든 가장이 되었다. 남편이, 아버지가, 동거인이 떠나거나 죽으면 노동자계급 여성은 혼자 힘으로 가족을 부양하며 살아야 했으나 그건 거의 불가능한 일이었다. 사회는 여자가 남자 없이 살 수 없도록 설계되어 있었다.

여자의 기능은 오로지 남자들을 뒤받치는 것이었다. 가난한 남자의 역할이 부유한 남자의 일과 생활을 뒷받침하는 것이었다면, 여자는 그 서열의 맨 밑바닥에서 다른 모든 사람을 뒷받침하느라 마치 말뚝처럼 땅속으로 점점 더 깊게, 더 꼼짝없이 박혀 들었다. 여자의 역할은 아이를 낳고 키우는 것이었다. 그러나 빈민은 기본적인 피임법을 배우거나 세간에 공개된 관련 정보를 입수할 방법이 사실상 없었다. 에도스가 여자들, 애니 채프먼의 모친, 폴리 니컬스 같은 사람들에겐 가족 규모를 관리할 제대로 된 방법과 그로 인한 경제난을 모면할 방편이 사실상 전혀 없었다.

여자의 어깨를 내리누르는 이 무거운 짐들 맨 위에는 그 무엇보다 거추장스러운 짐이 아슬아슬하게 얹혀 있었다. 그것은 도덕적으로, 성적으로 결백할 의무였다. 여자는 가정생활의 중심축이기에 그의 인격은 완전무결해야만 했으며, 그렇지 않은 여자는 가족 전체를 타락시키는 원인이었다. 여자의 신중함과 자기희생이 자녀의 도덕성을 결정했다. 남편의 필요를 충족하는 여자의 헌신이 그를 죄로부터, 즉 펍이나 다른 여자들로부터 지켰다. 죄에도 이중잣대가 적용되었다. 남자가 여러 여자와 성적 관계를 맺는 것은 아주 적절하다곤 할 순 없어도 충분히 있을 수 있는 평범한 일로 여겨졌다. 반면에 여자는 법적으로 결혼한 남자와만 섹스를 할 수 있었다. 이러한 높은 기준이 얼마나 널리 받아들여졌던지, 성적으로 관대한 편인 노동자계급 사회(많은 남녀가 혼외 관계를 맺거나 결혼하지 않았고 짝을 자주 바꾸었다)에서도 모든 도덕적 판단과 지탄을 여자가 감당해야 했고, 주류 중산층 사회에서는 더더욱 그러했다. 빅토리아 시대 중산층의 까다롭고 편협한 기준에서 폴리와

'그저 매춘부일 뿐'

애니는 남편과 헤어지고 다른 남자와 동맹을 맺은 그 순간부터 '타락한 여자'였다. 결혼하지 않고 두 명의 파트너를 만났던 케이트와 메리 제인도 방종한 여자들이었다. 엘리자베스도 두 번 타락했다. 첫 번째는 예테보리에서 경찰의 '수치부'에 이름을 올렸을 때이고, 두 번째는 결혼 생활에 실패한 뒤 다시 성매매를 시작했을 때이다. 이 이중잣대는 사람들의 삶을 흑백으로 갈랐다. 선교사들은 잘못된 길을 선택한 사람들에게 동정을 베풀고 구원을 약속했지만, 여자들은 이미 오랫동안 수치와 비난에 시달린 뒤에야 그런 위안을 얻었다. 그러니 폴리가 코드리 부부의 안락한 집에서 도망친 것이나 애니가 자매들에게 자신의 주소를 결코 밝힐 수 없었던 것, 엘리자베스가 그 누구에게도 자신의 진짜 정체를 밝히지 않은 것, 케이트가 결국 아이들을 포기한 것, 메리 제인이 겨우 스물다섯 살의 나이에 분노한 술꾼이 된 것이 어디 놀랄 일인가?

'잭 더 리퍼는 매춘부를 골라 죽인다'는 사람들의 믿음은 이러한 선악의 도덕률을 강화하는 데 일조했다. 그런데 1888년 당시에는 어떤 용도가 있었던 이 명제가 이제는 그 어떤 당면한 목적도 없는데도 거듭 단언되고 있다. 나아가 이 살인 사건들에 관하여 모든 사람이 묻고 따지지도 않고 동의하는 유일한 '사실'로 남아 있다.

그러나 전염병법이 도입된 1860년대부터 시작해 화이트채플 살인 사건이 벌어진 시점까지도, 런던경찰청을 비롯한 정부 기관은 '매춘부'가 정확히 어떤 사람이며 그들을 어떻게 확인할 수 있는지에 대해 이렇다 할 기준을 내놓지 못하고 있었다.[3] 단순히 메리 제인처럼 성매매

만으로 생계를 유지하고 스스로를 매춘부로 규정하는 사람이 매춘부인가, 아니면 그보다 더 넓게 정의할 수 있는가? 남자가 권한 술을 마신 다음 남자가 내는 숙박비로 함께 여인숙에 들어가 섹스를 하고 밤을 보내는 여자는 매춘부인가? 가끔 한 번씩 돈을 받고 펍 뒤편에서 남자의 성기를 자극해 주지만 성교는 하지 않는 여자는 어떤가? 남자가 자신의 치마를 들추게 놔두는 대가로 3펜스를 받는 여자는? 일주일에 두 차례 돈을 받고 섹스를 하다가 세탁소에 취직하고 한 남자와 혼외 동거를 시작하는 여자는 어떤가? 매음굴에서 살다 나와 옛 손님의 비밀 정부가 되고 그의 돈으로 살아가는 여자는? 떠돌이 생활의 위험과 외로움을 해결하기 위해 남자의 성적 접근을 받아들이는 여자는? 자신에게 구애하고 선물을 바치는 남자들과 섹스하는 젊은 공장노동자는? 밤늦게까지 펍에서 흥청대는 '태평한' 사람으로 이름난 여자는? 아버지가 각각 다른 아이 셋을 키우다 단지 집에서 살 수 있다는 이유만으로 또 다른 남자와 함께 사는 여자는?

이 중 어떤 사람은 전문 또는 '상습' 매춘부로 분류될 수 있었고, 어떤 사람은 '약식(임시)' 매춘부로 볼 수 있었지만, 또 일부는 그저 자신이 속한 계층의 사회적 규범대로 혼외 관계를 맺은 여자일 뿐이었다. 더욱이 런던경찰청이 인정했듯이, 이 범주들을 구분하는 경계는 그리 분명하지 않아 누가 어디에 속하는지 판별할 수 없는 경우가 흔했다.

마침내 1887년 7월, 사법 차원에서 누구를 매춘부로 볼 수 있고 누구는 아닌가 하는 문제가 대두되었다. 그 계기는 엘리자베스 카스라는 양재사가 어느 날 저녁 장갑 한 켤레를 사고 리젠트가의 즉위 50주년

　　　　　　　　　　　　　'그저 매춘부일 뿐'

기념 조명을 구경할 겸 혼자 외출했다가 매춘부로 오인받고 체포당한 일이었다. 이어진 재판에서 카스가 무죄판결을 받자 경찰은 독신 여성의 도덕성에 관한 전제를 재검토하고, 혼자인 여성이면 누구에게나 서슴없이 '매춘부' 딱지를 붙이는 관행을 재고해야 했다. 7월 19일 런던 경찰 청장 찰스 워런은 경찰 업무에서 매춘부를 식별하는 방법을 공식적으로 확립하고자 했다. 이날 내려진 명령에 따르면 "경찰은 그 어떤 특정 여성도 상습 매춘부로 단정해서는 안" 되며 "스스로를 상습 매춘부라고 칭하거나 해당 혐의로 유죄 선고를 받은 적이 없는 한, 경찰은 그 어떤 여성도 상습 매춘부라고 불러서는 안 되"었다. 나아가 누군가를 매춘을 한 혐의로 기소하려면 그에게 "불쾌한 일이나 호객을 당한" 자의 공식 진술을 증거로 제출해야 했다.[4] 그로부터 1년 후 찰스 워런은 화이트채플 여인숙에서 살아가는 '매춘부' 인구를 조심스럽게 추산하면서 그들 가운데 "누가 매춘부이고 누가 매춘부가 아닌지 구별할 방법은 전혀 없음"을 인정했다.[5] 1887년의 실수로 한바탕 논란을 경험했던 경찰은 성매매를 하지 않는 노동자계급 여성과 성매매를 하는 여성이 별개의 두 집단으로 나눌 수 없을 만큼 연속적인 교차 관계에 있음을 결국 인정해야만 했던 것이다. 그렇다고 해서 이후 모든 경관이 상부의 명령을 철저히 지킨 것도, 자신의 편견을 배제한 것도 아니었지만 말이다.

폴리, 애니, 케이트의 경우, 이들이 한때라도 '상습' 매춘부였음을 입증하는 증거가 전혀 없는 상황에서 지금까지 많은 이들이 그 셋은 '약식' 매춘부였다고 주장해 왔다. '약식 매춘'이란 이들 삶의 모호한 측면을 하나로 싸잡아 도덕의 심판대에 올리는 말이다. '약식 매춘'이라는 말은 죄가 아닌 것에 대해 죄를 묻는다. 이들은 가난한 알코올중독자였으므로, 간통을 저질렀으므로, 혼외 관계에서 아이를 낳았으므로, 여인숙에서 살았으므로, 밤늦게 밖을 돌아다녔으므로, 더 이상 매력적이지 않았으므로, 안정된 집이 없었으므로, 구걸을 했으므로, 노숙을 했으므로, 여성스러움에 관한 규칙을 다 위반했으므로 매춘부였다는 논리이다. 폴리와 애니와 케이트 모두 집 없는 떠돌이였다는, 세 사건의 공통 인자가 완전히 간과된 것도 바로 그 논리 때문이었다. '집 없는 피조물'과 '매춘부'는 도덕적으로 타락했다는 점에서 동의어였다. 그러나 가난한 노동자계급 여자가 어두운 밤에 밖을 돌아다니는 데는 여러 다양한 사정이 있었고, 거리 호객은 그중 눈에 잘 띄는 사정이었을 뿐이다. 집이나 가족이 없는 여자, 술을 많이 마시는 여자, 가난한 여자는 관습이나 규칙에 얽매이지 않고 살아갔다. 사람들은 그런 여자들이 무슨 일을 하는지, 어떤 장소를 오가는지 몰랐고 알고 싶어 하지도 않았다. 살인자는 섹스라는 동기 때문이 아니라 바로 이 이유에서 세 사람에게 주목했을 것이다.

런던경찰청이 공식화한 '매춘부' 식별 기준을 폴리, 애니, 케이트에게 적용해 보면 우리는 그들이 매춘부가 아니었음을 즉각 알 수 있다. 더욱이 사인 심문의 증언에도 그들이 매춘부였다는 증거는 전혀 나오지 않는다. 앞의 세 사람은 물론 엘리자베스 스트라이드도 그가 사망하기 전에 성매매를 다시 시작했다고 볼 수 있는 확실한 증거는 없다. 요컨대 이 넷 중 누구 한 사람이든 스스로를 매춘부로 칭했다고 볼 수

'그저 매춘부일 뿐'

있는 증거, 혹은 지역사회의 누구 한 사람이든 이들을 성매매 여성으로 생각했다고 볼 수 있는 증거는 존재하지 않는다. 네 사람이 살해당한 각 날짜에 사망자가 자신을 호객했노라고 주장하고 나선 사람도 전혀 없었다. 각 심문의 검시관은 모든 증인의 증언을 청취한 뒤 피해자의 신원을 다음과 같이 결정했다. 메리 앤 니컬스는 "인쇄 기계공 윌리엄 니컬스의 아내", 애니 채프먼은 "마부 존 채프먼의 과부", 엘리자베스 스트라이드는 "목수 존 토머스 스트라이드의 과부", 캐서린 에도스는 "추정상 독신 여성"이었다. 공개적으로 성매매에 종사했던 메리 제인 켈리만은 "매춘부"로 기록되었다.[6] 우리가 '잭 더 리퍼는 매춘부를 골라 죽였다'고 주장할 수 있는가 아닌가의 여부는 바로 이 공식 결론에 의해 결정되어야 한다. 그 외의 다른 주장은 빅토리아 시대의 근거 없는 가설 위에 서 있을 뿐이다.

오늘날 우리가 '매춘부 살인마 잭 더 리퍼'의 존재를 믿고 싶어 한다면 그 이유는 단 하나이다. 이 허구의 잭 더 리퍼를 토대로 성장했다고 해도 과언이 아닌 산업이 아직도 그걸로 먹고살고 있어서다. 아무렴 잭 더 리퍼 이야기는 참으로 흥미진진하다. 여전히 잡히지 않은 괴물이 안개 자욱한 런던 밤거리를 활보한다는 고딕풍 이야기는 긴장감과 공포감에 성적 자극까지 준다. 그러나 잭 더 리퍼 이야기는 일방적인 이야기이고, 살인자를 무대 중심에 세우는 이야기이다. 그리하여 악한이 주인공으로 변모했다. 이제 그는 사악하고 불가사의한 정신이상자, 오늘날까지도 이 게임에서 정체를 드러내지 않은 영리한 선수이다. 비유하자면 우리는 이 기적 같은 악행을 구경하고 조사한답시고 그가 살해한 이들의 몸을 밟아 넘어섰고 어떤 때는 발로 차기까지 했다. 살인자의 모습이 점점 커질수록 그 피해자의 모습은 점점 희미해 보인다. 시간이 지나면서 살인자와 피해자 모두 현실과 분리되었다. 피해자들의 경험과 이름이 민간전승과 음모론 속에 파묻히게 되었다. 장사꾼에게 그들은 더 이상 인간이 아닌 만화 속 인물이라, 그들의 처참한 이미지를 티셔츠에 인쇄하고 그들의 죽음을 우스운 엽서로 제작하고 그들의 창자로 스티커를 만들 수 있다. 이처럼 피해자가 실제 인물로 보이지 않고 우리에게 아무런 중요성도 없어 보이는 마당에, 그동안 이들 '공식 피해자 5인'의 삶을 제대로 알아보려는 대중적 욕구가 전혀 없었던 것이 어디 놀랄 일인가?

'매춘부 살인마 잭 더 리퍼'라는 끈질긴 믿음은 이 끔찍한 연속 살인 사건을 조금은 덜 불쾌하게 만드는 역할도 한다. 19세기에도 그랬고 지금도 그렇고, 피해자들이 '그저 매춘부'라는 주장은 '세상에는 착한 여자와 나쁜 여자가 있다'는 믿음, 즉 성녀와 창녀의 이분법을 영속화하는 주장이다. 세상에는 여자의 행동에 관한 적당한 기준이 있으며 거기서 벗어나는 사람은 처벌받아야 한다는 주장이다. 또 그런 여자에게 악행을 저지른 남자에게 면죄부를 주는 예의 그 이중잣대를 거듭 내세우는 주장이다. 지금은 이러한 태도가 1888년만큼 우세하지 않을지도 모르지만 아직도 고집스레 남아 있으며, 에드워드 페어필드가 살던 때처럼 통상적인 대화에 드러나진 않더라도 우리 문화 규범의 씨실과 날실에 정교히 통합되어 있다. 오늘날 이 태도가 눈에 띄게 드러나는 장소는 법정과 정치로, 권력을 가진 사람들의 진술에서 그 짜임새

'그저 매춘부일 뿐'

가 발견된다. 가령 2015년의 터너 사건을 보자. 스탠퍼드대 남학생 브록 터너는 만취한 여자를 성폭행한 혐의로 기소되었으나 겨우 6개월의 징역형을 선고받았으며 이 판결에 대해서도 터너의 부친은 "20분간의 행동에 대한 대가로는 너무 크다"고 불평했다.[7] 또 다른 사례는 서퍽주 연쇄살인범 스티브 라이트의 재판에서 판사가 배심원단에게 다섯 피해자(다섯 중 넷이 성노동자였다)에 대한 편견을 배제할 것을 요청해야 했던 일이다(결국 피고는 유죄 판결을 받았다). 그의 말은 1888년의 메아리와 무서우리만치 공명한다. "여러분은 이들의 생활 방식을 혐오스럽게 생각할 수도 있습니다. … 그러나 이들이 무슨 약을 먹었든, 이들이 무슨 일을 했든 이 사람들에게 조금이라도 해를 끼칠 자격은, 하물며 이들을 살해할 자격은 그 누구에게도 없습니다."

이 사회에는 어떤 여자가 여성성의 규범을 위반할 때, 그 장소가 소셜미디어이든 빅토리아 시대 거리이든 간에 누군가가 그를 제자리로 돌려놓아야 한다는 암묵적 합의가 존재한다. 폴리, 애니, 엘리자베스, 케이트, 메리 제인에게 붙은 '그저 매춘부'라는 딱지 덕분에 그들에 관해 글을 쓰는 사람들은 오늘날에도 여전히 피해자를 비방하고, 성애화하고, 비인간화할 수 있다. 이런 저자들은 성녀/창녀의 이분법을 계속해서 강화한다. 피해자의 시체 이미지를 근거로 그들의 '매력' 정도에 등급을 매기고 "화이트채플 살인마는 미모에 아무 관심이 없었던 것 같다"고 선언하는가 하면, "메리 제인 켈리는 예뻤고, 스트라이드는 활달했고 … 매력이 없진 않았다. … 어쨌든 그의 피해자들은 진에 취한 창녀들이었다"고 결론짓는다.[8] 피해자들이 '그저 매춘부'였다는 핑계로, 그들이 살해당하기 전까지 섹스를 얼마나 자주 했는지에 대해 호색적인 관심을 갖고 마음껏 심사숙고한다. 딸이었고 아내였고 어머니였던 이들을 "빈사 상태에 술 취한 여자들, 바구니에 낀 곰팡이들"로 격하하고, 살인자는 그런 인간을 "처형한 다음 내장을 제거했을 뿐"이라고 말해도 문제가 되지 않는다.[9] 살인자를 유명인 반열에 올려놓고, "세상에서 가장 유명한 남자 중 하나와 친교를 맺었"다며 그 피해자들을 우대한다.[10] 잭 더 리퍼 사건의 핵심 중의 핵심은 한 살인자의 지독하고 지속적인 여성혐오이며, '매춘부 연쇄살인마'에 대한 우리 문화의 집착은 바로 살인자의 그 여성혐오를 정상적인 것으로 만드는 데 일조할 뿐이다.

누구도 알 수 없고 잡을 수 없는 남성 살인자 잭 더 리퍼의 허상에 너무도 익숙해진 우리는 그가 지금도 우리와 함께 살아가고 있다는 사실을 깨닫지 못한다. 실크해트와 망토 차림으로 피에 젖은 칼을 휘두르는 그가 얼마나 많은 포스터와 광고와 버스 옆면에 등장하는지 모른다. 술집에서는 그의 이름이 붙은 칵테일을 팔고, 상점들은 간판에 그의 이름을 써 넣는다. 세계 곳곳에서 런던을 찾아온 관광객들이 그의 발자국을 따라가는 화이트채플 순례에 나서고 그의 범죄를 주제로 한 박물관을 찾는다. 이제는 전 세계에서 수많은 사람들이 핼러윈에 잭더 리퍼로 분장하고, 그가 되었다고 상상하고, 그의 천재성을 기리고, 여자들을 죽인 자를 웃음거리 정도로 생각한다. 그러나 우리가 잭 더 리퍼를 받아들인다는 것은 1888년에 그를 둘러싸고 있던 일련의 가치관, 즉 여자들에게 너희는 가치가 적으니 치욕과 학대를 당하리라고

'그저 매춘부일 뿐'

가르치는 그 가치관을 받아들이는 것이다. 그리하여 '나쁜 여자'는 벌받아 마땅하고 '매춘부'는 여성의 하위종이라는 관념을 강화하는 것이다.

그를 살아 숨 쉬게 하려고 우리는 피해자들을 잊어야 했다. 이 망각에 대해 우리는 공범이다. 신문에서, 다큐멘터리 방송에서, 인터넷에서 '잭 더 리퍼 전설'을 거듭 읊을 때, 그 기원과 출처를 검토하지도 않고 증거의 신뢰성을 따지지도 않고 그 밑에 깔려 있는 전제들을 문제 삼지도 않고 학생들에게 그 '전설'을 가르칠 때, 우리는 폴리, 애니, 엘리자베스, 케이트, 메리 제인이 겪은 불의를 영속화하는 데 가담하는 것이고 가장 비열한 종류의 폭력들을 용인하는 것이다.

우리는 오직 이 사람들을 되살림으로써만 잭 더 리퍼와 그가 상징하는 것들을 침묵시킬 수 있다. 이들이 말하게 함으로써, 이들의 경험을 이해하고 이들의 인간성을 확인함으로써 우리는 마땅한 존중과 연민을 이들에게 돌려줄 수 있다. 잭 더 리퍼의 피해자들은 '그저 매춘부'가 아니었다. 그들은 딸이었고 아내였고 어머니였고 자매였고 연인이었다. 그들은 여자였다. 그들은 인간이었고, 이것만으로 충분할 것이다.

어떤 삶의 물건들

폴리, 애니, 엘리자베스, 케이트, 메리 제인은 시신으로 발견된 뒤 경찰에 의해 살해 현장에서 다른 곳으로 옮겨졌다. 경찰은 그들이 입고 있던 옷과 그 속에 보관한 물건을 시신에서 제거했다. 앞의 네 피해자는 실외에서 발견되었으므로 소지품 목록이 작성되었다. 자신의 침대에서 살해당해 슈미즈만 입은 차림으로 발견된 메리 제인 켈리의 경우에는 목록이 작성되지 않았다.

이 물건들은 어떤 삶의 마지막 흔적이다. 이 단출한 스냅사진에는 한 사람 한 사람이 소중히 여긴 물건, 불확실한 나날을 헤쳐 나가는 데 쓸모가 있겠다고 여긴 물건이 들어 있다.

폴리

검은색 벨벳으로 테를 두른 검은색 밀짚 보닛
갈색 외투. 말 옆에 남자가 서 있는 무늬의 큼직한 단추 일곱 개가 달렸음.
면모사 원피스

흰색 플란넬 가슴 덮개

골이 들어간 푸른색의 모직 긴 양말

속치마 두 벌. 하나는 회색 모직, 하나는 플란넬. 둘 모두 띠 부분에

스텐실로 '램버스 구빈원'이라고 찍혀 있음.

갈색의 짧은 코르셋

플란넬 속바지

옆면이 신축성 있는(스프링 달린) 남성용 장화. 갑피를 짧게 줄이고

뒤꿈치를 철로 씌웠음.

빗

흰색 손수건

손거울

애니

패턴이 들어간 무릎 길이의 검은색 긴 코트

검은색 치마

갈색 윗옷

다른 윗옷

속치마 두 벌

치마 안쪽 허리춤에 끈으로 고정한 큰 주머니(발견 당시 내용물은 없었음)

목구두

붉은색과 흰색 줄무늬의 긴 모직 양말

목에 두르는 손수건. 흰색 바탕에 널찍한 붉은색 테두리가 있음.

모슬린 스카프

참빗

종이 갑에 든 빗

알약 두 알이 든 봉투. 서식스 연대의 인장과 "1888년 8월 28일 런던"이라는 우체국 소인이 찍혀 있음.

엘리자베스

밑단에 모피를 댄 검은색의 긴 재킷. 붉은 장미 한 송이와 공작고사리 장식이 달렸음.

검은색 치마

검은색 크레이프천 보닛(머리 뒤쪽을 신문지로 채웠음)

왼편으로 매듭지은 체크무늬 목도리

진갈색의 무명 벨벳 웃옷

흰색 서지 속치마 두 벌

흰색 슈미즈

흰색 긴 양말

스프링 고정식 장화

손수건 두 장

골무

카드에 감은 털실 조금

맹꽁이자물쇠의 열쇠

몽당연필

작은 단추 한 개와 큰 단추 여섯 개

빗

부러진 빗 조각

금속 숟가락

고리(치마에 다는 형태)

모슬린 천 조각

작은 종이쪽 하나 혹은 둘

케이트

녹색과 검은색 벨벳으로 장식한 검은색 밀짚 보닛. 검은색 구슬이 달렸고 검은색 끈으로 머리에 고정하게 되어 있음.

검은색 재킷. 깃과 소맷부리는 인조 모피로, 주머니는 검은색 비단 꼰사와 모피로 장식했으며 큼지막한 금속 단추들이 달려 있음.

세 층의 주름으로 이루어진 진녹색 친츠 치마. 허리선에 갈색 단추가 달려 있고, 천은 갯개미취와 황금개나리 패턴.

남성용 흰색 조끼. 앞면을 흰색 단추로 여밈.

　　　　　　　어떤 삶의 물건들

갈색 면모사 웃옷. 검은색 벨벳 깃에 갈색 단추 앞여밈.

흰색 허리선이 들어간 회색 천 속치마

매우 낡은 녹색 알파카 모직 치마(내의용)

매우 낡고 해진 푸른색 치마. 붉은색 주름 장식에 가벼운 능직 안감(내의용).

흰색 무명 슈미즈

속바지나 코르셋은 없음

모헤어 끈의 남성용 목구두. 오른쪽 신발이 붉은 실로 수선되어 있음.

목에 두르는 용도로 쓴 붉은색 얇은 비단

커다란 흰색 손수건

붉은색과 흰색의 조감 테두리가 들어간 커다란 흰색 면 손수건

표백하지 않은 무명천 주머니 두 개. 납작한 끈이 달렸음.

줄무늬가 있는 이불감으로 만든 푸른색 주머니

골이 들어간 무릎 길이의 갈색 긴 양말. 발 부분을 흰색 면으로 기웠음.

이불감으로 만든 푸른색의 작은 자루 두 개

검은색의 짤막한 사기 담뱃대 두 개

차를 담은 양철 상자

설탕을 담은 양철 상자

양철 성냥갑. 비어 있음.

흰색 천 조각 12개. 일부는 혈흔이 좀 있음(월경대).

거친 흰색 아마포 조각

삼각형 모양의 푸른색과 흰색 셔츠감

핀과 바늘이 꽂힌 붉은색 플란넬 천

비누 여섯 조각

참빗

흰색 손잡이가 달린 식탁용 칼

금속 찻숟가락

붉은 가죽과 금속 부품으로 된 담뱃갑

삼실 타래

수선한 흔적이 있는 오래된 흰색 앞치마

단추 여러 개와 골무

전당표 두 장이 든 겨자색 양철통

안경의 일부

붉은색 털장갑

감사의 말

이 책을 쓰는 일은 정신적인 면과 감정적인 면 양쪽에서 굉장한 여정이었고, 그 길의 여러 단계에서 도움을 주신 많은 분들에게 빚졌다. 클레어 맥아들과 줄리아 레이트는 집필 초기부터 든든한 고문으로서 지식을 보태 주고 아이디어 정리에 도움을 주었다. 다니엘 올손과 스테판 란초부는 엘리자베스 스트라이드가 속했던 세상에 관해 귀중한 식견을 제공하고 스웨덴에 있는 많은 자료를 입수하고 이해하는 데 도움을 주었다. 예테보리의 헬레나 베를린과 아르네, 올라프 야콥손 부부에게도 감사한다.

닐, 제니퍼 셸든 부부를 만나 서로의 생각과 연구 내용을 공유한 것도 큰 기쁨이었다. 이들은 이미 수년 전에 여러 기록보관소를 찾아가 다섯 사람의 삶에 관한 가장 기본적인 정보를 취합했다. 폴리, 애니, 엘리자베스, 케이트, 메리 제인에게 관심을 가진 사람이라면 누구나 이 두 사람의 노력에 빚지게 될 것이다. 이들과의 만남을 주선한 멜라니 클레그에게 감사한다. 그는 나에게 애덤 우드와 프로그 무디도 소개해 주었고 그들이 또 나를 '리퍼학' 연구자들과 연결해 주었다.

책의 집필에 앞서 빠듯한 일정에 엄청난 양의 자료를 검토해야 했다. 이 단계에서 루시 산토스, 피비 커즌스, 웬디 툴, 새라 머든, 조앤 메이저에게 큰 도움을 받았다. 해나 그레이그와 요크대학은 나에게 성실하고 숙련된 역사가 새라 머피를 인턴으로 소개해 주었다. 전문적인 지식을 제공해 준 앤서니 리스, 린지 피츠해리스, 앤서니 마틴, 드루 그레이에게, 또한 나에게 시간을 할애해 준 피바디의 크리스틴 와그, 런던 메트로폴리탄 기록보관소의 마크와 웬디, 성모마리아회의 엘리자베스 제인 수녀에게 감사한다. 신뢰할 수 있는 인력과 완벽한 작업 공간을 제공한 런던 도서관에도 감사의 인사를 빼놓을 수 없다.

마지막으로, 이 책의 구상 단계부터 나를 응원해 준 분들의 이름을 적어야겠다. 에이전트 새라 밸러드와 엘리 케런, 유나이티드에이전츠의 야스민 맥도널드, 두나우·칼슨앤러너에이전시의 엘리너 잭슨은 나의 드림팀이다. 또한 영국과 미국에서 지치지 않는 열정과 비전으로 이 책을 편집한 팀이 없었다면 이 책은 세상에 나오지 못했을 것이다. 그중에서도 트랜스월드의 담당 편집자 제인 로슨은 (언제나처럼) 완벽했고, 휴턴미플린하코트의 니콜 앤젤로 또한 그러했다. 두 출판사의 소피 크리스토퍼, 엠마 버턴, 케이트 사마노, 조시 벤, 리첸다 토드를 비롯한 많은 사람이 이 책의 탄생을 도왔다. 그들에게 깊은 고마움을 전한다.

감사의 말

작가란 살아가는 대부분의 시간을 자기 머릿속에서 보내는 사람, 그래서 그들을 힘차게 다시 현실로 끌어와 주는 이들 없이는 아무것도 아닌 존재일 것이다. 이 책을 쓰는 동안 잠시 강박적인 리퍼학자로 변신해 버린 나를 인내한 남편, 그리고 이 연구에 대한 나의 장광설에 지겨웠을 가족과 친구들, 내가 가장 사랑하고 아끼는 그들에게 감사한 마음과 함께 진심 어린 사과를 전한다.

주

들어가며 : 두 도시 이야기

1. Howard Goldsmid, *A Midnight Prowl Through Victorian London* (London, 1887).

2. *Sheffield Daily Telegraph*, 20 July 1887.

3. PRO: Metropolitan Police Files: file 3/141, ff. 158-9.

4. 위의 기록.

5. Joseph O'Neill, *The Secret World of the Victorian Lodging House* (Barnsley, 2014), p. 117. 런던의 여인숙 거주 인구 중 여성은 절반이 되지 않는 것으로 짐작되었다.

CHAPTER 1
대장장이의 딸

1. Max Schlesinger, *Saunterings In and About London* (London, 1853), p. 89.

2. 대장장이는 인쇄에 필요한 기계와 활자를 만드는 데 대단히 중요한 역할을 했으며, 워커는 그러한 이유로 가족과 함께 인쇄업 중심지로 이사했을 가능성이 크다.

3. 1861년 워커는 자신을 대장장이 겸 대형 기계를 제작하는 기술자라고 밝혔다. 가족의 주소로 보건대 인쇄기를 만드는 일에 종사했을 가능성이 있다.

4. John Hollingshead, *Ragged London* (London, 1861), p. 39, 282.

5. *First Report of the Commissioners for Inquiring into the State of Large Towns and Populous Districts*, vol. 1 (London, 1844), pp. 111-13.

6. George R. Sims, *How the Poor Live* (London, 1883), p. 12.

7. *First Report*, vol. 1, pp. 111-13.

8. 캐럴라인이 죽은 뒤에 치러진 프레더릭 워커의 세례 기록에, 메리라는 사람이 에드워드 워커와 함께 아이의 '부모'로 기록되어 있다. 에드워드가 다른 여자와 잠시 관계를 맺었을 가능성도 있지만, 아이를 더 낳았거나 다른 여자와 함께 살았음을 보여 주는 기록은 없다.

9. *Coventry Standard*, 27 June 1845.

10. LMA: London Parish Register: P69/BRI/A/01/MS6541/5. 이 정보는 닐과 제니 셸든 덕분에 발견했다.

CHAPTER 2
피바디 자선 주택

1. Franklin Parker, *George Peabody: A Biography* (Nashville, 1995), p. 126.

2. *Daily News*, 29 January 1876.

3. 'New Peabody Buildings in Lambeth', *The Circle*, 11 April 1874.

4. 위의 글.

5. Phebe Ann Hanaford, *The Life of George Peabody* (Boston, 1870), p. 133.

6. *London Daily News*, 29 January 1876.

7. Hanaford, *Life*, p. 137.

8. *Daily Telegraph*, 24 December 1878.

9. LMA: Stamford Street Registers Acc/3445/PT/07/066.

10. 위의 기록.

11. Ancestry.com: *Glasgow, Scotland, Crew Lists*, 1863-1901.

12. 일라이자 새라가 J동 3호에서 태어났다는 주장이 있으나, 이는 D동 3호라고 쓰인 출생 증명서의 희미해진 수기를 잘못 읽은 결과이다.

CHAPTER 3
비정상의 삶

1. LMA: Board of Guardian Records, 1834-1906; Church of England Parish Registers, 1754-1906, P 73/MRK2/001.

2. 폴리의 진술은 거주지 조사에 기록되어 있다. LMA: Holborn Union Workhouse records: HOBG 510/18 (Examinations). NB. 폴리가 램버스에서 찾아갔다는 렌프루로드에 있는 구빈원의 당시 기록은 소실되었다. 같은 램버스구 프린시스로드에 있는 구빈원의 1880년 기록에는 폴리의 이름이 없다.

3. G. Haw, *From Workhouse to Westminster: The Life Story of Will Crooks M.P.* (London, 1907), p. 109.

4. Report HMSO *Royal Commission on Divorce and Matrimonial Causes*, 1912 (b and c), p.

291, 318.

5. John Ruskin, 'Of Queens' Gardens', *Sesame and Lilies* (London, 1865).

6. George C. T. Bartley, *A Handy Book for Guardians of the Poor* (London, 1876), pp. 152-3.

7. 위의 책, p. 59.

8. LMA: Holborn Union Workhouse records: HOBG 510/18 (Examinations).

9. Charles Booth, *Life and Labour of the People in London: The Trades of East London* (London, 1893), p. 295.

10. C. Black, *Married Women's Work* (London, 1983), p. 35.

11. Ancestry.com: New South Wales, Australia, Unassisted Immigrant Passenger Lists, 1826-1922. 울스는 P&O사의 증기선 바라불호를 타고 오스트레일리아로 이주했다.

12. 여기에는 폴리가 실제보다 네 살 적은 나이로 기록되어 있긴 하지만(이 정도 오류는 인구총조사 기록에 흔했다), 출생지가 '런던 핀스베리워드'라는 것은 그가 슈레인 근처에서 태어난 사실에 부합한다고 볼 수 있다.

13. *East London Observer*, 8 September 1888.

14. 폴리의 사인 심문 과정에서 윌리엄 니컬스의 사생활이 공개된 뒤에 취소선이 그어졌을 가능성이 있다.

15. *Daily Telegraph*, 3 September 1888.

16. 위의 글.

17. Charles Booth, *Life and Labour of the People in London: Religious Influences*, series 3, vol. 1 (London, 1902), pp. 55-6.

CHAPTER 4
집 없는 피조물

1. *Pall Mall Gazette*, 5 August 1887.

2. *Evening Standard*, 26 October 1887.

3. 위의 글.

4. *Daily News*, 26 October 1887.

5. 위의 글.

6. *Evening Standard*, 26 October 1887.

7. LMA: Lambeth Board of Guardians Creed Registers, X113/011.

8. '스파이크'가 임시방을 가리키게 된 어원적 유래에 관해서는 의견이 분분하다. 피터 히긴보

텀은 여러 가능성을 제시하는데, 뱃밥을 만드는 데 쓰인 대못에서 왔다는 설, 구빈원 입구에 입장권을 걸어 두던 대못에서 왔다는 설, 부랑자들 사이에서 구빈원을 뜻하던 은어 '스피니켄(spiniken)'에서 파생했다는 설 등이 있다.

9. Peter Higginbotham, http://www.workhouses.org.uk/Stallard (retrieved 16 January 2018).

10. George Augustus Sala, *Gaslight and Daylight* (London, 1859), p. 2.

11. William Booth, *In Darkest England and the Way Out* (London, 1890), p. 30.

12. 이 모든 수치의 출처는 다음과 같다. Margaret Harkness, *Out of Work* (London, 1888), p. 171; Rodney Mace, *Trafalgar Square: Emblem of Empire* (London, 2005), p. 171; Booth, *Darkest England*, p. 30.

13. Booth, *Darkest England*, pp. 26-7.

14. Peter Higginbotham, http://www.workhouses.org.uk/Higgs/TrampAmongTramps.shtml, from Mary Higgs, *Five Days and Nights as a Tramp* (London, 1904).

15. Higginbotham, http://www.workhouses.org.uk/Stallard from J. H. Stallard, *The Female Casual and Her Lodging* (London, 1866).

16. J. Thomson and Adolphe Smith, 'The Crawlers', *Street Life in London* (London, 1877), pp. 116-8.

17. George R. Sims, *Horrible London* (London, 1889), pp. 145-8.

18. *Evening Standard*, 26 October 1887.

19. LMA: Holborn Union Workhouse records: HOBG 510/18 (Settlement Examinations).

20. Neal Stubbings Shelden, *The Victims of Jack the Ripper* (Knoxville, TN, 2007), p. 8.

21. 부랑자들 사이에 잘 알려진 요령 하나는 임시방에 들어가기 전에 소지품과 현금을 은밀한 장소에 숨기거나 묻어 두었다가 퇴소 후 되찾는 것이었다. 이는 귀중품을 잃어버리거나 압수당하지 않기 위한 방법이었다.

22. *East London Observer*, 8 September 1888; *Morning Advertiser*, 4 September 1888; *Exmouth Journal*, 8 September 1888. 보도에 따르면 홀랜드는 두 사람이 그곳에서 알고 지낸 기간이 6주라고 했다가 3주라고도 했다. 이는 보도상의 오류일 가능성도 있지만, 폴리가 코드리 가족을 떠난 직후부터 윌모츠 여인숙에 머물렀을 가능성도 배제할 수 없다.

23. *East London Observer*, 8 September 1888.

24. *Western Daily Press*, 4 September 1888.

25. *The Star*, 1 September 1888.

26. *East London Observer*, 8 September 1888.

27. 위의 글.

28. *Evening Standard*, 4 September 1888. 더 근래에는 잭 더 리퍼에 관한 여러 저서에서 이 인용문을 의도적으로 "남자와 여자가 함께 자도록 허용된 여인숙"으로 바꿔 표현했다.

29. *East London Observer*, 8 September 1888.

30. 위의 글.

31. *Manchester Guardian*, 8 September 1888.

32. *Morning Advertiser*, 3 September, 1888; *Evening Standard*, 3 September, 1888; *Illustrated Police News*, 8 September, 1888.

33. *Daily News*, 3 September 1888.

34. *East London Observer*, 8 September 1888.

35. *London Times, Daily Telegraph, St James's Gazette*, 1 September 1888.

36. 위의 글.

37. *The Times*, 3 September 1888.

CHAPTER 5
군인과 하인

1. *Morning Chronicle*, 11 February 1840.

2. Henry Mayhew, 'Prostitution in London: "Soldiers' Women"', *London Labour and The London Poor*, (London, 1862).

3, 위의 글.

4. 기병의 임금은 일반 보병보다 아주 약간 더 높은 수준으로, 19세기 중엽 일당이 1실링 3펜스였다. Peter Burroughs, 'An Unreformed Army? 1815-1868', in David Chandler and Ian Beckett (eds.), *The Oxford History of the British Army* (Oxford, 1994), p. 173.

5. 두 사람은 둘째를 임신하고 정식으로 결혼한 그해 4월 23일 애니에게도 세인트팬크러스 크라이스트 교회에서 세례를 받게 했다.

6. Myrna Trustram, *Women of the Regiment and the Victorian Army* (Cambridge, 1984), p. 106.

7. *Windsor and Eton Express*, 24 April 1830.

8. Henry George Davis, *The Memorials of the Hamlet of Knightsbridge* (London, 1859), pp. 103, 144.

9. 런던의 하인과 노동자계급은 식수(마시면 해로울 수도 있다고 여겨졌다)보다도, 알코올 함량이 적은 맥주를 더 많이 마셨다. 또한 일부 지역에서는 하인들이 동네 펍이나 가게에서 음

료 등 자신의 요깃거리를 직접 구입했다.

10. 'A Member of the Aristocracy', *The Duties of Servants: A Practical Guide to the Routine of Domestic Service* (London, 1894), pp. 49-50.

11. Isabella Beeton, *Mrs Beeton's Book of Household Management* (London, 1861), pp. 416-7.

12. *Chester Chronicle*, 20 June 1863.

13. 위의 글.

14. 위의 글.

15. GRO: Death certificate for George Smith, 13 June 1863, Wrexham.

16. 몬트필리어플레이스 29번지는 토머스 스미스 부부가 사는 몬트필리어로우에서 무척 가깝다는 이점도 있었다. (조지와 루스의 이름이 1851년 인구총조사에는 보이지 않지만 미리엄의 1851년 출생증명서에 이들의 주소가 몬트필리어플레이스 29번지로 기록되어 있다.)

CHAPTER 6

채프먼 부인

1. Neal Stubbings Shelden, *Victims*, p. 15.

2. William Lee, *Classes of the Capital: A Sketch Book of London Life* (Oxford, 1841), p. 43.

3. 채프먼 부부는 본드가와 가까운 버클리스퀘어 안쪽의 사우스브루턴뮤즈 17번지에서 최소 3년을 살았고 벨그레이비어 온즐로스퀘어 뒤편의 온즐로뮤즈 69번지, 저민가 안쪽 웰스가 4번지에서도 살았다. 채프먼 부부의 이름이나 사우스브루턴뮤즈 17번지라는 주소가 그들이 그곳에 살던 시기의 지방세 장부에는 나오지 않는 것으로 보아, 이 거주지는 세금을 따로 내는 더 큰 소유지의 일부였을 가능성이 있다. 이 역시 존이 (아직 누구인지는 확인되지 않았지만) 어느 귀족에게 고용되었을 것이라는 추측을 뒷받침한다.

4. Berkshire Record Office: St Leonard's Hill Estate Sale Catalogue, D/EX 888/1, Illustrated Sales Catalogue with plan of the St Leonard's Hill Estate, D/EX 1915/5/11/1-2.

5. *Evening Standard*, 11 September 1888.

6 *The Court*, 18 June 1881.

7 *Penny Illustrated Paper*, 18 June 1881.

CHAPTER 7

악마의 음료

1. *Pall Mall Gazette*, 1 May 1889.

2. 이 정보는 닐과 제니 셸든에게 제공받았다.

3 미리엄 스미스는 애니가 여덟 번 출산했다고 말했지만, 지금까지는 그중 일곱 명만이 확인된다. 나머지 한 아이는 유산 또는 사산으로 인해 출생 신고를 하지 않았을 가능성이 있다.

4. 'Inebriety and Infant Mortality', *Journal of Inebriety*, vol. 2 (March 1878), p. 124.

5. 1884년 "앤트로버스 양이 사망한 후" 스펠손 요양원은 영국국교회 수녀원인 원티지성모마리아회에 인계되었다. 흥미로운 점 하나는, 이 수녀원이 클루어에 있는 자비의수녀회와도 관계가 있었다는 사실이다. 자비의수녀회 또한 타락하고 고통받는 여자들의 재활에 힘쓰고 있었다. 애니가 세인트레너즈힐에 살던 시기에 자비의수녀회는 클루어에서 매우 활발하게 활동했으므로 이 단체가 애니의 음주 문제를 해결하는 데 모종의 도움이나 조언을 제공했을 가능성이 있다.

6. 'Visitor's Day at Spelthorne', *Woman's Gazette*, December 1879.

7. *Windsor and Eton Gazette*, 15 September 1888.

CHAPTER 8

흑발의 애니

1. https://booth.lse.ac.uk: Charles H. Duckworth's Notebook, Police District 23, Booth/B/359, p. 143.

2. 'The Female Criminal', *Female's Friend*, 1846.

3. *Daily News*, 11 September 1888.

4. https://booth.lse.ac.uk: Interview with Sub-division Inspector W. Miller... Booth/B/355, pp. 166-85.

5. 'The Worst Street in London', *Daily Mail*, 16 July 1901.

6. 아멜리아 팔머가 애니의 가족에 대해 회고한 세부 내용이 전부 신빙성이 아주 높은 것은 아니었다. 가령 존의 동생이 살던 곳은 "화이트채플 옥스퍼드가"나 그 근처가 아니라 홀본의 뉴옥스퍼드가나 그 근처로 보인다. 존 채프먼의 가족 중 런던에 거주한 사람은 동생 앨프리드와 그의 아내 해나뿐이었고, 1871년과 1881년의 인구총조사에는 이들이 홀본에 살았던 것으로 나와 있다. 경찰은 화이트채플 옥스퍼드가 일대를 조사했을 때 존 채프먼과

관계가 있는 사람을 전혀 찾아내지 못했다.

7. 일부 임시방은 한번 들어오면 이틀을 묶어야 하는 규정을 다소 느슨하게 적용했다. 콜른브룩 임시방도 그중 하나로 여겨졌다.

8. *Evening Standard*, 11 September 1888.

9. Neal Stubbings Shelden, *Victims*, p. 18.

10. 존은 술을 마시는 사람이긴 했으나 그의 병인이 음주인지 아니면 간염이나 유전적 원인 같은 다른 요인인지는 알 수 없다. 그가 과음하는 습관이 있었다 해도 일하는 능력에는 문제가 없어 보였고, 경계심이 극도로 강한 미리엄까지도 그에게서 의존증의 기미를 전혀 발견하지 못했다.

11. *Daily News*, 11 September 1888.

12. 위의 글.

13. 필립스는 애니가 앓던 병이 그의 죽음과 무관했기 때문에 병에 대해 짧게만 언급했다. (신문의 표현에 따르면) 애니가 "오래전부터 폐 질환을 앓았고 뇌막에 병변이 있다"는 내용이 전부였다. 최근 여러 저술가가 아무 증거 없이, 뇌 병변이 언급되었다는 이유만으로 애니가 매독을 앓았다고 주장했다. 그러나 필립스가 언급한 종류의 병변은 결핵균이 몸의 다른 곳으로 퍼져 나가는 경우에 발생하는 것으로 알려져 있다. 혹시 애니가 매독에 감염되었던 것이라면, 이 병의 3기에 나타나는 뇌 변성 증후(신경매독)는 최초 노출 이후 최소 10년에서 30년간의 잠복기를 거친 뒤 나타났을 것이다. 그러나 애니가 십 대에, 혹은 결혼 후에 성매매를 했다고 볼 수 있는 증거나 그가 매독에 노출된 적 있다고 볼 수 있는 증거는 없다.

14. 첼시의 브롬턴 병원은 폐 질환, 특히 결핵을 전문적으로 치료하는 병원으로 부유층부터 극빈층까지 모든 계급의 환자를 수용했다. 이 진술에서 아멜리아는 애니가 치료받았던 병원의 이름을 떠올렸던 것일 수 있다.

15. *Penny Illustrated Paper*, 22 September 1888.

16. *The Star*, 10 September 1888: *The Times*, 20 September 1888. 이 인터뷰의 다른 버전들에는 약혼반지가 "타원형"으로 묘사되어 있다.

17. PRO: Home Office Papers: HO 45/9964/x15663 (Police Correspondence: Charles Warren).

18. PRO: Home Office Papers: HO 144/221/A49301C, f 136, ff. 137-45 (Police investigation: Elizabeth Stride).

19. 지금까지 애니 채프먼 살인 사건에 대해 글을 쓴 사람들은 아멜리아의 증언을 요약한 기사들에 모순이 그렇게 많았음에도 하나같이 '모든 피해자는 성매매 여성이었다'는 가정을 뒷받침하는 기사들만 채택했다. 사인 심문의 최종적인 기록이 존재하지 않는 상황에서 신문 기사 자료만으로 진실을 확인하기는 불가능하다.

20. *The Times*, 20 September 1888. 이 진술도 여러 버전으로 존재하여 혼란을 가중한다.《피플》은 일라이자 쿠퍼가 "애니가 여인숙 '안으로' 남자들을 데려왔다"고 말했다고 쓴 반면에 같은 날 다른 신문들, 가령《프리먼스 저널》은 "애니는 그들을 펍에 데려오곤 했다"고 말했다고 전했는데, 두 진술의 함의는 완전히 다르다.

21. *Daily Telegraph*, 11 September 1888.

22. *The Star*, 27 September 1888.

23. 'Worst Street', *Daily Mail*.

24. *Manchester Courier*, 11 September 1888. 이 대화를 전한 여러 신문 기사가, 애니가 병원 아니면 구빈원 임시방에 간 것으로 설명했다.

25. M. A. Crowther, *The Workhouse System, 1834-1929: The History of an English Social Institution* (Athens, GA, 1982).

26. Howard Goldsmid, *Dottings of a Dosser* (London, 1886), ch. 7.

27. PRO: Metropolitan Police Files 3/140, ff. 9-11. 몇몇 신문에서는 외상으로 침대를 내주지 않고 애니를 거리로 쫓아낸 도노반에게도 일부 책임이 있다고 그를 비난했다.

28. 애니가 사망한 직후에도 바로 그 장소에서 노숙하고 있던 남자가 발견되었다.

CHAPTER 9

토르슬란다의 소녀

1. Orvar Löfgren, 'Family and Household: Images and Realities: Cultural Change in Swedish Society', *Households: Comparative and Historical Studies of the Domestic Group*, ed. Robert McC. Netting et al. (1984), p. 456.

2. Göteborg Lansarkivet: SE/GLA/13186/E I/1, Picture 17; SE/GLA/13566/B/2 (1835-1860).

3. Göteborg Lansarkivet: SE/GLA/13566/B/2 (1835-1860); SE/GLA/13186/A I/30 (1858-1864), p. 141.

4. 지금은 쓰지 않는 모나드스칼(månadskarl)이라는 단어는 문자 그대로는 '월급제로 고용되는 노동자'라는 뜻이나, 스웨덴 서부에서는 관리인을 가리키는 말로도 쓰였다.

5. Therese Nordlund Edvinsson and Johan Söderberg, 'Servants and Bourgeois Life in Urban Sweden in the Early 20th Century', *Scandinavian Journal of History*, 35, no. 4 (2010), pp. 428-9.

6. Christer Lundh, 'Life-cycle Servants in Nineteenth-Century Sweden: Norms and Prac-

tice', *Domestic Service and the Formation of European Identity* (Bern, 2004), p. 73.

7. Göteborg Lansarkivet: SE/GLA/13186/B I/3.

CHAPTER 10

'공공의 여자' 97번

1. Françoise Barret-Ducrocq, *Love in the Time of Victoria* (London, 1991), p. 60.

2. Yvonne Svanström, *Policing Public Women: The Regulation of Prostitution in Stockholm, 1812-1880* (Stockholm, 2000), pp. 146-7.

3. Göteborg Lansarkivet: SE/GLA/12703 D XIV a.

4. 엘리자베스의 답변을 받아 적던 사람이 그가 예테보리로 옮겨 갔던 나이와 견진을 받은 나이를 혼동했을 가능성이 크다.

5. Göteborg Lansarkivet: SE/GLA/12703 D XIV a.

6. Göteborg Lansarkivet: SE/GLA/13566/F/H0004.

7. Göteborg Lansarkivet: SE/GLA/12703 D XIV a.

8. Göteborgs-Posten, 25 September 1888: also: SE/0258G/GSA 1384- 1/D1. 이 유산은 치료 또는 질병 자체의 결과였을 것이다.

9. Göteborg Lansarkivet: SE/GLA/12703 D XIV a.

10. 위의 기록.

11. 스웨덴에서는 전통적으로 여성의 성이 아버지의 이름 끝에 '-도터'를 붙인 형태였으나, 이 시기부터 점차 한 가족 모두가 접미사 '-손(son)'을 붙이는 것으로 통일되고 있었다. 그래서 '구스타프스도터'가 '구스타프손'이 되었다. SE/GLA/13187/P/10.

12. Göteborg Lansarkivet: SE/ GLA - Holtermanska (Kurhuset records, uncatalogued papers - original document has been lost)

13. 이 정보는 스테판 란초부에게 제공받았다.

14. Göteborgs Domkyrkoförsamling (O) - B:7 (1861-1879) and Emigranten Populär 2006/ Gustafsdotter/Elisabet (Emibas).

CHAPTER 11

이민자

1 *Maidstone Telegraph*, 2 March 1861. 대니얼 엘리샤 스트라이드는 결국 결혼을 하고 약제

사가 되었지만 1900년 정신병원에서 자살했다.

2. George Dodds, *The Food of London* (London, 1856), pp. 514-5.

3. 엘리자베스는 런던으로 이주했을 때 이름을 스웨덴어 엘리사베트(Elisabeth)에서 영어식 엘리자베스(Elizabeth)로 바꾸었고 그 후 작성된 영국의 기록들에 이 이름으로 나타난다.

4. Ulrika Elenora Församling (UT) HII:: 1 Picture 2110. 이 기록은 다니엘 올손이 예테보리 기록보관소에서 발견하여 제공했다.

5. Walter Dew, *I Caught Crippen* (London, 1938).

6. *The Times*, 4 October 1888; *Daily Telegraph*, 4 October 1888.

7. 1869년 1월 19일 자 《데일리 텔레그래프》에 가위가 67번지에서 진행되는 고프리의 레슨 광고가 실려 있다.

8. Jerome K. Jerome, *My Life and Times* (London, 1927), p. 38.

9. Charles Dickens, 'London Coffee Houses', *Household Words* (London, 1852).

10. Alfred Fournier, *Syphilis and Marriage* (London, 1881), p. 157.

11. *Sheerness Times and General Advertiser*, 13 September 1873.

12. Probate Wills: William Stride the Elder of Stride's Row, Mile Town, Sheerness, proven 30 September 1873.

CHAPTER 12

키다리 리즈

1. LMA: Stepney Union; Bromley and Hackney Union Workhouse records: Admissions and Discharge Registers: SH BG/139/003, STBG/L/133/01.

2. *Evening Standard*, 31 December 1878.

3. *Reynolds' Newspaper*, 29 September 1878.

4. Goldsmid, *Dottings* (Kindle loc. 1250).

5. *Birmingham Daily Post*, 2 October 1888.

6. 'Nooks and Corners of Character, The Charwoman', *Punch Magazine*, Jan-Jun 1850.

7. Daniel Olsson, 'Elizabeth Stride: The Jewish Connection', *Ripperologist*, no. 96 (October 2008).

8. 엘리자베스 와츠는 배스에서 와인상과 결혼했지만, 남자 쪽 가족이 두 사람의 결혼을 인정 하지 않고 와츠를 쫓아내려 했던 것 같다. 이들은 와츠를 정신병원에 보내고 아이들을 빼 앗았다. 남편은 결국 미국으로 이주했는데, 와츠는 그가 죽은 것으로 믿었던 것 같다.

9. *Evening Standard*, 3 October 1888.

10. LMA: Thames Police Court Ledgers PS/TH/A/01/005.

11. G. P. Merrick, *Work Among the Fallen as Seen in the Prison Cell* (London, 1890), p. 29.

12. LMA: PS/TH/A01/008.

13. *The Times*, 4 October 1888.

14. *Daily Telegraph*, 2 October 1888.

15. *Bath Chronicle and Weekly Gazette*, 4 October 1888.

16. *Evening Standard*, 3 October 1888.

17. 위의 글.

18. *Lloyd's Weekly Newspaper*, 7 October 1888.

19. 19세기에 탁아(baby-farming)는 모친이 일하는 동안 아기를 맡아 돌보는 일을 뜻했다. 많은 부모가 소액의 요금을 지불하고 아이를 맡긴 뒤 다시는 아이를 되찾으러 오지 않았고, 그렇게 해서 탁아는 원치 않은 아기를 유기하는 간단한 방법이 되었다. 유기된 아이를 돌보는 비용이 결국 처음에 지불된 요금을 넘어섰으므로, 그런 경우에는 아기를 방치하여 죽게 하거나 다른 사람에게 팔아넘기는 것이 상책이었다. 이러한 탁아 관행은 20세기까지도 이어졌다.

20. 메리 맬컴이 사인 심문에서 증언한 후 그의 진짜 동생 엘리자베스 와츠가 나타났다. 알고 보니 그는 런던 북부 토트넘의 벽돌 공장에서 일꾼으로 일하는 스토크스라는 남자와 (세 번째로) 결혼해 살고 있었다. 와츠 역시 자신이 수년간 언니 메리 맬컴을 만나지 않았으며, 아마도 그 시기에 엘리자베스 스트라이드가 자신을 사칭했던 게 분명하다고 진술했다. 한편 이 사인 심문 과정에서 와츠가 죽은 줄로만 알았던 그의 첫 남편이 사실은 미국에서 잘 살고 있다는 사실이 드러나 와츠가 중혼 상태임이 밝혀졌다.

21. *Londonderry Sentinel*, 2 October 1888.

22. *Evening Standard*, 6 October 1888.

23. *The Times*, 9 October 1888.

24. *Illustrated Police News*, 13 October 1888.

25. *North London News*, 6 October 1888.

26. 1896년 앨프리드 벡은 그가 존 스미스라는 악명 높은 사기꾼과 동일인이라는 목격자들의 부정확한 증언으로 인해 부당하게 유죄 판결을 받았다. 이 사건은 당시 경찰이 활용하고 있던 목격자 확인 절차의 오류 가능성 문제를 표면화하는 데 일조했다.

27. 엘리자베스 스트라이드를 잭 더 리퍼가 죽였는가, 아니면 살인범이 따로 있는가 하는 질문은 전문가들 사이의 오랜 논쟁 주제이다.

CHAPTER 13

일곱 자매

1. *Wolverhampton Chronicle and Staffordshire Advertiser*, 4 March 1840.

2. 위의 신문, 15 February 1843.

3. W. H. Jones, *Japan, Tin-Plate Working, and Bicycle and Galvanising Trades in Wolverhampton* (London, 1900), p. 15.

4. *W. C. & S. A.*, 25 January 1843.

5. 위의 신문, 29 March 1843.

6. 위의 글.

7. 이는 1820년경의 가치로 대략 1파운드 7실링 5펜스에서 2파운드 2실링에 해당한다. 이 수치는 에드워드 페리가 1842년에 정규 노동자에게 지급하던 임금 수준과도 일치한다.

8. 조지 에도스는 열두 자녀 중 셋째였다.

9. Margaret Llewelyn Davies (ed.), *Maternity: Letters from Working Women* (London, 1915), p. 5.

10. 존과 윌리엄 모두 태어난 지 몇 달 만에 사망했다. 19세기의 사망 증명서에는 영아 사망의 원인으로 '발작'이 자주 언급된다. 이 용어는 부모가 목격한 아이의 마지막 모습을 묘사한 단어라는 설명도 있지만, 존의 서류에 기재된 설명에 따르면 심장이나 폐, 혈액의 이상으로 야기되는 질환인 '청색증(cyanosis)'을 가리키는 말일 때도 있다. 아동의 청색증은 선천병인 경우도 있고 외부 환경 때문에 발병할 수도 있었다. 유황이 섞인 석탄을 태운 연기가 자욱한 도시 공업지대라는 환경과 축축하고 비좁은 거주 환경이 많은 성인과 아동을 병들게 했고, 그러다 폐가 약해지면 호흡기 질환에 걸리기가 너무도 쉬웠다.

11. 출생 기록, 구빈원 기록, 1851년 인구총조사 기록 등에 따르면 이 가족은 1849년부터 최소 1851년까지는 웨스트가 35번지에 살았고 1854년 7월에는 윈터스스퀘어 7번지에, 1857년 4월경부터 12월 2일까지는 킹스플레이스 22번지에 살았다.

12. 그해의 인구총조사에서 "학생"의 기준은 "5세 이상의 나이로 매일 학교에 등교하거나, 집에서 가정교사에게 정기적으로 수업을 받는" 아동이었다.

13. National Illiteracy Rates, circa 1841; Pamela Horn, *The Victorian Town Child* (Stroud, Gloucestershire, 1997), p. 73.

14. LMA: Bridge, Candlewick and Dowgate Schools, Minutes: CLC/215/MS31,165.

15. *Manchester Weekly Times*, 6 October 1888.

16. *Gloucestershire Echo*, 5 October 1888.

17. LMA: Bridge, Candlewick and Dowgate Schools, Minutes: CLC/215/MS31,165.

18. Clement King Shorter (ed.), *The Brontës Life and Letters*, vol. 2 (Cambridge, 2014).

19. *Morning Advertiser*, 27 June 1851.

20. 조지 에도스가 아내로부터 결핵을 옮았다는 주장은 닐 셸든의 『잭 더 리퍼의 희생자들(The Victims of Jack the Ripper)』(2007)을 참고했다.

21. *Manchester Weekly Times*, 6 October 1888.

22. LMA: 버몬지 위원회 입소 시험 : Indexed, 1857–1859 ; Reference Number: BBG/523: 에 도스가 아이들, 즉 앨프리드, 조지, 토머스, 새라 앤, 메리의 1857년 12월 16일 구빈원 시험.

CHAPTER 14

케이트와 톰의 발라드

1. George J. Barnsby, *Social Conditions in the Black Country*, 1800–1900 (Wolverhampton, 1980), pp. 14–5.

2. Charles Dickens, *The Old Curiosity Shop* (London, 1840-1), p. 73.

3. *Shields Daily Gazette and Shipping Telegraph*, 4 October 1888.

4. 새라 크루트의 사건 설명은 위 기사에 실려 있다.

5. *Bell's Life in London, and Sporting Chronicle*, 18 September 1866.

6. Pierce Egan, *Boxiana; Or, Sketches of Ancient and Modern Pugilism* (London, 1824), p. 285, p. 293.

7. 콘웨이/퀸의 출생 날짜와 장소에 대해서는 얼마간 이견이 있다. 여기서 나는 앤서니 J. 랜들이 『잭 더 리퍼, 혈통들(Jack the Ripper, Blood Lines)』(Gloucester, 2013)에서 제시한 정보를 사용했다. 콘웨이의 군 의료 기록에 따르면 그는 1861년에 24세였고 메이요주 루이스버그 근처 킬기버에서 태어났다.

8. PRO: WO97/1450/058 (Discharge papers for Thomas Quinn); WO118/33 (Royal Hospital Kilmahain: Pensioner Register).

9. 토머스가 천식을 앓았을 가능성도 있다. (천식은 1960년대에 와서야 제대로 질병으로 인정되었다.) 또한 군 병원 기록으로 미루어 볼 때 인도에서 류머티즘열에 걸려 심장이 약해진 것일 가능성도 있다.

10. PRO: WO22/180, Monthly ledger for Kilkerry District, Ireland, 1861; WO23/57 Yearly ledger 1855–64 for Royal Chelsea Hospital; WO23/57 Yearly ledger 1864–74 for Royal Chelsea Hospital.

11. PRO: WO 22/23 for Thomas Quinn's pension records.

12. 이와 더불어 케이트가 처음 울버햄프턴에 돌아왔을 때는 엘리자베스와 윌리엄 부부가 그를 집에 들이지 않아 근처에 사는 조부(조모는 그 얼마 전에 사망했다)의 집에 잠시 머물렀던 것으로 보인다.

13. https://www.attackingthedevil.co.uk/; Andrew Mearns, *The Bitter Cry of Outcast London: An Inquiry into the Condition of the Abject Poor* (London, 1883).

14. 1888년 10월 5일 자 《타임스》에 따르면 케이트는 뛰어난 노래 실력으로 유명했다. 노래와 음악은 다우게이트스쿨에서 남녀 모든 학생에게 가르쳤던 과목이기도 하다.

15. 안타깝게도 발라드와 챕북은 대개 익명으로 쓰였던 까닭에, 드문 예외를 제외하면 창작자를 알아내기가 사실상 불가능하다.

16. *Sheffield Independent*, 10 January 1866.

17. Jarett Kobek, 'May My End a Warning Be: Catherine Eddowes and Gallows Literature in the Black Country' (https://www.casebook.org/dissertations/dst-kobek.html). 이 글의 필자는 그 발라드가 케이트 에도스와 토머스 콘웨이의 작품이라고 설명한다.

18. *Black Country Bugle*, January 1995.

CHAPTER 15

자매를 지키는 사람

1 Montague Williams, *Round London: Down East and Up West* (London, 1894), ch. 5; 'Down East: Griddlers or Street Singers'.

2. 프레더릭 윌리엄 에도스는 1877년 2월 3일 그리니치구 구빈원 병원에서 태어났다. 케이트는 그리니치구에서 처음 구호를 받은 때부터 자신에게는 남편이나 자신을 부양할 남성 파트너가 없다고 주장했으며, 이때도 프레더릭의 부친이 누구인지 밝히지 않음으로써 그러한 위장을 유지했다. 만일 케이트가 아이 아버지의 이름을 밝혔더라면 교구에서 토머스 콘웨이에게 비용을 청구했을 테고(그에겐 그 돈을 낼 능력이 없었다) 케이트의 속임수도 발각되었을 것이다.

3. http://www.workhouses.org.uk/WHR/.

4. 새라 앤에겐 그 정도 운이 따르지 않았다. 그는 정신질환을 앓기 시작하여 정신병원에 보내진 것으로 보인다.

5. Nancy Tomes, 'A Torrent of Abuse', *Journal of Social History*, vol. 2, issue 3 (March 1978), pp. 328–45.

6. 위의 글.

7. 교도소 기록을 보면 케이트는 1878년 8월에도 술에 취해 소란을 피운 죄로 원즈워스 교도소에 수감되었다. 1877년에는 갓난아이 프레더릭을 함께 데려갔다. PRO: Wandsworth Prison, Surrey: Register of Prisoners Series PCOM2 Piece number 284; Wandsworth Prison, Surrey: Register of Prisoners Series PCOM2 Piece number 288. 이 정보는 데브라 아리프에게 제공받았다.

8. *Daily News*, 4 October 1888.

9. 구빈원 입소 장부에는 1877년 여름과 가을에 케이트가 여섯 번째로 임신 중이었다고 기록되어 있다. 이때의 임신이 출산으로 이어졌는지는 확인할 수 없다.

10. *Daily News*, 4 October 1888.

11. 이 지역에 '밀레인(Mill Lanes)'이 비교적 가까운 거리에 두 곳 있었다는 사실도 짚어 둘 필요가 있겠다. 울위치의 밀레인은 병영을 따라 이어진 길이었고, 뎃퍼드의 올드밀레인은 이 지역의 가장 열악한 빈민가 중 하나였다. 케이트는 1877년 10월 17일에 그리니치구 구빈원을 찾았는데, 입소 장부에 "밀레인을 어지럽힘"이라는 특이한 기록이 있다. 이때의 밀레인은 아마 병영 근처 밀레인을 가리키는 것으로, 그곳에는 군 산부인과 병원이 있었다. 10월 17일 케이트는 그 얼마 전에 낳은 프레더릭과 함께 입소한 것으로 기록되어 있다. 케이트는 밀레인에서 행상과 구걸을 하는 동시에 군 산부인과 병원 앞에서 적선을 받으려고 소동을 일으켰을 수도 있다.

12. LMA: GBG/250/12 Greenwich Workhouse Admissions and Discharge Registers.

13. *Manchester Courier and Lancashire General Advertiser*, 6 October 1888.

14. 일라이자는 아이를 셋 낳았고 그중 둘은 어려서 죽었다.

15. *Hull Daily Mail*, 4 October 1888.

16. Goldsmid, *Dottings*, ch. 3.

17. 존과 케이트가 찰스 프로스트를 통해 알게 되었을 가능성도 있다. 존과 프로스트 모두 자신이 과일 유통 판매 일을 한 적이 있다고 말했다. *Worcestershire Chronicle*, 6 October 1888.

18. *Manchester Weekly Times*, 6 October 1888; *MC & LGA*, 6 October 1888.

19. *MC & LGA*, 6 Oct.

20. 존 켈러는 자신이 과음을 즐기지 않는다고 했고 쿠니즈 여인숙의 관리인 프레더릭 윌킨슨도 비슷하게 진술했으나, 사인 심문 증언의 답변을 들어 보면 존은 여윳돈이 있을 때는 과음하는 사람이었던 것 같다.

21. *Lloyd's Weekly Newspaper*, 7 October 1888. 이 여자들이 케이트의 신원을 확인해 주었음에

도 이들은 사인 심문의 증인으로 채택되지 않았고, '매춘부 살해범'을 찾던 경찰도 마찬가지로 이들의 진술이 사건과 별 관련성이 없다고 보았던 듯하다.

22. *MC & LGA*, 6 October 1888.

23. LMA: CLA/041/IQ/3/65/135: John Kelly statement (Catherine Eddowes Inquest Records); *The Times*, 5 October 1888; *Evening News*, 5 October 1888.

24. 위의 자료들.

25. 케이트의 시신 부검에서는 그가 브라이츠병을 앓고 있었다는 사실이 밝혀졌다. 오늘날에는 급성 신장염으로 불리는 이 병은 세 종류로 나뉘는데, 어느 경우에나 심각한 신장 손상을 가져온다. 브라이츠병의 원인은 완전히 밝혀지진 않았다. 유전성일 수도 있고, 루푸스(낭창)나 연쇄상구균, 박테리아 감염 같은 질병 때문일 수도 있다. 증상으로는 탈진, 단백뇨 또는 혈뇨, 체액 부종 등이 있다. 19세기에는 이 병이 알코올중독과 관계있다고 오해되었다.

CHAPTER 16
'아무것도 아닌'

1. *The Echo*, 5 September 1888.

2. 위의 글.

3. *W. C.*, 6 October 1888.

4. Sidney and Beatrice Webb (eds.), *The Break-Up of the Poor Law* (London, 1909).

5. 폴리 니컬스, 애니 채프먼, 엘리자베스 스트라이드의 경우와 달리 케이트의 사인 심문은 공식 보고서가 일부 남아 있다.

6. 케이트는 켄트주를 방랑하는 도중에 에밀리 버렐이라는 여자를 만났고 그에게서 남성용 플란넬 셔츠의 전당표를 받았다. 처치가 31번지에 있는 조지프 존스의 전당포가 장화와 셔츠의 전당표를 모두 보관하고 있었다.

7. *Daily Telegraph*, 5 October 1888.

8. *The Times*, 5 October 1888.

9. 케이트가 규정과 달리 마일엔드 임시방에서 일찍 퇴소한 것이 이상하지 않느냐는 질문에 존이 한 답변은 여러 신문에 제각각으로 보도되었다. 10월 5일 자《타임스》의 기사에 따르면, 자신이 마일엔드의 규정까지는 모르며 케이트가 원할 때 퇴소할 수 있었던 것 아니겠느냐고 대답했다. 그런가 하면 "그 임시방에서 무슨 소동이 있어서" 일찍 퇴소한 것이라고 주장하기도 했다. 그러나 런던에 있는 구빈원 임시방들을 자주 드나들었던 존은 마일엔드

의 퇴소 관행을 아주 잘 알았을 것이다. 그는 케이트를 노숙하게 놔둔 자신의 무책임함을 덮으려고 했던 것이 거의 확실하다.

10. LMA: CLA/041/IQ/3/65/135: Frederick William Wilkinson statement.

11. 위의 기록; *Daily Telegraph*, 5 October 1888.

12. *Morning Post*, 5 October 1888; *The Times*, 5 October 1888. 사인 심문 과정에서 나온 많은 진술과 마찬가지로 이 진술 또한 신문기자마다 다르게 받아 적었다. 존의 진술을 "내 말은 우리가 숙소에 갈 돈이 없을 땐 밤새 여기저기 돌아다녀야 했다는 뜻이다."라고 보도한 기사도 존재한다.

13. Goldsmid, *Dottings*, ch. 7.

14. *Daily Telegraph*, 3 October 1888.

15. LMA: CLA/041/IQ/3/65/135: George Henry Hutt.

16. LMA: CLA/041/IQ/3/65/135: James Byfield.

17. LMA: CLA/041/IQ/3/65/135: Hutt.

18. *Hull Daily Mail*, 4 October 1888.

CHAPTER 17
마리 자네트

1. 'Walter', *My Secret Life*, vol. 10 (London, 1888).

2. LMA: MJ/SPC NE 1888 Box 3, case paper 19, Inquest statement of Joseph Barnett, 12 November 1888.

3. *The Echo*, 12 November 1888.

4. *Evening News*, 12 November 1888; *The Star*, 10 November 1888.

5. *Morning Advertiser*, 12 November 1888; *Eddowes Journal and General Advertiser for Shropshire and the Principality of Wales*, 14 November 1888.

6. 그런데 또 한편으로 메리 제인이 글을 읽고 쓸 줄이나 알았겠느냐는 의문도 계속 제기되어 왔다. 조지프 바넷이 사인 심문에서 "그에게 신문을 읽어 주었다"고 진술한 것을, 여러 신문에서 표현을 바꾸기도 하고 틀리게 인용하기도 했다. 이 진술의 최종적인 기록이라 할 수 있는 사인 심문 공식 문건에는 다음과 같이 적혀 있다. "그는 그 살인들에 관한 부분을 읽어 달라고 나에게 여러 번 부탁했다."

7. *Evening News*, 12 November 1888.

8. 찰스 부스 팀의 조사관 아서 백스터는 1890년대의 부와 빈곤과 범죄의 지도를 그리면서,

브롬턴스퀘어에서 브롬턴로드 건너편인 보챔플레이스가 "품위 있는 매음굴"로 유명했다
고 언급했다. 이곳의 건물 중 다수가 피카딜리에서 일하는 매춘부들의 거처이자 그들이 손
님을 데려오는 곳이었다. 그 근처인 펠럼플레이스도 "외국인 매춘부 거류지"로 유명했다.
백스터는 이 근방의 성매매 여성은 대부분 웨스트엔드에서 상대를 찾는 '중상류층'이었다
고 전한다. 다음을 참고하라. http://booth.lse.ac.uk, Booth/B/362, Arthur L. Baxter's note-
book: Police District 27 (Brompton)

9. 'Walter', *My Secret Life*, vol. 2.

10. 지금까지 스코틀랜드 근위대대의 명부를 면밀히 조사한 사람 가운데 그 누구도 헨리나 존,
존토라는 이름에 켈리라는 성을 가진 병사를 찾아내지 못했다. 또한 1888년 스코틀랜드 근
위대대 병사 중에 메리 제인 켈리에 대한 설명을 듣고 그를 안다고 나선 사람도 없었다. 메
리 제인이 조지프 바넷에게 한 이야기가 사실이라면, 웨일스 시골에 살던 가난한 노동자계
급 가정의 남자아이가 런던의 스코틀랜드 부대에서 복무하게 되었을 가능성은 희박하다.
1880년대 후반, 스코틀랜드 제2근위대대는 웨스트민스터 병영에 주둔하면서 이집트, 수단,
더블린 등지에 파병되었다. 즉, 메리 제인은 직업 인맥을 통해 그 연대의 한 장교를 만났고
그가 메리 제인을 좋아하게 되었던 것일 가능성이 더 크다. 많은 성매매 여성이 헤어진 뒤
에도 연락을 주고받는 옛 연인을 '형제'나 '사촌'으로 지칭함으로써 새 연인에게 과거사를
숨기곤 했다.

11. Daniel Joseph Kirwan, *Palace and Hovel: Phases of London Life* (London, 1878), p. 466.

12. 위의 책, pp. 467-8.

13. 위의 책, p. 474.

14. 'Walter', *My Secret Life*, vol. 10.

15. Julia Laite, *Common Prostitutes and Ordinary Citizens: Commercial Sex in London, 1885-1960* (London, 2012), Kindle loc. 1656.

16. W. T. Stead, 'The Maiden Tribute of Modern Babylon IV: the Report of our Secret Commission', *Pall Mall Gazette*, 10 July 1885.

17. 스테드와 살카르트의 인터뷰 내용은 〈현대판 바빌론의 처녀 공물〉 4부에 실렸다.

18. Bridget O'Donnell, *Inspector Minahan Makes a Stand* (London, 2012), p. 71.

19. Stead, 'Maiden Tribute'.

20. 위의 글.

21. 위의 글.

22. 위의 글.

CHAPTER 18

즐거운 인생

1. Neal Shelden, *The Victims of Jack the Ripper: The 125th Anniversary* (n.p., 2013). 아드리아누스 모르겐슈테른의 딸 빌헬미나가 자신이 1884년부터 1891년까지 포플러의 매음굴에서 자랐다고 주장했다.

2. Edward W. Thomas, *Twenty-Five Years' Labour Among the Friendless and Fallen* (London, 1879), p. 36.

3. 위의 책, 같은 쪽.

4. 위의 책, p. 37.

5. Madeleine Blair, *Madeleine: An Autobiography* (London, 1919), Kindle loc. 912.

6. *The Morning Advertiser*, 12 November 1888.

7. *The Echo*, 12 November 1888.

8. 1891년 인구총조사 기록원은 브리저스힐 1번지에 사는 이십 대 여성 하숙인 셋이 "불우한" 사람, 즉 매춘부라고 썼다가 이내 자신의 경솔한 기록을 취소선으로 지웠다.

9. *Evening Standard*, 10 May 1891. 다음도 참고하라. Neal Shelden, *The Victims of Jack the Ripper: The 125th Anniversary* (n.p., 2013).

10. *Daily Telegraph*, 12 November 1888.

11. LMA: MJ/SPC NE 1888 Box 3, case paper 19, Inquest Witness statement of Julia Venturney, 9 November 1888.

12. 사인 심문 증언에서 조지프 바넷은 메리 제인이 모르겐슈테른이라는 이름의 남자(부퀴 부인의 남편인 요하네스를 가리킨다), 그리고 조 플레밍이라는 남자와 함께 살았다고 진술했다. 바넷의 증언은 무척 혼란스럽다. 어느 대목에서는 메리 제인이 스테프니 가스제조소 근처에 살았다고 하기도 하고, 두 남자 중 한 명과 가스 공장 근처에 살았다고 하기도 했다. 페닝턴가 근처에는 가스 공장이 없고, 메리 제인이 아드리아누스 모르겐슈테른과 함께 살았다는 증거도 없으므로 바넷이 말하는 이는 플레밍이었을 가능성이 크다. 올드베스널그린로드의 동부 맞은편에 베스널그린 가스제조소가 있었던 듯하다.

13. LMA: MJ/SPC NE 1888 Box 3, case paper 19, Julia Venturney.

14. *Evening Star*, 12 November 1888; *The Echo*, 12 November 1888.

15. Walter Dew, *I Caught Crippen* (Blackie & Son, London, 1938).

16. *Pall Mall Gazette*, 12 November 1888.

17. Paul Begg, *Jack the Ripper: Just the Facts* (London, 2004), Kindle loc. 5156.

18. LMA: MJ/SPC NE 1888 Box 3, case paper 19, Inquest statement of Joseph Barnett, 12 November 1888.

19. Begg, *Jack the Ripper*, Kindle loc. 5188.

20. 위의 책. 여기서 "불량배(bully)"는 두 가지로 해석 가능하다. 하나는 일반적인 뜻이고 또 하나는 성매매와 관련된 뜻이다. 'bully'는 포주를 뜻하는 단어 중 하나였다.

21. LMA: MJ/SPC NE 1888 Box 3, case paper 19, Julia Venturney.

22. Begg, *Jack the Ripper*, Kindle loc. 5156.

23. LMA: MJ/SPC NE 1888 Box 3, case paper 19, Julia Venturney.

24. 이 첫 손님의 정체는 확인되지 않는다. 줄리아라는 이름은《로이즈 위클리 뉴스페이퍼》11월 11일 자에 등장한다. 사인 심문에서 줄리아 벤터니가 마리아 하비 앞 순서로 증언했는데, 신문기자가 그의 이름을 기사에 잘못 넣었을 가능성도 있다.

25. LMA: MJ/SPC NE 1888 Box 3, case paper 19, Inquest statement of Joseph Barnett, 12 November 1888.

26. LMA: MJ/SPC NE 1888 Box 3, case paper 19, Inquest statement of Mary Ann Cox, 9 November 1888.

나오며 : '그저 매춘부일 뿐'

1. *The Times*, 1 October 1888.

2. John Holland Rose (ed.), *The Cambridge History of the British Empire*, vol. 1 (Cambridge, 1940), p. 745.

3. Nina Attwood, *The Prostitute's Body: Rewriting Prostitution in Victorian Britain* (London, 2010), pp. 51-4.

4. PRO: Home Office Papers: HO 45/9964/x15663.

5. PRO: Metropolitan Police Files: file 3/141, ff. 158-9.

6. GRO: Death Certificates for Mary Ann Nichols: 1888, J- S Whitechapel 1c/219; Annie Chapman: 1888, J- S Whitechapel 1c/175; Elizabeth Stride: 1888 O- D St George in the East, 1c/268; Catherine Eddowes: 1888 O- D London City 1c/37; Mary Jane 'Marie Janette' Kelly: 1888 O- D Whitechapel 1c/211.

7. *Washington Post*, 6 June 2016; *Huffington Post*, 7 June 2016.

8. Maxim Jakubowski and Nathan Braund (eds), *The Mammoth Book of Jack the Ripper* (London, 2008), p. 470.

9. Mickey Mayhew, 'Not So Pretty Polly', *Journal of the Whitechapel Society* (April 2009); Mark Daniel, 'How Jack the Ripper Saved Whitechapel' in Jakubowski and Braund, *Mammoth Book*, p. 140.

10. Mayhew, 'Not So Pretty Polly'.

참고 문헌

◆ 기초 자료

약어

HO: Home Office (내무성)

MEPO: Metropolitan Police (런던경찰청)

PCOM: Home Office and Prison Commission (내무성 교도소위원회)

WO: War Office (육군성)

큐 공문서관

HO45/9964/x15663 (Police correspondence: Charles Warren)

HO144/221/A49301C (Police investigation: Elizabeth Stride)

MEPO3/140 (Police investigation: Polly Nichols, Annie Chapman, Mary Jane Kelly)

MEPO3/141 (MacNaghten Report into the murders)

PCOM2/284, 288 (Wandsworth Prison, Surrey: Register of Prisoners)

WO22/23 (Thomas Quinn pension records)

WO22/180 (Monthly ledger for Kilkerry District, Ireland, 1861)

WO23/57 (Yearly ledgers 1855-64, 1864-74 for Royal Chelsea Hospital)

WO97/1274/160, 166 (Discharge papers for Thomas Smith and George Smith)

WO97/1450/058 (Discharge papers for Thomas Quinn)

WO118/33 (Royal Hospital Kilmahain: Pensioner Register)

WO400/81/523 (Soldiers' documents, Household Cavalry, 2nd Life Guards: George Smith)

런던 메트로폴리탄 기록보관소

ACC/3445/PT/07/066 (Peabody Trust: Stamford Street)

BBG/523 (St Mary Magdalen Bermondsey Settlement Records)

CLC/215-11, CLC/215/MS31,165 (Sir John Cass Foundation: Bridge, Candlewick and Dowgate Schools, meetings and minutes)

GBG/250/008-013 (Greenwich Woolwich Road Workhouse Admissions and Discharge)

HABG/308/001 (Hackney Workhouse Admissions and Discharge)

HOBG/510/18, HOBG/535/21 (Holborn Union Workhouse Settlement Examinations)

HOBG/535/020-023 (Holborn Union Workhouse Admissions and Discharge)

LABG/044, 047; LABG/056/001 (Lambeth Board of Guardians, minutes)

LABG/162/008-014 (Lambeth Princes Road Workhouse Admissions and Discharge)

POBG/169/05-12 (Poplar Workhouse Creed Registers and Admissions and Discharge)

PS/TH/A/01/005, 008, 007, 011, 003 (Thames Magistrate Court Registers)

SOBG/100/013-019 (Southwark Workhouse Admissions and Discharge)

STBG/SG/118/025-043 (Stepney Workhouses Admissions and Discharge)

WEBG/ST/135/001 (Edmonton Workhouse/Strand Union/Westminster Admissions and Discharge)

X020/413; X100/072, 073, 070 (Brighton Road School and South Metropolitan District School, microfilm)

런던 메트로폴리탄 사인 심문 기록

CLA/041/IQ/3/65/135 (Catherine Eddowes Inquest Records)

MJ/SPC/NE/376/1-11 (Mary Jane Kelly Inquest Records)

런던 메트로폴리탄 Ancestry.com

London Church of England Parish Registers, 1754-1906

London Church of England Marriages and Banns, 1754-1921

London Church of England Deaths and Burials, 1813-1980

London Church of England Births and Baptisms, 1813-1917

London Poor Law and Board of Guardian Records, 1834-1906

London Workhouse Admissions and Discharge Records, 1659-1930

United Kingdom Census Records, 1841-1911

Glasgow, Scotland, Crew Lists, 1863-1901

New South Wales, Australia, Unassisted Immigrant Passenger Lists, 1826-1922

버크셔 공문서관

D/P39/28/9, 11 (National School Admission Registers and Log Books, 1870-1914)

D/EX 888/1 (St Leonard's Hill Estate Sale Catalogue, 1869)

D/EX 1915/5/11/1-2 (Illustrated Sales Catalogue with plan of the St Leonard's Hill Estate, 1923)

예테보리 기록보관소

SE/GLA/12703 D XIV (Police Registers of 'Public Women')

SE/GLA/13186/A I/30 (1835-60 Employment Records)

SE/GLA/13186/E I/1 (Marriage Records)

SE/GLA/13187/P/10 (Uncatalogued Parish Records)

SE/GLA/13566/B/2 (1835-60 Gothenburg Censuses)

SE/GLA/13566/F/H0004 (Kurhuset Records)

예테보리 기록보관소를 통해 접근 가능한 디지털 기록

Emigration Records: Emigranten Populär 2006; Göteborgs

Domkyrkoförsamling (O) - B: 7 (1861-79)

Swedish Church in London Records: Ulrika Eleonora församling (UT) H II

원티지성모마리아회 도서관·기록보관소

Spelthorne Sanatorium, Log Books

웨스트민스터시 기록부관수

St Margaret and St John, Westminster, Rate Books (Knightsbridge)

런던 길드홀 도서관·기록보관소

Kelly's Directories, 1861-78

등기소

Birth records

Death certificates

유언 검인 기록

Probate Wills: William Stride the Elder of Stride's Row, Mile Town, Sheerness, proven 30 September 1873

◆ 2차 자료

단행본

Ackroyd, Peter, London: *The Biography* (London, 2000)

Acton, William, *Prostitution Considered in Its Moral, Social, and Sanitary Aspects, in London and Other Large Cities and Garrison Towns: With Proposals for the Control and Prevention of Its Attendant Evils* (London, 1870)

Alford, Stephen, *Habitual Drunkards' Act of 1879* (London, 1880)

'A Member of the Aristocracy', *The Duties of Servants: A Practical Guide to the Routine of Domestic Service* (London, 1894)

Arthur, Sir George, *The Story of the Household Cavalry*, vol. 2 (London, 1909)

Ashton, John R., *A Short History of the English Church in Gothenburg, 1747-1997* (Gothenburg, 1997)

Ashton, John R., *Lives and Livelihoods in Little London: The Story of the British in Gothenburg, 1621-2001* (Gothenburg, 2003)

A Short History of the Royal Irish Regiment (London, 1921)

Atkinson, David and Roud, Steve (eds.), *Street Ballads in Nineteenth Century Britain, Ireland, and North America* (Farnham, 2014)

Attwood, Nina, *The Prostitute's Body: Rewriting Prostitution in Victorian Britain* (London, 2010)

Bakker, Nienke and Pludermacher, Isolde (eds.), *Splendeurs & Misères: Images de la Prostitution, 1850-1910* (Paris, 2015)

Barnsby, George J., *Social Conditions in the Black Country, 1800-1900* (Wolverhampton, 1980)

Barret-Ducrocq, Françoise, *Love in the Time of Victoria* (London, 1991)

Bartley, George C. T., *A Handy Book for Guardians of the Poor* (London, 1876)

Bartley, George C. T., *The Parish Net: How It's Dragged, and what it Catches* (London, 1875)

Bartley, Paula, *Prostitution: Prevention and Reform in England, 1860-1914* (London, 1999)

Bateman, John, *The Great Landowners of Great Britain and Ireland* (Cambridge, 2014)

Bates, Barbara, *Bargaining for Life: A Social History of Tuberculosis, 1876-1938* (Philadephia, 1992)

Beaumont, Matthew, *Nightwalking: A Nocturnal History of London* (London, 2015)

Beeton, Isabella, *Mrs Beeton's Book of Household Management* (London, 1861)

Begg, Paul, *Jack the Ripper: Just the Facts* (London, 2004)

Begg, Paul and Bennett, John, *The Complete and Essential Jack the Ripper* (London, 2013)

Begg, Paul, Fido, Martin and Skinner, Keith (eds.), *The Complete Jack the Ripper A to Z* (London, 2015)

Benjamin, Walter, *A Short History of Photography* (London, 1972)

Berg, William, *Contributions to the History of Music in Gothenburg, 1754-1892* (Gothenburg, 1914)

Black, C., *Married Women's Work* (London, 1983)

Blaine, Delabere Pritchett, *An Encyclopaedia of Rural Sports; Or, A Complete Account, Historical, Practical, and Descriptive, of Hunting, Shooting, Fishing, Racing, and Other Field Sports and Athletic Amusements of the Present Day*, vol. 1 (London, 1840)

Blair, Madeleine, *Madeleine: An Autobiography* (New York, 1919)

Booth, Charles, *Life and Labour of the People in London: Religious Influences* (London, 1902)

Booth, Charles, *Life and Labour of the People in London: The Trades of East London* (London, 1893)

Booth, William, *In Darkest England and the Way Out* (London, 1890)

Bowley, A. L., *Wages in the United Kingdom in the Nineteenth Century* (Cambridge, 1900)

Bumstead, Freeman J., *The Pathology and Treatment of Venereal Diseases* (Philadelphia, 1861)

Burnett, John, *Plenty and Want: A Social History of Food in England from 1815 to the Present Day* (Abingdon, 2013)

Butler, Josephine Elizabeth, *Rebecca Jarrett* (London, 1886)

Bynam, Helen, *Spitting Blood: The History of Tuberculosis* (Oxford, 1999)

Carlsson, A., *Göteborgs Orkesters Repertoar* (Gothenburg, 1996)

Chandler, David and Beckett, Ian (eds.), *The Oxford History of the British Army* (Oxford, 1994)

Chisholm, Alexander, DiGrazia, Christopher-Michael and Yost, Dave (eds.), *The News From Whitechapel: Jack the Ripper in the Daily Telegraph* (Jefferson, NC, 2002)

Clark, Anna, *The Struggle for the Breeches: Gender and the Making of the British Working Class* (Berkeley, CA, 1997)

Clarke, Edward T., *Bermondsey: Its Historic Memories and Associations* (London, 1901)

Clayton, Antony, *London's Coffee Houses* (Whitstable, 2003)

Clowes, W. B., *Family Business 1803-1953* (London, 1969)

Cohen, Deborah, *Family Secrets: Living with Shame from the Victorians to the Present Day* (London, 2013)

Covell, Mike, *Annie Chapman: Wife, Mother, Victim* (2014)

Crompton, Frank, *Workhouse Children* (Stroud, 1997)

Crowther, M. A., *The Workhouse System, 1834-1929: The History of an English Social Institution* (Athens, GA, 1982)

Cunnington, Phillis and Lucas, Catherine, *Charity Costumes* (London, 1978)

Curtis, L. Perry, Jr, *Jack the Ripper and the London Press* (New Haven, CT, 2002)

Curtis & Henson, *Royal Windsor: Illustrated Particulars of the St. Leonards Hill Estate Originally Part of Windsor Forest ... For Sale by Private Treaty* (London, 1915)

Davidson, Roger and Hall, Lesley A. (eds.), *Sex, Sin and Suffering: Venereal Disease and European Society Since 1870* (London, 2003)

Davies, Margaret Llewelyn (ed.), *Maternity: Letters from Working Women* (London, 1915)

Davin, Anna, *Growing Up Poor: Home, School and the Street, 1870-1914* (London, 1996)

Davis, George Henry (ed.), *The Memorials of the Hamlet of Knightsbridge* (London, 1859)

Dew, Walter, *I Caught Crippen* (London, 1938)

Dickens, Charles, *Dombey and Son* (London, 1846-8)

Dickens, Charles, *The Old Curiosity Shop* (London, 1840-1)

Dickens, Charles, Jr, *Dickens's Dictionary of London* (London, 1879)

Dodds, George, *The Food of London* (London, 1856)

Egan, Pierce, *Boxiana; Or, Sketches of Ancient and Modern Pugilism* (London, 1824)

English Heritage, *Kent Historic Towns' Survey: Sheerness - Kent Archaeological Assessment Document* (London, 2004)

Evans, Stewart P. and Skinner, Keith, *The Ultimate Jack the Ripper Sourcebook* (London, 2001)

Fauve-Chamoux, Antoinette (ed.), *Domestic Service and the Formation of European Identity* (Bern, 2004)

First Report of the Commissioners for Inquiring into the State of Large Towns and Populous Districts, vol. 1 (London, 1844)

Fournier, Alfred, *Syphilis and Marriage* (London, 1881)

Frost, Ginger, *Living in Sin : Cohabiting as Husband and Wife in Nineteenth-Century England* (Manchester, 2008)

Frost, Ginger, *Promises Broken: Courtship, Class, and Gender in Victorian England* (Charlottesville, VA, 1995)

Frost, Rebecca, *The Ripper's Victims in Print: The Rhetoric of Portrayals Since 1929* (Jefferson, MO, 2018)

Fryer, Peter (ed.), *The Man of Pleasure's Companion: A Nineteenth Century Anthology of Amorous Entertainment* (London, 1968)

Gavin, Hector, *Unhealthiness of London: The Habitations of Industrial Classes* (London, 1847)

Gay, Peter, *The Cultivation of Hatred: The Bourgeois Experience: Victoria to Freud* (London, 1993)

Gibson, Clare, *Army Childhood: British Army Children's Lives and Times* (London, 2012)

Gibson, Colin S., *Dissolving Wedlock* (Abingdon, 1994)

Goldsmid, Howard, *Dottings of a Dosser* (London, 1886)

Goldsmid, Howard, *A Midnight Prowl Through Victorian London*, edited by Peter Stubley (London, 2012)

Gordon, Mary Louisa, *Penal Discipline* (London, 1922)

Gorham, Deborah, *The Victorian Girl and the Feminine Ideal* (Abingdon, 2012)

Gray, Drew D., *London's Shadows: The Dark Side of the Victorian City* (London, 2010)

Greenwood, James, *The Seven Curses of London* (London, 1869)

Gretton, George Le Mesurier, *The Campaigns and History of the Royal Irish Regiment from 1684 to 1902* (Edinburgh, 1911)

Hadfield, Charles, *Canals of the West Midlands* (London, 1966)

Hanaford, Phebe Ann, *The Life of George Peabody* (Boston, 1870)

Harkness, Margaret, *A City Girl* (London, 1887)

Harkness, Margaret, *Out of Work* (London, 1888)

Harkness, Margaret, *Toilers in London; Or, Inquiries Concerning Female Labour in the Metropolis* (London, 1889)

Hart, H. G., *Hart's Annual Army List, Special Reserve List, and Territorial Force List* (1857)

Hartley, Jenny, *Charles Dickens and the House of Fallen Women* (2012)

Haw, G., *From Workhouse to Westminster: The Life Story of Will Crooks, M.P.* (London, 1907)

Heise, Ulla, *Coffee and Coffee Houses* (West Chester, 1999)

Higginbotham, Peter, *The Workhouse Encyclopedia* (London, 2012)

Higgs, Mary, *Five Days and Nights as a Tramp* (London, 1904)

Hiley, Michael, *Victorian Working Women: Portraits from Life* (London, 1979)

HMSO, Report HMSO *Royal Commission on Divorce and Matrimonial Causes* (London, 1912)

Hollingshead, John, *Ragged London* (London, 1861)

Horn, Pamela, *The Rise and Fall of the Victorian Servant* (Stroud, 1975)

Horn, Pamela, *The Victorian Town Child* (Stroud, 1997)

Howarth-Loomes, B. E. C., *Victorian Photography: A Collector's Guide* (London, 1974)

Hughes, Kathryn, *The Victorian Governess* (London, 2001)

Jakubowski, Maxim and Braund, Nathan (eds.), *The Mammoth Book of Jack the Ripper* (London, 2008)

Jerome, Jerome K., *My Life and Times* (London, 1927)

Jesse, John Heneage, *London: Its Celebrated Characters and Remarkable Places* (London, 1871)

Jones, W. H., *The Story of Japan, Tin-Plate Working and Bicycle and Galvanising Trades in Wolverhampton* (Wolverhampton, 1900)

Kelly's Directory of Berkshire (London, 1883)

Kirwan, Daniel Joseph, *Palace and Hovel: Phases of London Life* (London, 1878)

Knight, Charles, *London* (1841)

Knowlton, Charles, *Fruits of Philosophy, edited by Charles Bradlaugh and Annie Besant* (London, 1891)

Koven, Seth, *Slumming: Sexual and Social Politics in Victorian London* (Oxford, 2004)

Laite, Julia, *Common Prostitutes and Ordinary Citizens: Commercial Sex in London, 1885-1960* (Basingstoke, 2012)

Larkin, Tom, *Black Country Chronicles* (Eastbourne, 2009)

Lee, William, *Classes of the Capital: A Sketch Book of London Life* (London, 1841)

Lindahl, Carl Fredrik, *Svenska Millionärer, Minnen och Anteckningar* (Stockholm, 1897-1905)

Lindmark, Daniel, *Reading, Writing and Schooling: Swedish Practices of Education and Literacy 1650-1880* (Umeå, 2004)

Lloyd's Insurance, *Lloyd's Register of British and Foreign Shipping* (London, 1874)

Lock, Joan, *The Princess Alice Disaster* (London, 2014)

London, Jack, *People of the Abyss* (New York, 1903)

Longmate, Norman, *The Workhouse; A Social History* (London, 2003)

Lundberg, Anna, *Care and Coercion: Medical Knowledge, Social Policy and Patients with Venereal Disease in Sweden 1785-1903* (Umeå, 1999)

Mace, Rodney, *Trafalgar Square: Emblem of Empire* (London, 2005)

Macnaghten, Melville L., *Days of My Years* (New York, 1914)

Mason, Frank, *The Book of Wolverhampton: The Story of an Industrial Town* (Buckingham, 1979)

Mason, Michael, *The Making of Victorian Sexuality* (Oxford, 1995)

Mayhew, Henry, *London Labour and the London Poor* (London, 1862)

McNetting, Robert, Wilk, Richard R. and Arnold, Eric J. (eds.), *Households: Comparative and Historical Studies of the Domestic Groups* (Berkeley, 1984)

Mearns, Rev. Andrew, *The Bitter Cry of Outcast London: An Inquiry into the Condition of the Abject Poor* (London, 1883)

Merrick, G. P., *Work Among the Fallen as Seen in the Prison Cell* (London, 1890)

Metropolitan Board of Works, *Minutes of Proceedings of the Metropolitan Board of Works* (London, 1880)

Miles, Henry Downes, *Pugilistica: The History of English Boxing* (Edinburgh, 1966)

Miltoun, Francis, *Dickens' London* (London, 1908)

Mirbeau, Octave, *A Chambermaid's Diary*, translated by B. R. Tucker (New York, 1900)

Morrison, Arthur, *Tales of Mean Streets* (London, 1895)

Nicholls, James, *The Politics of Alcohol: A History of the Drink Question in England* (Manchester, 2013)

Nokes, Harriet, *Twenty-Three Years in a House of Mercy* (London, 1886)

O'Donnell, Bridget, *Inspector Minahan Makes a Stand* (London, 2012)

O'Neill, Joseph, *The Secret World of the Victorian Lodging House* (Barnsley, 2014)

Parker, Franklin, *George Peabody: A Biography* (Nashville, 1995)

Parochial Council, *Parish of St Paul, Knightsbridge, Report Upon the Poor of the Parish of St. Paul's Knightsbridge, Receiving Legal and Charitable Relief, by a Sub-Committee Appointed by the Parochial Council* (London, 1872)

Pearsall, Ronald, *The Worm in the Bud: The World of Victorian Sexuality* (Stroud, 2003)

Pickard, Sarah (ed.), *Anti-Social Behaviour in Britain* (Basingstoke, 2014)

Prynne, G. R. *Thirty-Five Years of Mission Work in a Garrison and Seaport Town* (Plymouth, 1883)

Randall, Anthony J., *Jack the Ripper Blood Lines* (Gloucester, 2013)

Reynardson Birch, C. T. S., *Down the Road; Or, Reminiscences of a Gentleman Coachman* (London, 1875)

Ribton-Turner, C. J., *A History of Vagrants and Vagrancy* (London, 1887)

Richter, Donald C., *Riotous Victorians* (Athens, 1981)

Roberts, Henry, *The Dwellings of the Labouring Classes, Their Arrangement and Construction, with the Essentials of a Healthy Dwelling* (London, 1867)

Robinson, Bruce, *They All Love Jack: Busting the Ripper* (London, 2015)

Robinson, Sydney W., *Muckraker: The Scandalous Life and Times of W. T. Stead, Britain's First Investigative Journalist* (London, 2012)

Rodríguez García, Magaly, Heerma van Voss, Lex and van Nederveen Meerkerk, Elise (eds.), *Selling Sex in the City: A Global History of Prostitution, 1600s-2000* (2017)

Rose, John Holland (ed.), *The Cambridge History of the British Empire* (Cambridge, 1940)

Rose, Lionel, *Rogues and Vagabonds: Vagrant Underworld in Britain, 1815-1985* (Abingdon, 1988)

Royal Commission on the Ancient and Historical Monuments of Scotland, *The Sir Francis Tress Barry Collection* (Edinburgh, 1998)

Rule, Fiona, *Streets of Sin: A Dark Biography of Notting Hill* (Stroud, 2015)

Rule, Fiona, *The Worst Street in London* (Stroud, 2010)

Rumbelow, Donald, *The Complete Jack the Ripper* (London, 2004)

Ruskin, John, 'Of Queens' Gardens', *Sesame and Lilies* (London, 1865)

Russell, William Howard, *My Diary in India, in the Year 1858-9* (London, 1960)

Rutherford, Adam, *A Brief History of Everyone Who Ever Lived* (New York, 2016)

St Leonard's *Hill Estate Sales Catalogue* (London, 1907)

Sala, George Augustus, *Gaslight and Daylight* (London, 1859)

Schlesinger, Max, *Saunterings In and About London* (London, 1853)

Schlör, Joachim, *Nights in the Big City: Paris, Berlin, London 1840-1930* (London, 1998)

Scott, Christopher, *Jack the Ripper: A Cast of Thousands* (n.p., 2004)

Scott, Franklin D., *Sweden: The Nation's History* (Carbondale, 1978)

Shelden, Neal, *Annie Chapman, Jack the Ripper Victim: A Short Biography* (n.p., 2001)

Shelden, Neal, *Catherine Eddowes; Jack the Ripper Victim* (n.p., 2003)

Shelden, Neal Stubbings, *Kate Eddowes: 2007 Conference Tribute* (n.p., 2007)

Shelden, Neal, *Mary Jane Kelly and the Victims of Jack the Ripper: The 125th Anniversary* (n.p., 2013)

Shelden, Neal, *The Victims of Jack the Ripper: The 125th Anniversary* (n.p., 2013)

Shelden, Neal Stubbings, *The Victims of Jack the Ripper* (Knoxville, TN, 2007)

Sherwood, M., *The Endowed Charities of the City of London* (London, 1829)

Simonton, Deborah, *A History of European Women's Work: 1700 to the Present* (London, 1998)

Sims, George R., *How the Poor Live* (London, 1883)

Sims, George R., *Horrible London* (London, 1889)

Smith, Charles Manby, *The Working Man's Way in the World: Being an Autobiography of a Journey Man Printer* (London, 1854)

Souter, John, *The Book of English Trades and Library of the Useful Arts,* (London, 1825)

Stallard, J. H., *The Female Casual and Her Lodging* (London, 1866)

Stanley, Peter, *White Mutiny: British Military Culture in India* (London, 1998)

Stead, W. T., *The Maiden Tribute of Modern Babylon* (London, 1885)

Sugden, Philip, *The Complete History of Jack the Ripper* (New York, 2006)

Svanström, Yvonne, *Policing Public Women: The Regulation of Prostitution in Stockholm, 1812-1880* (Stockholm, 2000)

Swift, Roger, *Crime and Society in Wolverhampton: 1815-1860* (Wolverhampton, 1987)

The Royal Windsor Guide, with a brief account of Eton and Virginia Water, (1838)

Thomas, Edward W., *Twenty-Five Years' Labour Among the Friendless and Fallen* (London, 1879)

Thompson, F. M. L., *The Rise of Respectable Society: A Social History of Victorian Britain, 1830-1900* (London, 1988)

Thomson, J. and Smith, Adolphe, *Street Life in London* (London, 1877)

Townsend, S. and Adams, H. J., *History of the English Congregation and its Association with the British Factory in Gothenburg* (Gothenburg, 1946)

Tristan, Flora, *Flora Tristan's London Journal 1840: A Survey of London Life in the 1830s, translated by Dennis Palmer and Giselle Pincetl* (London, 1980)

Trustram, Myrna, *Women of the Regiment and the Victorian Army* (Cambridge, 1984)

Tweedie, William, *The Temperance Movement: Its Rise, Progress and Results* (London, 1853)

Valverde, Mariana, *Diseases of the Will: Alcoholism and the Dilemmas of Freedom* (Cambridge, 1998)

Vicinus, Martha (ed.), *Suffer and Be Still: Women in the Victorian Age* (London, 1973)

Victoria County History, *A History of the County of Berkshire*, vol. 3 (London, 1923)

Victoria County History, *A History of the County of Warwick*, vol. 7 (London, 1964)

Vincent, Davia, *Literacy and Popular Culture: England, 1750-1914* (Cambridge, 1993)

Walkowitz, Judith R., *City of Dreadful Delight: Narratives of Sexual Danger in Late-Victorian London* (Chicago, 2013)

Walkowitz, Judith R., *Prostitution and Victorian Society: Women, Class, and the State* (Cambridge, 1983)

Walsh, J. H., *A Manual of Domestic Economy: Suited to Families Spending from £150 to £1500* (n.p., 1874)

'Walter', *My Secret Life* (London, 1888)

Warne, Frederick, *Warne's Model Housekeeper* (London, 1879)

Warne, Frederick, *The Servant's Practical Guide* (London, 1880)

Warwick, Alexandra and Willis, Martin (eds.), *Jack the Ripper: Media, Culture, History* (Manchester, 2013)

Watson, J. N. P., *Through the Reigns: A Complete History of the Household Cavalry* (Staplehurst, 1997)

Webb, Sidney and Beatrice (eds.), *The Break-Up of the Poor Law* (London, 1909)

Werner, Alex, *Jack the Ripper and the East End* (London, 2012)

Westcott, Tom, *Ripper Confidential: New Research on the Whitechapel Murders*, vols 1–2 (n.p., 2017)

Weston–Davies, Wynne, *Jack the Ripper: A True Love Story* (London, 2015)

White, Jerry, *London in the Nineteenth Century* (London, 2007)

Whitechapel Society (eds.), *The Little Book of Jack the Ripper* (Stroud, 2014)

White–Spunner, Barney, *Horse Guards* (London, 2006)

Whittington–Egan, Richard, *Jack the Ripper: The Definitive Casebook* (Stroud, 2013)

Wikeley, N., *Child Support: Law and Policy* (Oxford, 2006)

Williams, Lucy, *Wayward Women: Female Offending in Victorian England* (Barnsley, 2016)

Williams, Montagu, *Round London: Down East and Up West* (London, 1894)

Wise, Sarah, *The Blackest Streets: The Life and Death of a Victorian Slum* (London, 2008)

Wohl, Anthony S., *The Eternal Slum: Housing and Social Policy in Victorian London* (London, 2001)

Wyndham, Horace, *The Queen's Service* (London, 1899)

Yates, Edmund, *His Recollections and Experiences* (London, 1885)

Yost, Dave, *Elizabeth Stride and Jack the Ripper: The Life and Death of the Reputed Third Victim* (Jefferson, 2008)

기사 및 기고문

Arif, Debra, 'Goodnight, Old Dear', *Ripperologist*, no. 148 (February 2016), pp. 2-8

Blom, Ida, 'Fighting Venereal Diseases: Scandinavian Legislation c. 1800 to c. 1950', *Medical History 50* (2006), pp. 209-34

Edvinsson, Therese Nordlund and Söderberg, Johan, 'Servants and Bourgeois Life in Urban Sweden in the Early 20th Century', *Scandinavian Journal of History*, 35, no. 4 (2010), pp. 427-50

Edwards, C., 'Tottenham Court Road: the changing fortunes of London's furniture street 1850-1950', *The London Journal*, 36(2) (2011), pp. 140-60

'Inebriety and Infant Mortality', *Journal of Inebriety*, vol. 2 (March 1878), p. 124

Lofgren, Orvar, 'Family and Household: Images and Realities: Cultural Change in Swedish Society', *Households: Comparative and Historical Studies of the Domestic Group*, ed. Robert McC. Netting, et al. (1984), pp. 446-69

Lundberg, Anna, 'The Return to Society, Marriage and Family Formation after Hospital Treatment for Venereal Disease in Sundsvall 1844-1892', *Annales de Demographie Historique*, 2 (1998), pp. 55-75

Lundh, Christopher, 'The Social Mobility of Servants in Rural Sweden, 1740-1894', *Continuity and Change*, 14, no. 1 (1999), pp. 57-89

McLaughlin, Robert, 'Mary Kelly's Rent', *Ripperana*, no. 41 (July 2002), pp. 19-22

Mayhew, Mickey, 'Not So Pretty Polly', *Journal of the Whitechapel Society* (April 2009)

Mumm, Susan, 'Not Worse Than Other Girls: The Convent-Based Rehabilitation of Fallen Women in Victorian Britain', *Journal of Social History*, vol. 29, issue 3 (Spring 1996), pp. 527-47

'Nooks and Corners of Character, The Charwoman', *Punch Magazine* (Jan-Jun 1850)

Oddy, Derek J., 'Gone for a Soldier: The Anatomy of a NineteenthCentury Army Family', *Journal of Family History*, 25, no. 1 (January 2000), pp. 39-62

Olsson, Daniel, 'Elizabeth's Story: A Documentary Narrative of Long Liz Stride's Early Life in Sweden', *Ripperologist*, no. 52 (March 2004)

Olsson, Daniel, 'Elizabeth Stride: The Jewish Connection', *Ripperologist*, no. 96 (October 2008)

Olsson, Daniel, 'The Ultimate Ripperologist's Tour of Gothenburg', *The Casebook Examiner*, issue 11 (April 2011)

Parlour, Andy, 'The Life and Death of William Nichols', *Journal of the Whitechapel Society*

(April 2009), pp. 10-12

Pollock, Ernest M. and Latter, A. M., 'Women and Habitual Drunkenness', *Journal of the Society of Comparative Legislation*, new ser., vol. 2, no. 2. (1900), pp. 289-93

Rantzow, Stefan, 'In Memory of Elizabeth Stride', *East London History Society Newsletter*, vol. 3, issue 17 (winter 2013/14), pp. 7-12

Skelly, Julia, 'When Seeing is Believing: Women, Alcohol and Photography in Victorian Britain', *Queen's Journal of Visual & Material Culture*, vol. 1 (2008), pp. 1-17

'Spelthorne Sanatorium', *Medical Temperance Journal*, vols 12-13 (1881), p. 7

Tarn, John Nelson, 'The Peabody Donation Fund: The Role of a Housing Society in the Nineteenth Century', *Victorian Studies* (September 1966), pp. 7-38

Tomes, Nancy, 'A Torrent of Abuse', *Journal of Social History*, vol. 11, issue 3 (March 1978), pp. 328-45

Weld, C. R., 'On the Condition of the Working Classes in the Inner Ward of St. George's Parish, Hanover Square', *Journal of the Statistical Society of London*, vol. 6, no. 1 (April 1843), pp. 17-23

Wilcox, Penelope, 'Marriage, mobility and domestic service', *Annales de Démographie Historique* (1981), pp. 195-206

온라인 자료

British-History.ac.uk (British History Online)

Ditchfield, P. H. and Page, William (eds.), 'Parishes: Clewer', in *A History of the County of Berkshire: Volume 3* (1923)

Greenacombe, John (ed.), 'Knightsbridge Barracks: The First Barracks, 1792-1877', in *Survey of London: Volume 45, Knightsbridge* (2000)

Greenacombe, John (ed.), 'Knightsbridge Green Area: Raphael Street', in *Survey of London: Volume 45, Knightsbridge* (2000)

Greenacombe, John (ed.), 'Montpelier Square Area: Other Streets', in *Survey of London: Volume 45, Knightsbridge* (2000)

Malden, H. E. (ed.), 'Parishes: Bermondsey', in *A History of the County of Surrey: Volume 4* (1912)

Sheppard, F. H. W. (ed.), 'Brompton Road: Introduction', in *Survey of London: Volume 41, Brompton* (1983)

Casebook.org/dissertations

DiGrazia, Christopher-Michael, 'Another Look at the Lusk Kidney'

Kobek, Jarett, 'May My End a Warning Be: Catherine Eddowes and Gallows Literature in the Black Country'

Marsh, James, 'The Funeral of Mary Jane Kelly'

Rantzow, Stefan, 'Elisabeth Gustafsdotter's last Stride: In the memory of Elizabeth Stride – Jack the Ripper's third victim'

Sironi, Antonio and Coram, Jane, 'Anything But Your Prayers: Victims and Witnesses on the Night of the Double Event'

Wescott, Tom, 'Exonerating Michael Kidney: A Fresh Look At Some Old Myths'

Charles Booth's London

https://booth.lse.ac.uk/

Inquiry into Life and Labour in London (Notebooks)

Maps Descriptive of London Poverty

Victorianweb.org

Diniejko, Dr Andrzej, 'Arthur Morrison's Slum Fiction: The Voice of New Realism'

McDonald, Deborah, 'Clara Collet and Jack the Ripper'

Skipper, James and Landow, George P., 'Wages and Cost of Living in the Victorian Era'

Zieger, Dr Susan, 'The Medical "Discovery" of Addiction in the Nineteenth Century'

W. T. Stead Resource Site

https://attackingthedevil.co.uk

'Rebecca Jarrett's Narrative' (c. 1928), Salvation Army Heritage Centre

Wolverhampton History and Heritage Website

http://www.wolverhamptonhistory.org.uk/work/industry/

http://www.historywebsite.co.uk/Museum/OtherTrades/TinPlate

http://www.historywebsite.co.uk/articles/OldHall/Excavation.htm

http://www.historywebsite.co.uk/Museum/metalware/general/perry.htm

당대의 신문 및 정기간행물

Bath Chronicle and Weekly Gazette

Bell's Life in London and Sporting Chronicle

Bilston Herald

Birmingham Daily Post

Black Country Bugle

Chester Chronicle

Coventry Standard

Daily Mail

Daily News

Daily Telegraph

East London Observer

Eddowes Journal and General Advertiser for Shropshire and the Principality of Wales

Evening News

Evening Standard

Evening Star

Exmouth Journal

Female's Friend

Freeman's Journal

Göteborgs-Posten

Hull Daily Mail

Illustrated Police News

Lloyd's Weekly Newspaper

Londonderry Sentinel

Maidstone Journal and Kentish Advertiser

Maidstone Telegraph

Manchester Courier and Lancashire General Advertiser

Manchester Guardian

Manchester Weekly Times

Manitoba Daily Free Press

Morning Advertiser

North London News

Pall Mall Gazette

Penny Illustrated Paper

Reading Mercury

Reynolds' Newspaper

St James's Gazette

Sheerness Guardian and East Kent Advertiser

Sheerness Times and General Advertiser

Sheffield Independent

Shields Daily Gazette and Shipping Telegraph

The Circle

The Echo

The People

The Star

The Sun

The Times

Woman's Gazette

Western Daily Press

Windsor and Eton Express

Windsor and Eton Gazette

Wolverhampton Chronicle and Staffordshire Advertiser

Wolverhampton Evening Express and Star

도판 출처

저작권 소유자를 찾기 위해 최선을 다했습니다. 그럼에도 놓친 부분이 있다면 출판사로 연락 주시기 바랍니다.

54쪽	Peabody Trust.
64쪽	Andy and Sue Parlour.
108쪽	Alamy Image Library.
138쪽	private collection.
144쪽	private collection
147쪽	author's collection.
178쪽	Alamy Image Library.
194쪽	Stefan Rantzow.
253쪽	Alamy Image Library.
262쪽	Wolverhampton Archives and Local Studies.
333쪽	Getty Picture Library.
381쪽	Bridgeman Art Library.
386쪽	Mary Evans Picture Library.

455

ㅁ

ㅂ

북트리거 포스트

북트리거 페이스북

더 파이브

잭 더 리퍼에게 희생된 다섯 여자 이야기

1판 1쇄 발행일 2022년 2월 25일

지은이 헬리 루벤홀드 | 옮긴이 오윤성
펴낸이 권준구 | 펴낸곳 (주)지학사
본부장 황홍규 | 편집장 윤소현 | 팀장 김지영 | 편집 양선화 박보영 이인선 김승주
기획·책임편집 양선화 | 디자인 정은경디자인
마케팅 송성만 손정빈 윤술옥 이혜인 | 제작 김현정 이진형 강석준 방연주
등록 2017년 2월 9일(제2017-000034호) | 주소 서울시 마포구 신촌로6길 5
전화 02.330.5265 | 팩스 02.3141.4488 | 이메일 booktrigger@naver.com
홈페이지 www.jihak.co.kr | 포스트 http://post.naver.com/booktrigger
페이스북 www.facebook.com/booktrigger | 인스타그램 @booktrigger

ISBN 979-11-89799-67-0 (03330)

북트리거

트리거(trigger)는 '방아쇠, 계기, 유인, 자극'을 뜻합니다.
북트리거는 나와 사물, 이웃과 세상을 바라보는 시선에 신선한 자극을 주는 책을 펴냅니다.